本书是国家社科基金一般项目（16BJL046）和江苏大学
金项目"国资管理三层架构下的混合所有制企业
（19JDG001）的阶段性成果

国资管理三层架构下的
混合所有制企业股权结构选择研究

Research on the Selection of Equity Structure of
Mixed Ownership Enterprises under the Three-tier
Structure of State-owned Assets Management

董梅生／著

经济管理出版社
ECONOMY & MANAGEMENT PUBLISHING HOUSE

图书在版编目（CIP）数据

国资管理三层架构下的混合所有制企业股权结构选择研究/董梅生著 . —北京：经济管理出版社，2020. 8

ISBN 978 - 7 - 5096 - 7423 - 9

Ⅰ. ①国… Ⅱ. ①董… Ⅲ. ①混合所有制—企业—股权结构—研究—中国 Ⅳ. ①F279. 246

中国版本图书馆 CIP 数据核字（2021）第 255234 号

组稿编辑：杨国强
责任编辑：杨国强 张瑞军
责任印制：黄章平
责任校对：王纪慧

出版发行：经济管理出版社
　　　　　（北京市海淀区北蜂窝 8 号中雅大厦 A 座 11 层　100038）
网　　址：www. E - mp. com. cn
电　　话：(010) 51915602
印　　刷：唐山玺诚印务有限公司
经　　销：新华书店
开　　本：720mm × 1000mm/16
印　　张：22
字　　数：400 千字
版　　次：2021 年 12 月第 1 版　　2021 年 12 月第 1 次印刷
书　　号：ISBN 978 - 7 - 5096 - 7423 - 9
定　　价：98. 00 元

· 版权所有　翻印必究 ·

凡购本社图书，如有印装错误，由本社读者服务部负责调换。

联系地址：北京阜外月坛北小街 2 号
电话：(010) 68022974　　邮编：100836

前　言

党的十八届三中全会首次把"混合所有制经济"提到"基本经济制度的重要实现形式"这一重要高度，拉开了新一轮国有企业改革的序幕。党中央期望通过构建公平、公正的市场平台，通过公有和非公有资本的交叉持股、相互融合实现"国民共进"，以增强国有企业的活力、实力和抗风险能力，提高国有企业的国际竞争力，顺利实现经济结构调整和产业转型升级。与此相适应的国有资产管理体制也必须进行改革，党的十八届三中全会和五中全会都强调以管资本为主加强国有资产监管，《关于改革和完善国有资产管理体制的若干意见》也提出国有资产管理体制从"管人管事管资产"转为"管资本"。这意味着国资管理体制将构建三层架构模式，即国有资产管理的行政层次—国有资本运营的产权层次—国有企业经营的微观层次。可见，在三层架构下，国有资本运营公司如何安排股权结构是关键性的问题，因为股权结构是公司治理的基础，它不仅决定了公有资本与非公有资本的利益分配问题，而且股权比例的多少直接决定了公司未来发展战略，决定了项目投资的方向和产品的发展方向，决定了双方合作的融洽度和融合的深度，决定了国有资产保值增值的监管目标能否达成。然而，在传统的国资委和国有企业双层架构下，主要是考核国有企业的业绩，因此股权结构选择主要考虑是否有利于公司绩效的提升。但在三层架构模式下，对资本的考核侧重于优化国有经济布局、实现国有资产保值增值、提高国有经济竞争力，这必然对股权结构选择产生深刻影响。特别是当前把发展混合所有制作为深化国企改革的基本方向，很有必要在新形势下重新审视股权结构选择问题。

第一章绪论。本章介绍了研究背景、研究意义、研究框架等内容。

第二章在文献阅读的基础上，重点对国内外有关国有资产管理和混合所有制经济的文献进行了回顾，它构成本书研究的基础和起点。

第三章首先对美国、德国和新加坡的国有资产管理体制进行了比较；其次对中国国有资产管理体制的改革历程、如何构建国有资产管理体制以及国有资本投资运营公司的现状进行了分析。我们认为，对国有企业应该实行分类管理、去行政化是国资管理体制改革的重点，尤其要预防国有资本投资运营公司演变为"二政府"的问题。

第四章对中国混合所有制经济发展现状进行了分析。首先，将混合所有制经济的发展历程分为萌芽探索时期（1978～1992年）、初步发展时期（1992～2003年）、推动与融合时期（2003～2013年）、分类与深化时期（2013年至今）。其次，收集历年《中国统计年鉴》的有关数据，对广义的混合所有制企业总体现状进行描述，发现无论用社会贡献衡量的宏观效率，还是用企业利润衡量的财务效率，混合所有制企业的效率都很高，所以混合所有制企业是一种极具发展潜力的企业类型。再以2003～2016年上市公司为分析对象，我们发现，狭义的混合所有制企业的微观效率和宏观效率与其他类型企业都不存在显著差异，据此认为混合所有制企业与市场经济基本相融合，所以要积极发展混合所有制经济。

第五章基于控制权转移视角，对混合所有制企业股权结构作用机理进行了研究。以已经发生的混合所有制企业国有股转让数据为样本，我们发现，国有股权转让的对象主要是非国有企业，符合国有企业产权私有化改革的现实，且国有股权转让背后的机理是"侵占论"和"靓女先嫁"论，所以我们针对目前"中国私营经济已完成协助公有经济发展的任务，应逐渐离场"的论调，提出混合所有制改革应该坚持市场化方向，遵循双向选择、双向融合的原则，而不是非国有企业单方融合国有企业的错误观念，且应从战略高度认识新时代深化国有企业改革的中心地位，坚定国企改革的信心。

第六章基于控制权转让视角，对国有股权转让效果和转移价格影响因素进行了分析。以已经发生的混合所有制企业国有股转让数据为样本，我们发现国有股权转让后符合促进国有资本保值增值的"政治论"，不符合提升企业效率的"效率论"，也不符合提高财政收入的"财政论"；股权结构是影响效率变动的重要因素；两权分离是影响国有股转让价格的重要因素，混合所有制企业应构建相互制衡的股权结构。

第七章探讨在三层架构下，混合所有制企业选择股权结构的合适比例或者合适区间。以2008～2017年4478个混合所有制企业上市公司数据为样本，以市场化指数的相关指标作为混合所有制企业股权结构的工具变量，采用面板IV方法实证分析后发现，很难给出一种普适的混合所有制企业的最优股权结构安排，最好一企一策；但大多数情况都表现为股权混合深入性与资本保值增值率负相关、提高股权制衡度和国有股比例有利于增加资本保值增值率，所以，混合所有制企业应该构建股东类别较少、制衡程度较高的股权结构，国有股也没有必须实施完全退出的政策。

第八章基于一企一策的角度，选取了竞争性行业的惠而浦（000983）和战略新兴产业的云南白药（000583）进行了案例分析，发现混合所有制改革主流是以非国有资本作为第一大股东，但目前还未取得预期改革效果，其中以美国惠而浦占比51%，合肥市国资委占比23.34%的外资绝对控股的股权结构，虽然资产规模和销售管理能力在上升，但盈利能力、财务管理能力在下降，且存在过度分红的现象；以民营企业家陈发树为第一大股东的云南白药是相对制衡股权结构，盈利能力在放缓、市值在缩水，管理能力在下降，再次表明无论是外资控股还是非国有资本控股，做大国有企业容易，但做强做优国有企业很难。同时，对上海市国资委混合所有制改革的具体做法做了全方位解读，研究发现，借助资本平台进行兼并重组、国有资产证券化是混合所有制改革的主要方式，所以地方国资改革发挥空间更大，更具创新性。

第九章是主要结论、政策建议和未来进一步研究的方向。

目　录

第一章 绪论

第一节 研究背景、研究意义、研究框架

一、研究背景

作为国民经济支柱的国有企业，在我国经济发展中起着举足轻重的作用，国有企业改革也是我国经济体制改革的中心环节。中国国有企业改革已历经 40 余年，经过市场经济的洗礼和锤炼，总体上已同市场经济相融合，其运行质量和国际化程度也在大幅提升，2018 年《财富》公布的世界 500 强，中国已经有 120 家，其中国有企业 84 家（含中央企业 48 家）；2018 年中国企业 500 强中国有企业 263 家，与民营企业平分半壁江山。当然，国有企业仍然存在一些深层次问题急需解决，如体制僵化、竞争力不强、效率低下，等等。2008 年金融危机爆发后，国际经济艰难复苏，局部冲突和动荡频发、全球总需求不足，民粹主义泛滥，贸易保护主义抬头，特朗普带头挑起中美贸易大战，国内制造成本上升，外资工厂大量迁移到东南亚等地，国际产业分工格局正在重塑；国内经济进入新常态，经济运行外部环境复杂严峻，经济下行压力增大，产能严重过剩，实体经济面临供给侧结构性改革和"三去一降一补"的工作任务，国有企业应对能力不够灵活，抗风险能力不够强大，发展质量和效益还不高，而非公有制经济则受规模、技术、融资等方面的制约，创新能力不够强，发展尤为艰难。为此，党的十八届三中全会《中共中央关于全面深化改革若干重大问题的决定》，首次把"混合所有制经济"提到"基本经济制度的重要实现形式"这一重要高度，拉开了

新一轮国有企业改革的序幕。党中央期望通过构建公平、公正的市场平台，通过公有和非公有资本的交叉持股、相互融合实现"国民共进"，以增强国有企业的活力、实力和抗风险能力，提高国有企业的国际竞争力，顺利实现经济结构调整和产业转型升级。与此相适应的国有资产管理体制也必须进行改革，党的十八届三中全会和五中全会都强调以管资本为主加强国有资产监管，《关于改革和完善国有资产管理体制的若干意见》也提出国有资产管理体制从"管人管事管资产"转为"管资本"。这意味着国资管理体制将构建三层架构模式，即国有资产管理的行政层次—国有资本运营的产权层次—国有企业经营的微观层次。可见，在三层架构下，国有资本运营公司如何安排股权结构是关键性的问题，因为股权结构是公司治理的基础，它不仅决定了公有资本与非公有资本的利益分配，而且抉择了公司未来发展战略，裁决了监管目标是否达成。然而，在传统的国资委和国有企业双层架构下，股权结构选择主要考虑公司绩效。但是，三层架构模式下，对资本的考核侧重于优化国有经济布局、实现国有资产保值增值、提高国有经济竞争力，这必然对股权结构选择产生深刻影响。特别是当前把发展混合所有制作为深化国企改革的基本方向，很有必要在新形势下重新审视股权结构选择问题。

（一）国有资产管理体制从二层架构转为三层架构

2013 年 11 月 9 日，党的十八届三中全会发布的《中共中央关于全面深化改革若干重大问题的决定》提出，"完善国有资产管理体制，以管资本为主加强国有资产监管，改革国有资本授权经营体制"。

2015 年 8 月 24 日，中共中央、国务院印发了《关于深化国有企业改革的指导意见》，指出"完善国有资产管理体制，即以管资本为主推进国有资产监管机构职能转变、以管资本为主改革国有资本授权经营体制、以管资本为主推动国有资本合理流动优化配置、以管资本为主推进经营型国有资产集中统一监管"。

2015 年 10 月 25 日，国务院颁布《关于改革和完善国有资产管理体制的若干意见》文件，提出"以管资本为主，重点管好国有资本布局、规范资本运作、提高资本回报、维护资本安全，更好地服务于国家战略目标，实现保值增值"、"将国有资产监管机构行使的投资计划、部分产权管理和重大事项决策等出资人权利，授权国有资本投资、运营公司和其他直接监管的企业行使；将依法应由企业自主经营决策的事项归位于企业"。

2016 年 8 月 30 日，在中央全面深化改革领导小组第二十七次会议上习近平指出"对金融类和非金融类经营性国有资产，要建立健全以管资本为主的国有资产管理体制，优化国有资本布局。对用于实施公共管理和提供公共服务目的的非经营性国有资产，要坚持公平配置原则，引入竞争机制，提高基本公共服务可及性和公平性"。

2017 年 10 月 18 日，党的十九大《决胜全面建成小康社会，夺取新时代中国特色社会主义伟大胜利》报告指出"要完善各类国有资产管理体制，改革国有资本授权经营体制，加快国有经济布局优化、结构调整、战略性重组，促进国有资产保值增值，推动国有资本做强做优做大，有效防止国有资产流失"。

由上述文件可以发现，非金融类经营性国有资产的监督将从"管人管事管资产"模式转为"管资本"模式，为此国有资产管理体制将进行重大改革，从国资委的行政层次—国有企业的微观层次的二层架构转变为三层架构，即国有资产管理的行政层次—国有资本运营的产权层次—国有企业经营的微观层次。

（二）混合所有制改革转到细节制定上

党的十八届三中全会《中共中央关于全面深化改革若干重大问题的决定》提出"积极发展混合所有制经济"，并把它上升到"基本经济制度的重要实现形式"这一重要高度之后，拉开了新一轮国有企业改革的序幕。党中央期望通过公有资本和非公有资本的交叉持股、相互融合实现"国民共进"，以顺利实现经济结构调整和产业转型升级。但政界、企业界和学术界对此理解各异，不同意见、立场和观点争论较为激烈。支持者认为，发展混合所有制是国企改革的重头戏[1][2]，将为国企改革开创新局面[3]，是深化国企改革的突破口和加速器[4]，推动国企管理体制与竞争机制创新[5]，实现"国企实力＋民企活力＝中国企业竞争力"[6]，能加快产业转型[7]，促进各种资本优势互补共同发展[8]，催生局部牛市[9]。

① 王小力：《混合所有制经济是国企改革的重头戏》，《现代物业（中旬刊）》，2014 年第 5 期，第 34 - 35 页。

② 彭建国：《关于积极发展混合所有制经济的基本构想》，《中国发展观察》，2014 年第 3 期，第 20 - 25 页。

③ 石建国：《混合所有制将为国企改革开启新局面》，《福建论坛（人文社会科学版）》，2014 年第 1 期，第 20 - 25 页。

④ 杨瑞龙：《以混合经济为突破口推进国有企业改革》，《改革》，2014 年第 5 期，第 19 - 22 页。

⑤ 池峰：《混合所有制改革中的国企管理体制与竞争机制创新》，《人民论坛》，2014 年第 34 期，第 95 - 97 页。

⑥ 周宏达：《混合所有制激发经济活力》，《中国金融家》，2013 年第 12 期，第 51 - 52 页。

⑦ 管清友：《混合所有制加快产业转型》，《中国石油企业》，2014 年第 5 期，第 32 - 33 页。

⑧ 张卓元：《积极发展混合所有制经济 促进各种资本优势互补共同发展》，《经济理论与经济管理》，2014 年第 12 期，第 5 - 9 页。

⑨ 中秦：《混合所有制改革将催生局部牛市》，《中国证券报》，2014 年 4 月 23 日第三版。

反对者认为，混合所有制不是灵丹妙药①，不会一混就灵，大型国企不缺钱、不缺技术，应保持国有资产的完整性，不应发展混合所有制经济②③。中立者认为，既要积极拥护，也要防止"穿新鞋走老路"④，还要警惕有人故意曲解"混合所有制"⑤，只指大型国企中混入私有资本，绝口不提私人资本里混入国有资本，因此要防止被单维度"私有化"⑥ 和"全盘外化"⑦。

地方政府积极响应党中央号召，积极发展混合所有制经济，及时制定了各种类型国有企业的混合所有制改革推进计划，并配套制定了相应的各种政策方案，但也采取了一些激进做法，下达了一些硬性指标，设定了完成"混合所有制改革"时间进度表，采取了一刀切方案，犯了错误。民营企业家则普遍担心"混合"后失去话语权、私有产权无法得到法律保障；国企领导人则担心被扣上国有资产流失的帽子，双方为此踟蹰不前。目前学者们的研究大多集中在混合所有制经济的内涵、性质、发展必要性，以及争论是走"国退民进"还是"国进民退"的道路等问题上，因此，学术研究成果定性的多，定量的少，实证分析更是滞后于社会实践需要。面对争议，习近平指出："发展混合所有制经济，基本政策已明确，关键是细则，成败也在细则"。因此，在此背景下，学术研究视角应该转到"细则制定上"。

其中，国有资本投资运营公司如何安排混合所有制企业的股权结构是混合所有制改革的关键细节问题，因为股权结构是公司治理的基础，它不仅决定了公有资本与非公有资本的利益分配问题，而且股权比例的多少直接决定了公司未来发展战略，决定了项目投资的方向和产品的发展方向，决定了双方合作的融洽度和融合的深度，决定了国有资产保值增值的监管目标能否达成。然而，在传统的国资委和国有企业双层架构下，主要是考核国有企业的业绩，因此股权结构选择主

---

① 李靖、汤谷良：《混合所有制不是灵丹妙药》，《中外管理》，2014 年第 2 期，第 38 – 39 页。

② 龙斧、王今朝：《国有企业改制和上市不等于"混合所有制经济"——二评"资本混合型企业"的决策科学性》，《社会科学研究》，2015 年第 1 期，第 55 – 66 页。

③ 胡鞍钢、马英钧：《中央企业：从经济支柱迈向世界一流》，《现代国企研究》，2018 年第 Z1 期，第 55 – 56 页。

④ 宁彬、王旸：《发展混合所有制经济要防止"穿新鞋走老路"》，《中国石化》，2014 年第 3 期，第 21 – 22 页。

⑤ 丁冰：《警惕有人故意曲解"混合所有制"》，《国企》，2014 年第 8 期，第 82 – 83 页。

⑥ 丁石：《发展混合所有制经济不是要走私有化道路》，《红旗文稿》，2015 年第 22 期，第 21 – 22 页。

⑦ 李毅中：《发展混合所有制经济要落实到企业做好顶层设计》，《宏观经济管理》，2014 年第 4 期，第 7 – 8 页。

要考虑是否有利于公司绩效的提升。但在三层架构模式下，对资本的考核侧重于优化国有经济布局、实现国有资产保值增值、提高国有经济竞争力，这必然对股权结构选择产生深刻影响。特别是当前把发展混合所有制作为深化国企改革的基本方向，很有必要在新形势下重新审视股权结构选择问题。所以，本书研究非金融类经营性国有资产在国资管理三层架构下的混合所有制企业股权结构选择研究问题。

二、研究意义

（一）学术价值

第一，有助于对中国经济转轨独特性、复杂性和多样性的理解，对准确辨析"中国模式""中国道路"具有参考价值。其他转轨国家进行大规模的国有企业改革，要么是全面私有化，要么是再国有化，在私有化和国有化之间不停摇摆，混合所有制经济这种制度安排并没有上升为其主流的改革策略。而欧美等老牌市场经济国家，虽然某个阶段，譬如2008年金融危机时期，政府直接注资或者入股银行，也存在混合持股的现象，但危机过后多数政府股份都退出了银行，让位于市场经济，所以对国有企业改革主要采取的是私有化道路。中国政府自1984年开始就把国有企业改革作为经济转轨的中心环节，对混合所有制经济的探索就未停止过，而把其作为一项重要的国有企业改革战略，这在其他国家还找不到现成参考经验，因此混合所有制经济独具中国特色。本书基于相关文献回顾的基础上，研究了国内外国有资产管理体制，指出中国三层架构的核心是国有资本投资运营公司，对其考核的主要指标是国有资本保值增值率，但要预防其成为"二政府"。对中国混合所有制经济的发展历程和绩效情况进行了评价，发现广义的混合所有制企业效率非常高，狭义的混合所有制企业效率与其他类型企业相比，并不低下，所以应该积极发展混合所有制经济。以国泰安CSMAR4.0里的国有股权拍卖数据为样本，基于控制权转让视角，探寻混合所有制企业中已经发生国有股权转让的企业背后股权转让的动机是什么，我们发现国有股权转让的对象以非公有制企业为主，存在"靓女先嫁"和"利益侵占"现象，所以背后的机理应该是国有企业产权的私有化改革。那么国有股权转让后的混合所有制企业绩效如何？继续以国泰安CSMAR4.0里的国有股权拍卖数据为样本，实证后发现，国有股权转让后企业效率并没有相应提升、宏观税赋也没有提高，但资产保值增值效果很好，所以不符合提升企业效率的"效率论"，也不符合提高财政收入的"财政论"，而是符合国资管理三层架构下资本保值增值的目的，即符合"政治论"。

同时以 2008～2017 年混合所有制企业为样本,采用面板 IV 的方法,分析混合所有制企业股权结构安排与资本保值增值率的关系,发现很难在混合所有制企业找到一种普适的最优的股权结构,最好一企一策,但大多数情况支持少数不同类型的大股东、股权比例比较接近的互相制衡的股权结构。从一企一策的角度,研究了竞争性行业的惠而浦和战略新兴产业的云南白药的个案分析,发现改革并未取得预期效果。其中,以美国惠而浦占比51%,合肥市国资委占比23.34%的外资绝对控股的股权结构,其盈利能力、财务管理能力都在下降,且存在过度分红的现象,可能与大股东有收回成本的诉求有关;不缺资金,也不缺技术的云南白药被云南省纳入混合所有制企业改革对象,被从未从事过医疗卫生行业的新华都入股成为第一大股东,但改革后其盈利能力在放缓、管理能力在下降、市值在缩水,也未达到预期效果。因此,混合所有制企业的股权结构安排是个复杂的过程,受多种因素影响,甚至受到政府直接干预或直接主导,并没有统一标准。以上海市国资委为例,对如何进行混合所有制改革做了全方位探索,发现地方国资改革发挥空间更大,更具创新性。总之,本书以社会实际问题为导向,具有学术研究价值。

第二,研究内容存在系统性,具有学术交流价值。虽然最近几年关于混合所有制经济的文章呈爆发性增长,但定性研究多,定量研究少。本书基于实证分析视角,以已经发生混合所有制企业的国有股权拍卖数据库为样本,基于控制权转让视角,探寻国有企业股权转让的背后机理和股权转让后的效果,以及收集2008～2017年已经存在的混合所有制企业样本,实证分析股权结构与国有资本保值增值率的关系。同时,从案例研究角度剖析惠而浦和云南白药股权结构安排特点及其效果,探析上海市国资委如何具体进行混合所有制改革,是对如何发展混合所有制经济的整体考量,因此本书内容具有系统性,具有学术讨论和交流价值。

第三,打开了实证研究视角,具有抛砖引玉作用。本书主要是采用实证分析的方法研究混合所有制企业的股权结构的选择规律,比较我国当前混合所有制企业的优劣势,研究混合所有制企业的已经发生的国有股权转让的背后机理,探析国有股权转让之后的效率表现,探寻混合所有制企业股权结构选择的一般规律和个案特征,以及剖析惠而浦、云南白药、上海市国资委进行混合所有制改革的具体操作方法,可以为后来研究者打开视野,研究诸如政府如何对国有投资运营公司放权问题、如何理解混合所有制企业里的政商关系、如何实施员工持股制度、如何建立职业经理人制度、如何建设董事会等问题。可以说,这一领域的实证研究才刚刚开始，并无多少现成文献可以参考，本书可以起到抛砖引玉的作用。

（二）应用价值

第一，有利于积极稳妥发展混合所有制经济。以 2008～2017 年上市公司的混合所有制企业为样本，实证分析股权结构安排与资本保值增值率的关系，发现很难找到一种普适的最优的股权结构，需具体情况具体分析，所以应该一企一策。从一企一策的角度，研究了竞争性行业的惠而浦和战略新兴行业的云南白药，发现混合所有制改革以后，并未取得预期效果。相反，我们要警惕一些地方政府的激进做法，提出了一些硬性指标，采取了一刀切的方案，设置了时间表。同时，要警惕在一片改革声浪中，造成国有资产再次巨额流失的问题，因此我们要积极稳妥地发展混合所有制经济。

第二，有利于进行国有资产管理体制改革。虽然中国改革开放已经有 40 余年的历史，经济体制上的国有企业总体上也已经同市场经济相融合，但政治体制上的国有资产管理体制改革却稍显滞后，国有资产管理"缺位""越位""错位"问题仍然突出，时而偏离市场经济轨道，影响了国有资本效率的发挥。当前深化我国国有企业改革，必须要抓住执"牛耳"的国有资产管理体制改革，完善与市场经济相适应的国有资产管理体制，从而增强国有经济实力和国有企业竞争力。可见，健全完善国有资本监管体制，意义重大。本书从国资管理体制的三层架构视角，研究混合所有制企业的股权结构选择问题，对如何预防国有投资运营公司成为"二政府"具有警示意义，对如何厘清政府所有权与国有投资运营公司的经营权之间的界限具有参考价值，所以通过本书的研究，有利于稳步推进国有资产管理体制改革。

三、研究框架

按照混合所有制企业现状描述—基于控制权转让视角的混合所有制企业国有股权转让的作用机理—基于控制权转让视角的混合所有制企业国有股权转让的效果—股权结构选择的实证分析—案例分析—对策建议的研究思路，重点解决国资管理的三层架构和混合所有制经济"是什么"，国资管理三层架构"为什么"作用于混合所有制企业的股权结构，"是怎样"和"该如何"选择股权结构的系列问题，具体路线如图 1 - 1 所示。

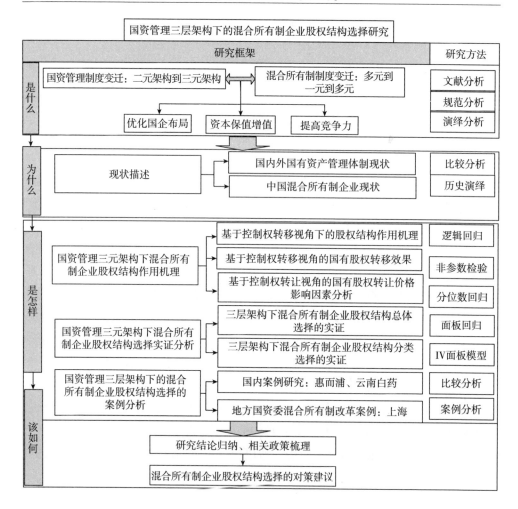

图 1-1 技术路线

第二节 研究内容、研究方法、创新点、不足之处

一、研究内容

本书共分为九章,其主要内容安排如下:

第一章绪论。主要是选题研究背景、研究意义、研究框架、研究内容、研究

方法、可能的创新点和不足之处。

第二章概念界定与文献回顾。首先对本书相关概念进行界定，对混合所有制经济的性质进行确定；其次对国有资产管理体制、发展混合所有制经济的必要性、理论支撑、路径、效率评价和股权结构五个方面进行了国内外文献回顾和述评，从而提出本书需要研究的问题。

第三章国内外国有资产管理体制研究。首先对美国、德国和新加坡的国有资产管理体制进行了研究；其次对中国国有资产管理体制的发展历程、如何构建国有资产管理的三层架构做了理论分析。

第四章中国混合所有制经济发展现状研究。首先分析了混合所有制经济发展历程，然后对历年《中国统计年鉴》相关数据进行整合，对广义的混合所有制企业总体现状进行描述；其次收集上市公司的微观数据，从微观效率和宏观效率角度，全面考察狭义的混合所有制企业的效率状况，以为发展混合所有制政策制定和落实提供初步数据支撑。

第五章基于控制权转移视角的混合所有制企业股权结构作用机理研究。以国泰安 CSMAR4.0 里的国有股转让数据为样本，实证分析混合所有制企业进行国有股转让的动机是提高企业效率的"效率论"，还是提高地方财政收入、弥补财政亏损的"财政论"，还是契合党的十八届三中全会提出的优化国有资本布局、促进国有资本保值增值的"政治论"，还是符合大股东进行利益侵占的"侵占论"，以凝练和归纳出混合所有制企业股权结构的作用机理。

第六章基于控制权视角的国有股权转让效果和转让价格影响因素分析。首先以国有股转让数据为样本，实证分析混合所有制企业进行国有股权转让后的效果，是实现了企业效率提高，还是促进了国有资本保值增值抑或是提高了地方财政收入；其次以国有股转让数据为样本，实证分析国有股转让价格的影响因素，以探析其中股权结构的作用机理。

第七章三层架构下混合所有制企业股权结构选择的实证分析。以 2008～2017 年的上市公司的混合所有制企业为样本，首先从整体上研究三层架构下混合所有制企业股权结构的选择规律；其次按照终极控制人类型、是否垄断行业和股权制衡类型考察不同分类情况下，混合所有制企业股权结构分类选择的一般规律。

第八章三层架构下的混合所有制企业股权结构选择的案例分析。首先从分类推进混合所有制改革的视角，选取竞争性行业的家电企业惠而浦和战略性新兴产业的云南白药两个公司，对其股权结构安排和效果进行案例分析；其次从地方国资委角度，选取上海市国资委，解剖其进行混合所有制改革的具体做法，以进一步分析如何发展混合所有制经济。

第九章结论和政策建议。首先对主要研究结论进行总结；其次提出相应的政策建议；最后指出未来进一步研究的方向。

二、研究方法

除了采用常用的文献分析和归纳演绎等方法外，本书重点采用以下方法：

第一，比较分析法。该方法贯穿着整个研究过程。首先比较国内外的国有资产管理体制，然后比较广义和狭义的混合所有制企业效率的高低；其次比较混合所有制企业进行国有股权转让的背后动机、转让后的效果；最后比较不同类别混合所有制企业股权结构选择规律，甚至对惠而浦和云南白药也进行了横向和纵向比较分析，等等。可以说比较分析方法贯穿着整个研究过程。

第二，案例分析法。从分类推进混合所有制改革角度选取了充分竞争行业的惠而浦上市公司和战略新兴产业的云南白药；从地方推进混合所有制改革角度，选取了上海市国资委进行了案例分析。

第三，计量方法。本书以数据为基础，以实证分析为主，采取了不同的计量方法，诸如参数检验、非参数检验、混合回归、面板回归、面板 IV 模型、分位数回归、逻辑斯蒂回归等计量方法。

三、创新点

（1）研究视角的新颖性。大部分文献都是从定性的角度研究混合所有制经济发展的必要性、理论基础和发展路径，即使是研究混合所有制企业的股权结构安排问题，多数学者都是构建数理模型进行各种模拟，或者采用财务效率指标实证分析混合所有制企业股权结构与绩效的关系，还较少有学者从国资管理的三层架构视角，以资本保值增值率为因变量，分析混合所有制企业股权制衡度、股权混合深入性、国有股比例的合适比例，所以，本书具有一定的新颖性。

（2）研究内容的新颖性。本书尽量使用最新数据，所以研究内容具有时效性。比如，比较混合所有制企业效率高低，横向和纵向比较惠而浦和云南白药进行混合所有制改革前后的效率变化，等等。以混合所有制企业股权结构选择为切入点，以国资管理的三层架构为背景，基于混合所有制企业已经发生的国有股权转让的数据为样本，实证研究混合所有制企业发生国有股权转让的动机是"效率论"，还是"财政论"，"政治论"，还是"侵占论"，以凝练和归纳混合所有制企业股权结构作用机理。以混合所有制企业股权结构选择为切入点，以国资管理体制的三层架构为背景，收集最新年度的上市公司数据，实证分析混合所有制企业的资本保值增值率与股权结构的关系，探寻混合所有制企业股权结构分类选择的一般规律，等等。所以研究内容具有一定的新颖性。

四、不足之处

虽然近几年有关混合所有制经济研究的文献呈爆发性增长，但实证研究的文献并不多，本书也是在摸索中完成。因笔者水平有限、时间有限，还存在以下几点不足：

第一，对发展混合所有制经济的理论基础没有深入研究。虽然政府干预理论、西方产权理论和马克思主义理论等，都对发展混合所有制经济有了各种理论阐释，但本书没有把它们有机结合起来，特别是对中国化的混合所有制经济的理论研究并未展开，存在较大缺陷。

第二，只从控制权转让视角研究了混合所有制企业股权结构的作用机理，还没有从关联交易、过度投资、掠夺性分红等角度进一步研究，后续还要进一步完善。

第三，混合所有制企业股权结构选择一般规律的实证分析，自变量只考虑了一部分因素，可能还有所遗漏。原本设想收集平衡面板数据，建立门槛面板模型，以找出不同的门槛的适宜的混合所有制企业的股权结构比例，但受限于数据，这种方法没有用上，下一步可以在这方面进行改善。

第四，案例分析还局限于材料堆积，深度不够，还需进一步完善。

第二章 概念界定与文献回顾

本章首先界定国有资产、国有资产管理、国有资产管理体制、混合所有制经济、股权结构的概念，它帮助我们厘清全文的基本概念；其次对国内外有关国有资产管理和混合所有制经济的文献进行了回顾，主要从国有资产管理历程、国有资产管理存在的问题、国内外国有资产管理体制比较、如何建立国有资产管理体制、发展混合所有制经济的必要性、理论基础、路径、效率评价、股权结构等方面展开，它构成了本书的研究基础，并成为本书研究的起点。

第一节 概念界定和性质确定

一、国有资产管理体制相关概念的界定

（一）国有资产相关的概念和分类

1. 国有资产概念

国有资产在百度的解释是指属于国家所有的一切财产和财产权利的总称，由国家代表全体人民拥有，它有广义和狭义之分，其中广义的国有资产是指属于国家所有的各种财产、物资、债权和其他权益，包括国家以各种形式投资及其获取的收益，拨款、接受馈赠、凭借国家权力取得或者依据法律认定的各种财产或财产权益（刘忠俊，2002）[①]，分为经营性国有资产、非经营性国有资产、资源性

---

① 刘忠俊：《中国国有资产管理体制改革与创新》，经济科学出版社 2002 年版。

国有资产（王丹莉，2016①）；狭义的国有资产是指为国家所有的并能为国家提供未来效益的各种经济资源的总和，主要是指经营性国有资产（侯丽艳，2012）②。商玉琴（1993）③ 定义的国有资产是指属于全民所有及国家所有的一切财产和财产权利的总和，它是基于国家权力的行使而依法取得和认定的，或者国家以各种形式对企业投资及投资收益形成的，以及国家拨款、接受赠予等形成的各种财产和财产权利，因而是广义上的国有资产。刘远航（2003）④ 将国有资产界定为作为生产要素投入生产经营活动的财产，因而特指狭义的国有资产，即经营性国有资产，属于商品经济的范畴。

2. 国有资产分类

国有资产存在形态各种各样，主要分为实物形态、货币形态和股权形态三类。其中实物形态的国有资产主要包括全部资源形态的国有资产（如土地、矿藏、山林、河流等）、企业和行政事业单位拥有的实物资产（如厂房、机器设备、办公设施、原材料、产成品等）、国家投资建成的基础设施等。货币形态的国有资产主要是指以货币、货币等价物及各类投资基金形态存在的国有资产。股权形态的国有资产是指国有独资公司的全部股权和其他国家出资企业中的国有股权，持股方可以是政府部门，也可是行政事业单位，还可以是政府授权的出资机构（文宗瑜和袁媛，2010）⑤。

国有资产按照占有主体使用分类，分为企业国有资产、行政事业性国有资产和资源性国有资产。依据 2006 年财政部颁布的相关规定，各级财政部门是政府负责行政单位和事业单位国有资产的职能部门，其中，事业单位的主管部门负责对所属事业单位的国有资产进行监督管理；资源性国有资产的主管部门比较复杂，实行中央统一所有，中央和地方政府分级管理，管理职能分散在多个部门中，如生态环境部、水利部、国土资源部、农业部、林业部、能源局、旅游局、海洋局等十几个相关的部门。根据 2008 年 10 月 28 日颁布的《中华人民共和国企业国有资产法》规定，企业国有资产的主管单位是由国务院、省、自治区、直辖市人民政府，设区的市、自治州级人民政府国有资产管理委员会行使所有权的

① 王丹莉：《新中国国有资产管理模式的演变——从全面介入到两权分离》，《当代中国史研究》，2016 年第 5 期，第 16－26 页。

② 侯丽艳：《经济法概论》，中国政法大学出版社 2012 年版。

③ 商玉琴：《对国有资产管理体制改革的思考》，《财贸经济》，1993 年第 1 期，第 55－58 页。

④ 刘远航：《我国国有资产管理体制的模式选择》，《经济学家》，2003 年第 2 期，第 55－61 页。

⑤ 文宗瑜、袁媛：《经营性国有资产管理》，经济科学出版社 2010 年版。

职责（刘玉平，2018）①。

国有资产按照性质分为经营性国有资产、非经营性国有资产、资源性国有资产（刘玉平，2018）②。其中，经营性国有资产是指政府投入到社会生产领域从事生产经营活动、以营利为目的的国有资产，包括金融性的经营性国有资产和非金融性的经营性国有资产。金融性的国有资产是指在金融领域从事经营活动归国家所有的资产，广泛分布在国有银行、证券公司、信用担保公司、保险公司等领域，它除了以营利为目的外，还具有一些特殊特点：首先，金融是现代经济的血液，它与实体经济互为依托、相互促进，资金运动方向引导着物质资源运动方向，所以金融性国有资产的质量直接关系到国民经济的运行效率；其次，金融成为沟通整个社会经济生活的命脉和媒介，所以当金融某个环节出现问题，可能对整个金融系统运行都带来风险，甚至导致社会经济秩序的混乱，危及国家经济安全，不容忽视。目前金融性国有资产管理仍处于多部门管理的状态，由财政部、中国人民银行、银监会、保监会、证监会和组织部、中央汇金投资有限责任公司等多方进行管理。除了金融性的经营性国有资产以外的资产统称为非金融性经营性国有资产，包括各类国有企业和行政事业性具有营利性质的国有资产，比如各类国有独资企业、国有控股企业、国有参股企业和医院、高等教育学校、公办幼儿园等国有资产。非经营性国有资产是指不以营利为目的的国有资产，包括国家行政机关与非企业化事业单位进行社会行政与经济管理活动所占用的国有资产，具体是指由国家拨款建设的政府机构、人民团体、军队、文化、教育、卫生、公检法等行政事业单位所占用的非经营性财产，以及接受馈赠、无主财产等法律认定的财产（刘忠俊，2002）③。资源性国有资产是指土地、河流、山川、盆地、森林、矿藏、海洋等自然资源。

国有资产按照所处地域分为境内国有资产和境外国有资产。境内国有资产是指在中国境内的国有资产，包括在港澳台地区投资形成的国有资产，境外国有资产指中国在境外投资形成的国有资产。

国有资产按照国有资产管理体制分为中央政府管理的国有资产和地方政府管理的国有资产。其中，由国务院代表国家履行出资人职责，管理的资产为中央国有资产，包括关系国民经济命脉和国家安全的大型国有及国有控股、国有参股企业，重要基础设施和重要自然资源等领域的国有控股、国有参股企业。地方政府

---

① ② 刘玉平：《国有资产管理》，中国人民大学出版社 2018 年版。

③ 刘忠俊：《中国国有资产管理体制改革与创新》，经济科学出版社 2002 年版。

管理的国有企业是指省、自治区、直辖市人民政府、设区的市、自治州级人民政府分别代表国家对由国务院履行出资人职责以外的国有控股、国有参股企业（刘玉平，2018）①。

（二）国有资产管理体制相关的概念

1. 国有资产管理的概念

国有资产管理，是指国家对国有资产所有权的行使，管理权限的划分，资产的保值增值，收益的享有、处分等进行的监督（侯丽艳，2012）②，是国家代表全体人民，通过制定的法律法规和制度对各类国有资产进行投资、经营、使用、组织、协调、监督、控制、收益分配、资产评估、登记、界定等一系列活动的总称（刘玉平，2018）③，是规定和处理国有所有者、国有资产所有者代表、国有资产经营者各方相互关系，以及推行何种激励与约束相统一的方式方法（刘忠俊，2002）④。

2. 国有资产管理体制的概念

国有资产管理体制，百度百科的解释是关于国有资产管理机构设置、管理权限划分和确定调控管理方式等方面的基本制度体系，是国民经济管理体制的有机组成部分，是管理过程中产权关系的具体表现形式，也是国家所有制的具体实现形式，它是正确地划分各级政府和各级、各类国有资产管理机构的职责权限，是国有资产管理体制的核心内容，也是完善国有资产管理体制的需要目标。

国有资产管理机构包括国有资产监督管理委员会和专门管理机构、国有资产运营机构、国有资产经营单位。党的十六大指出，"建立中央政府和地方政府分别代表国家履行出资人职责，享有所有者权益，权利、义务和责任相统一，管资产和管人、管事相结合的国有资产管理体制"，搭建的管理模式是国有资产监督管理委员会—国有资产经营单位，属于二层架构，它的优点是明确了国有资产主管部门为国有资产监督管理委员会，改变了"九龙治水"的局面，解决了国有资产出资人虚位的问题。党的十八届三中全会提出"以管资本为主加强国有资产监管"，构建的是国有资产监督管理委员会—国有资本运营和投资企业—国有资产经营单位三层架构。

国有资产分为经营性国有资产、行政事业性国有资产和资源性国有资产，本

---

①③ 刘玉平：《国有资产管理》，中国人民大学出版社 2018 年版。

② 侯丽艳：《经济法概论》，中国政法大学出版社 2012 年版。

④ 刘忠俊：《中国国有资产管理体制改革与创新》，经济科学出版社 2002 年版。

书不讨论行政事业性国有资产和资源性国有资产。由于经营性国有资产又分为金融类经营性国有企业资产和非金融类经营性国有企业资产，其中金融类经营性国有企业资产的主管部门是财政部，包括中央财政部和地方财政部，非金融类经营性国有资产的主管部门是国务院国资委、各级地方政府和地方国资委、财政部、局和中央各部委、局，因此本书讨论的是狭义的国有资产，即经营性国有资产，而且只研究经营性非金融类国有资产，不研究经营性金融类国有资产。因为不论是在计划经济时期，还是在改革开放以后，这都是国有资产中最重要的一个构成部分，也是我们分析国有资产管理时最需要关注的内容（王丹莉，2016）①。

二、混合所有制经济概念的界定

（一）国外混合所有制经济概念

经过几百年的发展，西方资本主义国家发展模式主要分为莱茵模式（西欧、北欧资本主义国家）和盎格鲁—撒克逊模式（英国、美国资本主义国家）（程恩富和谢长安，2015）②。但在 20 世纪 70 年代世界经济发生"滞胀"现象，表明凯恩斯政府极端干预主义的失败，以及 2008 年金融危机显示新自由主义鼓吹的国家无政府主义失败，都说明无论是哪一种资本主义经济模式，都不能使用单一所有制的市场经济模式，而应该使用混合所有制经济模式。但迄今为止，关于混合经济或混合所有制经济，国外还没有一个统一公认的定义。凯恩斯认为，通过加强政府对经济的干预，让国家的权威与私人的策动力互相合作，可以医治资本主义经济危机与失业等痼疾③，这是有关"混合经济"的最初思想。汉森继承了凯恩斯的这一观点，他在1941 年发表的《财政政策和经济周期》一书中，较系统地解释了"混合经济"的含义。他认为，从 19 世纪末期以后，大多数资本主义国家的经济就开始逐渐变为私人经济和社会化经济并存的"公私混合经济"或者"双重经济"。汉森认为，这种"混合经济"具有双重的意义，即生产领域的"公私混合经济"（国有企业与私人企业并存）和收入与消费方面的"公私混合经济"（公共卫生、社会安全和福利开支与私人收入和消费的并存）④。汉森的

---

① 王丹莉：《新中国国有资产管理模式的演变——从全面介入到两权分离》，《当代中国史研究》，2016 年第 5 期，第 16－26 页。

② 程恩富、谢长安：《论资本主义和社会主义的混合所有制》，《马克思主义研究》，2015 年第 1 期，第 51－61 页。

③ （英）约翰·梅纳德·凯恩斯：《就业、利息和货币通论》，徐毓枏译，译林出版社 2014 年版。

④ 王荣森：《从大时代角度看混合所有制》，《决策探索（下半月）》，2014 年第 9 期，第 44 页。

学生萨缪尔森也是凯恩斯理论的积极推广者之一，他专门论述了"混合经济的力量"①。他认为，混合经济的力量在于混合，人类干预可以调动和控制市场这匹狂奔的骏马，不至于让它迷失方向和偏离目标太远。美国企业史学家钱德勒也认为，从19世纪末期以后，多数西方国家的经济就开始逐渐变为"公私混合经济"。钱德勒在《看得见的手》中，列举了八个论点论述管理协调"有形的手"取代市场机制"无形的手"。在钱德勒看来，管理协调这只"看得见的手"，相比市场协调这只"看不见的手"而言，能够带来更大的生产力和丰厚的利润，能够提高资本的竞争力，由此管理的变革会引发生产和消费的显著提高②。瑞典经济学家埃克隆德（1989）在分析混合所有制经济时认为，由于"国家干预经济和纯粹市场经济的模型都存在着严重的缺陷，因此在实际经济运行中，国家多是市场调节和政府干预并存的混合所有制经济形式"③。总之，"混合经济"在西方经济学界实质上就是国家干预的、以私人经济为基础的市场经济，是把"看得见的手"和"看不见的手"结合起来的经济。因此，从政治角度定义是指国家干预的资本主义市场经济，从非政治化角度定义是指公共和私人所有权以及规划和市场结合的经济。

（二）国内混合所有制经济概念

国内学者对其称呼并不统一，大致有"混合经济""混合所有制""混合所有制企业""混合所有制经济"。目前比较权威的定义是指同一个经济组织中，不同所有制的产权主体多元投资、交叉持股、融合发展的经济形式，它既可以描述一个国家或地区，也可以描述一个企业组织。王永年（2004）④认为，有广义和狭义的混合所有制经济，广义是指一个国家或地区之间，不同所有制主体之间，如国有经济、集体经济、私人、民营、外资等构成的经济关系；狭义是指同一企业内不同所有制的投资者共同投资联合组建而成的企业。朱光华（2004）⑤把混合所有制经济分为宏观和微观，宏观是指社会所有制结构的多种所有制并存，我国以公有制为主体，多种所有制共同发展的格局，就是一种宏观的混合所有制；微观是指不同所有制联合形成的企业所有制形态，可称为企业的混合所有

① 萨缪尔森：《混合经济的力量》，沈耀庚译，《现代外国哲学社会科学文摘》，1983年第8期，第30－31页。

② 王荣森：《从大时代角度看混合所有制》，《决策探索（下半月）》，2014年第9期，第44页。

③ （瑞典）克拉斯·埃克隆德：《瑞典经济——现代混合经济的理论与实践》，刘国来译，人民大学出版社1989年版。

④ 王永年：《广义混合所有制概念辨析》，《江淮论坛》，2004年第6期，第21－24页。

⑤ 朱光华：《大力发展混合所有制：新定位、新亮点》，《南开学报》，2004年第1期，第3－5页。

制，因此王永年的广义与朱光华的宏观、王永年的狭义与朱光华的微观概念比较接近。葛扬（2004）[①] 指出，混合所有制经济不仅包括多种所有制形式和经济成分并存的外生型混合所有制经济，还包括不同所有制性质归属的资本在同一企业中的"混合"内生型混合所有制经济，所以葛教授的外生型、内生型混合所有制经济分别对应于宏观、微观的混合所有制经济。卫兴华早在 2004 年就指出，混合经济是公有制经济与私有制经济的混合，带有公有制性质[②]。刘泉红（2014）[③] 继承和发扬了卫兴华（2004）的观点，把混合所有制企业又分为广义和狭义，其中，广义是指两种或两种以上的所有制经济成分通过股份制、联营等形式，成立有限责任公司或股份有限公司，共同从事生产经营活动的所有制形式，包括国有企业与国有企业的混合，国有企业与集体企业的混合，国有企业与民营企业的混合，国有企业与外资企业的混合，民营企业与外资企业的混合，等等；狭义是指有国有经济成分参与的混合所有制经济，因此，广义的混合所有制经济混合产权中不一定包含国有经济成分，而狭义的混合所有制经济的混合产权中一定包含国有经济成分。但朱光华（2004）[④] 把混合所有制经济划分为三类，即公有制和私有制的混合、公有制与个人的混合、国有企业与集体企业的混合，它们的分法既不是刘泉红（2014）的广义划分，也不是她的狭义划分，因为广义里面少了私有制之间的混合类型，狭义划分又多出了国有企业与集体企业的混合。国务院国资委采纳了刘泉红（2014）狭义的概念，并成为官方正式解释。因此本书混合所有制经济从宏观层面是指各种合资、合作经济的所有制结构；微观层面仅指公有资本与非公有资本混合的合资、合作、股份经济，其实质是指混合所有制企业。常修泽（2018）[⑤] 把混合所有制经济概念界定为宽、窄、中三个层面，即宽，全社会层面的多种所有制共同发展；窄，微观细胞单位的混合所有制企业；中，重点领域的"混合所有制经济" + 微观细胞的混合所有制企业。

总之，国外强调的是混合所有制经济宏观概念，指国家干预的资本主义市场经济；国内是针对所有制结构"单一性、封闭型和凝滞性"的弊端，提出了发展混合所有制经济，看重的是混合所有制经济的微观概念，实质是指公有资本与

---

① 葛扬：《马克思所有制理论与现代混合所有制经济》，《当代经济研究》，2004 年第 10 期，第 18 - 22 页。

② 卫兴华：《简论所有制与股份制的联系与区别》，《当代财经》，2004 年第 2 期，第 5 - 7 页。

③ 刘泉红：《以混合所有制经济为载体深化国企改革》，《前线》，2014 年第 2 期，第 16 - 18 页。

④ 朱光华：《大力发展混合所有制：新定位、新亮点》，《南开学报》，2004 年第 1 期，第 3 - 5 页。

⑤ 常修泽：《我对混合所有制经济的几点看法》，《经济参考报》，2018 年第 1 期。

非公有资本混合的混合所有制企业。虽然国内外称呼不同，内涵不一致，但从世界范围来看，发展混合所有制经济是时代趋势①②。本书的混合所有制经济是指狭义的或微观概念，即指混合所有制企业。

三、股权结构概念的界定

股权结构是公司治理结构的基础，它决定了企业的组织架构，并左右了企业战略发展方向和利益分配方式，最终决定了企业行为和绩效，因此股权结构如何选择非常重要。特别地，对于混合所有制企业，公有资本与非公有资本追求目标带有天然的不一致性，公有资本在追求企业效率的同时还必须关注社会福利问题，而非公有资本只是以利润最大化为目标。很显然，混合所有制企业如何通过股权结构安排实现资源最优配置、内部运行流畅成为混合所有制经济改革的关键问题之一。

股权结构有两层含义：第一层是指不同性质股东所持股份的比例及其相互关系，如国有股、法人股、民营股和外资股等，以及流通股和非流通股；第二层是指股权集中度，即前十大股东持股比例。本书以中国上市公司数据为样本时，是按照终极控制股东类型，将股权结构划分为中央政府终极控制的混合所有制企业、地方政府终极控制的混合所有制企业和社会法人控制的民营企业。

第二节　文献综述

一、有关国有资产管理体制的文献回顾

我们通过知网检索篇名为"国有资产管理体制"的文献，结果如图 2 - 1 所示，发现学术关注度 2003 年为最高峰，当年发文 1103 篇，这是因为 2003 年成立了国务院国有资产管理委员会；另一个小高峰是 1996 年，发文 546 篇，这是因为国家经贸委颁布了《关于 1996 年国有企业改革工作的实施意见》和《关于

---

①　王荣森：《从大时代角度看混合所有制》，《决策探索（下半月）》，2014 年第 9 期，第 44 页。

②　程恩富、谢长安：《论资本主义和社会主义的混合所有制》，《马克思主义研究》，2015 年第 1 期，第 51 - 61 页。

放开搞活国有小型企业的意见》，落实了《国有资产管理体制改革与近期工作纲要》，首次提出"搞好大的，放活小的"的现代企业制度，对国资管理也从静态监管转为动态管理，成立了地方国有资产管理委员会，先后出现"上海模式""深圳模式""珠海模式"，引发了一轮研究热潮；党的十八届三中全会之后，国有资产从"管人管事管资产"转变为"管资本"，但学术研究一直稳定在每年200多篇，没有形成一个热点问题，这表明国有资产管理的三层架构模式还未引起重视。图2－2表明有关国有资产管理体制的研究主要分布于宏观经济管理、企业经济和经济体制改革等学科领域，从其相关词国有资产、国有资产管理、管理、管理体制和行政事业单位（见图2－3）也可以判定其学科归属与图2－2接近。

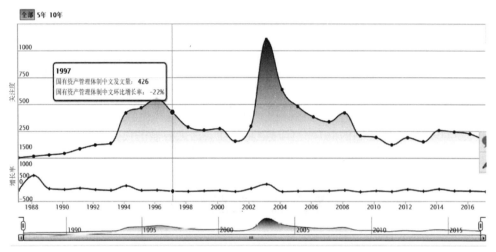

图2－1　1987～2017年国有资产管理体制中文发文趋势

其中，最早研究的10篇文献如图2－4所示，最新研究的10篇文献如图2－5所示，最经典的10篇文献如图2－6所示。

从图2－4～图2－6大致可以看出，国有资产管理体制的研究脉络，从最初的对国有资产管理体制的初探和基本设想，到对国有资产管理体制的完善和提升，体现着国有资产管理从摸索走向成熟的过程。由图2－6可知，这10篇热门文献都是著名学者和政府官员，其中黄群慧被引用最多，然后是刘纪鹏、李荣融和陈清泰，所以下面文献回顾要详细介绍这10篇文献，从3个方面进行文献回顾。

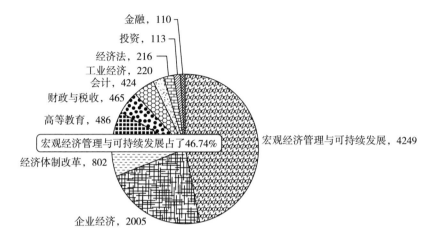

图 2－2　国有资产管理体制的学术研究学科分布（单位：篇）

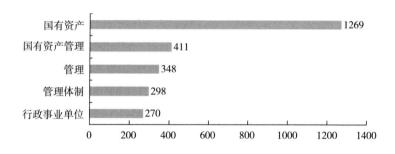

图 2－3　国有资产管理体制相关词（单位：篇）

题名	作者	来源	年/期	下载	被引
深圳特区经济改革深化论	王守仁	特区经济	1987/05	18	0
理顺国有企业财产关系的基本思路	李国中	武汉财会	1987/12	8	0
关于建立国有资产管理体系的几种观点、设想的综述	吴限;	财政研究	1988/01	20	0
关于改革国有资产管理办法的几个问题	李小波	财政研究	1988/01	11	0
建立国有资产管理体系及其财政问题	宫子敏	武汉财会	1988/01	18	0
国有资产管理体制改革初探	吴人希;裴世实	财政	1988/06	11	0
改革国有资产管理体制的基本设想	徐放鸣;王洪	财政研究	1988/04	10	0
国有资产管理改革初探	吴人希;裴世安	上海会计	1988/04	16	0
两权分离后,对国有固定资产管理的探讨	李国壁	经济问题探索	1988/04	13	0
国有资产管理体制研讨会综述	余学文;	武汉财会	1988/04	20	0

图 2－4　国有资产管理体制最早的 10 篇文献

题名	作者	来源	年/期	下载	被
浅谈东北地区加强和规范行政事业单位国有资产管理	宿娅;	中国集体经济	2018/15	1	
大文化管理体制的组织法构建	钱宁峰;	求是	2018/03	1	
完善行政事业国有资产管理机制	徐文勇;	中国国际财经(中英文)	2018/09	4	
国有资产管理和监督存在的问题及对策	赵石;	经济师	2018/05	4	
建立健全以治理为核心目的导向的社会组织法人财产权制度——以十大全国性行业商会政会脱钩转型为例	贺煜森; 余祥; 李鋭敏;	中国市场	2018/12	16	
企业国有资产管理体制创新研究	徐文勇;	企业改革与管理	2018/08		
天津河西区区属国有企业发展问题研究	田飞;赵青;	天津经济	2018/04	1	
突出导向 健全体系 不断提升国有资产管理水平		中国机关后勤	2018/04	5	
关于黑龙江垦区国有资产监管的调研报告	阎明明;朱崇明,王洪波,王大庆;	农场经济管理	2018/04	3	
行政事业单位资产管理与预算管理相结合的途径探究	谢传顺;	行政事业资产与财务	2018/07	3	

图 2 – 5　国有资产管理体制最新的 11 篇文献

题名	作者	来源	年/期	下载	被引
新时期的新思路:国有企业分类改革与治理	黄群慧;余菁;	中国工业经济	2013/11	5927	128
我国公共体育场馆经营现状及管理体制改革研究	徐文强;陈元欣;龚洪波,王健;	成都体育学院学报	2007/03	2224	120
论建立我国国有资本经营预算制度	李燕	中央财经大学学报	2004/02	866	111
论新时期全面深化国有经济改革重大任务	中国社会科学院工业经济研究所课题组;黄群慧;黄速建;	中国工业经济	2014/09	13715	106
论国有资产管理体系的建立与完善	刘纪鹏	中国工业经济	2003/04	1205	103
关于城市经营的研究与思考	陈云松;王巍	城市规划	2002/02	647	90
构建国有资产管理新体制	胡家勇	经济学动态	2002/01	271	83
宏大的工程 宝贵的经验——记国有企业改革发展30年	李荣融	求是	2008/18	1270	78
国有资产管理体制改革的深层思考	张治栋,榕亚达	中国工业经济	2005/01	2076	70
深化国有资产管理体制改革的几个问题	陈清泰	管理世界	2003/06	822	68

图 2 – 6　国有资产管理体制最经典的 10 篇文献

1. 我国国有资产管理体制的发展历程

　　建立国有资产管理体系是中国政府机构改革的重要组成部分，它对完善市场经济、坚持中国基本经济制度具有重要作用。胡家勇（2002）① 主张构建国有资产管理新体制，以发挥国有资产功能、保证国有资产安全、提高国有资产运行效率。刘纪鹏（2003）② 认为，建立国有资产管理体制是完善市场经济的创举，搭建了公有制经济与市场经济的桥梁，是经济体制改革与政治体制改革的结合部分，改变了传统的国有经济管理模式，实现了从管理国有企业到经营国有资本的转变。付春江（2017）③ 认为，国有资产管理体系的建立符合企业管理机制的需求，符合国有资产战略重组的要求。

　　经过 40 多年改革开放，学者们按照国有企业改革历程，把国有资产管理体

---

①　胡家勇：《构建国有资产管理新体制》，《经济学动态》，2002 年第 1 期，第 38 – 42 页。
②　刘纪鹏：《论国有资产管理体系的建立与完善》，《中国工业经济》，2003 年第 4 期，第 37 – 45 页。
③　付春江：《探析国有资产管理体系的建立与完善》，《现代国企研究》，2017 年第 4 期，第 107 页。

制改革分成三个阶段，只是在时间划分上有细微差别。马淮（2005）[①] 把新中国成立以来的国有资产管理体制划分为三大阶段，新中国成立至1957年，高度行政集权的"国有国营"国有资产管理体制的建立阶段；1957～1978年，以行政性分权为核心的国有资产管理体制的调整阶段；1978年至今，以向企业放权为核心的国有资产管理体制的改革阶段。张文魁（2008）[②] 的划分：早期探索阶段——尝试国有资产经营责任制度（1978～1984年）、中期探索阶段——组建国有资产管理专司机构和建立国有资产基础管理制度（1984～1990年）、近期探索阶段——尝试国有资产经营及提出国有资产出资人概念（1991年至今）。郑海航（2008）[③] 和李珊（2013）[④] 的划分：政企分开阶段（1978～1988年）、政资分开阶段（1988～2002年）、资企分开阶段（2002年至今）。黄速建和金书娟（2009）[⑤] 的划分：以放权让利为特征的扩大企业自主权的改革阶段（1978年底至1984年9月）、以两权分离为特征的转换经营机制的改革阶段（1984年10月至1993年10月）、以建立现代企业制度和实施战略性改组为特征的改革阶段（1993年11月至今）。但邵宁（2010）[⑥] 认为，国有资产管理体制分成两个阶段，党的十六大之前是多头管理阶段，即管人管事管资产有若干条线，许多部门都可以指挥国有企业，都可以直接介入企业的经营和决策，导致企业好的时候多头插手，企业有困难了大家都躲得远远的。党的十六大后，国资委的成立初步实现了出资人职能的一体化和集中化，隔开了其他政府部门对企业的直接干预。闫乐（2016）[⑦] 将改革开放后的国资管理历程划分为放权让利阶段（1978～1984年）、两权分离阶段（1984～1991年）、社会主义市场经济建立初期（1992～2002年）、深化国有资产管理体制改革（2003年至今），这与王丹莉（2016）[⑧] 根据

---

① 马淮：《中国国有资产管理体制研究》，中央民族大学博士学位论文，2005年，第183页。

② 张文魁：《改革开放以来国有资产管理体制演进及走向评估》，《改革》，2008年第12期，第5－14页。

③ 郑海航：《中国国有资产管理体制改革三十年的理论与实践》，《经济与管理研究》，2008年第11期，第5－14页。

④ 李珊：《共容与发展：我国国有资产管理体制改革研究》，南京大学博士学位论文，2013年，第66页。

⑤ 黄速建、金书娟：《中国国有资产管理体制改革30年》，《经济管理》，2009年第1期，第23－29页。

⑥ 邵宁：《国有企业与国有资产管理体制改革》，《中国发展观察》，2010年第1期，第5－11页。

⑦ 闫乐：《中国国有资产管理体制改革研究》，辽宁大学博士学位论文，2016年，第166页。

⑧ 王丹莉：《新中国国有资产管理模式的演变——从全面介入到两权分离》，《当代中国史研究》，2016年第5期，第16－26页。

政府与企业的关系将国有资产管理划分的历程类似。楼继伟（2016）[①] 将国有资产管理体制改革进程划分为政企分开阶段（1978～1988 年）、政资分开阶段（1988～2002 年）、资企分开阶段（2002 年至今），李珊（2013）[②] 采用的也是这种划分方法。

评述：40 多年的国企改革，主要处理的就是政府与企业的关系，包括管资产、管事、管人，因此国有资产管理体制改革也是围绕资产、人、事制度安排进行调整，所以无论是放权让利、两权分离、建立现代企业制度，还是政企分开、政资分开、资企分开，其实都是同一划分标准。

2. 国有资产管理体制存在的问题

胡家勇早在 2002 年就意识到政企不分是国有资产管理的最大问题，"所有者缺位"和"内部人控制"容易造成国有资产流失，因此应该构建新型国有管理体制[③]。韩朝华（1995）[④] 以南昌市化工原料厂与美国 PGG 公司在白炭黑项目合资案例，探讨了国有资产流失的体制原因，其中南昌市国资管理局没有制约经营者的任何权力、只能听命于市政府是国有资产流失监督不到位的原因。刘远航（2003）[⑤] 认为，国有资产管理体制仍然存在许多问题，表现在：政企不分、职能不清；产权不清、所有者缺位；条块分割、流通不畅；监督不力、委托代理问题严重；企业法人财产权不落实、政府承担着无限责任等问题。张治栋和樊继达（2005）[⑥] 认为，国有资产管理体制存在的问题是第二层次行政委托的行政授权没有被根本打破，第三层次经济委托的委托代理链条过紧，以及第一层次政治委托的政治委托关系改革滞后。周绍鹏（2006）认为，我国政府和国有企业之间仍然存在行政隶属关系，尤其在人事制度方面，企业负责人仍然以行政定级，产生了很多问题。杨天宇和刘雯（2007）[⑦] 认为，中国国有资产管理体制存在的"政

① 楼继伟：《以"管资本"为重点改革和完善国有资产管理体制》，《时事报告（党委中心组学习）》，2016 年第 1 期，第 44－59 页。

② 李珊：《共容与发展：我国国有资产管理体制改革研究》，南京大学博士学位论文，2013 年，第 66 页。

③ 胡家勇：《构建国有资产管理新体制》，《经济学动态》，2002 年第 1 期，第 38－42 页。

④ 韩朝华：《国有资产管理体制中的代理问题——一个国有资产流失案例的启示》，《经济研究》，1995 年第 5 期，第 34－43 页。

⑤ 刘远航：《我国国有资产管理体制的模式选择》，《经济学家》，2003 年第 2 期，第 55－61 页。

⑥ 张治栋、樊继达：《国有资产管理体制改革的深层思考》，《中国工业经济》，2005 年第 1 期，第 47－55 页。

⑦ 杨天宇、刘雯：《对现行"国资委"模式缺陷的理论思考——兼论中国国有资产管理体制的进一步改革》，《华北电力大学学报（社会科学版）》，2007 年第 1 期，第 48－52 页。

企分开""统一所有、分级管理"等问题，在新的国资委模式改革中并未得到真正解决。金凤（2009）[①] 认为，中国国有资产管理体制的缺陷是理论上对国有资产及其类型认识不足，法律建设上尚未形成科学体系，产权上存在权责不清问题。黄速建和金书娟（2009）[②]、史海南和陈向平（2007）[③] 梳理国有资产管理改革历程后发现，仍然存在国资委既当"裁判员"又当"运动员"、缺乏对国资委监督等问题，并建议借鉴国外国资管理的成功经验。李森（2010）[④] 从会计角度研究后发现国有资产监管存在产权管理缺乏、政府监管模式不完善、基础管理缺乏监督、公司治理结构不合理等问题。朱节云（2012）[⑤] 认为，国有资产管理体制缺乏对国有经济及其分类的基础知识体系的了解，有关国有资产及其管理的法律制度建设还未形成科学体系，国有资产的产权管理仍未理顺等。张敏捷（2013）[⑥] 分析后发现，中国国有资产管理体制还有"政企不分，职责不明""国资委定位不明""行政干预观念未转变""高管行政任命"等问题。郭春丽（2014）[⑦] 认为，我国现行的国有资产管理体制，仍然存在管理混乱、国资委职能定位不明确和监督不力等问题。李昌庚（2014）[⑧] 发现，我国国有资产管理仍然存在出资人划分标准不明确、国资委职能冲突和角色错位等弊端。吴志强（2015）[⑨] 分析后发现，国有资产评估随意性强，存在国有资产流失问题；使用不规范，闲置率高；监督不到位，管理意识薄弱等问题。常蕊（2016）[⑩] 认为，虽然已经初步建立了国有资产管理体制的框架，明确了权利与责任的主体，但仍

① 金凤：《我国现行国有资产管理体制的缺陷及成因分析》，《特区经济》，2009 年第 12 期，第 132 - 134 页。

② 黄速建、金书娟：《中国国有资产管理体制改革 30 年》，《经济管理》，2009 年第 1 期，第 23 - 29 页。

③ 史海南、陈向平：《完善国有资产管理体制问题研究》，《华中科技大学学报（社会科学版）》，2007 年第 5 期，第 56 - 61 页。

④ 李森：《国有资产监管理论的回顾与启示——基于会计视角的思考》，《云南财经大学学报》，2010 年第 5 期，第 117 - 126 页。

⑤ 朱节云：《国有资产管理体制的缺陷及原因探究》，《人民论坛》，2012 年第 27 期，第 56 - 57 页。

⑥ 张敏捷：《国有企业公司治理之研究——完善国有资产监管机制和优化国有企业公司治理结构》，《经济体制改革》，2013 年第 6 期，第 88 - 92 页。

⑦ 郭春丽：《国有资产管理体制改革的总体思路和实现路径》，《宏观经济管理》，2014 年第 10 期，第 18 - 20 页。

⑧ 李昌庚：《企业国有资本出资人：国际经验与中国选择》，《法学论坛》，2014 年第 2 期，第 58 - 65 页。

⑨ 吴志强：《国有资产管理的现状和改进措施》，《当代经济》，2015 年第 32 期，第 78 - 79 页。

⑩ 常蕊：《企业国有资产管理体制：现状、问题与对策》，《当代经济管理》，2016 年第 3 期，第 15 - 19 页。

然存在管理体制不统一、主体之间关系没有理顺、管理制度不完善、法制不健全等问题。邢念芹（2017）① 认为，国有资产管理仍然存在资产与资本结构不合理、政府与企业的职责不明确、审计监管不到位、国有资产流失、缺乏专业的资产管理人才等问题。张瑾（2017）② 发现，国有资产管理仍然存在法人体系不完善、国企战略缺乏前瞻性等问题。楼继伟（2016）③ 认为，现行国有资产体量过于庞大，管人管事管资产的国资管理体制仍然存在监管干预过多、政资不分、监管不力、"越位、错位、缺位"、国有资本布局不合理等问题，急需向"管资本"转变。肖亚庆（2016）④ 认为，国有企业改革取得了阶段性胜利，但国有资产管理体制仍然存在监管针对性不强、经营体制机制不完善、国资布局结构性矛盾突出、国企创新驱动能力不强、国有环境条件有待改善等问题。张晓文和李红娟（2016）⑤ 则单独强调当前国有资产交易流转中存在的监管问题。

评述：改革初期国有资产管理存在的主要问题是国有资产"虚位"导致的国有资产严重流失问题，为了解决这个问题，将出资人权利是赋予财政部，抑或是专门的国有资产管理机构，抑或赋给具体的行业管理部门，一直在条条块块之中摇摆，直到 2003 年成立国资委才最终解决"虚位"问题。目前，国有资产管理体制的主要问题是政企关系不适应市场经济的发展，包括监督不力，越位、错位、缺位，国有企业内部治理结构不完善等问题，所以党的十八届三中全会提出"管资本"的改革思路，构建国资管理体系的三层架构，将政企关系留给国资委和国有资产投资、运营公司，将企业之间的市场关系留给国有资产投资、运营公司与下属的国有企业单位。

3. 国内外国有资产管理体制比较

第一，与国外国有资产管理体制比较。许家林⑥早在 1992 年就开始研究国外国资管理模式，他研究西方发达国家的英国、法国、美国和发展中国家的印度、

---

① 邢念芹：《国有资产运营管理存在的问题与对策分析》，《中国市场》，2017 年第 26 期，第 174 – 175 页。

② 张瑾：《混合所有制导向下企业国有资产管理体制改革的实践探索》，《时代金融》，2017 年第 23 期，第 192 – 196 页。

③ 楼继伟：《以"管资本"为重点改革和完善国有资产管理体制》，《时事报告（党委中心组学习）》，2016 年第 1 期，第 44 – 59 页。

④ 肖亚庆：《国务院关于国有资产管理与体制改革情况的报告》，《时事报告（党委中心组学习）》，2016 年第 4 期，第 120 – 131 页。

⑤ 张晓文、李红娟：《国有资产管理体制的变革：从管理到监管》，《经济与管理》，2016 年第 5 期，第 44 – 50 页。

⑥ 许家林：《国外国有资产管理的基本模式》，《外国经济与管理》，1992 年第 12 期，第 24 – 26 页。

巴西等模式，对它们国有资产管理领域、基本模式进行了比较和借鉴。程恩富
(1995)[①] 专门研究了日本、法国、德国、英国、巴西、瑞典、美国对国有资产
管理的成功经验，并提出了构建国有资产三层分类管理和三级政府监管的模式。
刘希玮和黄雪莉（1996）[②] 对德国、意大利和加拿大的国有资产管理模式进行了
详细比较，并获得了市场化、产权化、分类管理的国资管理经验。扶青
(2000)[③] 将美国、英国、法国、意大利和瑞典的国有资产管理模式分为出租经
营型、股份制私有化型、计划合同化型、国家参与制型、分权管理型。王宝库
(2003)[④] 对我国国有资产管理体制与意大利、俄罗斯、英国、美国、日本、巴
西、德国和法国的管理、监督和运营方式进行了全面比较，认为随着执政党的更
替和不同时期该国执政党对国有经济的不同政策，一国的国有资产管理体制始终
处在不断的变化之中。王彤（2006）[⑤] 对社会主义国家中的俄罗斯、波兰、越南
和朝鲜，发达资本主义国家中的法国、英国、美国和日本，发展中国家中的新加
坡、马来西亚、印度和巴西共 12 个样本国家国有资产管理体制进行了分析和总
结，认为各国国有资产在国民经济中的比重差异很大，因此，不仅社会主义国家
国有资产的管理体制不同于资本主义国家，发达国家不同于发展中国家，即使在
社会主义国家和资本主义国家的群体内、发达国家和发展中国家群体内，国有资
产的管理体制也千差万别。蔡文春（2007）[⑥]、王冀宁和朱玲（2007）[⑦] 归纳了美
国、英国、法国、德国、日本、芬兰的国有资产管理体制，发现其共同特点是组
建了明确的机构管理国有资产、建立了较完善的国有企业监管体系、建立了规范
的董事会制度、建设了有效的考核和激励机制。贺清龙（2008）[⑧] 对德、法、
英、美、日等西方发达资本主义国家的国有资产管理体制进行了比较，发现其共

[①]　程恩富：《重构三层分类管理机构和三级政府监管机构——关于国有资产管理机构及其职能的研究建议》，《当代财经》，1995 年第 5 期，第 15 - 20 页。

[②]　刘希玮、黄雪莉：《德国、意大利和加拿大的国有资产管理模式及启示》，《经济纵横》，1996 年第 6 期，第 50 - 54 页。

[③]　扶青：《发达国家国有资产管理模式对中国的启示》，《商业经济文荟》，2000 年第 3 期，第 39 - 42 页。

[④]　王宝库：《中外国有资产管理模式比较研究》，《经济学动态》，2003 年第 3 期，第 36 - 40 页。

[⑤]　王彤：《世界各国国有资产管理体制比较》，《经济与管理研究》，2006 年第 6 期，第 86 - 91 页。

[⑥]　蔡文春：《国外国有资产管理模式比较及其借鉴意义》，《价值工程》，2007 年第 1 期，第 115 - 118 页。

[⑦]　王冀宁、朱玲：《美英法德日芬的国有资产管理体制的国际比较》，《求索》，2007 年第 6 期，第 10 - 13 页。

[⑧]　贺清龙：《西方国家经营性国有资产管理体制初探》，《湖北社会科学》，2008 年第 5 期，第 85 - 88 页。

同的特点为：实施国有资产所有权和经营权的分离，实施所有权约束的管理方式、实行分类管理；立法机关对国有资产管理法的制定与监督实施；国有企业赋予了国有资产自主经营的权利。张正勇（2010）① 认为，新加坡淡马锡国有资产管理取得成功的原因在于国家控股、公司化运作、集团化管理的国有资产管理体制。周佰成等（2012）② 研究了美国和新加坡的出资人机构模式，认为要尊重本国国情和经营国有资产的价值取向来确定出资人机构模式。张敏捷（2013）③ 比较了新加坡淡马锡模式、法国的计划合同方式、德国以财政部为核心的管理模式，结合中国特色的"一股独大"的股权结构，提出从监管机制和公司治理内部结构进行完善的方案。

第二，国内国有资产管理不同模式比较。何诚颖（2000）④ 详细比较了上海和深圳国资管理的三层架构模式，以及"以财政部门为主体，国有资产管理局和税务局作为其两翼的一体两翼"模式和多头管理的"市场模式"，他更推崇"市场模式"，但后面的事实表明多头管理一样存在"九龙治水"的问题。王宝库（2003）⑤ 详细比较了国有资产管理的"沪深模式"、辽宁"两委归一"、吉林"决策会议"、珠海"一委两局"模式、"一体两翼"模式、"98"模式，并与国外的意大利、俄罗斯、英国、美国、日本、巴西、德国、法国的国有资产管理模式进行了对比，他更倾向于"沪深"的三层架构模式。无独有偶，陈洪波（2003）⑥ 比较了深圳三级架构、上海三级架构，两级管理、辽宁"两委"合署、吉林两级出资，三级架构的各种国有资产管理模式，也主张采用三层架构模式比较合理。深圳市国有资产管理体制改革调研报告课题组（2004）⑦、上海市国有

① 张正勇：《新加坡淡马锡国有资产管理模式的经验及借鉴》，《广西财经学院学报》，2010 年第 1 期，第 13－16 页。

② 周佰成等：《外国企业国有资产出资人机构模式的比较与借鉴》，《社会科学战线》，2012 年第 1 期，第 46－49 页。

③ 张敏捷：《国有企业公司治理之研究——完善国有资产监管机制和优化国有企业公司治理结构》，《经济体制改革》，2013 年第 6 期，第 88－92 页。

④ 何诚颖：《我国国有资产管理体制模式的比较与选择》，《中国工业经济》，2000 年第 3 期，第 16－20页。

⑤ 王宝库：《中外国有资产管理模式比较研究》，《经济学动态》，2003 年第 3 期，第 36－40 页。

⑥ 陈洪波：《国资管理体制改革的地方实践及启示》，《宏观经济研究》，2003 年第 10 期，第 33－36 页。

⑦ 深圳市国家资产管理体制改革调研报告课题组：《深圳市国有资产管理体制改革的调研报告》，《经济与管理研究》，2004 年第 1 期，第 35－40 页。

资产管理模式研究课题组（1999）[①]、胡青云（1995）[②]、复旦发展研究院课题组（1995）[③] 分别研究了深圳市、广州市和上海市的国有资产管理模式。

评述：各国国有资产管理体制存在较大差异，国有资产管理体制改革一定要从本国的国情出发，不要指望有唯一正确的普遍适用的道路可走，任何操之过急或似是而非的做法终将招致失败，因此要构建有中国特色的国有资产管理体制。从上述文献可以看出，党的十八届三中全会提出的"管资本"，其实就是构建国资管理的三层架构模式，这种模式在 2000 年沪深就已经尝试，并不是什么新鲜事物，之所以没有形成气候，是因为在产权改革和转轨经济的大潮中，选择了二级架构的国有资产管理模式。党的十八届三中全会之后之所以重新提起，是因为我国市场经济体制基本建立，国有企业也基本与市场经济相融合，质量和效益都有显著提升，国企改革的深层次问题也暴露出来，特别是政企不分的问题尤其突出，从而设立了国有投资和运营公司，作为隔离墙，上接政府，下接市场，期待以三层架构的管理模式正确处理好政府与企业的关系，将国资委定位于选派国有股权董事、收缴国有股红利、优化资本布局、加强党建等工作，将国有投资和运营公司定位于与下属国有企业的市场经济关系，从而引领国企发展走进新时代，打造全球一流的世界著名企业。

4. 如何建立国有资产管理体制

建立国有资产管理体制是一项系统工程，程恩富[④]早在 1995 年就提出"国有资产三层分类管理和三级政府监管的模式：即国有资产的立法和监督、所有权的行政管理和所有权的商务管理分别归属全国人大、国有资产管理部和国有资产中介经营机构"，这是国资管理三层架构的最早雏形。魏杰和侯孝国（1997）对国有资产管理方向进行了思考[⑤]，他们认为国有资产存在形态的多元化决定了国资管理必须采取多元化模式，并具体探讨和比较了股权管理模式、债券管理模

① 上海市国有资产管理模式研究课题组：《上海市国有资产管理模式中的监控系统》，《中国工业经济》，1999 年第 3 期，第 19－24 页。

② 胡青云：《根据市场经济要求构造广州国有资产管理模式》，《商业经济文荟》，1995 年第 6 期，第 37－39 页。

③ 复旦发展研究院课题组：《上海国有企业率先推行现代企业制度操作性方案研究》，《世界经济文汇》，1995 年第 6 期，第 4－20 页。

④ 程恩富：《重构三层分类管理机构和三级政府监管机构——关于国有资产管理机构及其职能的研究建议》，《当代财经》，1995 年第 5 期，第 15－20 页。

⑤ 魏杰、侯孝国：《国有资产形态的多元化与国有资产管理模式的多样化——关于国有资产管理取向的思考》，《管理世界》，1997 年第 5 期，第 136－144 页。

式、国有独资企业管理模式，是一次开创性的思考过程。陈俊雄（2002）[①] 站在国际视角，系统分析了新加坡、加拿大、奥地利等西方国家国有资产管理模式，并比较了国内国有资产管理的"沪深模式""一体两翼模式"和"市场模式"，及对如何建立国有资产管理体制提出了具体的建议。刘纪鹏（2003）[②] 提出了国资管理的三层架构模式，并提出了建立过程中需要解决的八大问题。黄群慧（2003）[③] 提出分级代表、分层运营、分类监管的国有资产管理模式。李延均和张志晖（2003）[④] 强调需要构建三重治理结构的三层级国资管理运营模式。夏志强（2004）[⑤] 则强调，只有进行产权制度创新，才能重构国有资产管理体制。张治栋和樊继达（2005）[⑥] 认为，国有资产管理体制改革必须从三个链条进行调整，即保证法人财产权关键是放松第三层次经济委托链条；明确管理范围关键是及时调整第二层次行政委托链条；完善终极所有者监督关键是收紧第一层次政治委托链条。张富田（2009）[⑦] 提出，将国有资本分别转化为社会资本、普通股权资本和优先股权资本，借鉴国外市场化资本配置模式，实施分类监管。廖添土（2010）[⑧] 指出，国有资产管理"分级管理""分级代表"都存在弊端，只有"分级所有"才是国有资产管理体制改革的正确途径。荣兆梓（2012）[⑨] 指出，国有资产管理体制应该分类建设，对于竞争性领域国有资本建立社会信托投资基金，对于承担基础性公益服务的领域建立公法人组织，在垄断性领域国有资本建立国家控股公司。中国社会科学院工业经济研究所课题组等（2014）[⑩] 提出，对国有企业进行分类改革，分成公共政策性、特定性功能、一般商业性，构建"国

---

① 陈俊雄：《借鉴西方国有资产管理经验 深化我国国有资产管理体制改革》，《南方经济》，2002年第2期，第30－33页。

② 刘纪鹏：《论国有资产管理体系的建立与完善》，《中国工业经济》，2003年第4期，第37－45页。

③ 黄群慧：《论建立国有资产管理新模式》，《经济管理》，2003年第17期，第6－9页。

④ 李延均、张志晖：《国有资产管理体制改革与三重治理结构的制度安排》，《理论导刊》，2003年第8期，第12－14页。

⑤ 夏志强：《产权制度创新与国有资产管理体制重构》，《财经科学》，2004年第2期，第121－124页。

⑥ 张治栋、樊继达：《国有资产管理体制改革的深层思考》，《中国工业经济》，2005年第1期，第47－55页。

⑦ 张富田：《我国国有资本监管新模式的探讨》，《当代财经》，2009年第9期，第45－49页。

⑧ 廖添土：《国有资产"分级所有"：理论逻辑与路径创新》，《福建师范大学学报（哲学社会科学版）》，2010年第3期，第23－28页。

⑨ 荣兆梓：《国有资产管理体制进一步改革的总体思路》，《中国工业经济》，2012年第1期，第16－25页。

⑩ 中国社会科学院工业经济研究所课题组等：《论新时期全面深化国有经济改革重大任务》，《中国工业经济》，2014年第9期，第5－24页。

有经济管理委员会—国有资本运营公司或国有资本投资公司——一般经营性国有企业"三层三类的国有资产管理体制。粟立钟等（2015）① 提出，建立"国有资本财务监管体制"。陈庆和安林（2014）② 则主张，建立"中国企监会"。罗华伟和干胜道（2014）③ 认为，"管资本"的关键是设计出顶层一元终极所有者代表，全国人民代表大会可以担当如此重任。楼继伟（2016）④ 提出推进"管资本"为重点进行国有资产管理体制改革。许保利（2017）⑤ 结合党的十九大报告提出的国有资产管理体制改革，他认为要在集团层面（一级层面）进行混合所有制改革，从而让国资委将混合所有制企业的国有股权交给国有资本投资运营公司，国资委只需履行选派国有股权董事、收缴国有股红利、优化资本布局、加强党建等工作。王曙光和王天雨（2017）⑥、胡迟（2017）⑦ 则具体从三层架构的中间层——国有资本投资运营公司角度，探讨了对其如何进行人格化管理、市场化运营、专业化管理与监督问题。王曙光和徐余江（2016）⑧、廖红伟（2011）⑨、冯巧根（2002）⑩、江振华（1996）⑪ 则从委托代理关系的视角，提出顶层构建一元终极所有者、中间层塑造人格化积极股东、底层实行市场化运作、国有资产红利分配的国有资产管理体制。

① 粟立钟等：《国资管理体制：文献回顾和未来设想》，《北京工商大学学报（社会科学版）》，2015年第3期，第10－19页。
② 陈庆、安林：《完善国有资产管理体制研究》，《首都经济贸易大学学报》，2014年第1期，第33－40页。
③ 罗华伟、干胜道：《顶层设计："管资本"——国有资产管理体制构建之路》，《经济体制改革》，2014年第6期，第130－134页。
④ 楼继伟：《以"管资本"为重点改革和完善国有资产管理体制》，《时事报告（党委中心组学习）》，2016年第1期，第44－59页。
⑤ 许保利：《关于完善国有资产管理体制的构想》，《中国经济周刊》，2017年第44期，第79－81页。
⑥ 王曙光、王天雨：《国有资本投资运营公司：人格化积极股东塑造及其运行机制》，《经济体制改革》，2017年第3期，第116－122页。
⑦ 胡迟：《国有资本投资、运营公司监管的新发展与强化对策》，《经济纵横》，2017年第10期，第47－53页。
⑧ 王曙光、徐余江：《混合所有制经济与国有资产管理模式创新——基于委托—代理关系视角的研究》，《中共中央党校学报》，2016年第6期，第96－102页。
⑨ 廖红伟：《"委托—代理"机制与国有资产出资人模式创新》，《江汉论坛》，2011年第11期，第11－15页。
⑩ 冯巧根：《完善国有资产管理体制的经济学思考》，《商业经济与管理》，2002年第5期，第25－29页。
⑪ 江振华：《从委托—代理理论看深圳市国有资产三层次管理模式》，《特区经济》，1996年第10期，第28－29页。

评述：经过实践检验和专家学者的研究，最终达成一致，认为目前要构造的国有资产管理三层架构模式，它是一种较好的选择，但这也不意味着是没有瑕疵的一种管理模式，它仍然存在国有资本运营、投资公司人格化积极股东塑造问题（王曙光和王天雨，2017），以及对国资委监督的问题。但在三层架构下，对国有企业领导人的考核，已经从注重业绩转变为国有资本的保值增值，以及国有资本布局的优化，势必对中间层的国有资本投资和运营公司产生影响，其投资对象的选择、混合所有制企业股权结构比例分配的问题都将纳入考核目标进行综合考量，因此必须在新形势下重新研究混合所有制企业股权结构选择的问题。

二、有关混合所有制经济的文献回顾

在知网检索"混合所有制经济"篇名以后，通过指数分析，获得图 2 - 7 ~ 图 2 - 12。

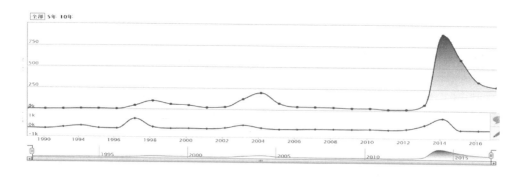

图 2 - 7　1988 ~ 2017 年混合所有制经济的学术关注趋势

由图 2 - 7 可知，1988 ~ 2017 年"混合所有制经济"研究的高峰期是 2014 年，这是因为十八届三中全会提出"混合所有制经济是我国基本经济制度的重要实现形式，积极发展混合所有制经济"之后，掀起了学术研究热潮，至今不衰。且学科分布主要在企业经济、经济体制改革、工业经济和宏观经济管理（见图 2 - 8），与其相关的关键词是混合所有制、国有企业、国企改革、改革和混合所有制改革（见图 2 - 9）。本书研究应该属于企业经济里的混合所有制改革内容，但基于国资管理的三层架构背景下进行的微观行为研究，也可以归为宏观经济管理内容。

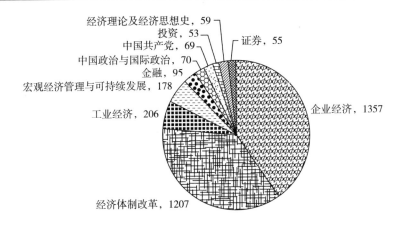

图 2 – 8　混合所有制经济学术研究的学科分布（单位：篇）

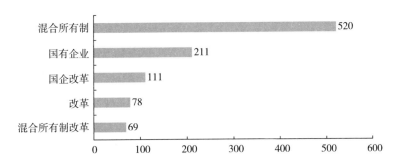

图 2 – 9　与混合所有制经济相关词（单位：篇）

题名	作者	来源	年/期	下载	被引
社会主义初级阶段生产资料所有制结构新论	程建华	河南师范大学学报(哲学社会科学版)	1968/01	8	0
关于混合所有制经济实体中贪污问题的探讨	田界长	河北法学	1968/04	60	0
企业集团所有制是我国公有制的新模式	士河	社会科学家	1990/04	13	0
混合所有制企业探微	姜稳根,谢均云,唐建月	求索	1993/02	155	2
积极为各种经济成分创造平等竞争环境	丁宝山	经济研究参考	1993/Z7	5	0
加快改革步伐 加快进入市场	方指行	上海商业	1994/01	1	0
民办科技企业所有制结构及发展趋势		经济研究参考	1994/Z2	14	0
混合所有制经济的发展和改革的新趋势	宋宁	经济研究参考	1994/Z2	79	0
目前我国有十种所有制		党风通讯	1994/03	6	0
不断突破创新 迎来新发展	宋振东	中国集体工业	1994/04	1	0

图 2 – 10　混合所有制经济最早的 10 篇文献

题名	作者	来源	年/期	下载	被引
国企改制员工持股法律问题研究	陈默	法制博览	2018/15	13	
谈"国务院关于深化国有企业改革的指导意见"有感	孙红丽	财会学习	2018/14	6	
关于民营企业参与混合所有制经济的探讨	赵娟	技术经济与管理研究	2018/05	24	
国企混合所有制改革中财务工作面临的问题与对策	聂启军	商业会计	2018/10	10	
深刻认识和把握混合所有制企业党建工作的引领作用	李锐	改革与开放	2018/09	1	
国有企业混合所有制改革分析	朱名振;杨毅	改革与开放	2018/09	24	
地方国企混合所有制改革可行性研究——以某国有工程建设管理公司为例	李岳	企业改革与管理	2018/09	2	
大力发展混合所有制经济,有力推动我市国企改革	戚翔勇	中国国际财经(中英文)	2018/09	17	
新时代混合所有制企业党建工作的基础和展望	音雪;李琳	现代国企研究	2018/09	5	
发展混合所有制经济是激发新动能的重要抓手	徐乐江	现代国企研究	2018/09	15	

图 2 – 11　混合所有制经济最新的 10 篇文献

题名	作者	来源	年/期	下载	被引
中国国有企业混合所有制改革研究	黄速建	经济管理	2014/07	11574	198
论混合所有制改革下的国有企业公司治理	杨红英;童露	宏观经济研究	2015/01	11475	138
混合所有制改革与国有企业政策性负担——基于早期国企产权改革大数据的实证研究	陈林;唐杨柳	经济学家	2014/11	7434	95
新时期如何积极发展混合所有制经济	黄群慧	行政管理改革	2013/12	2550	81
混合所有制的内涵及实施路径	刘泰献	中国流通经济	2014/07	2950	73
深化国企改革与发展混合所有制	李维安	南开管理评论	2014/03	6568	73
"混合所有制"的学术论争及其路径找寻	余菁	改革	2014/11	2964	63
中国公有制主体地位的量化估算及其发展趋势	裴长洪	中国社会科学	2014/01	2517	56
混合所有制经济是什么样的经济	张卓元	求是	2014/08	12	52
中国道路与混合所有制经济	厉以宁	中国市场	2014/23	1591	52

图 2 – 12　混合所有制经济最经典的 10 篇文献

图 2 – 10 ~ 图 2 – 12 列出了有关混合所有制经济最早的、最新的和最经典的 10 篇文献，大致交代了相关研究脉络。最初是对混合所有制企业与基本经济制度关系的探讨（见图 2 – 10），现在是对实行混合所有制具体细节的探讨（见图 2 – 11），最经典的 10 篇文献集中在 2013 年和 2014 年，主要是对混合所有制内涵、性质和路径的探讨，其中著名学者主要集中在中国社会科学院，如黄群慧、张卓元、裴长洪、余菁等。下面从六个方面对混合所有制经济进行文献回顾。

1. 发展混合所有制经济的必要性

党的十八届三中全会再次提出"积极发展混合所有制经济"之后，政界、学界和企业界各抒己见，对发展混合所有制经济的必要性提出了不同看法，归纳起来有以下几点：

第一，是完善基本经济制度的必然要求。伯娜（2007）[1] 认为，农村经济发展过程中产生的大量合作经济和经济联合体、改革开放过程中出现的各种合资企业，以及股份制企业的迅速发展，均证明了混合所有制经济的发展是建设有中国特色社会主义经济的必然要求。张卓元（2013）[2] 也认为，大力发展混合所有制经济是我国发展社会主义市场经济中所特有的改革策略。国有企业进行公司制股份制改革，可以实现国有机制同市场经济的有机结合，使国有企业找到能有效促进生产力发展的实现形式，是完善基本经济制度的必然要求。黄文忠（2016）[3] 论述了混合所有制经济是基本经济制度的重要实现形式是一种重大创新。常修泽（2018）[4] 认为，混合所有制经济不仅是新阶段中国国有企业改革的"重头戏"，而且将成为整个所有制结构性改革的新趋势。

第二，是推动国有企业深化改革的突破口和加速器。杨瑞龙（2014）[5] 认为，混合经济可以作为突破口，推进国有企业的分类改革战略、重构与混合所有制相适应的国有资产管理与经营体制、积极探索国有资本有序退出的路径、优化混合所有制企业的治理结构，建立职业经理人制度。常修泽（2014）[6] 认为，面对我国全面改革已进入"深水区"，可以从行政体制改革和国企改革作为突破口，其中发展混合所有制经济可以打破中央企业"一股独大"或"一股独占"的僵局，使得经济体制改革取得突破，并带动其他领域的改革。常修泽（2014）[7] 还认为，混合所有制经济是"社会共生"体制的经济支撑，是建立现代国家治理体系的重要组成部分，是寻求改革取得实质性进展的突破点。季晓南（2014）认为，现在国企改革已进入深水区，混合所有制是深化国企改革的一个突破口和加速器。李锦（2017）[8] 认为，混合所有制改革是对整个国企改革具有

[1]　伯娜：《改革开放以来混合所有制经济及其发展》，《特区经济》，2007 年第 7 期，第 272 – 273 页。

[2]　张卓元：《混合所有制经济是基本经济制度的重要实现形式》，《经济日报》，2013 年第 6 期，第 6 – 7 页。

[3]　黄文忠：《混合所有制经济是基本经济制度的重要实现形式》，《福建论坛（人文社会科学版）》，2016 年第 1 期，第 28 – 35 页。

[4]　常修泽：《我对混合所有制经济的几点看法》，《经济参考报》，2018 年第 6 期，第 6 – 7 页。

[5]　杨瑞龙：《以混合经济为突破口推进国有企业改革》，《改革》，2014 年第 5 期，第 19 – 22 页。

[6]　常修泽：《新阶段发展混合所有制经济的再认识》，《学习月刊》，2014 年第 9 期，第 23 – 24 页。

[7]　常修泽：《现代治理体系中的包容性改革——混合所有制价值再发现与实现途径》，《人民论坛·学术前沿》，2014 年第 6 期，第 14 – 23 页。

[8]　李锦：《当前国企混合所有制改革的趋势与建议》，《现代国企研究》，2017 年第 9 期，第 10 – 17 页。

突破性、带动性作用的改革。祖斌（2017）① 提出以混合所有制改革为抓手推进深化改革。王小力（2014）认为，混合所有制经济是国资监管体制上的创新，是深化国有企业管理体制改革、健全完善现代企业制度、强化法人治理结构、强化市场公平性的一个必要手段，是国有企业走向市场的必经之路，混合所有制经济是国企改革的重头戏。但是姚洋（2014）却提出了相反意见，他认为混合所有制不能从根本上解决国企治理结构问题，不是国企改革方向，对于大型国企改革只有一条路，就是上市变成公众公司②。

第三，是实现国有资本放大功能、保值增值和提升国有企业竞争力的途径。宋志平（2014）说，"要在企业经营中发挥民营企业的活力，让民营企业的活力与国有企业的实力结合起来，实现中央企业实力＋民企活力＝企业竞争力"③。贾淑军（2013）④ 认为，混合所有制经济的最大优势就是汇集了不同所有制经济成分的特长，通过联合投资和联合经营，既扩大了资本实力，又激活了经营机制，是促进企业快速发展壮大和提升竞争力的有效组织形式。谭江华（2016）⑤认为，混合所有制可以集中国企资本雄厚的实力和民企机制灵活的优势，在充分发挥各自优势的情况下，可以提高企业的国际竞争力，有助于中国企业走出去。李中义和李月（2016）⑥ 认为，发展混合所有制经济可以克服国有独资企业的弊端、发挥国有经济的主导作用、实行国民共进、实现各类经济成分互补。

第四，拓宽了民间资本投资渠道，为发展混合所有制经济创造了现实条件。樊怀洪和郭济龙早在 1999 年就认识到国有企业改革是混合所有制经济的重要一环，他们说"国有经济与民营经济不应对立，而应相互促进、共同发展"⑦。常修泽（2014）⑧ 认为，为了"和谐统一"协调社会多种利益关系，混合所有制是

① 祖斌：《以混合所有制改革为抓手推进深化改革》，《国资报告》，2017 年第 4 期，第 95 – 98 页。

② 姚洋：《混合所有制不是国企改革方向》，http：//money. 163. com/14/1107/18/AAFFUA5I00253B0H. html，2014 年 11 月 7 日，财经网（北京）。

③ 宋志平：《国企负责人：央企实力＋民企活力＝企业竞争力》，http：//finance. ifeng. com/a/20140306/11814885_ 0. shtml，2014 年 3 月 6 日，第一财经日报。

④ 贾淑军：《如何理解混合所有制经济是基本经济制度的重要实现形式》，《河北日报》，2013 年第 6 期，第 4 – 5 页。

⑤ 谭江华：《混合所有制完善导向下的国有经济布局再调整——制度优势与改革突破点》，《现代经济探讨》，2016 年第 2 期，第 64 – 67 页。

⑥ 李中义、李月：《混合所有制经济的理论阐释与发展路径选择》，《财经问题研究》，2016 年第 1 期，第 10 – 15 页。

⑦ 樊怀洪、郭济龙：《中国加快发展社会主义混合所有制经济是历史与现实的必然》，《经济经纬》，1999 年第 3 期，第 44 – 45 页。

⑧ 常修泽：《产权结构创新的主要着力点》，《北京日报》，2014 年第 6 期，第 4 – 5 页。

这种有效的产权组织形式。张宇（2014）① 指出，国有企业、民营企业各有所长。我国国有企业的优势是规模大、资金雄厚、科研技术能力强和国际竞争力强；民营企业的优势是机制灵活、创新意识强等。积极发展混合所有制经济，国有经济和民营经济将在更大范围、更广领域形成"你中有我、我中有你"的新局面。这既有助于二者在交融中取长补短、发挥更大优势，也利于平息"国进民退"还是"国退民进"的争论，通过多种所有制的共同发展，最终实现"国民共进""公平竞争"，打造更多具有国际竞争力的中国大企业。

但是，也有一部分学者对发展混合所有制经济提出了质疑。龙斧等（2015、2014）②③ 发表了一系列文章，他认为，中国作为社会主义国家，当大型国企运作良好、股权资本雄厚、资金充足、债权资本信誉度高、市场稳定时，政府应该保证国有资本的完整性、神圣不可侵犯性，不必发展混合所有制经济。他还认为，把中国的"混合所有制经济"理解为在大型国企中混入私有资本、让私人老板成为国企资产、资本、资源、资金的所有人之一，是在概念上将其偷换成所谓的"资本混合型企业"，但混合所有制经济不等于资本混合型企业，它背离了国企股权资本来源决定国企性质的基本规律，且私人资本会改变国企性质，国有企业改制和上市不等于"混合所有制经济"，而且国企自身的企业性质、社会功能以及中国社会、经济发展所面临的问题也决定了当前改革的方向与任务不应是与私有资本的"混合"④。很明显，龙斧曲解了中共中央发展混合所有制经济的目的，也混淆了混合所有制是基本经济制度的重要实现形式，其本身并不带有所有制性质。发展混合所有制经济的目的，是在服从于坚持和完善公有制为主体、多种所有制经济共同发展的基本经济制度前提下，发挥国有经济主导作用，不断增强国有经济活力、控制力、影响力、风险能力，巩固和发展公有制经济，同时实现国有资本和社会资本的相互融合，打破对非公经济的"玻璃门""弹簧门"和"旋转门"，清除市场壁垒，激发非公有制经济的活力和创造力。其混合方向是双向融合，即既有私人资本参股国企，也有国有资本参股私企，而不仅仅是龙斧所提的国企中混入私有资本。如 2016 年 3 月 8 日大连国际（民企）以 8.77元/股收购中广核核技术公司（国企）等 7 家公司股权，就是国有资本参股私企

① 张宇：《混合所有制是基本经济制度的实现形式》，《军工文化》，2014 年第 3 期，第 32 页。

②④ 龙斧、王今朝：《国有企业改制和上市不等于"混合所有制经济"——二评"资本混合型企业"的决策科学性》，《社会科学研究》，2015 年第 1 期，第 55 - 66 页。

③ 龙斧：《"混合所有制经济"不等于"资本混合型企业"》，《现代国企研究》，2014 年第 8 期，第 34 - 41 页。

的案例。同时，发展混合所有制经济不是把国企已做好的大蛋糕进行分割，切一大块分给私资，搞所谓的"国退民进"（卫兴华，2015）①，而是在增量改革的基础上，分类、分层推进混合所有制经济改革，即在集团公司推行整体上市和资产证券化，在国有企业集团公司二级及以下企业有序稳妥推进混合所有制经济改革，如中国石化拿出销售领域发展混合所有制经济，等等。另外，混合所有制经济是基本经济制度的重要实现形式，其本身并不带有公有制或私有制的性质。当然，龙斧教授担心发展混合所有制经济过程中出现的资产流失问题是值得肯定的。伍开群（2017）② 甚至认为，混合所有制是一种过渡性安排。简新华（2017）③ 指出，不能过分强调混合所有制改革的作用，不能寄予厚望，这是因为国企比例下降到了 30%，现在的主要问题是国企内部制度完善。陈尧（2017）④ 以重庆啤酒的混合所有制改革为案例，发现进行混合所有制改革后重庆啤酒的财务绩效并没有改善，证明了这个结论。但是，徐慧中（2017）⑤ 以中海（海南）海盛船务股份有限公司开展的混合所有制改革为案例，分析后发现，混合所有制改革后企业成功摆脱了经营困境。

但党中央对发展混合所有制经济的决定是坚定的，2014 年 3 月，习近平主席参加安徽省代表团审议时说"发展混合所有制经济政策已明确，关键是细则，成败也在细则"。因此不应再质疑要不要发展混合所有制经济，研究视角应该转到细则制定上，转到如何发展混合所有制经济上。

2. 发展混合所有制经济的理论支撑

虽然混合所有制经济出现的历史源远流长，但专门论证混合所有制经济理论的文献较少，通过分散的文献，我们归纳出发展混合所有制经济的理论有：第一，政府干预理论。面对 20 世纪 30 年代初世界经济危机的发生，凯恩斯（1983）⑥ 在《就业、利息和货币通论》里提出医治资本主义经济危机与失业等

---

① 卫兴华：《为什么要实行和怎样实行混合所有制经济》，《山西高等学校社会科学学报》，2015 年第 6 期，第 3－6 页。

② 伍开群：《混合所有制：过渡性制度安排》，《河北经贸大学学报》，2017 年第 3 期，第 15－20 页。

③ 简新华：《必须正确认识和合理推进国有企业的混合所有制改革——不能过分强调混合所有制改革的作用》，《财经科学》，2017 年第 12 期，第 1－4 页。

④ 陈尧：《重庆啤酒混合所有制改革财务绩效研究》，安徽财经大学博士学位论文，2017 年，第 54 页。

⑤ 徐慧中：《中海海盛股份有限公司混合所有制改革案例研究》，沈阳工业大学博士学位论文，2017 年，第 66 页。

⑥ （英）约翰·梅纳德·凯恩斯：《就业、利息和货币通论》，徐毓枬译，译林出版社 2014 年版。

痼疾的唯一切实办法是扩大政府职能，加强政府对经济的干预，让国家的权威与私人的策动力互相合作。随后汉森、萨缪尔森等发扬光大了凯恩斯的政府干预思想，并将凯恩斯理论发展成 20 世纪 30～70 年代占统治地位的经济学理论。但哈耶克（1997）在《通往奴役之路》中宣称，混合经济在本质上是不稳定的，一段时期后，经济干预将不可避免地导致集权主义。为此，Alves 和 J. Mead owcroft（2014）① 对混合所有制经济的稳定性进行了检验，实证发现混合经济是非常稳定的，而自由放任和集权主义政权是不稳定的，A. Bhowmik 和 J. Cao（2013）② 也证实了混合经济分配效率的稳健性。

第二，西方产权理论。虽然在发展过程中西方产权理论形成了不同的流派，有不同的理论和政策主张，但他们都认为，公司制企业的产权关系已由原来的一元产权转变为多元产权，由分散转变为集中，由所有权派生的产权分属不同的权利主体拥有和行使，由此生成公有产权和私有产权混合的新型混合所有制经济（Shleifer et al.，1997）③。但西方产权理论，尤其是新制度经济学的产权理论，仍然继承的是亚当·斯密《国富论》中"经济人"假设和"看不见的手"的基本思想，仍然强调市场经济的私人产权是最有效的，它在实现自身利润最大化的同时也能带来社会福利最大化，只不过"经济人"假设从完全理性变为有限理性，且考虑了产权的外部性问题，研究了不同交易制度对绩效的重要影响，因而国外把发展市场经济等同于发展私有制经济，把发展混合所有制等同于"私人混合"。

国内，万华炜（2007）④ 研究了混合所有制企业中产权界定、组织结构、保障机制、产权流转和企业家才能等内容。李正图（2005）⑤ 则论述了混合所有制经济中不同交易关系的制度选择与制度安排问题。刘凤义等（2016）⑥ 认为产权

① Alves A. A. and Meadowcroft J.，"Hayek's Slippery Slope，the Stability of the Mixed Economy and the Dynamics of Rent Seeking"，*Political Studies*，2014，Vol. 62，No. 4，pp. 843－861.

② Bhowmik A. and Cao J.，"Robust Efficiency in Mixed Economies with Asymmetric Information"，*Journal of Mathematical Economics*，2013，Vol. 49，No. 1，pp. 49－57.

③ Shleifer A. and Vishny R. W.，"A Survey of Corporate Governance"，*Journal of Finance*，1997，Vol. 52，No. 2，pp. 737－783.

④ 万华炜：《中国混合所有制经济的产权制度分析》，《中南财经政法大学学报》，2007 年第 6 期，第 21－26 页。

⑤ 李正图：《混合所有制公司制企业的制度选择和制度安排研究》，《上海经济研究》，2005 年第 5 期，第 19－27 页。

⑥ 刘凤义等：《发展混合所有制经济需要厘清的几种基本关系》，《天津社会科学》，2016 年第 1 期，第 85－90 页。

包括所有权、占有权、收益权、处置权等多项权利，它是所有制的实现形式，因此混合所有制经济中不同产权之间的关系实质上体现的是"资本与资本"的关系，哪种成分占据主导地位是通过市场谈判来决定，因此要保证我国混合所有制企业中公有资本的主导地位，还需加强科学的顶层设计。董梅生和洪功翔（2017）[①] 基于产权改革视角，收集了827家上市公司2003～2014年的平衡面板数据，采用倾向评分匹配倍差法，分离了影响混合所有制企业进行完全民营化改革效果的其他因素，有效地避免了"选择性偏差"问题，结果发现产权改革显著提高了民营化企业的效率和社会福利，因而是卓有成效的。中共十八届三中全会之所以提出"积极发展混合所有制经济"，不再继续进行民营化改革，是因为进一步剖析发现未匹配上的混合所有制企业效率和社会福利更高，且主要分布于垄断行业，所以垄断行业更适合发展混合所有制经济，其内在机制符合"效率论"和"公共利益理论"，这与国内外垄断行业逆民营化现象和民营化效果不佳的现实一致，与坚持中国基本经济制度，走中国特色社会主义道路也一脉相承。

第三，马克思主义理论。葛扬（2004）[②] 根据马克思的所有制理论，构建了所有制动态理论模型，引入边际分析方法考察了适合发展混合所有制经济的区域。顾钰民（2006）[③] 用马克思的生产力与生产关系理论分析了企业理论，发现产权制度、经营制度和分配制度为混合所有制经济的发展提供了多方面的优势，并构建了博弈模型进行了验证。贾华强（2014）[④] 则引述了马克思在《经济学手稿（1857～1858）》中论述亚细亚农村公社问题时曾使用的原生和次生概念，认为混合所有制经济是更具创新性和适应性的次生、过渡所有制形式。贾利军和杨静（2015）[⑤] 以马克思主义经济学中生产关系与技术创新的内在逻辑作为研究出发点，认为，混合所有制改革，必须坚持国有控股才能确保国有经济的主导地

---

① 董梅生、洪功翔：《发展混合所有制经济的内在机制研究——基于产权改革视角》，《云南财经大学学报》，2017年第2期，第12－25页。

② 葛扬：《马克思所有制理论与现代混合所有制经济》，《当代经济研究》，2004年第10期，第18－22页。

③ 顾钰民：《混合所有制的制度经济学分析》，《福建论坛（人文社会科学版）》，2006年第10期，第16－20页。

④ 贾华强：《马克思主义经典理论错了吗？——从混合所有制经济看社会主义的未来》，《人民论坛·学术前沿》，2014年第6期，第6－13页。

⑤ 贾利军、杨静：《从生产关系与技术创新的内在逻辑认识混合所有制改革》，《教学与研究》，2015年第4期，第46－53页。

位，体现出社会主义的生产关系，进而推动社会主义的技术创新。李红梅（2015）[①] 则认为，混合所有制是马克思主义关于落后国家建设社会主义所有制发展的必经环节。刘凤义等（2016）[②] 利用马克思主义政治经济学基本原理进行了分析，他认为是人类历史发展的所有制演变规律决定了市场经济和商品货币关系，而不是由市场经济和商品货币关系决定所有制，因此我国发展混合所有制经济只不过是借助市场经济这种手段实现社会主义初级阶段的物质利益关系，因此混合所有制企业哪些需要控股或独资经营，不能简单地由市场机制决定，考虑到基本经济制度由所有制关系决定，因此混合所有制经济的顶层设计必须以公有制为主体，需要做强做大做优国有企业。康乃馨（2016）[③] 基于马克思主义理论视角，探讨了混合所有制经济改革中的风险防范问题。田昆儒和蒋勇（2016）[④] 在马克思主义经济学理论指导下，对混合所有制进行了经济学分析。程承坪和邱依婷（2016）[⑤] 以政治经济学为理论基础，批评了混合所有制改革中的所有制歧视理论。洪功翔等（2018）[⑥] 则利用生物学中的共生理论，借鉴两种群共生演化的理论模型，讨论了国有经济与民营经济互动的寄生、偏利共生、互惠共生三种共生模式的均衡解及其保持稳定的条件，实证分析后发现，中国的国有经济与民营经济存在非对称性互惠的共生发展关系，这也为混合所有制经济中公有资本与非公有资本的合作共处提供了理论基础。

总之，虽然发展混合所有制经济具有时代趋势，但世界其他国家对国有企业的改革，要么是私有化，要么是国有化，并没有把混合所有制这种制度作为一种主流的改革策略，而中国政府把其上升为"基本经济制度的重要实现形式"，独具中国特色。因此在理论研究上，必须综合运用各种理论，结合中国国情，提出中国化的独特理论，以准确分析中国经济转轨的独特性、复杂性和多样性，这方面的理论研究还有待挖掘。

①　李红梅：《混合所有制经济的理论渊源、历史发展与现实意义》，《管理学刊》，2015 年第 5 期，第 25 – 30 页。

②　刘凤义等：《发展混合所有制经济需要厘清的几种基本关系》，《天津社会科学》，2016 年第 1 期，第 85 – 90 页。

③　康乃馨：《混合所有制经济改革中的风险防范与机制完善——基于马克思主义理论的视角》，《毛泽东邓小平理论研究》，2016 年第 11 期，第 23 – 29 页。

④　田昆儒、蒋勇：《混合所有制经济学分析》，《会计之友》，2016 年第 10 期，第 23 – 29 页。

⑤　程承坪、邱依婷：《所有制歧视的政治经济学分析——兼论国有企业混合所有制改革》，《学习与探索》，2016 年第 4 期，第 101 – 107 页。

⑥　洪功翔等：《国有经济与民营经济共生发展的理论与实证研究——基于中国 2000—2015 年省级面板数据》，《政治经济学评论》，2018 年第 5 期，第 68 – 100 页。

3. 混合所有制经济性质的确定

国外所有制形式是以私有制为主，它们认为混合经济是市场自发的一种财产组合形式，因此较少讨论其性质归属问题。国内伴随姓"资"姓"社"的争论，一直纠结其性质归属，而且还产生了诸多分歧，概括起来，有以下几种观点：

第一，混合所有制经济是所有制的一种基本形式。戴文标（2001）① 认为，混合所有制形式应是一种独立的所有制形式，它有独立的阶级归宿与产权归宿，与私有制同时产生于原始公有制向私有制过渡的过程中。王祖强（2006）② 认为，混合所有制在我国的出现绝不是偶然的，是公有产权和非公有产权在企业内部融合所形成的一种新的财产所有结构，是一种新的独立所有制形式，其主要特征是开放性、兼容性和过渡性。何伟（2004）③ 基于党的十六届三中全会提出的"大力发展国有资本、集体资本和非公有资本等参股的融合所有制经济，实现投资主体多元化，使股份制成为公有制的主要实现形式"，认为混合所有制经济是社会主义所有制的基本形式。但马昀（2007）④ 反驳了何伟的观点，他认为何伟混同了公有制的实现形式和公有制的基本形式或者说是存在形式。私有制和公有制是不同的所有制，但可以采取同一的实现形式即股份制。股份制是一种资本组织形式，并不是一种独立的所有制形式。因此不能简单地界定股份制是公有还是私有，是姓"社"还是姓"资"。侯为民和孙咏梅（2006）⑤ 也不同意何伟的观点，他们认为，混合所有制不能泛化为公有制，不能成为社会主义所有制的基本形式。社会主义市场经济条件下，股份制可以作为公有制的实现形式，但性质上不能简单等同于公有制。

第二，混合所有制经济是一种新公有制企业。厉以宁（2004）⑥ 论述了新公有制企业的几种形式：第一种形式就是经过改制的新的国家所有；第二种形式是由国家控股或国家参股的股份制企业，且把它们称为混合所有制企业；第三种形式是大量存在的没有国家投资的公众持股企业，如像工会、商会这样的社会团

① 戴文标：《论混合所有制形式的性质》，《浙江学刊》，2001 年第 4 期，第 45 – 48 页。

② 王祖强：《新的财产所有结构与社会主义混合所有制》，《社会主义研究》，2006 年第 2 期，第 11 – 13页。

③ 何伟：《论混合经济》，《经济学家》，2004 年第 4 期，第 15 – 19 页。

④ 马昀：《评"论混合经济"一文的非科学观点——与何伟先生商榷》，《当代经济研究》，2007 年第 2 期，第 31 – 33 页。

⑤ 侯为民、孙咏梅：《论混合经济的三层含义——与何伟教授商榷》，《经济学家》，2006 年第 4 期，第 104 – 109 页。

⑥ 厉以宁：《论新公有制企业》，《经济学动态》，2004 年第 1 期，第 17 – 20 页。

体，或像街道、居民区这样的社区，用公众集资的钱所举办的企业；第四种形式是公益性基金所有制所办的企业，其资金来自私人捐赠，它具有公有的性质。厉以宁的"新公有制企业"理论提出来后，立即引起学术界激烈的争论。项启源（2004）① 认为，这种把股份制等同于公有制的观点，既违背了马克思主义基本原理，又违背了党的十五大以来党的有关决议，而且不符合当代的实际。钱津（2004）② 认为，厉以宁将公众持股的股份制企业确定为公众所有制企业，所犯错误是将公众混同于公有。李保民（2005）③ 认为，厉以宁将不属于社会主义的东西贴上社会主义的标签，并冠以"社会主义公有制企业的新形式"的做法，既有扰乱理论混乱之嫌，也是改制中不同利益集团在理论上的博弈，因为表面上的姓"资"姓"社"之争，实质上是改革背后真正的股东官僚集团、资本家，与劳动人民群众的争论。但晓亮（2004）④ 认为，混合所有制经济是打破单一所有制而出现的一种所有制类型。王祖强（2006）⑤ 认为，混合所有制经济是公有产权和非公有产权在企业内部融合而形成的一种新的财产所有制结构。这些言论也是不妥的，因为它混淆了所有制基本形式和所有制实现形式的区别。

第三，混合所有制经济是一种"控股"经济。这是因为混合所有制经济作为一种资产组织形式，并无"姓公姓私"的性质，其性质是由构成部分中占控股地位的资产所有制性质决定的。吕东升（2005）⑥ 认为，混合所有制经济是一种非独立的经济形态或所有制形态，它的性质是由占主导地位的股权决定的。换言之，谁控股，谁就左右局势，谁就决定它的性质。党的十五大报告也提出，"不能笼统地说股份制是公有还是私有，关键看控股权掌握在谁手中。国家和集体控股，具有明显的公有性，有利于扩大公有资本的支配范围，增强公有制的主体作用"。但是把混合所有制经济看成"控股"经济是不对的，因为混合所有制经济的具体实现形式，除股份制经济之外，还有劳动者合作制经济、股份合作制

① 项启源：《不能把股份制等同于公有制——兼与厉以宁教授商榷》，《经济学动态》，2004 年第 4 期，第 18 - 24 页。
② 钱津：《当前所有制研究需要澄清的若干问题》，《经济学动态》，2004 年第 1 期，第 20 - 23 页。
③ 李保民：《新公有制企业性质的经济分析》，《扬州大学学报（人文社会科学版）》，2005 年第 2 期，第 89 - 93 页。
④ 晓亮：《论大力发展混合所有制》，《经济学家》，2004 年第 2 期，第 36 - 40 页。
⑤ 王祖强：《新的财产所有结构与社会主义混合所有制》，《社会主义研究》，2006 年第 2 期，第 11 - 13 页。
⑥ 吕东升：《论公有制与市场经济有机结合》，《江汉论坛》，2005 年第 12 期，第 5 - 10 页。

经济、企业联合体所有制经济等形式。张作云（2009）① 认为，混合所有制经济既不是控股经济，也不是一种非"公"非"私"的独立经济形式，它是作为现代企业的一种资本组织形式。同样道理，把混合所有制经济看成是股份经济也是错误的。张卓元（2014）② 认为，混合所有制经济肯定是股份制经济，但并不是所有的股份制经济都是混合所有制经济，西方国家合伙制和股份制经济一般都不是混合所有制经济，我国也有少量国有企业之间成立或由私人资本合伙经营的股份制企业也不属于混合所有制经济。季晓南（2014）③ 则认为，混合所有制经济比股份制的内涵更为宽泛，股份制是混合所有制的主要实现形式，但混合所有制不等于股份制。

第四，混合所有制经济是一种所有制实现形式。李萍和刘金石（2005）④ 明确提出，混合所有制经济"是所有制的一种实现形式"，"与'所有制性质'无关"。张卓元（2013）⑤ 认为，混合所有制经济是基本经济制度的重要实现形式。卫兴华和何召鹏（2015）⑥ 提出，既要弄清混合所有制经济"是公有制的主要实现形式"同"是基本经济制度的重要实现形式"的关系与区别，也要弄清楚"公有制的实现形式"同"公有制形式"的关系与区别，不能把公有制实现形式等同于公有制性质。张旭昆（2016）⑦ 认为，混合所有制企业是克服私有制市场失灵和公有制计划失灵的一种选择，是一种有节制的干预。

总之，随着1992年确立社会主义市场经济体制后，为发展壮大公有制经济，引导非公有制经济健康发展，我国关于所有制的理论和政策不断被突破和创新，特别是在党的十六届三中全会提出要大力发展混合所有制经济后，对混合所有制性质的认识也在争论中不断深化发展。最后，党的十八届三中全会《决议》明确提出"混合所有制经济是我国基本经济制度的重要实现形式"，从此对混合所有制经济性质的争论尘埃落定。

① 张作云：《混合所有制经济的性质界定及其方法》，《江汉论坛》，2009年第1期，第35–39页。
② 张卓元：《混合所有制经济是什么样的经济》，《求是》，2014年第8期，第29–31页。
③ 季晓南：《正确理解混合所有制经济》，《经济日报》，2014年。
④ 李萍、刘金石：《十六届三中全会后我国所有制问题最新研究综述》，《河南大学学报（社会科学版）》，2005年第5期，第78–82页。
⑤ 张卓元：《混合所有制经济是基本经济制度的重要实现形式》，《经济日报》，2013年。
⑥ 卫兴华、何召鹏：《从理论和实践的结合上弄清和搞好混合所有制经济》，《经济理论与经济管理》，2015年第1期，第15–21页。
⑦ 张旭昆：《混合所有制企业：有节制的干预——克服私有制市场失灵和公有制计划失灵的一种选择》，《探索与争鸣》，2016年第8期，第99–104页。

4. 发展混合所有制经济的路径研究

如何发展混合所有制经济有两种针锋相对的观点，第一种观点奉行新自由主义思想，认为应该实行"国退民进"的路径。持这种观点的学者大多认为垄断行业依靠垄断地位获取了高额利润，但也存在效率低下、政企不分、机制不活等问题，并且国企上缴国家的红利很少，因此整个社会福利很差，所以必须打破垄断，引入民企提高竞争程度，以降低垄断产品价格和提高服务质量，增加社会福利。常修泽（2014）[①] 在光明日报撰文，他认为在社会层面，需要把公有制经济和非公有制经济用包容性的观点和政策"统合"起来；在国有经济层面，鉴于国有经济比重偏高，要特别"推进垄断性行业改革"，主要方式是打破垄断，让民营资本通过多种途径进入垄断企业；在微观层面，除极少数企业由国家百分百控股外，其他企业应积极发展混合所有制经济，重要的企业不必拘泥于是"绝对控股"（75%以上）还是"优势控股"（51%以上），可以采取"有效控股"（50%以下），甚至是"金股"制；还可以向民资、外资、企业内经营者和职工"置换"竞争性企业资产。与常修泽（2014）[②] 推进垄断企业改革的观点不同，中国社会科学院的剧锦文（2016）[③] 认为，混合所有制改革的重点是推进中间型和竞争型国有企业的改革，它才是优化国有经济布局主战场。常修泽（2014）[④] 继续在人民论坛学术前沿发文，并提出了发展混合所有制经济的四条实施路径：第一是民、外、内各类资本与国有资本融合；第二是国、外、内资本与民营资本融合；第三是国、民、内资本与外商资本融合；第四是实行员工持股。彭建国（2015）[⑤] 认为，深化国企改革目标是大部分国有企业发展混合所有制经济、逐步降低混合所有制企业中国有股比例、支持国有资本与非国有资本的双向融合。即使习近平总书记一再强调要做大做强国有企业，仍有学者坚持国有企业应从竞争性领域全面退出。李锦（2017）[⑥] 在对混合所有制改革的 21 条建议里，提出把具有垄断特征的国有企业作为重点突破方向，把引入非国有资本参与国有企业

①② 常修泽：《社会主义市场经济体制的基础：混合所有制经济》，《光明日报》，2014 年。

③ 剧锦文：《国有企业推进混合所有制改革的缔约分析》，《天津社会科学》，2016 年第 1 期，第 91–96 页。

④ 常修泽：《现代治理体系中的包容性改革——混合所有制价值再发现与实现途径》，《人民论坛·学术前沿》，2014 年第 6 期，第 14–23 页。

⑤ 彭建国：《关于积极发展混合所有制经济的基本构想》，《中国发展观察》，2014 年第 3 期，第 20–25 页。

⑥ 李锦：《当前国企混合所有制改革的趋势与建议》，《现代国企研究》，2017 年第 9 期，第 10–17 页。

改革作为首要方式、打破民营企业准入的"天花板""玻璃门""旋转门",暗含支持"国退民进"的思想。2016年3月27日,马晓河提出,"在国企改革中,国企应从一般竞争性领域退让,如建筑、金融、交通、房地产、汽车、商贸、烟草、传媒等领域,并且应该退足、退够。"① 我们不知道该学者是用何种标准把金融、交通、烟草和传媒等行业归为一般竞争性领域的?当前我国经济进入新常态,不仅仅是国有企业发展面临困难,民营企业日子也不好过,为何该学者坚持国企从竞争性领域全面退出?事实上,近几年,作为私人经济发达的广东省和浙江省,其经济增速下降是不可否认的事实②,媒体也不时报道民营企业家跑路、民营企业关门倒闭的事件,这说明面对国内外严峻的经济形式,民企的灵活性也不是万能的,相反,民营企业家跑路、工厂破产倒闭留下了一堆烂摊子,给当地政府带来了巨大的财政、经济和政治危机,如若是国有企业断不会发生这种情况,为何坚持国企从竞争性领域退出、退足?

　　第二种观点遵循马克思主义思想,认为应该实行"国民共进"的路径。持这种观点的学者多数认为,我国国有企业经过历次改革,国有企业战线在不断收缩,国有企业数量已不到20%,这与以公有制为主体的社会主义经济制度地位极不相匹配,因此不能再通过混合所有制改革削弱国有经济了,应该大力发展国有经济,增强公有制经济的主体地位,实现"国民共进"。程恩富和董宇坤(2015)③ 认为,大型国有企业是维护国家经济安全的中流砥柱,现行大型国有企业并不缺乏资金,所以应从完善公司治理机制入手,通过引入非公有资本优化企业管理方式,但绝不是化公为私,应以公有资本为主体,做优做强做大国有企业。夏小林(2014)④ 认为,"国资委以垄断企业的'一股独大'作为重点改革对象,引入非公有资本、外资进入国企,若采取国有企业参股或黄金股等尽可能降低国有股比例的措施,会产生颠覆公有制的错误,将失去国有企业维护经济平

　　① 马晓河:《国企应在房地产等领域退足退够》,中国经济网,http://news.163.com/16/0328/07/BJ7RR43A000146BE.html。
　　② 广东省2010~2014年GDP增长率为12.4%、10.0%、8.2%、8.5%、7.8%;浙江省2010~2014年GDP增长率为11.9%、9.0%、8.0%、8.2%、7.6%,数据来源于《中国统计年鉴》(2015)。
　　③ 程恩富、董宇坤:《大力发展公有资本为主体的混合所有制经济》,《政治经济学评论》,2015年第1期,第116-128页。
　　④ 夏小林:《2014年:国企与改革(上)——兼评被污名化的"国资一股独大"》,《管理学刊》,2014年第3期,第1-15页。

等的压仓石，因此国企改革要维护国资主导作用"。卫兴华（2015）① 认为，发展混合所有制经济绝不是销蚀国有资产，削弱国有经济，搞"国退民进"，而是大力发展国有经济，实现"国民共进"，要有利于国有资本放大功能、保值增值、提高竞争力，提高国企影响力和控制力。谭江华（2016）② 则提出，作为未来国有企业改革主战场的混合所有制经济改革，应该采取新加坡的淡马锡模式，给予民营企业充分发展的空间，以实行"国民共舞"。周新城（2016）③ 指出，谨防以推行混合所有制为名削弱国有经济。夏小林（2018）④ 再次与厉以宁商榷，认为要破除"私有产权迷信"，不能搞大规模"抽血疗法"，应该坚持做强做优做大国有企业。李济广（2016）⑤ 也质疑厉以宁关于国企混合所有制改革的观点。

可以说，在党的十八届三中全会《决定》刚刚出来时，由于对中央文件精神把握不够，有部分学者和部分官员提出了"国退民进"的改革路径，思想上奉行的还是新自由主义教条，认为发展市场经济就是发展私有制，并没有注意到国内国有企业已经发生了质的变化。我国国有企业不但已基本同市场经济相融合，而且其效率与私营企业也不相上下，因此没必要再实施国有企业全面退出策略。针对这种错误思潮，有部分学者立刻站出来进行批驳，他们认为在国有企业占比不多、整体实力很强、不缺资金、不缺技术的情况下，没有必要进行新一轮私有化，造成新一轮国有资产流失，削弱公有制主体地位。2014 年 3 月 5 日，习近平在参加上海代表团会议时说："国企不仅不能削弱，还要加强，要在深化改革中自我完善，要在凤凰涅槃中重生"。2014 年 3 月 9 日，习近平参加安徽代表团审议时再次指示："要吸取过去国企改革经验和教训，不能在一片改革声浪中把国有资产变成谋取暴利的机会"。2015 年 7 月 17 日，习近平在吉林省考察时说："要坚持国有企业在国家发展中的重要地位不动摇，坚持把国有企业搞好、

———————

　　① 卫兴华：《为什么要实行和怎样实行混合所有制经济》，《山西高等学校社会科学学报》，2015 年第 6 期，第 3 - 6 页。

　　② 谭江华：《混合所有制完善导向下的国有经济布局再调整——制度优势与改革突破点》，《现代经济探讨》，2016 年第 2 期，第 64 - 67 页。

　　③ 周新城：《谨防以推行混合所有制为名削弱国有经济》，《马克思主义研究》，2016 年第 12 期，第 144 - 149 页。

　　④ 夏小林：《国企混改不能搞大规模"抽血疗法"——与厉以宁教授商榷》，《社会科学文摘》，2018 年第 1 期，第 29 - 32 页。

　　⑤ 李济广：《坚持正确的混合所有制改革理念——兼与厉以宁教授商榷》，《管理学刊》，2016 年第 3期，第 1 - 5 页。

把国有企业做大做强做优不动摇"。习近平主席旗帜鲜明地表明国有企业改革不能走资本主义道路，不能实行私有化，必须做优做强做大国有企业，以增强国有企业的公有制主体地位，因此发展混合所有制的路径，必须统一到"三个有利于"的原则下，鼓励非公有制企业参与国有企业改革，鼓励、支持、引导非公有制经济发展，实现"国民共进"。但是，对于混合所有制改革领域，官方仍然界定为垄断领域，2016 年底中央经济工作会议强调"混合所有制改革是国企改革的重要突破口，在电力、石油、天然气、铁路、民航、电信、军工等领域迈出实质性步伐"。李中义和李月（2016）[1] 也认为，发展混合所有制经济重点是推进垄断行业改革，并提出了四条具体路径。

5. 混合所有制企业效率评价研究

虽然发展混合所有制经济具有时代趋势，但国外研究混合所有制经济的文献并不多。改革开放后，我国混合所有制经济虽然历经了二十多年的发展，但对其研究还是局限于混合所有制经济的概念、性质、必要性和发展路径上，在党的十八届三中全会提出"积极发展混合所有制经济"之后对该问题的研究方兴未艾，已经有部分文献开始进行实证研究，且主要集中在效率评价和股权结构安排上。

国内外大多是在比较国有与私营企业社会福利大小时，通过控制国有企业的利润与社会福利的分配比例来考察混合型企业的效率和福利的大小。

（1）同质产品。Harris R. 和 Wiens E.（1977）[2] 是最早注意到国有企业与私营企业在垄断领域竞争问题的学者。他们建立了 1 个国有企业和 N 个私营企业的同质产品的垄断竞争模型，其中国有企业目标是社会福利最大化，私营企业是自身利润最大化，研究发现国有企业和私营企业的竞争有利于市场资源配置，但配置效率受信息的完整性和官员动机影响。Matsumura T. 和 Kanda O.（2005）[3] 也构建了与 Harris R. 和 Wiens E.（1977）[4] 一样的模型，在不存在委托代理问题、生产技术相同、固定成本大于零和没有产能限制的情况下，采用静态、均衡分析，发现混合所有制企业的社会福利比完全垄断的国有企业模型低；但当市场是充分竞争时，国有企业追求自身利润最大化，比追求社会福利最大化时带来的

① 李中义、李月：《混合所有制经济的理论阐释与发展路径选择》，《财经问题研究》，2016 年第 1 期，第 10 - 15 页。

②④ Harris R. and Wiens E., "Dynamic Oligopoly, Investment in Capacity and Government Firms", *Working Papers*, p. 1977.

③ Matsumura T. and Kanda O., "Mixed Oligopoly at Free Entry Markets", *Journal of Economics*, 2005, Vol. 84, No. 1, pp. 27 - 48.

社会福利更高,因此市场应该部分私有化。无独有偶,Matsumura T. (1998)[①]构造了一个国有企业一个私营企业的数量机制决定的双寡头模型,其中国有企业目标是国企利润和社会福利的加权平均值最大,私营企业是自身利润最大,结论是:在完全垄断的情况下,全部国有化是最优的;如果国有企业效率不低于私营企业,全部私有化也不是最优的;其他情形应该选择混合所有制经济,其混合的股权比例取决于消费者需求和生产者成本,并没有普适标准。可以说,这篇文章为发展混合所有制经济提供了最早的理论支撑。与上述学者认为企业数量是外生性不同,Fujiwara K. (2007)[②]考虑了企业数量的内生性问题。他假定在混合所有制的市场环境里,企业开办成本的沉没成本、边际成本是递增的,构建了一个混合所有制企业和 N 个私营企业的产品数量机制决定的垄断模型,其中混合所有制企业目标是国企利润和社会福利的加权平均值最大,私营企业是自身利润最大,研究发现:在企业自由进入的情况下,为了使社会福利最大化,最优的手段是国有企业拥有全部股权,这与 Fraja G. D. 和 Delbono F. (1989)[③]的结论正好相反,与 Matsumura T. (1998)[④]认为应该选择混合所有制经济的结论也不同,这也表明管制的市场比自由进入的市场更适合私有化。同时,作者还发现,企业自由进出时,当且仅当国有企业亏损时,混合所有制市场比单纯私营公司市场福利低,且亏损时,最好不要在该领域开办国有企业,因为亏损的国有企业最终会在该行业消亡,这与 Fujiwara K. (2007) 对自由进入的异质产品的垄断竞争模型研究结论相同。

（2）异质产品。Saha B. (2009)[⑤]构建的 1 个国有企业和 N 个私营企业的异质产品混合寡头模型,其国有企业和私营企业的目标函数与 Matsumura T. (1998) 一致,研究发现:短期内,市场有严格的进入和退出壁垒时,最优的私有化政策与产品种类偏好是非单调的,且私营企业数目越多,越需私有化;长期内,假设垄断市场企业进出自由,则最优的私有化政策与产品种类偏好是单调降

①④ Matsumura T. , "A Two – stage Price – setting Duopoly: Bertrand or Stackelberg", *Australian Economic Papers*, 1998, Vol. 37, No. 2, pp. 103 – 118.

② Fujiwara K. , "Partial Privatization in a Differentiated Mixed Oligopoly", *Journal of Economics*, 2007, Vol. 92, No. 1, pp. 51 – 65.

③ Fraja G. D. and Delbono F. , "Alternative Strategies of a Public Enterprise in Oligopoly", *Oxford Economic Papers*, 1989, Vol. 41, No. 2, pp. 302 – 311.

⑤ Saha B. , "Mixed Ownership in a Mixed Duopoly with Differentiated Products", *Journal of Economics*, 2009, Vol. 98, No. 1, pp. 25 – 43.

的，且国有和私营混合寡头垄断模型社会福利水平比单纯垄断模型低。Beladi H. 和 Chao C. C. （2006）① 认识到，由于国有企业不承担全部生产成本（如具有外部性的环境成本、职工培训成本等），所以国有企业目标与政府目标并不一致。因此把社会福利最大化作为国有企业的目标是不正确的，Saha 认为国有企业追求的是特定产品福利② 最大化。因此 Saha 构建了两个公司生产两种异质产品的对称模型，其中企业目标是自身利润和自身社会福利的加权平均值最大，在考虑外部成本的情况下，研究发现：当产品价格等于全部边际成本时，产出达到最大，此时，部分私有化是缩小国有公司与政府目标偏离的有效手段③；而建立非对称模型，且仅考虑外部联合成本时，发现一种产品产量提高，必然导致另一种产品产量下降，因此可以设计一种税收——补贴机制，使得社会效率达到最高。在特定条件下，完全国有和私营企业是最优的，否则，应该根据社会成本大小、产品替代率高低和产量的不同决策机制，选择常见的混合所有权形式。

Rnt P. L. M. R. （2007）④、Ferreira S. （2008）⑤、Mayo M. （2008）⑥、Hardill I. 和 Dwyer P. （2011）⑦、Rasche A. （2013）⑧ 讨论了混合经济的福利问题。Backx M. 等（2002）⑨ 实证发现，国际航空公司的混合所有权公司绩效优于国有

① Beladi H. and Chao C. C.，"Mixed Ownership, Unemployment, and Welfare for a Developing Economy"，*Review of Development Economics*，2006，Vol. 10，No. 4，pp. 604 – 611.

② 特定产品福利是指国企自身利润与社会福利的加权平均值，其权重是内生的，随着不同情况发生改变，Saha（2009）考虑了三种确定权重的方法（BP、BA 和 MS）。

③ 这与 Matsumura（1998）和 Fujiwara（2007）认为部分私有化是解决国有公司效率低下手段的结论不同，虽然通过部分私有化可以增加私人企业产量，提升了整体生产效率，但是国有企业效率低下的事实仍然存在，这时可以对私人公司施加不同的成本补贴来达到完全效率。

④ Rnt P. L. M. R.，"Understanding the Mixed Economy of Welfare"，*Journal of Advanced Nursing*，2007，Vol. 60，No. 4，p. 456.

⑤ Ferreira S.，"M. Powell（ed.），（2007），Understanding the Mixed Economy of Welfare. Bristol：Policy Press. £ 50.00，p. 249，hbk"，*Journal of Social Policy*，2008，Vol. 37，No. 3，p. 14.

⑥ Mayo M.，"Understanding the Mixed Economy of Welfare – Edited by Martin Powell"，*International Journal of Social Welfare*，2008，Vol. 17，No. 1，p. 105.

⑦ Hardill I. and Dwyer P.，"Delivering Public Services in the Mixed Economy of Welfare：Perspectives from the Voluntary and Community Sector in Rural England"，*Journal of Social Policy*，2011，Vol. 40，No. 1，pp. 157 – 172.

⑧ Rasche A.，"Corporate Social Responsibility and the Welfare State：The Historical and Contemporary Role of CSR in the Mixed Economy of Welfare by Jeanette Brejning. 2012：Farnham，Surrey：Ashgate. ISBN 978 – 1 – 4094 – 2451 – 2"，*International Journal of Social Welfare*，2013，Vol. 22，No. 1，p. 112.

⑨ Backx M.，et al，"Public, Private and Mixed Ownership and the Performance of International Airlines"，*Journal of Air Transport Management*，2002，Vol. 8，No. 4，pp. 213 – 220.

公司，劣于私人公司。Nossa S. N. 等（2011）[1] 则证实混合经济公司和私人公司的盈利能力无差异。Beladi H. 和 Chao C. C.（2006）[2] 分析了发展中国家对国有企业部分民营化的企业（也即混合所有制企业）对失业和社会福利的影响，发现民营化短期内降低了产量、增加了失业率，但从长期看，随着资本向农村流动，缓解了失业问题，提高了社会福利。

朱东平（1994）[3] 是国内最早研究混合所有制的学者，他构建了国有企业和私有企业的古诺竞争模型，发现当它们都是两权分离的情况下，混合所有制在国有企业效率不高于私有企业的区间内，它所带来的社会剩余大于完全的私有制；当私有企业两权不分离的情况下，混合所有制社会剩余无条件大于完全的私有制，因此应该发展混合所有制经济。张小军和石明明（2011）[4] 则构建了市场分割调节下的混合所有制经济市场竞争模型，发现国有企业可以作为一种内部规制工具，对市场分割的负面效应进行制衡，具体表现为在其效率较高的情况下，将迫使地方企业改进成本或者退出市场，反之，全国性国有企业应选择退出策略，因此我们可以通过动态调整企业目标函数以实现整体市场福利的最大化。陈晓珊（2017）[5] 从社会福利最大化视角，研究了古诺产量竞争、斯塔克伯格领导者—跟随者产量竞争、伯川德价格竞争情况下，混合所有制企业改革的最优方式和股权比例。秦江萍（2017）[6] 研究发现，在混合所有制企业中，高质量的内部控制有利于降低关联担保规模、关联交易规模、代理成本及资金占用，有利于对中小股东权益的保护。

陈东和董也琳（2014）[7] 采用 2003～2011 年的省级面板数据，发现 2008 年以后混合所有制经济全要素生产率（Malmquist 指数）呈现下降趋势，且其受政

① Nossa S. N. , et al, "To Privatize or Not? Here it is the Question：An Empirical Study on the Profitability of the Companies of Mixing Economy and Private Companies Listed in the São Paulo Stock Exchange in the Period from 1995 to 2007", *Revista De Administração Pública*, 2011, Vol. 45, No. 4, pp. 1031 – 1154.

② Beladi H. and Chao C. C. , "Mixed Ownership, Unemployment, and Welfare for a Developing Economy", *Review of Development Economics*, 2006, Vol. 10, No. 4, pp. 604 – 611.

③ 朱东平：《论混合所有制的经济合理性》，《经济研究》，1994 年第 5 期，第 34 – 39 页。

④ 张小军、石明明：《市场分割条件下的混合所有制经济竞争模型与规制策略》，《经济评论》，2011 年第 2 期，第 38 – 47 页。

⑤ 陈晓珊：《国有企业混合所有制改革的方式选择——基于社会福利最大化视角》，《首都经济贸易大学学报》，2017 年第 4 期，第 78 – 86 页。

⑥ 秦江萍：《混合所有制企业内部控制的中小股东权益保护效应》，《中国流通经济》，2017 年第 12 期，第 80 – 91 页。

⑦ 陈东、董也琳：《中国混合所有制经济生产率测度及变动趋势研究》，《经济与管理研究》，2014 年第 6 期，第 33 – 43 页。

策变化、资产配置比例、融资方式、劳动力等因素影响。陈林和唐杨柳（2014）① 以 1997～2007 年《中国工业企业数据库》的 48391 个样本，采用双重差分法，发现混合所有制改革可以降低国有企业的政策性负担，且垄断性行业的混合所有制改革效率高于竞争性行业。王艳（2016）② 以广东省地方国企"瀚蓝环境"为例，研究了混合所有制并购与企业创新的关系，发现收购方具有原始创新能力、收购方与目标公司知识互补及创新环境是提高企业创新能力的前提条件。吴万宗和宗大伟（2016）③ 采用 1998～2007 年的《中国工业企业数据库》的 1014789 个样本观测值，采用修正的 OP 方法估计了全要素生产率，发现公有资本独资和非公有资本独资企业的效率最低，混合所有制企业效率最高。包刚（2016）④ 使用配对方法样本，采用分层回归模型，发现混合所有制能显著提升公司绩效，且融资约束起中介作用。赵放和刘雅君（2016）⑤ 采用双重差分法，发现混合所有制改革显著提升了创新研发效率，对创新产出效率作用不明显。王新红等（2018）⑥ 以 2014～2016 年 406 家制造业国有混合企业为样本，采用多元回归分析发现，混合所有制企业的股权混合度会显著提高企业绩效。李春玲和任磊（2018）使用 2010～2016 年 1420 家上市公司数据，多元回归后发现国企混合所有制改革过后，研发投入与公司绩效正相关，股权制衡起到了正向调节作用，且混合所有制企业的国有股从绝对控股变为相对控股后，股权制衡的正向调节效应最强。禹心郭等（2018）⑦ 利用上市公司 2009～2013 年面板 1838 家样本数据，采用负二项面板回归的方法实证后发现，国有股比例与创新绩效是"倒 U 型"关系，且外部来源的 CEO 比内部提拔的 CEO 更乐意进行技术创新，因而弱化了

① 陈林、唐杨柳：《混合所有制改革与国有企业政策性负担——基于早期国企产权改革大数据的实证研究》，《经济学家》，2014 年第 11 期，第 13－23 页。

② 王艳：《混合所有制并购与创新驱动发展——广东省地方国企"瀚蓝环境"2001～2015 年纵向案例研究》，《管理世界》，2016 年第 8 期，第 150－163 页。

③ 吴万宗、宗大伟：《何种混合所有制结构效率更高——中国工业企业数据的实证检验与分析》，《现代财经（天津财经大学学报）》，2016 年第 3 期，第 15－25 页。

④ 包刚：《混合所有制对公司绩效的影响：融资约束的中介效应》，《会计之友》，2016 年第 9 期，第 57－62 页。

⑤ 赵放、刘雅君：《混合所有制改革对国有企业创新效率影响的政策效果分析——基于双重差分法的实证研究》，《山东大学学报（哲学社会科学版）》，2016 年第 6 期，第 67－73 页。

⑥ 王新红等：《股权混合度、研发投入与国企绩效调节效应分析——基于国企混合所有制改革背景》，《财会通讯》，2018 年第 18 期，第 43－45 页。

⑦ 禹心郭等：《混合所有制结构、CEO 来源与企业创新绩效》，《南京财经大学学报》，2018 年第 1 期，第 1－10 页。

这种"倒U型"关系。李向荣（2018）[①] 和谢海洋等（2018）[②] 实证后发现，混合所有制企业中制衡股东持股比例与公司绩效正相关，国有股比例与公司绩效负相关。于文成等（2018）[③] 采用 2010～2015 年中央企业控股的 1320 条数据，面板回归后发现股东主体多样性和股权混合度具有促进企业经济绩效、削弱社会责任的作用，且在商业竞争类企业尤其明显。杨志强和李增泉[④]（2018）以 2001～2015 年的国有控股上市公司为样本，面板回归后发现产权混合安排能缓解过度投资和投资不足的问题，也减少了非效率投资引起的企业价值损失程度。

但是，朱珍（2017）[⑤] 以"四项改革"中的六大试点中央企业旗下 21 家 A 股上市公司为例，比较分析其改革前后的经营绩效，研究结果发现"二次混合所有制改革"并没有显著增进国企绩效。无独有偶，林峰和付强（2018）[⑥] 通过 2006～2015 年中国 5 个行政垄断行业和 1 个经济垄断行业上市公司数据的对比分析，发现混合所有制改革没有带来明显的效果。

汪平和兰京（2016）[⑦] 实证发现，实行混合所有制改革后，随着国有股东持股比例的下降和民营股东持股比例的上升，企业的股权资本成本有所升高，债务资本成本有所下降，但最终是促使中国企业加权平均资本成本上升。刘晔等（2016）[⑧] 基于中国工业企业数据库数据，采用 PSM－DID 方法，实证后发现国有企业改革后全要素生产率（TFP）显著提高，且国有控股型混合所有制改革效果还略高于完全私有化改革，而非国有控股型混合所有制改革只在竞争性行业中

———————————

① 李向荣：《混合所有制企业国有股比例、制衡股东特征与公司绩效》，《经济问题》，2018 年第 10 期，第 101－104 页。

② 谢海洋等：《混合所有制改革实践与企业绩效——基于非国有股东派任董监高的中介效应》，《华东经济管理》，2018 年第 9 期，第 123－131 页。

③ 于文成等：《基于异质股东的混合股权结构对国企双重任务的影响分析》，《统计与信息论坛》，2018 年第 4 期，第 49－57 页。

④ 杨志强、李增泉：《混合所有制、环境不确定性与投资效率——基于产权专业化视角》，《上海财经大学学报》，2018 年第 2 期，第 4－24 页。

⑤ 朱珍：《"二次混改"增进国有企业的绩效了吗？——以六大试点央企旗下上市公司为例》，《合肥工业大学学报（社会科学版）》，2017 年第 3 期，第 12－17 页。

⑥ 林峰、付强：《混合所有制股权结构未能有效改善行政垄断企业绩效的原因探究》，《企业经济》，2018 年第 7 期，第 111－119 页。

⑦ 汪平、兰京：《混合所有制会影响资本成本吗？》，《经济与管理研究》，2016 年第 5 期，第 129－136 页。

⑧ 刘晔等：《国有企业混合所有制改革对全要素生产率的影响——基于 PSM－DID 方法的实证研究》，《财政研究》，2016 年第 10 期，第 63－75 页。

对企业的 TFP 有提高作用。郭于玮和马弘（2016）[1] 也使用了工业企业数据，实证发现非国有股比例与 TFP 之间呈现"倒 U 型"的关系，与垄断行业相比，竞争行业中引入非国有资本对 TFP 的作用更为显著。张辉等（2016）[2] 使用工业企业数据，采用双重差分模型，实证发现混合所有制改革可以通过降低国企的政策性负担来提升企业绩效，不同地区之间的差异明显。韩晓洁（2017）[3] 利用 2004～2013 年 17094 个上市公司样本，采用面板固定效应模型，实证后发现国有控股企业绩效低于非国有控股企业绩效，因此应该在国有企业中推行混合所有制，以便引入非国有企业的市场活力。齐平和李彦锦（2017）[4] 理论分析后认为混合所有制改革能够缓解投资预算软约束，提高投资效率，同时有助于降低市场壁垒、推进市场公平。赵斌斌和钱士茹（2017）[5] 以中国制造业上市公司 2010～2015 年的面板数据为样本，实证后发现股权所有制混合程度与企业绩效之间存在正相关关系，且国有企业股权混合所有制影响程度更大。余明强（2017）[6] 采用倾向得分匹配方法和双重差分模型，发现混合所有制改革与国有企业创新能力正相关。肖彦和裴旭真（2017）[7] 发现在混合所有制企业中，国有资本持股比例与会计稳健性呈"倒 U 型"关系。陈爽等（2017）[8] 以 2010～2012 年混合所有制企业为研究对象，发现不同的股权集中度对高管持股和公司绩效产生不同的影响。董梅生和洪功翔（2017）[9] 利用 1998～2007 年《中国工业企业数据库》5860 家混合所有制企业的数据，采用面板 IV 模型进行的实证研究发现，企业国

① 郭于玮、马弘：《混合所有制中的股权结构与企业全要素生产率》，《经济学报》，2016 年第 2 期，第 90－109 页。

② 张辉等：《混合所有制改革、政策性负担与国有企业绩效——基于 1999—2007 年工业企业数据库的实证研究》，《经济学家》，2016 年第 9 期，第 32－41 页。

③ 韩晓洁：《国有企业混合所有制改革及其绩效研究》，深圳大学博士学位论文，2017 年，第 169 页。

④ 齐平、李彦锦：《混合所有制改革与国有企业投资效率提升》，《中州学刊》，2017 年第 1 期，第 27－32 页。

⑤ 赵斌斌、钱士茹：《混合所有制是否有利于国有企业绩效提升——基于制造业上市公司的实证研究》，《北京邮电大学学报（社会科学版）》，2017 年第 1 期，第 64－70 页。

⑥ 余明强：《混合所有制改革对国有企业创新能力的影响》，浙江大学博士学位论文，2017 年，第 72 页。

⑦ 肖彦、裴旭真：《企业股权构成特征与会计稳健性——来自 A 股混合所有制企业的经验证据》，《宏观经济研究》，2017 年第 2 期，第 142－151 页。

⑧ 陈爽等：《股权集中度、高管持股与公司绩效关系研究——来自混合所有制企业的证据》，《企业经济》，2017 年第 3 期，第 105－110 页。

⑨ 董梅生、洪功翔：《中国混合所有制企业股权结构选择与绩效研究》，《上海经济研究》，2017 年第 3 期，第 71－77 页。

有股比重与企业绩效呈"倒U型"关系，即存在最优的股权结构。董梅生和洪功翔（2016）[①] 从效率和社会福利的视角，构建混合所有制企业和民营企业的古诺竞争模型，发现影响企业效率和社会福利的因素非常复杂，并无确定结论说明孰优孰劣，但当它们技术效率相同时，混合所有制企业不仅能获得较高利润，还能给社会带来较高福利，这是其发展的理论机制。再利用1998～2007年《中国工业企业数据库》30多万家的企业数据，采用3年滚动窗口检验发现混合所有制企业的各项指标一直处于上升通道，因而它是一种极具发展潜力的企业类型，这是其发展的现实机制。于成永和崔艳（2018）[②] 以2008～2015年发生并购的沪深两市的上市公司为样本，研究发现提高混合所有制程度，会加重并购企业的费用黏性。孟圆（2017）[③] 以混合所有制企业中国建材为案例，贺可通（2017）[④] 以上海市混合所有制改革的试点企业绿地集团为案例，研究发现混合所有制改革提高了企业绩效。张华玉（2017）[⑤] 研究了混合主体的多样性和深入性对高管激励与公司价值的影响。孙秀妍（2017）[⑥] 基于国有企业混合所有制改革的价值创造力角度，通过构建指标体系，实证分析了国企改革和价值创造力的关系。高晨倍（2017）[⑦] 以2011～2015年制造业和信息软件行业的上市公司为样本，采用Tobit模型，实证后发现：所有制混合深入度与研发创新正相关，但所有制混合制衡与国有企业研发强度呈"倒U型"关系。张凌宇（2017）[⑧] 以124家国有上市公司为样本，采用多元回归和Logistic回归方法，实证分析了混合所有制企业

①　董梅生、洪功翔：《发展混合所有制经济的内在机制研究——基于效率和社会福利视角》，《统计与信息论坛》，2016年第12期，第46－53页。

②　于成永、崔艳：《混合所有制、高管薪酬与并购企业费用黏性》，《会计之友》，2018年第4期，第155－161页。

③　孟圆：《中国建材集团混合所有制改革的财务成果研究》，哈尔滨商业大学博士学位论文，2017年，第82页。

④　贺可通：《绿地集团混合所有制改革对财务绩效的影响研究》，哈尔滨商业大学博士学位论文，2017年，第60页。

⑤　张华玉：《混合所有制对高管激励与公司价值的影响》，云南财经大学博士学位论文，2017年，第62页。

⑥　孙秀妍：《国有企业混合所有制改革影响价值创造力研究》，哈尔滨商业大学博士学位论文，2017年，第55页。

⑦　高晨倍：《混合所有制、制度环境与研发创新行为》，北京第二外国语学院博士学位论文，2017年，第63页。

⑧　张凌宇：《混合所有制企业股权结构影响公司治理效率研究》，哈尔滨商业大学博士学位论文，2017年，第53页。

股权结构与公司治理效率的关系。赵子坤等（2017）[①] 实证检验了民营企业跨所有制并购的经济绩效，发现民营企业参与混合所有制改革并不意味着制度或交易陷阱的普遍存在，跨所有制并购能有效提升并购后的组织绩效，这种绩效提升与民营资本能否取得控制权无关。刘铮（2017）[②] 研究了中信国安进行混合所有制股权结构调整的效果，发现财务绩效提升很多。李春玲等（2017）[③] 研究发现，混合所有制改革后国有企业投资效率显著提升，且绝对控股变为相对控股方式效果最好；混合所有制改革后股权制衡度越高，则国企投资效率越差。戴宁（2018）[④] 以 2008～2015 年 A 股发生混合所有制改革的上市公司为样本，发现混合所有制改革后提高了国有企业投资效率。蔡贵龙等（2018）[⑤] 以 2008～2015 年国有企业上市公司 6659 家数据为样本，采用 Tobit 回归后发现，政府放权意愿越高，越能显著地促进混合所有制改革，且对地方国企和竞争性国企更有效果。刘海玉和孙付华（2018）[⑥] 以 2011～2015 年中国中小企业板 3032 家混合所有制企业数据为样本，多元回归后发现，实际控制人是非政府股东的企业绩效优于政府股东的企业绩效；国有股比例与公司绩效呈 U 型关系，存在"底部陷阱"问题，但制衡股东对国有控制性股东存在制约作用。

　　总之，对混合所有制企业效率和福利的评价，主要是采取两种评价方式：第一种方法是构建数理模型，但由于模型前提假设不同，结论并未统一；第二种方法是收集数据进行实证分析，由于我国混合所有制企业界定为公有资本与非公有资本的混合，而目前统计年鉴的数据还未按照这种口径进行划分，因此目前实证数据不但存在口径不统一的问题，也存在评价方法不同的问题，因而结论的可比性不强；且实证分析时一般只考虑企业单个效率指标（如全要素生产率、资产收益率等），并未从整体视角考察企业的宏观效率，因而效率评价缺乏全面性。

---

　　① 赵子坤等：《混合所有制陷阱真的存在吗——来自我国民营类上市公司跨所有制并购的微观证据》，《财经科学》，2017 年第 6 期，第 82－93 页。

　　② 刘铮：《混合所有制背景下国有企业股权结构调整的效果分析》，河南财经政法大学博士学位论文，2017 年，第 56 页。

　　③ 李春玲等：《国有企业混合所有制改革的投资效率》，《企业经济》，2017 年第 4 期，第 47－53 页。

　　④ 戴宁：《混合所有制改革对国有企业投资效率的影响研究——基于 A 股上市国有企业的数据》，《石家庄铁道大学学报（社会科学版）》，2018 年第 3 期，第 33－40 页。

　　⑤ 蔡贵龙等：《国有企业的政府放权意愿与混合所有制改革》，《经济研究》，2018 年第 9 期，第 99－115 页。

　　⑥ 刘海玉、孙付华：《国有股权、股权制衡对混合所有制企业的绩效影响》，《武汉理工大学学报（信息与管理工程版）》，2018 年第 4 期，第 466－470 页。

6. 混合所有制企业股权结构研究

目前，有关股权结构研究的文献浩如烟海，但本研究只回顾与本书相关的部分。首先回顾股权结构的作用机理，然后综述股权结构选择的文献。但文献梳理发现，研究股权结构作用机理的文献很多，但探究股权结构选择的文献很少，这可能与股权结构的内生性和动态性有关。早期主要是针对跨国公司股权结构选择的研究，党的十八届三中全会后，开始关注混合所有制企业股权结构选择的问题。

（1）股权结构作用机理。股权结构之所以重要，是因为它既是影响企业绩效的重要因素之一，也是大股东获取控制权私人收益的重要途径，所以我们从股权结构与公司绩效的关系角度回顾股权结构作用机理。

1）分散的股权结构与公司绩效关系。早期基于高度分散的股权结构（Berle and Means，1932）[1]，研究多是从股权性质（国家股、法人股、民营股、外资股等）入手，进而分析股权集中度和股权制衡对公司绩效的影响。实证结果多强调法人股、股权集中度和股权制衡在公司治理中的积极作用（白重恩等，2005[2]；徐莉萍等，2006[3]；李维安和李汉军，2006[4]），以及国家股的消极治理作用（胡一帆等，2006[5]）。但受样本来源、指标选取和实证方法的不同角度，也有学者认为法人股、股权集中度和股权制衡与公司绩效负相关、曲线相关（吴淑琨，2002[6]；刘银国等，2010[7]），国家股与公司绩效正相关、曲线关系、不相关（田利辉，2005[8]；王新霞等，2011[9]），股权集中度和股权制衡存在曲线关系（Mc-

① Berle A.，A. et al.，"The Modern Corporation and Private Property"，*Economic Journal*，1932，Vol. 20，No. 6，pp. 119 – 129.

② 白重恩等：《中国上市公司治理结构的实证研究》，《经济研究》，2005 年第 2 期，第 81 – 91 页。

③ 徐莉萍等：《股权集中度和股权制衡及其对公司经营绩效的影响》，《经济研究》，2006 年第 1 期，第 90 – 100 页。

④ 李维安、李汉军：《股权结构、高管持股与公司绩效——来自民营上市公司的证据》，《南开管理评论》，2006 年第 5 期，第 4 – 10 页。

⑤ 胡一帆等：《中国国有企业民营化绩效研究》，《经济研究》，2006 年第 7 期，第 49 – 60 页。

⑥ 吴淑琨：《股权结构与公司绩效的 U 型关系研究——1997~2000 年上市公司的实证研究》，《中国工业经济》，2002 年第 1 期，第 80 – 87 页。

⑦ 刘银国等：《股权结构与公司绩效相关性研究》，《管理世界》，2010 年第 9 期，第 177 – 179 页。

⑧ 田利辉：《国有股对上市公司绩效影响的 U 型曲线和政府股东两手论》，《经济研究》，2005 年第 10 期，第 48 – 58 页。

⑨ 王新霞等：《股权分置改革对股权结构与公司绩效关系变迁的影响机理及实证分析》，《上海经济研究》，2011 年第 2 期，第 63 – 72 页。

connell and Servaes，1990①；曹廷求等，2007②）。

2）集中的股权结构与公司绩效的关系。自 20 世纪 80 年代发现高度集中的股权结构后，控股大股东与中小股东之间的代理问题得到关注，研究多数是从公司绩效角度入手，提供有关利益侵占的间接经验证据，且利益侵占的途径主要有两条。一是通过关联交易，取得比较一致的结论有：①在所有权集中的上市公司，控股股东容易通过"隧道行为"转移上市公司的资源，从而损害中小股东和其他利益相关者的权益（Johnson et al.，2000③；刘峰等，2004④⑤；张祥建等，2007⑥；郑国坚等，2013⑦），但适当的股东制衡能抑制大股东通过关联交易进行利益侵占（唐清泉和罗党论，2006⑧；陈晓和王琨，2005⑨）。②企业集团控制的上市公司比非集团控制的上市公司更容易通过关联交易行为侵占中小股东的利益（Claessens et al.，2002⑩；辛清泉等，2007⑪；潘红波和余明桂，2014⑫）。但也有学者认为，关联交易会带来内部效率改进（Khanna and Yafeh，2007⑬；邵毅平

① Mcconnell J. J. and Servaes H.，"Additional Evidence on Equity Ownership and Corporate Value"，*Journal of Financial Economics*，1990，Vol. 27，No. 2，pp. 595 – 612.

② 曹廷求等：《股权结构与公司绩效：度量方法和内生性》，《经济研究》，2007 年第 10 期，第 126 – 137 页。

③ Johnson S.，et al.，"Corporate Governance in the Asian Financial Crisis"，*Journal of Financial Economics*，2000，Vol. 58，No. 1，pp. 141 – 186.

④ 刘峰等：《控制权、业绩与利益输送——基于五粮液的案例研究》，《管理世界》，2004 年第 8 期，第 102 – 110 页。

⑤ 刘峰、贺建刚：《股权结构与大股东利益实现方式的选择——中国资本市场利益输送的初步研究》，《中国会计评论》，2004 年第 1 期，第 141 – 158 页。

⑥ 张祥建等：《关联交易与控制性股东的"隧道行为"》，《南方经济》，2007 年第 5 期，第 53 – 64 页。

⑦ 郑国坚等：《大股东财务困境、掏空与公司治理的有效性——来自大股东财务数据的证据》，《管理世界》，2013 年第 5 期，第 157 – 168 页。

⑧ 唐清泉、罗党论：《现金股利与控股股东的利益输送行为研究——来自中国上市公司的经验证据》，《财贸研究》，2006 年第 1 期，第 92 – 97 页。

⑨ 陈晓、王琨：《关联交易、公司治理与国有股改革——来自我国资本市场的实证证据》，《经济研究》，2005 年第 4 期，第 77 – 86 页。

⑩ Claessens S.，et al.，"Disentangle the Incentive and Entrenchment Effects of Large Shareholding"，*Journal of Finance*，2002，Vol. 57，No. 6，pp. 2741 – 2771.

⑪ 辛清泉等：《企业集团、政府控制与投资效率》，《金融研究》，2007 年第 10 期，第 123 – 142 页。

⑫ 潘红波、余明桂：《集团内关联交易、高管薪酬激励与资本配置效率》，《会计研究》，2014 年第 10 期，第 20 – 27 页。

⑬ Khanna T. and Yafeh Y.，"Business Groups in Emerging Markets：Paragons or Parasites?"，*Social Science Electronic Publishing*，2007，Vol. 45，No. 2，pp. 331 – 372.

和虞凤凤，2012①），存在"效率促进"和"掏空"的双重效应（郑国坚，2009②；柳建华等，2008③），企业集团会相机抉择是掏空还是支持行为（许荣等，2015④；甄红线和庄艳丽，2015⑤）。二是构建金字塔式股权结构，它导致了现金流权和控制权的分离，是大股东用来强化上市公司控制权、侵占中小股东利益、损害公司价值的工具（Shleifer and Vishny，1997⑥；王鹏和周黎安，2006⑦；刘星和吴雪姣，2011⑧）。但也有研究证明，金字塔股权结构有利于缓解公司融资压力和约束（Almeida and Daniel，2006⑨；李增泉等，2008⑩）、能有效配置资源（刘运国和吴小云，2009⑪）、能抵御外部利益相关者的干预（程仲鸣等，2008⑫；梁利辉等，2014⑬；章卫东等，2015⑭），因此研究结论尚未统一。

（2）股权结构选择研究。

1）跨国公司股权结构选择的研究。早期研究把股权结构看成外生变量，重

① 邵毅平、虞凤凤：《内部资本市场、关联交易与公司价值研究——基于我国上市公司的实证分析》，《中国工业经济》，2012年第4期，第102-114页。

② 郑国坚：《基于效率观和掏空观的关联交易与盈余质量关系研究》，《会计研究》，2009年第10期，第68-76页。

③ 柳建华等：《大股东控制下的关联投资："效率促进"抑或"转移资源"》，《管理世界》，2008年第3期，第133-141页。

④ 许荣等：《中国企业集团关联交易：掏空支持还是相互保险》，《经济理论与经济管理》，2015年第12期，第66-77页。

⑤ 甄红线、庄艳丽：《掏空与机会主义支撑行为——基于关联交易视角的案例分析》，《经济与管理》，2015年第6期，第41-47页。

⑥ Shleifer A. and Vishny R. W.，"A Survey of Corporate Governance"，*Journal of Finance*，1997，Vol. 52，No. 2，pp. 737-783.

⑦ 王鹏、周黎安：《控股股东的控制权、所有权与公司绩效：基于中国上市公司的证据》，《金融研究》，2006年第2期，第88-98页。

⑧ 刘星、吴雪姣：《政府干预、行业特征与并购价值创造——来自国有上市公司的经验证据》，《审计与经济研究》，2011年第6期，第95-103页。

⑨ Almeida H. V. and Daniel W.，"A Theory of Pyramidal Ownership and Family Business Groups"，*Journal of Finance*，2006，Vol. 61，No. 6，pp. 2637-2680.

⑩ 李增泉：《金融发展、债务融资约束与金字塔结构——来自民营企业集团的证据》，《管理世界》，2008年第1期，第123-135页。

⑪ 刘运国、吴小云：《终极控制人、金字塔控制与控股股东的"掏空"行为研究》，《管理学报》，2009年第12期，第1661-1669页。

⑫ 程仲鸣等：《政府干预、金字塔结构与地方国有上市公司投资》，《管理世界》，2008年第9期，第37-47页。

⑬ 梁利辉等：《终极控制股东产权性质、金字塔层级与会计稳健性》，《经济经纬》，2014年第2期，第101-107页。

⑭ 章卫东等：《政府干预下的资产注入、金字塔股权结构与公司绩效——来自我国地方国有控股上市公司资产注入的经验证据》，《会计研究》，2015年第3期，第42-49页。

点分析跨国公司进入的股权选择方式，并提出了一系列理论，其中交易成本理论
（Williamson，1978①）影响最大，其次是 Dunning（1988）② 和 Gomes Casseres
（1987）③ 提出的讨价还价理论，Das 和 Teng（2000）④ 提出的组织能力理论、
Kogut and Singh（1988）⑤ 提出的战略行为理论等。国内学者则是在国外理论的
指导下，结合中国国情，构建博弈模型探讨跨国公司的股权选择方式。张晖等
（2005）⑥ 和张晖（2006）⑦ 构建了政府、合资企业、跨国公司的三方多阶段动态
模型，发现跨国公司股权的进入方式取决于其技术垄断优势，是区域竞争的自然
选择结果。张向阳等（2005）⑧ 则从个体和整体、静态和动态的双重视角研究，
发现跨国公司的股权选择是一种混合动态选择行为，新进入跨国公司主要依赖公
司战略和技术水平、已进入跨国公司主要依靠东道国经验的积累和公司战略决定
股权是独资还是控股模式。但自从 Demsetz（1983）⑨ 发现股权结构存在内生性
问题后，关注股权结构内生性问题和动态性的文献逐渐增多。在政企关系角度，
有学者认为政府保留国有股比例是随机抉择的，上市时国有股比例与公司绩效存
在逆向选择，但上市后变为正向关系（李涛，2002）⑩。在股东关系和组织社会
资本角度，梁上坤等（2015）⑪ 对雷士照明、赵晶和郭海（2014）对国美电器，
崔淼等（2013）对科龙公司控制权的动态变化进行了案例剖析。梁上坤等

① Williamson O. E. , "Markets and Hierarchies: Analysis and Antitrust Implications: A Study in the Economics of Internal Organization", *Social Science Electronic Publishing*, 1978, Vol. 86, No. 343, p. 619.

② Dunning J. H. , "The Eclectic Paradigm of International Production: A Restatement and Some Possible Extensions", *Journal of International Business Studies*, 1988, Vol. 19, No. 1, pp. 1 - 31.

③ Gomes Casseres B. , "Joint Venture Instability: Is it a Problem?", *Columbia Journal of World Business*, 1987, Vol. 22, No. 2, pp. 97 - 102.

④ Das T. K. and Teng B. S. , "A Resource - based Theory of Strategic Alliances", *Journal of Management*, 2000, Vol. 26, No. 1, pp. 31 - 61.

⑤ Kogut B. and Singh H. , "The Effect of National Culture on the Choice of Entry Mode", *Journal of International Business Studies*, 1988, Vol. 19, No. 3, pp. 411 - 432.

⑥ 张晖等：《在华跨国公司的技术优势与股权选择的博弈》，《山东工商学院学报》，2005 年第 4 期，第 53 - 58 页。

⑦ 张晖：《跨国公司进入的股权选择方式研究》，《经济经纬》，2006 年第 3 期，第 17 - 20 页。

⑧ 张向阳等：《跨国公司进入中国股权选择行为演变的三层次分析》，《江海学刊》，2005 年第 1 期，第 199 - 205 页。

⑨ Demsetz H. , "The Structure of Ownership and the Theory of the Firm", *Journal of Law & Economics*, 1983, Vol. 26, No. 2, pp. 375 - 390.

⑩ 李涛：《混合所有制公司中的国有股权——论国有股减持的理论基础》，《经济研究》，2002 年第 8 期，第 19 - 27 页。

⑪ 梁上坤等：《企业社会资本的断裂与重构——基于雷士照明控制权争夺案例的研究》，《中国工业经济》，2015 年第 4 期，第 149 - 160 页。

（2015）从个人社会资本和企业社会资本的契合度研究了雷士照明创始人控制权的社会资本断裂与重构的原因、过程，从资产专用性角度分析了控制权争夺的后果。赵晶和郭海（2014）[①]则构建了"社会资本控制效度模型"，并以国美电器控制权争夺为案例，研究了企业以非正式制度或正式制度为主时，实际控制人利用社会资本控制链对公司控制强度的变化。崔淼等（2013）[②]以科隆公司为案例，研究了合资企业控制权与资源相互演化的过程，认为跨国公司在华合资企业控制权的配置，是由其技术资源优势、市场占有率和关键性人力资本决定。

2）混合所有制经济股权选择问题研究。国外较少关注混合所有制企业，因此主要是国内学者探究混合所有制企业股权结构的安排问题。虽然党的十五大就正式提出混合所有制经济概念，但对混合所有制企业股权结构选择问题的研究，还只是零星地见之于党的十八届三中全会之后的文献，尚未形成完整的理论体系。就目前研究而言，分成数理学派和实证学派探索混合所有制企业股权结构选择问题。

第一，数理学派。高蓓和高汉（2013）[③]构造了两阶段混合寡占博弈模型，发现国有控股比例的不同对经理人的行为约束亦不相同；当国有企业仅追求社会福利最大化时，国有企业会将私有企业挤出市场，成为市场垄断者；在没有管理授权且国有控股超过40%或在利润收益激励合同下，国有企业将选择利润和消费者剩余之和最大化作为目标。陈俊龙和汤吉军（2016）[④]则构建了混合所有制企业国有股最优比例的双寡头垄断竞争模型，发现非国有资本效率和市场竞争环境是影响国有股比例的重要因素。殷军等（2016）[⑤]构建了双寡头垄断模型，研究发现国有股最优比例受政府目标、竞争类型、国有资本及引进的非国有资本效率等多种因素影响，是一个动态过程。李东升等（2017）[⑥]构建了国有股东、非

① 赵晶、郭海：《个人社会资本与组织社会资本契合度对企业实际控制权的影响——基于国美电器和雷士照明的对比》，《中国工业经济》，2014年第3期，第121–133页。

② 崔淼等：《基于资源演化的跨国公司在华合资企业控制权的动态配置——科隆公司的案例研究》，《管理世界》，2013年第6期，第153–169页。

③ 高蓓、高汉：《国有股比例与管理授权——基于混合寡占模型的研究》，《世界经济文汇》，2013年第6期，第14–27页。

④ 陈俊龙、汤吉军：《国有企业混合所有制分类改革与国有股最优比例——基于双寡头垄断竞争模型》，《广东财经大学学报》，2016年第1期，第36–44页。

⑤ 殷军等：《国有企业混合所有制的内在机制和最优比例研究》，《南开经济研究》，2016年第1期，第18–32页。

⑥ 李东升等：《国有企业混合所有制改造中股东间利益博弈分析》，《经济与管理研究》，2017年第2期，第44–50页。

国有股东和监管机构的三方博弈模型，探究不同主体利益博弈互动关系，发现国有股东侵占非国有股东利益的概率受到非国有股东的上诉成本、监管机构可以获得的处罚收益以及查出概率、惩罚力度等因素影响。汤吉军和刘仲仪（2017）①以国有银行为研究对象，构建了"囚徒困境"模型，探讨了国有股东与非国有股东的合作机制。陈俊龙等（2018）②构建了国有企业和私营企业专利授权行为的三阶段动态序贯博弈混合寡占模型，发现企业专利授权的重要影响因素是国有股比例，另外，创新主体性质、资本效率、创新收益等因素也很重要，且国有股最优比例是动态优化的。

　　第二，实证学派。再细分为案例分析和计量模型两种方法。采用案例分析研究方法的有：郝云宏和汪茜（2015）③借鉴股东关系理论，从多路径剖析了"鄂武商"第二大股东对第一大股东的制衡机制，发现民营第二大股东可以通过引入关系股东、争取董事会席位和运用法律等手段制衡国有第一大股东，并且这种控制权争夺是符合效率的市场化行为。张伟和于良春（2017）④构造了混合所有制企业产权结构模型，并讨论了宝武方案、国药方案、中建方案中最优股权结构的选择问题。穆林娟和杨扬（2015）⑤对中航油与泽胜集团双方各占50%的股权结构进行了案例分析，他们认为这种股权结构既解决了民营企业话语权的问题，又解决了国有资本可能流失的问题，使双方利益处于均衡状态，但是也存在不能快速做出决定的隐患，因此有可能错失重要的发展和成长机会。张文魁（2017）⑥提出了实质性混合所有制概念，并以法国电力公司、雷诺公司和德国大众等11家公司为案例，剖析了非国有股东股权结构超过33.4%时对公司业绩的影响，并指出混合所有制改革，必须引进持股比例较大的非国有积极股东，即构建L-C股权结构，才能建立实质性的制约权。

　　①　汤吉军、刘仲仪：《国有银行发展混合所有制的实现机制研究——基于金融市场结构优化视角》，《经济体制改革》，2017年第3期，第130-135页。

　　②　陈俊龙等：《混合所有制、专利授权与国有股最优比例——基于混合寡占模型的研究》，《科学学与科学技术管理》，2018年第6期，第34-48页。

　　③　郝云宏、汪茜：《混合所有制企业股权制衡机制研究——基于"鄂武商控制权之争"的案例解析》，《中国工业经济》，2015年第3期，第148-160页。

　　④　张伟、于良春：《混合所有制企业最优产权结构的选择》，《中国工业经济》，2017年第4期，第34-53页。

　　⑤　穆林娟、杨扬：《国企混合所有制改革中的股权结构安排问题——以中航油与泽胜集团为例》，《财务与会计》，2015年第6期，第26-27页。

　　⑥　张文魁：《混合所有制的股权结构与公司治理》，《新视野》，2017年第4期，第11-19页。

采用计量模型研究的文献有：汪平等（2015）① 从资本成本差异角度，考察了股东异质性如何在报酬率差异之中谋求一种均衡的混合所有制股权结构。张莉艳和安维东（2015）② 则以零售业为样本，发现民营零售企业加入国有资本能够提升绩效，国有零售企业引入其他所有制资本能够改善绩效，因此应该在零售业进行混合所有制经济改革。王曙光和王琼慧（2017）③ 基于 24 家上市银行2006～2015 年的财务数据实证分析发现，对于国有商业银行而言，国家股与绩效负相关，但外资股与绩效正相关，因此应该引入外资或民企；对于股份制银行而言，国有股和外资股与绩效正相关，因而引入民营资本会削弱其盈利能力；对于地方性银行而言，国有股和外资股与绩效负相关，因而应该引入民营资本。罗孟旎（2017）④ 从股权资本成本角度，研究了混合所有制公司治理质量与股权资本成本的相关性，发现公司治理质量与股权资本成本成反比关系，且非国有公司影响更显著，因而要发挥非国有股东的治理功能。刘孟晖等（2018）⑤ 从定性角度，研究发现，可以采用金字塔、交叉持股、优先股或特殊管理股等国有股权的配置模式，实现混合所有制改革的最终目标。夏鑫等（2018）⑥ 以 2008～2015年沪深两市 A 股"一般竞争性"国有上市公司为样本，研究了不同控制性股权结构下的现金流权对控制权私立行为的影响，以及不同的控制权私立行为中，国有控股股东现金流权对上市公司利益侵占行为和援助行为的影响。王曙光等（2017）⑦ 基于"制度势能理论"，研究了金融业混合所有制构建过程中"梯度差序格局"引入战略投资者问题。于丹（2017）⑧ 实证研究发现，在混合所有制企

　　① 汪平等：《异质股东的资本成本差异研究——兼论混合所有制改革的财务基础》，《中国工业经济》，2015 年第 9 期，第 129－144 页。

　　② 张莉艳、安维东：《国有零售企业混合所有制改革研究——基于沪深两市零售上市公司的实证》，《中国流通经济》，2015 年第 6 期，第 70－77 页。

　　③ 王曙光、王琼慧：《混合所有制改革中商业银行股权结构与绩效：基于上市银行的实证研究》，《金融与经济》，2017 年第 4 期，第 27－34 页。

　　④ 罗孟旎：《混合所有制、公司治理质量与股权资本成本——基于中国资本市场经验证据的分析》，《商业研究》，2017 年第 7 期，第 89－95 页。

　　⑤ 刘孟晖等：《基于终极控制权的混合所有制国有股权配置模式研究》，《财会月刊》，2018 年第 1 期，第 41－46 页。

　　⑥ 夏鑫等：《混合所有制、终极控股结构与控制权私利行为——基于"一般商业性"国有企业的实证研究》，《会计之友》，2018 年第 2 期，第 152－160 页。

　　⑦ 王曙光等：《制度势能的实现机制及绩效：金融业混合所有制构建与战略投资者引入》，《社会科学战线》，2017 年第 1 期，第 33－42 页。

　　⑧ 于丹：《混合所有制企业内部控制的中小股东权益保护作用研究》，北京物资学院博士学位论文，2017 年，第 94 页。

业中,内部控制与关联担保、关联交易、代理成本负相关,且对于国有绝对控股上市公司,其内部控制发挥的积极作用较国有参股上市公司更为显著,然而在资金占用方面的作用还有待研究与改进。许为宾和周建(2017)[1] 支持了张文魁的观点,实证后发现提高混合主体的股权制衡度有助于缓解国有企业的过度投资问题,但他们没有给出具体的股权比例。张蕊和蒋煦涵(2018)[2] 以 1999~2007年中国工业企业数据库里的 8074 家国有独资工业企业为样本,多元回归后发现,国有股比例与工业增加值呈"倒 U 型"关系,最优比例为 46.6%,且大型国有企业中最优比例应上升到 56.7%。董梅生和洪功翔(2017)[3] 以 1999~2007 年中国工业企业数据库里的 5960 家混合所有制企业,采用面板 IV 模型进行的实证研究发现,企业国有股比重与企业绩效呈"倒 U 型"关系,并且在考虑市场竞争效应后,最优国有股比例应当从 45% 提高到 50.7%,或从 51% 提高到 58.02%。

因此对混合所有制企业股权结构选择的研究,已有学者探析其作用机理,构建了数理模型,讨论了混合所有制企业如何确定最优国有股比例;在实证分析方面,采用中国工业企业数据库、上市公司数据和案例分析,研究混合所有制企业股权结构选择的一般规律文献也有不少,但还没有学者基于国资管理三层架构的目标,从资产保值增值角度探讨国有股比例选择的具体范围,以及动态追踪混合所有制企业股权结构变化带来的绩效变化和资产保值增值变化,更没有考虑混合所有制企业股权结构选择问题,本书尝试做这一工作。

本章小结

上述文献综述表明,从世界范围来看,发展混合所有制经济是时代趋势,但由于国情不同、体制不同、道路不同、经济发展水平不同,中国混合所有制经济

---

① 许为宾、周建:《混合所有制、股权制衡与国企过度投资:基于政治观和经理人观的解释》,《广东财经大学学报》,2017 年第 2 期,第 53 – 62 页。

② 张蕊、蒋煦涵:《混合所有制改革、国有股最优比例与工业增加值》,《当代财经》,2018 年第 2 期,第 115 – 123 页。

③ 董梅生、洪功翔:《中国混合所有制企业股权结构选择与绩效研究》,《上海经济研究》,2017 年第 3 期,第 71 – 77 页。

带有浓厚的中国特色。它既要承担深化国有企业改革、增强公有制经济主体地位的功能，还要承担促进市场公平竞争、发挥市场资源配置的决定作用，因此，研究如何发展混合所有制经济是一个非常重要和有意义的课题。但是，目前对混合所有制经济的研究，带有浓厚的中国特色，国外少，国内多。且随着党的十八届三中全会《决定》再次提出积极发展混合所有制经济之后，掀起了学术界对混合所有制经济研究的一个新热潮。目前对其概念、性质、必要性和发展路径的大讨论，总体而言，这些争论都有了确切结论。混合所有制经济主要是指微观上公有资本和非公有资本的混合，其性质是指基本经济制度的重要实现形式，其发展的必要性是完善基本经济制度的需要、推进国有企业深化改革的需要、融合非公有资本共同发展的需要，其发展路径是做强做大国有企业，鼓励非公有资本参与混合所有制企业改革，实现"国民共进"。习近平主席说过，发展混合所有制经济政策已明确，关键是细则，成败也在细则。随着2015年9月28日国务院《关于国有企业发展混合所有制经济的意见》（国发〔2015〕54号）的出台，相应的配套措施正在不断出台，如国务院《关于改革和完善国有资产管理体制的若干意见》（国发〔2015〕63号）、国务院办公厅《关于加强和改进企业国有资产监督防止国有资产流失的意见》（国办发〔2015〕79号）、2015年12月29日国资委、财政部、发展改革委《关于国有企业功能界定与分类的指导意见》等，国家顶层设计的思路逐渐清晰，各省市也在如火如荼地推进混合所有制经济改革。但是，学术界的研究却显得有些滞后，如缺乏对为什么发展混合所有制经济的理论阐释和实证支撑，欠缺对中国20多年混合所有制改革的经验总结——如已经存在的混合所有制企业其股权结构是如何选择的、股权是如何定价的、是如何融合公有资本和非公有资本共同发展的、公有资本大股东和非公有资本中小股东的利益冲突是如何解决的？分类推进混合所有制经济的经验有哪些？员工持股的经验教训是什么？国外发展混合所有制经济有哪些经验可供借鉴，等等。可以说，这一领域的实证研究最近几年才开始探索，并无多少现成文献可供参考。笔者也是尝试在这一领域进行一些实证研究，重点分析在国资管理的三层架构下，对国有企业的考核转变为国有资产保值增值率和优化国有资本布局的考核，基于此背景的变化，重点研究国内外国资管理体制、中国混合所有制企业现状、基于国有企业股权拍卖数据库里已经进行国有股权转让的国有企业，探寻它们股权转让的动机、股权转让的后果、影响股权转让的因素，并收集上市公司数据总体和分类分析混合所有制企业股权结构选择的一般规律，再采用解剖麻雀式的方法研究惠而浦、云南白药和上海市国资委的混合所有制改革，以探寻个体特征，最后提出政策建议。

第三章 国内外国有资产管理体制研究

第一节 国内外国有资产管理体制研究

一、国外主要国家的国有资产管理体制研究

（一）美国国有资产管理体制研究

1. 美国国有企业现状和作用

美国虽然是市场经济最发达的国家，但也不全是私有化企业，仍然存在少量的国有企业。据资料统计（王志钢，2014①），美国国有企业生产值占全国工业总产值的5%左右，国有企业资产和就业人数占1%左右，主要分布在关系国家安全的行业，如航空管制、部分军工事业、航天；基础设施行业，如部分跨州电力水利及公路铁路、部分港口、邮政、公共交通、自来水、污水处理及环保；企事业单位，如博物馆、公园森林和公办学校；维护社会稳定的行业，如老年穷人及退伍军人养老和医疗保险等行业。

目前，少量的美国国有企业仍然是调节市场失灵的手段，是维持经济发展的稳定器。2008年，美国次贷危机爆发并演变为全球国际金融危机。美国政府虽然崇尚市场经济是解决一切问题的手段，但也没有听之任之、放之不管，政府迅速采取了行动，避免了危机的进一步蔓延和扩散。2008年9月，美国政府向房利美和房地美两大美国住房抵押贷款公司注资2000亿美元，获得了79.9%的普通

① 王志钢：《G20国家国有资产管理体制》，吉林人民出版社2014年版。

股股权和 10 亿美元的优先股，撤销了首席执行官，任命了新领导，成立了联邦住房金融局负责对两房的监督，可以说全面接管了两房工作，修复了美国国家住房融资体系，避免了危机的进一步扩大。

2009 年，美国先后注入 495 亿美元挽救通用汽车，获得了 60.8% 的普通股股权和 21 亿美元的优先股，同时限制高管和员工薪酬、撤销了首席执行官和裁减了 35% 的高管，任命了新领导，向政府报告经营状况、提交重组计划、流动性状况和投资计划，并于 2010 年 11 月 18 日在美国纽约交易所和加拿大多伦多交易所同时上市 IPO。美国政府最终以亏损 105 亿元的代价出清了所有通用汽车的股票，但保住了 260 万个工作岗位，挽救了美国汽车制造业。

自 2008 年起，美国先后注入 1823 亿美元挽救全球最大的保险公司美国国际集团（AIG），获得了 79.9% 的普通股股权和 490 亿美元的优先股。2008 年 10 月，美国财政部、美联储和联邦存款保险公司斥资 1250 亿美元购买美国九大银行优先股，以保持社会资金的流动性。可以说，金融危机时期，视市场经济为万能钥匙的美国并未放弃政府干预。金融危机时期，美国政府共计向银行、汽车等行业提供资金 4218 亿元，截至 2013 年 12 月收回 4327 亿元，实现了整体盈利（王志钢，2014①）。可以说，金融危机时期，美国政府通过国有化手段挽救了破产企业，降低了失业率、避免了危机的进一步蔓延，抚慰了市场恐慌情绪，所以说国有企业是弥补市场失灵的重要手段，是经济发展的稳定器。

2. 美国国有资产管理体制

美国国有资产管理体制是二级架构下的分级管理体制（见图 3-1）。出资人是联邦、州和市镇政府，由联邦、州和市镇议会代表公民拥有产权，各级政府是国有企业的行政管理者。具体为联邦政府管理全国邮政、国土管理、运输、保险、部分军工企业、医疗卫生和环境保护、部分电力等企业，以及在 2009 年金融危机时期联邦政府收购的花旗集团、通用汽车、AIG 保险等企业，不过现在美国政府已经出售了相应股份，退出企业。州政府管理的是本州范围内的保险、电力、港口、公路、公共交通、烈性酒类、医疗保险和彩票发行等企业。市镇政府管理的是市镇内的公共交通、自来水供给和污水处理、垃圾处理、电力、港口、飞机场、医疗卫生等公用设施。

---

① 王志钢：《G20 国家国有资产管理体制》，吉林人民出版社 2014 年版。

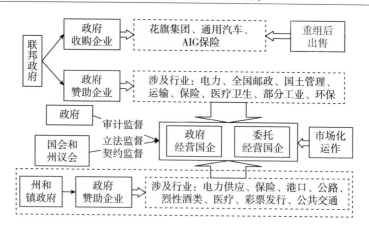

图 3 - 1 　美国的二层国有资产管理模式（粟立钟等，2015①）

　　美国对不同国有企业采取的是分类管理方式，国家采取直接经营的方式，一类是国家为唯一的经营者，如邮政服务、航天工业以及某些公共设施等行业；另一类是国家直接拥有资产并从事某种经营活动，但不完全控制该行业，仅作为市场经济的补充，如公有住房以及某些医药卫生设施等行业（曹均伟和洪登永，2007②），其管理目标是社会福利最大化，即以提供良好服务为主。

　　3. 美国对国有企业的监督方式

　　美国对国有企业的监督方式是以国会为主，主要是立法监督（见图 3 - 1）。一是国会通过立法、审议、批准来决定有关同级国有企业的一系列重大事件，如新建、重组、兼并、高管任命等；二是总统提出的联邦政府预算，必须经过国会批准才能实施，所以制约着政府对国有企业的资产管理活动；三是国会甚至有权传讯国有企业的高管到国会就相关事宜作证和陈述执行法律的情况，甚至可以提出有关国有企业的弹劾案。

　　同时美国政府下设审计署，对国有企业的经营状况、财务收支和债务进行严格的监控，主要是进行审计监督（见图 3 - 1）。美国还充分调动社会监督力量，一是新闻媒体监督国有企业公共资金的运行状况；二是来自民间审计机构的监

---

　　①　粟立钟、王峰娟、赵婷婷：《国资管理体制：文献回顾和未来设想》，《北京工商大学学报（社会科学版）》，2015 年第 3 期，第 10 - 19 页。

　　②　曹均伟、洪登永：《国外国有资产监督模式的比较和借鉴》，《世界经济研究》，2007 年第 6 期，第 73 - 79 页。

督；三是任何美国公民都可以写信给议员反映国有企业营私舞弊问题（王志钢，2014①）。并且，构建完善的公司内部治理结构。美国国有企业必须设立董事会，董事会的成员由政府提名，由国会批准，董事会任命总经理，由总经理负责日常管理和生产运营工作，接受董事会的监督。

（二）德国国有资产管理体制研究

1. 德国国有企业现状和作用

德国国有企业在国民经济中的比例不到 10%，只有国家航空安全局和德国铁路公司属于国有独资公司，其他铁路、邮电、航空、国内交通、港口、煤炭、钢铁、电力、银行等企业采取直接投资和控股的方式进行管理。比如德国电信联邦政府持股 35%、国有银行持股 9%；德国储蓄银行金融集团由政府代表的德国公共银行持股 40%。

在 2008 年金融危机期间，德国政府也采取了一些非常规的救市措施和经济振兴计划。一是联邦财政部为缓解银行的流动性危机，为银行和其他需要救助的重要企业发放了 1430 亿欧元的担保金（截至 2009 年 3 月）。二是联邦政府设立了 1000 亿欧元的金融市场稳定基金，政府通过直接注资、参股国有银行，以防止银行破产，维持其流动性。三是制定了两套经济振兴计划，第一套是 2008 年 11 月 13 日推出的《保经济增长促就业的一揽子措施》，金额 700 亿欧元，用于加强基础设施建设、扶持中小企业、减免税收，等等；第二套是 2009 年 3 月 2 日推出的《德国经济增长与稳定促进法》，金额 515 亿欧元，旨在对实体经济中制造业的扶持，诸如出台购买和报废机动车的新税、推动企业技术创新、减免个人所得税，等等。

通过这些措施，德国经济刺激计划的效果很好，2009 年经济增长 -5.3%，2010 年经济就增长 3.6%，2011 年增长 3%，所以德国政府实施了从国有企业退出的政策，国有企业也是在非常时期充当着稳定器的作用。

2. 德国国有资产管理体制

德国政府主要根据行业竞争性、规模大小、是否公益设施，将国有企业分为垄断性企业、竞争性企业和公共服务类企业，按照联邦政府、省（州）、市三级政府分类所有、分类管理，其中联邦政府主要管理德国铁路、电信以及其他关系国计民生的垄断性、基础性企业，州政府则主要通过参股、控股方式管理能源和重要的制造业；市级政府主要管理的是公共设施和服务类企业。

---

① 王志钢：《G20 国家国有资产管理体制》，吉林人民出版社 2014 年版。

3. 德国对国有企业的监督方式

（1）德国议会和财政部。德国议会和财政部对联邦政府所有的国有企业进行监督管理，其中财政部居于核心地位，监督内容包括审批国有企业的各种兼并重组、成立、清算等事项，选聘和任命国有企业的监事会和董事会成员、掌握企业的市场经营状况，审核企业生产经营计划。德国议会主要是设立预算委员会，通过审查企业的账目来管理企业，主要承担的是审计功能。

（2）企业监事会。德国公司的治理结构为在股东大会下面设置监事会，监事会下面设置董事会，董事会必须向监事会负责并汇报工作。监事会由股东代表和职工工会代表组成，股东代表可以由政府选聘，也可以市场化选聘；监事会成员可以由国家指定，但不能在企业领取报酬，也可以由反对党或者在野党推荐，董事会成员和监事会成员不能相互兼任，但一个监事会成员可以出任多家企业的监事。监事会负责管理和监督公司所有重大事项，诸如组建董事会、审核各种中长期计划、审核公司各种经营状况，可以随时要求企业领导汇报经营管理情况，调阅文件等工作。

（三）新加坡的国有资产管理体制

1. 新加坡国有企业的现状和作用

新加坡的国有企业对经济的贡献较大，且国有企业的效率并不低下。以淡马锡为例，它成立于1974年，专门负责和经营国家资产，由财政部负责监管，主要采取金字塔式股权结构控股和参股各类企业，首批企业是36家新加坡电力等国联企业，目前控股着诸如新加坡电信、新加坡地铁、新加坡电力等23家国联企业，包括2家有限责任公司、7家上市公司和14家独资公司；参股2000多家企业，包括中国建设银行、中国银行、中国工商银行，资产规模达到420亿美元，占新加坡GDP的十分之一左右。相应的职工队伍也很庞大，有14万多名职工，但总部只有150人管理着如此庞大的资产，而且股东回报率非常高。据2017年3月31日统计，1年期、10年期和20年期的股东回报率分别为13.37%、4%和6%。1974年成立以来的股东总回报率为15%[①]，淡马锡投资组合净值上升至2750亿新元，创历史新高。

2. 新加坡国有资产管理体制

新加坡是典型的国有资产管理的三层架构模式，目前中国推行的国资管理架

---

① 《新加坡最牛"国企"淡马锡：你们对力量一无所知》，http：//blog. sina. com. cn/s/blog_ 16ec33b7a0102x9as. html。

构主要就是效仿新加坡的"淡马锡"模式。新加坡政府部门（包括国家财政部、国防部、国家发展部、肃贪局）构建了专门的国有资产控制体系（见图3-2），按照分类管理的原则，设置了不同的政府控股公司和法定机构，其中政府控股公司分为100%控股型和部分参股型，100%控股型是指只从事资本经营活动而不参与资产经营活动的法人实体，类似于中国国有资产管理委员会，在三层架构下，只管理国有企业的资本，不参与具体经营管理企业的资本，政府100%控股公司中最著名的就是淡马锡公司，它是新加坡最大的国有独资公司，还包括国家发展部公司、新加坡科技公司、部分参股型公司，类似于中国的混合所有制企业，需要负责下属企业的投资和经营等活动，包括发展银行控股集团和国际贸易控股公司。法定机构是指为了承担政府特殊功能而成立的政府机构，包括建屋发展局，负责公共住宅的开发和建设；港务局负责港口的建设和经营；裕廊镇管理局负责工业园区开发和管理。

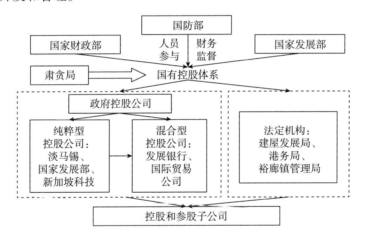

图3-2　新加坡的三层国有资产管理模式（粟立钟等，2015①）

3. 新加坡对国有企业的监督方式（以淡马锡为例）

一是政府监管。淡马锡就是新加坡的国有独资公司，隶属财政部，但财政部并不直接干预淡马锡的生产和经营，它主要通过对淡马锡董事的任命来控制淡马锡，其中董事长、总裁的任命需经财政部复审、报总统批准，10名董事中4名必须是政府公务员，一般是司（局）级和副部级官员，另外6名是企业界人士，

---

① 粟立钟、王峰娟、赵婷婷：《国资管理体制：文献回顾和未来设想》，《北京工商大学学报（社会科学版）》，2015年第3期，第10-19页。

财政部只考核国有资产保值增值率。淡马锡虽然控股多家大型国企，但同样不干预下属企业的生产经营和投资活动，而是通过加强董事会建设实现有效监管，但对企业的发展战略方向需要进行掌控，也只考核下属企业的国有资产保值增值率，所以这种政府监督管理模式叫"管资本"。二是有严格的财务报告和项目审批制度，必须定期上报经过国际权威审计公司审计过的财务报表供财政部核查。诸如公开上市、海外投资等重大投资决策和经营事项，公司及下辖子公司必须报财政部审批或备案。三是随时抽查了解公司及下辖子公司的生产经营和投资情况。四是新加坡实行严格的反腐倡廉法律和法规，除由总统直接负责的反贪局对国家公务员的公务活动进行监督外，政府还鼓励新闻媒体对侵吞国家财产和贪赃枉法行为进行公开曝光。

中国目前的国有资产管理体制从"管资产"转变为"管资本"，就是效仿淡马锡的这种资产管理模式，即国资委只负责管理"国有资本"，只考核国有资产保值增值率，不直接管理"国有资产"的具体经营过程，让国资委的下属企业拥有充分的经营自主权，做一家以市场化方式运营的政府投资公司。

二、中国国有资产管理体制演变历程

国有资产管理体制是深化国有企业改革的核心内容和重要支撑。要准确把握和实质推进我国国有资产管理体制改革，必须从中国国情出发，充分了解我国国有资产管理体制改革的历史进程，坚持问题导向、底线思维、循序渐进的基本原则，抓住政府管理机制改革这一关键问题，推动国有经济的整体改革，构建国资管理的三层架构，实现以"管资本"为主加强国有资产监管。

我国国有资产管理体制的改革历程，始终与经济体制改革相适应。随着我国经济体制从计划经济向市场经济的转轨，我国国有资产管理体制改革始终围绕政府、出资人、企业三者的关系，按照处理政企关系、政资关系和资企关系的顺序，向市场化、集中化、法治化的发展方向，由浅入深逐步展开不断深化。根据第二章第二节文献综述内容，本书将改革开放以来，我国国有资产管理体制划分为四个阶段，即政企分开阶段（1978～1988年）、政资分开阶段（1988～2002年）、资企分开阶段（2003～2012年）、资本与资产分开阶段（2013年至今）。

1. 政企分开阶段（1978～1988年）

1978～1988年是微观层面的国有企业扩大经营自主权和经营方式阶段，尚未涉及宏观层面的所有权或所有权实现形式的产权改革。这一时期，改革的重点是政府与企业之间的行政性分权，并且从简政放权逐步发展到企业经营机制的改革，把大量原来由中央管理的企业下放给地方管理，探索国有资产承包经营责任制、租赁经营制度等多种经营形式。这一阶段政府开始探讨国家与企业的正确关系，开始考虑如何划定政府与企业的边界，渐渐明确了国家与企业间的责权利关系，为国有资产管理体制改革和新格局的形成奠定了基础。此阶段探索的实践表明，仅从企业层次着手改革难以真正搞活企业，必须从宏观层次出发，从整体上建立合理的国有资产管理体制，进行产权改革。

2. 政资分开阶段（1988～2002 年）

1988～2002 年开始从宏观层面探讨国有资产所有者职能与政府社会管理职能分开。经过 10 年的改革开放，我国已基本形成了不同所有制形式和经营方式并存的格局，各级政府需要为不同所有制性质的企业开展公平竞争制定统一规则，客观上要求国有资产所有者职能与政府社会管理职能分开，政府部门不能既当"裁判员"又当"运动员"。1988 年 3 月，国家组建国有资产管理局，作为全民代理机构统一行使国有资产所有权管理职能。此时的国资局只负责国有资产的记录和清点，充当国有经济的"大账房"，国有资产的管理实权仍分散在国有资产管理局、财政部、大型企业工委、经贸委、计委、中组部、主管部局等行政部门手中。出资人权利未得到有效整合，弊端甚多，国有资产管理局在实际运作中面临的矛盾重重，职能地位迟迟不能清晰，后于 1998 年归并到财政部。随后，国有资产管理体制改革进入了更深层次。1999 年，党的十五届四中全会第一次明确提出了国有资产"授权经营"概念。同年成立了作为中共中央的派出机构管理 163 户企业领导班子的中央企业工委。截至 2002 年，国务院又采取了向部分国有大型企业派出监事会、进行现代企业制度试点等一系列改革举措，为新的国有资产管理体制扫除了"部门所有"的障碍。

这一时期国资管理体制改革在一些方面取得了积极进展，但国有资产的出资人职责主要由五个部门承担：中央企业工委负责企业领导人管理、经贸委指导国企改革与管理、财政部负责国有资本金、劳社部负责企业收入分配管理和计委负责企业发展项目审批的"五龙治水"的局面，出现了管人、管事、管资产脱节，责权利不明确、不落实，国家所有权虚置分散，运营效率低下、"内部人控制"和国有资产流失等问题日益显现。但多头管理、出资人缺位、运营效率低下和国有资产流失等问题日益凸显（楼继伟，2016）①。

---

① 楼继伟：《以"管资本"为重点改革和完善国有资产管理体制》，《时事报告（党委中心组学习）》，2016 年第 1 期，第 44－59 页。

3. 资企分开阶段（2003~2012年）

2003~2012年是"管人管事管资产"相结合的国有资产管理模式形成时期。其主要特点是：建立统一的国有资产出资人机构，落实主体责任，将国有资产出资人权利与公司法人财产权分开。党的十六大明确提出"建立中央政府和地方政府分别代表国家履行出资人职责，享有所有者权益、权利、义务和责任相统一，管资产和管人、管事相结合的国有资产管理体制"。2003年3月，国务院国有资产监督管理委员会成立，根据国务院授权履行国有资产出资人职责，依法对国有资产进行监督管理，首次在中央政府层面上实现政府的公共管理职能与国有资产出资人职能的分离，为新型国有资产管理体制的运行提供了组织保障。随后，党的十六届三中全会和党的十七大又对建设国有资本经营预算制度，完善各类国有资产管理体制和制度，优化国有经济布局和结构等方面提出了明确要求。2008年通过的《中华人民共和国企业国有资产法》从法律上正式确立了我国国有资产管理制度框架，对设立履行出资人职责的机构、履职范围、权利和义务，国有资本经营预算，国有资产监督等进行了比较全面的法律规范，这一时期，国有资产管理体制建立了中央、省和地三级出资人制度，形成了管资产和管人、管事相结合的管理模式，构建了国资委、国有控股公司（资产经营公司）、实体企业三层次授权经营机制，从组织机构和制度安排上实现了政府公共管理职能与国有资产出资人职能的分离，基本解决了"五龙治水"、出资人职责虚化、企业法人财产权不完整等问题。但必须看到，这一阶段的国有资产管理体制仍然带有过渡性色彩，改革依然没到位。

4. 资本与资产分开阶段（2013年至今）

"资产"是指所有者投入企业的资金及应享有的增值，体现股东的财产权利，指的是所有者权益。"资本"是指企业资金的具体运用结果，为了保证资金进入企业后能发挥增值功效，需要集中、统一进行筹划与使用，形成各种能够为企业带来增值的财产形态（资产），对应的是法人财产权，指的是负债＋所有者权益（罗华伟和干胜道，2014①）。由于"管人管事管资产"的国有资产管理模式，国资委管理国有企业的事务很具体，对国有企业的行政干预过多，行政化倾向严重，出现"既当老板，又当婆婆"的问题，容易造成政企不分、政资不分、资企不分，使企业的市场主体作用难以充分发挥；国有资产监督机制不健全，国

---

① 罗华伟、干胜道：《顶层设计："管资本"——国有资产管理体制构建之路》，《经济体制改革》，2014年第6期，第130-134页。

有资产流失、违纪违法问题在一些领域和企业比较突出；国有经济布局结构有待进一步优化，国有资本配置效率不高等问题亟待解决。同时，在部分企业游说和公关能力很强的情况下，国资委的监管职能也没能有效行使，缺位现象时有发生。针对这些问题，以党的十八届三中全会为标志，重新界定国有资产职能和探索国有资产资本化新阶段（2013 年至今）①，国有资产管理体制由"管资产"向"管资本为主"转变，由此也进入了资本与资产分开的阶段，我国国有资产管理改革进入了重新界定国有资产职能和探索国有资产资本化新阶段。

国有资产管理体制改革虽然是一项宏观改革，涉及政府作为所有者与作为公权履行者的两种不同性质职能的分解，但它却与微观主体的国有企业紧密相连。国有资产管理体制改革的进程与国企改革的进程始终相伴随，前者为后者创造宏观条件，后者是促进前者改革的推手。因为国有企业改革的目标是建立现代企业制度，让国企成为真正的市场主体，所以要实现这个目标，就要把各个政府部门的资产管理权集中起来，切断各个部门与国企之间的资产所属关系，为此搭建国有资产管理体制的三层架构，将国有资本投资运营公司作为政府与国有企业的界面或隔离层，将政企关系留在国资委与国有资本投资运营公司之间，将市场经济关系留在国有资本投资运营公司与国有企业之间。

第二节　中国国有资产管理体制三层架构的研究

一、国资管理三层架构的内涵

我国社会主义市场经济体制的改革实际上就是将国有企业推向市场、适应市场、做市场弄潮儿的过程。市场经济改革的成败与否，最终取决于国有企业改革是否到位。在市场经济条件下，国有企业要成为真正的独立市场主体，就必须政企分开、政资分开、资产与资本分开，推动国有企业与市场经济深入融合。虽然改革开放已经历经 40 多年，在经济体制改革上取得了不少经验，国有企业总体上也已经同市场经济相融合，但是政治体制上的国有资产管理体制改革却稍显滞

---

① 谭翊飞、夏旭田、高宛童：《陈清泰：有序推进管资本为主的国企改革》，《21 世纪经济报道》，2016 年第 3 期。

后，国有资产管理"缺位""越位""错位"问题仍然突出，行政错误干预导致市场经济轨道的偏离。当前国有企业改革已经进入深水区，政治体制滞后问题不能再回避，改革必须抓住国有资产管理体制改革的"牛耳"，构建与市场经济相适应的国有资产管理体制，从而释放国有企业活力，提高国有经济实力、竞争力和抗风险能力。所以必须构建国资管理的三层架构（见图3-3），即构建政府（包括财政部、国务院国资委、地方国资委等）—国有资本投资运营公司—国有控股企业的三层架构，将政府与企业的关系留在国资委与国有投资运营公司，将企业与市场的关系留在国有投资运营公司与其下属的国有企业，通过"国有投资运营公司"的隔离墙，构建"管资本"的国有资产管理监督体制。

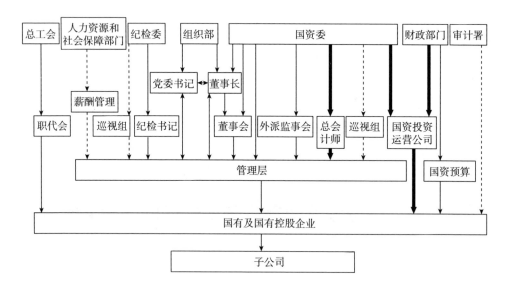

图3-3　中国三层架构的国有资产管理模式（张文魁，2017①）

从图3-3来看，中国国资管理的三层架构是个复杂严密的体系。对国有投资运营公司的监管主体主要是国资委和财政部门，对它进行一些常规化的管理，包括选聘国有投资运营公司高管、董事会的构建、三重一大事项审批、日常生产管理活动的监督和审核财务报表。国有投资运营公司对下属国有企业进行监管，包括对下属国有企业高管的选聘、董事会的构建、三重一大事项的审批、国有资

① 张文魁：《国资监管体制改革策略选择：由混合所有制的介入观察》，《改革》，2017年第1期，第110－118页。

产布局、国有资产保值增值、资产负债表的审核和监督，等等。另外，全国总工会对职代会、人力资源和社会保障部对薪酬管理、纪检委开展巡视工作、组织部对管理层任命进行考核，等等。

二、如何构建中国国有资产管理的三层架构

改革和完善国有资产管理体制，需要坚持问题导向，结合现阶段的发展实情，从"管人管事管资产"的国有资产管理体制，转向"管资本"的国有资产管理体制，构建国有资产管理的三层架构。

（一）加强国有资产管理体制改革的顶层设计

国有资产管理体制改革顶层设计要按照决策、执行、监督三分开原则改进政府管理国资机制，按照所有权与经营权相分离原则完善公司治理，形成"政企分开、权责一致、有效制衡、协调运转"的国有资产管理体系，这需要构建"三层架构"的国有资产监管体系。即（地方）国资委（包括财政部）对国有投资运营公司以"管资本"为主，不干预其日常生产经营和投资活动，只考核其国有资产保值增值率，给予国有投资运营公司充分自主权发展市场经济；另外，基于服务于国家战略的需要，建立国有资本动态调整机制，考核国有投资运营公司的国有资本布局的优化程度（马骏和张文魁等，2015①），这需要政府部门、国有资本投资运营部门和国有企业，三个环节各司其职、相互配合，共同实现国资的高效运营。2015年11月出台的《关于改革和完善国有资产管理体制的若干意见》（以下简称《若干意见》）是顶层设计的纲领文件，明确提出了改革和完善国有资产管理体制的基本思路、主要原则、主要任务、重要举措，可以详见文件。

（二）开展国有资本投资运营公司试点

中国40多年国有企业改革的特色就是渐进式改革，即"摸着石头过河"，先试点总结经验后，再在全国推广，避免犯激进的错误，所以国资管理体制的三层架构的构建也需要试点。试点的核心是中间架构的国有资本投资运营公司的构建问题，包含其设立形式是国有独资公司还是国有混合所有制公司；其定位是企业还是"二政府"，如果是企业，如何厘清政府的所有权与经营权的界限，如何考核国有资本运行效率、如何考核优化国有资本布局；如果是"二政府"，是不是其下属的国有企业又多了一个婆婆，仍然存在政企不分的问题，改革又回到了起

---

① 马骏、张文魁等：《国有资本管理体制改革研究》，中国发展出版社2015年版。

点；如何处理国有资本投资运营公司与下属国有企业的关系，国有资本投资运营公司如何向下属国有企业授权，如何构建规范、专业高效的国有资本投资运营公司总部管控模式等，这些问题都需要先试点总结经验后，再在全国推广。

三、国有投资运营公司试点现状分析

（一）中央层面的国有投资运营公司现状

2013 年党的十八届三中全会提出国有资产管理体制从"管资产"转为"管资本"以后，已经开展了三批国有投资运营公司的试点工作，截至 2019 年 1 月 8 日，中央层面的国有投资运营公司已经有 21 家，具体为国有资本投资公司：国投、中粮集团、神华集团、宝武集团、中国五矿、招商局集团、中交集团、保利集团、航空工业集团、国家电投、国机集团、中铝集团、中国远洋海运、通用技术集团、华润集团、中国建材、新兴际华集团、中广核、南光集团。国有资本运营公司：诚通集团、中国国新。这两类公司将为国资国企改革的突破带来重要作用。例如，中国诚通集团与中证指数公司首次共同编制中央企业结构调整指数，华夏、博时、银华获得中央企业结构调整 ETF 资格，并获得 480 亿元的募集金额，于 2019 年 1 月 18 日正式上市交易，这将集中资本市场的力量，帮助中央企业发展战略新兴产业，优化其产业布局和结构调整，促进相关上市公司的市值管理能力。在供给侧结构性改革中，中粮集团为了聚焦粮油糖棉的主业，主动退出了巧克力、酒庄等非主业的业务，清理了无效资产达 75 亿元，优化了国有资本的产业布局。

（二）地方层面的国有投资运营公司现状

截至 2018 年 5 月 7 日，已有 36 家省级国资委改组组建了 142 家国有资本投资运营公司①，具有以下特点：

第一，规模大。平均资产为 1036 亿元，所以省级国有资本投资运营公司的体量非常大。其中深圳市投资控股有限公司注册资本 230 亿元，2017 年底总资产为 4334 亿元，利润 200 亿元左右；山西省国有资本投资运营公司注册资本 500 亿元，截至 2018 年 6 月，总资产 2.7 万亿元，净资产 6200 亿元；河南投资集团有限公司注册资本 120 亿元，截至 2017 年底，总资产 1388 亿元；安徽省投资集团控股有限公司注册资本 300 亿元，2018 年底总资产为 1700 亿元。

---

① 地方国有资本投资运营公司发展现状与趋势展望——基于 12 省市国有资本投资运营公司的调查分析，首都建设报，2018 年 5 月 7 日，http：//sdjsb. bjd. com. cn/html/2018－05/07/content_ 246058. htm。

第二，以直接融资为主，间接融资为辅。例如，云南国资运营公司、黑龙江大正投资集团、重庆渝富集团、安徽省投资集团控股有限公司采取的都是股权融资为主，间接融资为辅的融资结构。

第三，投资基金化成为主流趋势，规模均在百亿元以上。90%以上的国有投资运营都设有基金，且半数基金管理规模均在百亿元以上，34%在50亿~100亿元。例如安徽省投资集团控股有限公司管理了"三重一创"基金、中小企业基金、新兴产业创业投资基金、省高新技术产业投资母基金4只基金。河南投资集团有限公司管理了河南省战略新兴产业投资基金、PPP基金、军民融合基金、创投基金等多只基金。

第四，国有投资运营公司的投资以财务性投资和股权投资为主，其中股权投资以直投方式为主（86%），选择股权投资基金和"母基金+子基金"方式的较多，占43%。

本章小结

一、主要结论

1. 对国有企业应该实行分类管理

国内外国有资产管理体制表明，无论是美国、德国，还是新加坡和中国，对不同行业的国有企业都应该实行分类管理。例如美国，对于邮政、电力、供水、铁路等属于公共服务和基础产业的国有企业，主要采取直接经营管理的方式，同时加强内部竞争。对于竞争性行业，则放手让企业在市场经济中大浪淘沙，不进行任何干预。德国则将国有企业分为垄断性国有企业、竞争性国有企业、公众服务类国有企业，对于垄断性国有企业，如铁路、电信等，由政府直接管理；对于公众服务类国有企业，由市政府管理；对于竞争性国有企业，如能源、重要的制造业，由州政府采取参股、控股的方式管理。新加坡则设置了不同的政府控股公司和法定机构。中国将国有企业划分为商业类和公益类，进行分类管理。

2. 去行政化是国资管理体制改革的重点

无论是国资管理的三层架构，还是二层架构，目的都是为了厘清政府和企业的界限，减少行政干预是国资管理体制改革的重点，其中欧美、新加坡等国家做得很好，即使是分类设置对垄断性国有企业直接管理，但也主要考核国有资本的保证增长率，完全放手企业在市场中竞争。中国构建三层架构的国有资产管理模式，也是为了将政府与企业的关系留在国资委与国有投资运营公司，将企业与市场的关系留在国有投资运营公司与下属企业，所以国有投资运营公司承担的是隔离墙功能。国资委对国有投资运营公司考核的国有资本保值增值率和国有企业布局的优化率，国有投资运营公司对下属国有企业，考核的指标主要是国有资本保值增值率，以及把控战略投资方向。

二、政策建议

1. 要防止国有资本投资运营公司演变为"二政府"

国有资本投资运营公司已经成为深化国有资产管理体制改革的有力抓手，是国资监管从"管企业"转向"管资本"的助推器，在实践中确实起到了国有资产保值增值和优化国有企业布局的作用。但是，在取得一定成效的同时，也暴露出一些问题，如面临着边界不清、独立性不足、政策不配套等问题。边界不清主要是指国有资本所有权与经营权边界划分模糊，在企业日常经营中，经常发生资产处置情况，即使是为了维持和扩大正常的生产经营需要，也必须逐层向上申报审批，流程烦琐、时间拖沓，极大地影响了生产经营效率。独立性不足是指有些国有资本投资运营公司投资的项目，多半是地方政府拍板决定的项目，是政府"手臂"的延伸，国有资本投资运营公司独立性不够，要防止演变成为"二政府"。政策不配套是指国有企业开展资源重组整合中，为优化国有资本布局，需要国有股权在不同企业之间进行国有无偿划拨，未产生任何实际收益，反而需要企业缴纳所得税等税，影响了企业改革的积极性。

2. 构建完善公司内部治理机制尤其重要

国资管理三层架构，将国有投资运营公司与下属国有企业及控股企业完全推向了市场，此时必须构建完善的内部治理机制，才能适应市场经济的残酷竞争。构建完善的内部治理机制的主要内容有：一是建立强约束力的考核制度，审核下属国有企业的董事会运作是否规范，制定的考核目标要契合企业实际，既不鞭打快牛，也不搞大锅饭，要能够得上、摸得着；二是建立市场化薪酬，激发国企高管层的工作积极性；三是加强风险评估和控制，成立专门的风险管理部门，以识别潜在的风险和可能对企业产生不利影响的因素，并研究制定相应的对策。

第四章 中国混合所有制经济发展现状研究

第一节 混合所有制经济发展历程分析

混合所有制经济并不是新生事物，其实追根溯源，从晚清时期的官督商办模式，到国民政府的"节制私人资本、发达国家资本"；从解放初期的"新民主主义经济"，到"保护民族工商业"，再转向"一大二公"的模式，都留有混合所有制经济的深深烙印，但时代不同、背景不同，赋予混合所有制经济的内涵也不一样，本书只考虑改革开放后混合所有制经济的发展历程和现状。改革开放后，我国混合所有制经济在"摸着石头过河"的国企改革中萌芽、发展、壮大、深化，并在党的十八届三中全会中上升为基本经济制度重要实现形式。本书将混合所有制历程分为萌芽探索时期（1978～1992 年）、初步发展时期（1992～2003年）、推动与融合时期（2003～2013 年）、分类与深化时期（2013 年至今）（周娜和鲍晓娟，2017）。

一、萌芽探索时期（1978～1992 年）

1978 年举行的党的十一届三中全会进行了拨乱反正的工作，把全党工作的重点从阶级斗争转移到经济发展上，开启了改革开放和社会主义现代化建设的新时代。党的十一届三中全会之后，党中央开始对国营企业进行松绑，给予国营企业一定的经营自主权。1978 年 10 月，经国务院批准，中共四川省委、四川省人民政府选择了不同行业具有代表性的重庆钢铁公司、成都无缝钢管厂、宁江机床厂、四川化工厂、新都县氮肥厂和南充丝绸厂6家地方国营工业企业率先进行了"扩大企业自主权"试点。改革的主要内容是逐户核定企业的利润指标，规定当年的增产增收目标，允许在年终完成计划以后提留少量利润，作为企业的基金，并允许给职工发放少量奖金。虽然只是微不足道的小小权力，却在当年第四季度计划的超额完成中收到了预想不到的效果，并显示出巨大的潜力。四川省的"扩大企业自主权"试点，成为国有企业改革乃至城市经济体制改革起步的标志。

1979年7月13日，国务院颁发了有名的第一个"扩权十条"，即《关于扩大国营工业企业经营管理自主权的若干规定》。同时颁发的还有《关于国营企业利润留成的规定》《关于开征国营企业固定资产税的暂行规定》《关于提高国营工业企业固定资产折旧率和改进折旧费使用办法的暂行规定》《关于国营工业企业实行流动资金全额信贷的暂行规定》，共5个文件。这5个文件是改革开放以来关于国营企业改革的第一批文件，进一步深化了放权让利政策，调动了企业生产经营的积极性、主动性和创造性，对各地的企业改革起到了极大的促进作用。

1984年，党的十二届三中全会通过了《中共中央关于经济体制改革的决定》，提出了有计划的商品经济的理论，推进政企分开，使企业成为独立的商品生产者和经营者，增强了国有企业的活力，特别是增强了全民所有制大中型企业的活力，是以城市为重点的整个经济体制改革的中心环节。

1986年12月，国务院提出要推行多种形式的经营承包责任制，给经营者以充分的经营自主权。1987年，大中型国有企业普遍推行承包经营责任制。截至1987年底，全国预算内国有企业已有78%实行了承包制；截至1988年底，这一比例已超过90%，其中大中型国有企业达到95%。1990年，第一轮承包到期的预算内工业企业有3.3万多户，接着又开始进行了第二轮承包。

随着国有企业改革进程的推进，出现了混合所有制经济的萌芽。首先是基层企业自发地出现了一些大量公有财产和农户私有财产共同使用、共同收益的合作经济，包括农户与农户联办，全民所有制企业与农户联办，集体与农户联办，集体与集体联办，国家、集体和个人联办五种形式（宋文阁和刘福东，2014）[①]，其中，全民所有制企业与农户联办，集体与农户联办，国家、集体和个人联办这三种形式，是极具原始性和典型性的混合所有制经济，是公有资本与非公有资本的产权融合，可以被看成是混合所有制企业的萌芽。

---

① 宋文阁、刘福东：《混合所有制的逻辑——新常态下的国企改革和民企机遇》，中华工商联合出版社2014年版。

其次是国有企业渐进性式的产权改革，尤其是把股份制作为公有制主要形式后，为实践中混合所有制经济的发展壮大提供了沃土。早期的国有企业改革，在放权让利时期（1978~1984 年），还局限于控制权改革，并没有触及所有权改革。随着控制权改革的失败，国家提出发展有计划的商品经济，在承包经营时期（1984~1992 年），国有企业把利润分成作为主要改革内容。但是承包制并未改变国有企业政企不分的现象，内部控制人的短视行为严重，"杀鸡取卵""涸泽而渔"和"鞭打快牛"的现象屡见不鲜，以及由于国有企业软预算约束的存在，导致国有企业亏损时无人负责，最后出现政府兜底的情况，在这样的机制下，国有资产发生巨额亏损也在意料之中，承包制随之宣告失败。而实践中，1984 年 7 月 26 日诞生了首家正式注册的商业股份制企业和首家由国有企业转制而成的股份制企业——北京天桥百货股份公司。学术界由此开始探讨国有企业改革是不是应该转变思路，不能从经营权和使用权入手，而应该从所有权着手改革。一些学者甚至提出国有企业改革可以试点股份制形式，厉以宁（1988）因为主张采用股份制这种现代财产组织形式来实现国有企业的产权改造而被称为"厉股份"。政府也注意到了现实中出现的各类股份公司，以及相关的学术观点。1986 年，童大林在《人民日报》撰文，他认为 1978 年以来，有些城市实行的股份制试点是有成效的，值得重视。1987 年党的十三大也肯定了股份制的做法，认为股份制是社会主义企业财产的一种组织形式，可以继续试行。股份制的出现，诞生了混合所有制企业的萌芽，所以这一阶段可以被称为是混合所有制经济的萌芽探索时期。

二、初步发展时期（1992~2003 年）

1992 年，邓小平同志南方谈话之后，打破了思想上的禁忌，邓小平再次肯定了股份制的做法，他认为股份制是适应社会化大生产和市场经济发展需要而产生的一种财产组合的企业形式，它是对资本主义的一种扬弃，既可以为资本主义所用，也可以为社会主义所用，这才突破了股份制是"姓资"还是"姓社"的意识枷锁，国有企业产权改革也因此放开了手脚，不仅引入了国有企业员工发展股份经济，也开始吸纳私人或境外非国有投资者成为股东，为孕育混合所有制企业提供了制度土壤。

1992 年，中共十四大确立了经济体制改革的目标是建立社会主义市场经济体制，对实践中的股份合作制给予了充分肯定，并把股份制明确规定为公有制经济的实现形式之一。1993 年 11 月，中共十四届三中全会通过了《中共中央关于建立社会主义市场经济体制若干问题的决定》，首次提出"财产混合"概念，指出"随着产权流动和重组，财产混合所有的经济单位越来越多，将会形成新的财产所有结构"，"对国有大中型企业，尤其是优势企业，宜于实行股份制的要改为股份制企业"，阐述了市场经济条件下以股份制为特征的混合所有制经济发展的必然趋势（见表4-1）。中共十四届三中全会明确指出我国国有企业的改革方向是建立"适应市场经济和社会化大生产要求、产权清晰、权责明确、政企分开和管理科学"的现代企业制度。随即国务院选取了100家企业作为建立现代企业制度的试点，各地区和部门也相继选择了共2714家企业进行试点，同时颁布了《公司法》，为试点工作创造必要的条件。试点企业初步完成了公司制改革，初步建立公司法人治理结构，企业内部的机制加快转变，企业重新与职工签订劳动合同，建立了新的劳动关系。

表4-1 党中央重大政策文件对发展混合所有制经济的表述

年份	会议	表述	意义
1993	中共十四届三中全会	随着产权的流动和重组，财产混合所有制的经济单位越来越多，将会形成新的财产所有结构	首次提出混合所有制经济是财产混合形式
1997	中共十五大	公有制经济不仅包括国有经济和集体经济，还包括混合所有制经济中的国有成分和集体成分	把混合所有制经济中的国有成分和集体成分界定为公有性质
1999	中共十五届四中全会	国有大中型企业尤其是优势企业，宜于实行股份制的，要通过规范上市、中外合资和企业互相参股等形式，改为股份制企业，发展混合所有制经济，重要的企业由国家控股	通过股份制发展混合所有制经济
2002	中共十六大	国有企业是我国国民经济的支柱。要深化国有企业改革，进一步探索公有制特别是国有制的多种有效实现形式，大力推进企业的体制、技术和管理创新。除极少数必须由国家独资经营的企业外，积极推行股份制，发展混合所有制经济	再次提出通过股份制发展混合所有制经济
2003	中共十六届三中全会	要适应经济市场化不断发展的趋势，进一步增强公有制经济的活力，大力发展国有资本、集体资本和非公有资本等参股的混合所有制经济，实现投资主体多元化，使股份制成为公有制的主要实现形式	股份制的混合所有制经济是公有制的主要实现形式

续表

年份	会议	表述	意义
2007	中共十七大	以现代产权制度为基础，发展混合所有制经济。加快形成统一开放竞争有序的现代市场体系，发展各类生产要素市场，完善反映市场供求关系、资源稀缺程度、环境损害成本的生产要素和资源价格形成机制，规范发展行业协会和市场中介组织，健全社会信用体系	提出以产权改革促进混合所有制发展
2008	中共十七届三中全会	允许农民以转包、出租、互换、转让、股份合作等形式流转土地承包经营权，发展多种形式的适度规模经营；允许有条件的农民专业合作社开展信用合作；允许农民依法通过多种方式参与土地开发经营	推动农业合作进程
2012	中共十八大	要毫不动摇地巩固和发展公有制经济，推行公有制多种实现形式，推动国有资本更多投向关系国家安全和国民经济命脉的重要行业和关键领域，不断增强国有经济活力、控制力、影响力。毫不动摇地鼓励、支持、引导非公有制经济发展，保证各种所有制经济依法平等使用生产要素、公平参与市场竞争、同等受到法律保护	消除所有制歧视
2013	中共十八届三中全会	积极发展混合所有制经济。国有资本、集体资本、非公有资本等交叉持股、相互融合的混合所有制经济，是基本经济制度的重要实现形式……允许更多国有经济和其他所有制经济发展成为混合所有制经济……鼓励非公有制企业参与国有企业改革，鼓励发展非公有资本控股的混合所有制企业，鼓励有条件的私营企业建立现代企业制度	混合所有制经济是基本经济制度的重要实现形式
2018	中共十九大	深化国有企业改革，发展混合所有制经济，培育具有全球竞争力的世界一流企业	发展混合所有制经济，做优做强做大国有企业

注：根据历年党中央重大政策文件整理而来。

　　但是，国有企业受到外部市场和政策环境变化及企业内部机制调整的双重挤压，遭遇了严重的发展瓶颈，大量国企经济效益逐年大幅下滑，严重亏损。1995年，国务院发展研究中心的一份报告显示，当时国营企业的亏损面超过了40%。

许多国企已经到了用银行贷款发工资的地步，所欠贷款根本无力偿还，下个年度能否再贷到款才是生死攸关的大事，国有企业亏损的问题已日益成为一个影响稳定的重大社会问题。

1995 年 9 月，中共十四届五中全会明确指出"要着眼于搞好整个国有经济，通过存量资产的流动和重组，对国有企业实施战略性改组。这种改组要以市场和产业政策为导向，搞好大的，放活小的，把优化国有资产分布结构、企业结构同优化投资结构有机结合起来，择优扶强、优胜劣汰"。从 1995 年开始，国有企业改革从单个企业试点转为对整个国有经济进行改革，"整体搞活"取代了"单个搞活"的思路。

1997 年，中共十五大正式提出混合所有制经济概念，"公有制经济不仅包括国有经济和集体经济，还包括混合所有制经济中的国有成分和集体成分""明确规定股份制为公有制经济的实现形式之一，认为混合所有制经济中的国有成分和集体成分也具有公有制性质"，并提出用三年左右的时间对国有大中型企业改革脱贫，而中小国企业直接实行私有化的产权改革。

1999 年，中共十五届四中全会提出"对国有大中型企业，尤其是优势企业，宜于实行股份制的要改为股份制企业，发展混合所有制经济"，并对国有企业改革提出了"抓大放小"的策略。随后，国有企业产权改革改制面急剧扩大，并在 2003 年左右形成高潮。各地在中央政府和有关部委政策意见的指导下，把一大批小型企业通过改组、联合、兼并和出售等多种形式直接推向了市场，甚至一些大中型企业也被转让，产权改革在一些地区被简单地理解为"一卖了之"。当然，对于大部分大型国有企业，特别是国家划出的 1000 家重点企业，产权改革的主要形式还是发展股份制经济，混合所有制企业由此取得了长足发展，所以将这一时期界定为混合所有制经济初步发展阶段。

三、推动与融合时期（2003～2013 年）

但是，"抓大放小"的国企改革带来的负面效应也不容忽视。一是大量工人下岗，引起了职工极大抵触，甚至危及社会稳定；二是国有企业改革过程中，腐败问题和利益输送问题层出不穷，巨额国有资产通过各种或明或暗的途径被转移到个人腰包，特别是管理层手中，引发了全社会的愤懑。2004 年爆发了著名的"郎顾之争"，将国企改制中国有资产流失的问题暴露在霓虹灯下，点燃了全社会的"怒火"，顾雏军也因此身陷囹圄，国务院随后叫停了管理层收购（MBO），国有企业私有化产权改革步伐显著放慢，股份制再次受到重视，所以将这一时期界定为混合所有制经济初步发展阶段。

国有企业资产名义上是全民的，人人有份，但实际上其造成的损失却往往无人负责。十几亿元、几十亿元的国有资产投资，签字的人很多，过手的人很多，讨论过的事情也很多，而一旦发生失误，却找不到一个人来承担责任，就当成是"付了学费"，这种事情在现代市场经济中是很荒谬的。这是因为国有资产产权存在"悬空"或是"虚置"的问题，如何解决这个"虚置"的问题，大家取得了一种共识：必须找到经营型国有资产管理的人格化的代表——一个国有资产管理的专门机构盯着这份资产，追求它的保值增值，这样就提出了建立国有资产管理体系。

2002 年，党的十六大再次提出发展混合所有制经济，"除极少数必须由国家独资经营的企业外，积极推行股份制，发展混合所有制经济"。2003 年 3 月，中央和地方国有资产监督管理委员会分别成立，统一了管人、管事和管资产的权力，国资委成立后，将股份制改造作为国有企业改革的主要形式，国有资产管理体制的创新进一步激发了国有企业的活力，国有企业改革取得了重大进展，迈入了一个新的阶段。与此同时，国资委颁布了一系列上市公司治理规则，就上市公司治理准则、上市公司收购管理、上市公司信息披露、股东投票与股东大会制度、独立董事制度建立、董事制度和董事会运作、关联方资金往来及上市公司对外担保等做出了具体的规定和要求。

2003 年，党的十六届三中全会提出"股份制成为公有制的主要实现形式"。2005 年 4 月 29 日，经国务院批准，中国证监会发布《关于上市公司股权分置改革试点有关问题的通知》，正式启动股权分置改革工作。2006 年底股权分置改革基本完成。上市公司股权分置改革是通过非流通股股东和流通股股东之间的利益平衡协商机制消除 A 股市场股份转让制度性差异的过程，是为非流通股可以上市交易做出的制度安排。

2007 年，党的十七大提出"以现代产权制度为基础，发展混合所有制经济"，混合所有制经济由此在实践中得到了更大发展。2008 年是改革开放 30 周年，党的十七届三中全会虽然是针对农村改革的议题，但是"允许农民以转包、出租、互换、转让、股份合作等形式流转土地承包经营权，发展多种形式的适度规模经营；允许有条件的农民专业合作社开展信用合作；允许农民依法通过多种方式参与土地开发经营"，推动了农业合作进程，为农业混合所有制经济的发展创造了条件。

2012 年 11 月，党的十八大提出"要毫不动摇地巩固和发展公有制经济，推行公有制多种实现形式，推动国有资本更多投向关系国家安全和国民经济命脉的重要行业和关键领域，不断增强国有经济活力、控制力、影响力。毫不动摇地鼓励、支持、引导非公有制经济发展，保证各种所有制经济依法平等使用生产要素、公平参与市场竞争、同等受到法律保护"，为混合所有制的相互融合消除了所有制歧视。

可以说，1993~2003 年，国有企业改革是以产权改革为主，主要方式是发展股份制。实现股份制的好处有三点：第一，可以通过直接上市融资解决国有企业资金短缺问题；第二，通过完善的企业内部治理机制实现国有企业经营方式的灵活转变；第三，国有企业的控制权还牢牢掌握在国资委手中，工人身份得以保留，社会得以和谐，民营企业通过参股也得到了发展，混合所有制经济在这段时间不知不觉得到了发展壮大。这一阶段，国有企业经营状况和财务状况迅速好转，这种产权改革模式也得到了实践检验和政府肯定，这一时期界定为混合所有制经济推动与融合时期。

四、分类与深化时期（2013 年至今）

2008 年金融危机发生后，我国推出了 4 万亿的刺激政策，国有企业利用强大的政治背景和政府资源，获得了巨额资金，在各个行业、各大领域进行了大规模战线扩张和增资扩产，国有企业兼并和收购民营企业的事件也时有发生，民营企业切身感受到了生存空间的挤压。特别是发生了辽宁"通钢事件"后，国有企业兼并、收购、重组民营企业步伐进一步加快。2009 年 7 月，国有企业通钢老总被不满进行民营化的工人打死，直接导致民营企业建龙集团入股通钢的重组计划流产。各地政府吸取了这个血淋淋的教训，不再提倡国有企业民营化，而是加快了再国有化进程，发生了诸如"山西煤矿重组""山钢并购日钢""东星事件""中粮入股蒙牛"等事件，为此，媒体惊呼"国进民退"是市场经济的倒退。但是，4 万亿政策刺激的效果只是昙花一现，2009~2014 年 GDP 增长率依次为9.21%、10.45%、7.65%、7.67%、7.4%、6.9%，除了 2010 年增速达到 2 位数后，其他年份都是个位数，2015 年 GDP 增速首次低于 7%，目前维持在 6.7%左右。GDP 增长率快速下降的原因，除了受国际金融危机影响外，4 万亿刺激政策带来的重复投资也难辞其咎。因为 2016 年供给侧改革的主要任务就是清理"僵尸企业"，去除"钢铁、煤炭、水泥、平板玻璃、电解铝、船舶"六大行业的过剩产能。不可否认的是，2008 年的 4 万亿投资虽然主要投于基础设施产业，即投向了铁公鸡，但也连带了钢铁、水泥等这些行业的飞速扩张，导致现在这些产业产能的严重过剩。这说明，"国退民进"或者"国进民退"都不能取得预期改革效果，"国民共进"才是未来国企改革的方向。这是因为国企和民企已融合为一个有机整体，唇齿相依，所以中国特色的国企改革方向应该是"积极发展混合所有制经济"。通过发展混合所有制经济，可以把国有资本和民营资本有机地融合起来，形成你中有我、我中有你的局面，有利于相互取长补短、促进共同发展，这是对既往国有企业改革的纠偏反思，也是应对西方国家不承认中国市场经济地位的破解之策。

总体而言，党的十八届三中全会《决定》提出"积极发展混合所有制经济"，既是国有企业渐进式产权改革的结果，也是探索国有企业与市场经济相融合的实践结果①。2018 年党的十九大报告提出"深化国有企业改革，发展混合所有制经济，培育具有全球竞争力的世界一流企业"。

第二节　混合所有制现状研究

目前统计部门还没有专门口径来统计狭义的混合所有制企业各项指标，本书首先对《中国统计年鉴》相关数据进行整合，对广义的混合所有制企业总体现状进行描述；其次引用相关文献调查数据，对狭义的混合所有制企业总体现状进行描述；最后收集数据，全面考察混合所有制企业的微观效率和社会福利，以为发展混合所有制政策制定和落实提供初步数据支撑。

一、广义的混合所有制企业现状描述

广义的混合所有制企业是指除了独资企业以外的企业，包括国有企业、集体企业、民营企业、外资企业之间相互混合和内部相互混合的企业，它包含中国统计局按照注册类型划分的股份合作企业、联营企业、有限责任公司和股份有限公司。另外，企业包括国有企业和集体企业，民营（私营）企业包括私营企业和其他工业企业，外资企业包括港、澳、台商投资企业和外商投资企业，第四章广义混合所有制描述的数据全部来自中国统计局网站公布的年度数据。

---

① 赵春雨：《混合所有制发展的历史沿革及文献述评》，《经济体制改革》，2015 年第 1 期，第 48 －53 页。

（一）广义混合所有制企业整体情况描述

1. 广义混合所有制企业单位数变化

从图 4 - 1 可以看出，2010 ~ 2016 年，广义混合所有制企业数量在稳步上升，法人单位数从 2010 年的 977341 个上升到 2016 年的 2795052 个。表 4 - 2 也显示广义混合所有制企业的比重在逐年提高，从 2010 年的 15.70% 上升到 2016 年的 20.24%。

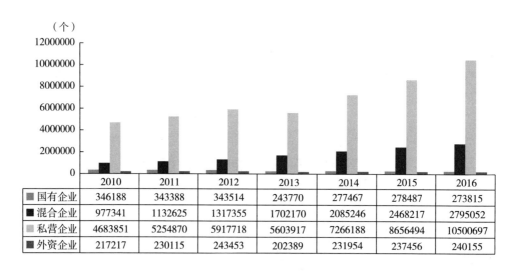

（个）							
	2010	2011	2012	2013	2014	2015	2016
■ 国有企业	346188	343388	343514	243770	277467	278487	273815
■ 混合企业	977341	1132625	1317355	1702170	2085246	2468217	2795052
■ 私营企业	4683851	5254870	5917718	5603917	7266188	8656494	10500697
■ 外资企业	217217	230115	243453	202389	231954	237456	240155

图 4 - 1　2010 ~ 2016 年按注册类型划分的企业法人单位数

表 4 - 2　2010 ~ 2016 年按注册类型划分的企业法人单位数比重　　单位：%

年份	国有	混合	私营	外资
2010	5.56	15.70	75.25	3.49
2011	4.93	16.27	75.49	3.31
2012	4.39	16.84	75.65	3.11
2013	3.14	21.96	72.29	2.61
2014	2.81	21.15	73.69	2.35
2015	2.39	21.20	74.36	2.04
2016	1.98	20.24	76.04	1.74

图 4 - 1 和表 4 - 2 还能反映出三点问题：第一，私营企业数量不但在急速上升，而且远远超过其他类型企业，且比重维持在 70% 以上，所以私营企业已经成为中国企业的主流成分。第二，国有企业数量起伏不大，且比重在逐年减少，

但是比重只有 2% 左右，即使公有制的主体地位不是体现在数量上，而是体现在质量上，国有企业要发挥主体地位，也必须提高其控制力和影响力，方向是培育具有全球竞争力的世界一流企业。第三，外资企业的数量稳定在 20 万家，但比例在逐年下降，这是因为中国统一了内资和外资的优惠政策，且中国人力成本、物流成本等制造成本在上升，对外资的吸引力下降，外资将企业转移到印度、越南等地区的事件增多，从而在中国的比重下降。

2. 广义混合所有制企业城镇就业人员和平均工资的变化

图 4-2 是 2000～2016 年按经济类型划分的城镇单位就业人数数量，由图 4-2 可知，混合所有制企业单位的就业人数在稳步增长，从 2000 年的 1341 万人上升到 2016 年的 8309 万人，增长了 6.20 倍，这是因为国有企业改革的主要措施是建立现代企业制度，带来股份制和公司制企业的蓬勃发展，因而混合所有制企业就业人数也在显著上升，且上升幅度最高。民营企业从 2000 年的 3404 万人上升到 2016 年的 20710 万人，增长了约 5 倍。但是国有企业的就业人数却在减少，从 2000 年的 9601 万人减少到 2016 年的 6623 万人，降低了 31%，这是因为这段时间我国国企改革实行的"抓大放小"政策，大量中小企业被私营企业或外企兼并、重组和破产，从而国企就业人数也在大幅减少。外资企业就业人员上升幅度居于第三位，从 2000 年的 642 万人上升到 2016 年的 2666 万人，增长了 4.15 倍。

表 4-3 反映了类似结论，从城镇就业人员比重看，混合所有制企业从 2000 年的 8.95% 稳步上升到 2016 年的 21.69%；民营企业从 2000 年的 22.71% 上升到 2016 年的 54.06%，占了半壁江山；国有企业从 2000 年的 64.06% 下降到 2016 年的 17.29%，这与国有企业战线大幅收缩一致。

表 4-3 2000～2016 年按经济类型划分的城镇就业人员比重　　　单位:%

年份	国有	混合	民营	外资
2000	64.06	8.95	22.71	4.28
2001	60.42	10.30	24.75	4.54
2002	54.73	12.07	28.19	5.01
2003	50.07	13.16	31.29	5.49
2004	46.24	13.96	33.52	6.28
2005	41.80	15.36	35.71	7.13
2006	38.99	15.63	37.75	7.63

续表

年份	国有	混合	民营	外资
2007	36.27	15.62	40.07	8.04
2008	34.33	15.65	42.18	7.83
2009	31.83	16.22	44.27	7.68
2010	30.52	16.43	45.22	7.82
2011	27.85	17.68	46.27	8.19
2012	26.47	18.60	47.04	7.89
2013	21.52	24.60	44.67	9.20
2014	19.65	23.50	48.38	8.48
2015	18.20	22.58	51.64	7.59
2016	17.29	21.69	54.06	6.96

图 4-3 反映了随着我国经济持续稳定增长，城镇就业人员的工资也在稳步增长，平均工资从 2000 年的 9333 元上升到 2016 年的 67569 元，增加了 7 倍多。其中，混合所有制企业人员的平均工资从 2000 年的 9736 元上升到 2016 年的 64048 元，增加了 6.58 倍；国有企业人员的平均工资从 2000 年的 7841 元上升到 2016 年的 61533 元，增加了 6.85 倍；外资企业人员的平均工资从 2000 年的 13951 元上升到 2016 年的 75204 元，增加了 5.39 倍。虽然外资企业增长的幅度小，但是在所有类型的企业中，外资企业就业人员的平均工资最高，其次是混合所有制企业，然后是国有企业，最低的私营企业。

3. 广义混合所有制企业的固定资产投资情况

图 4-4 表明，只有外资企业的全社会固定资产投资增长不多，其他类型企业增长幅度较大。其中，混合所有制企业从 2006 年的 35716.62 亿元上升到 2016 年的 220849.92 亿元，增长 6.18 倍；民营企业从 2006 年的 24431.05 亿元上升到 2016 年的 199324.52 亿元，增长 8.16 倍；国有企业从 2006 年的 36567.51 亿元上升到 2016 年的 137967 亿元，增长 3.77 倍；外资企业从 2006 年的 10858.26 亿元上升到 2016 年的 26069.53 亿元，仅增长 2.41 倍。从投资的绝对值来看，2008 年金融危机之后，国家的 4 万亿投资方向主要是国有企业，它挑起了投资大梁，2009 年、2010 年国有企业投资规模都最高；但自 2011 年党的十八届三中全会提出"积极发展混合所有制经济"之后，混合所有制企业在 2011 年、2012 年、2013 年、2014 年、2016 年投资规模都是最大的，这说明在经济下行期间，混合

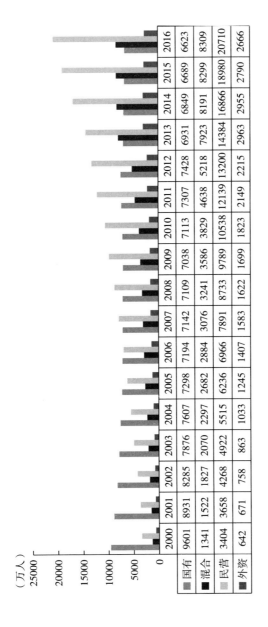

图 4-2 2000～2016 年按经济类型划分的城镇就业人员

	2000	2001	2002	2003	2004	2005	2006	2007	2008	2009	2010	2011	2012	2013	2014	2015	2016
国有	9601	8931	8285	7876	7607	7298	7194	7142	7109	7038	7113	7307	7428	6931	6849	6689	6623
混合	1341	1522	1827	2070	2297	2682	2884	3076	3241	3586	3829	4638	5218	7923	8191	8299	8309
民营	3404	3658	4268	4922	5515	6236	6966	7891	8733	9789	10538	12139	13200	14384	16866	18980	20710
外资	642	671	758	863	1033	1245	1407	1583	1622	1699	1823	2149	2215	2963	2955	2790	2666

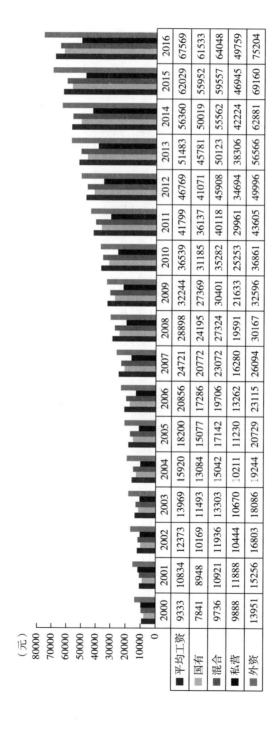

	2000	2001	2002	2003	2004	2005	2006	2007	2008	2009	2010	2011	2012	2013	2014	2015	2016
平均工资	9333	10834	12373	13969	15920	18200	20856	24721	28898	32244	36539	41799	46769	51483	56360	62029	67569
国有	7841	8948	10169	11493	13084	15077	17286	20772	24195	27369	31185	36137	41071	45781	50019	55952	61533
混合	9736	10921	11936	13303	15042	17142	19706	23072	27324	30401	35282	40118	45908	50123	55562	59557	64048
私营	9888	11888	10444	10670	10211	11230	13262	16280	19591	21633	25253	29961	34694	38306	42224	46945	49759
外资	13951	15256	16803	18086	19244	20729	23115	26094	30167	32596	36861	43605	49996	56566	62881	69160	75204

图 4 – 3　2000 ~ 2016 年按注册类型划分的城镇就业人员平均工资

注：私营企业是指其他单位就业人员平均工资。

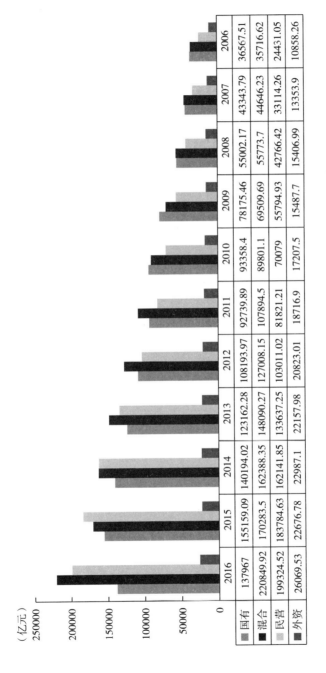

	2016	2015	2014	2013	2012	2011	2010	2009	2008	2007	2006
国有	137967	155159.09	140194.02	123162.28	108193.97	92739.89	93358.4	78175.46	55002.17	43343.79	36567.51
混合	220849.92	170283.5	162388.35	148090.27	127008.15	107894.5	89801.1	69509.69	55773.7	44646.23	35716.62
民营	199324.52	183784.63	162141.85	133637.25	103011.02	81821.21	70079	55794.93	42766.42	33114.26	24431.05
外资	26069.53	22676.78	22987.1	22157.98	20823.01	18716.9	17207.5	15487.7	15406.99	13353.9	10858.26

图 4－4　2006～2016 年按注册类型划分的全社会固定资产投资

所有制企业对经济增长的投资拉动作用最大。

图4-5描述了2006~2016年全社会固定资产投资的各类型企业的比重，我们发现国有企业的投资比重除了2009年、2010年是上升的，其他年份都呈下降趋势，这与国有企业数量减少、国有企业行业布局的战线收缩有关。混合所有制企业是波动状态，2006~2008年比重在下降，2009~2012年比重在上升，2013~2015年比重在下降，2016年又上升到37.80%，但一直维持在30%以上，几乎占1/3。民营企业的投资比重几乎呈单边上升状态，而外资企业呈单边下降状态，说明我国要正视招商引资政策，与其求助于国际资本投资，不如开发内动力，大力发展民营企业、助力混合所有制企业、扶持国有企业，扩大投资规模。

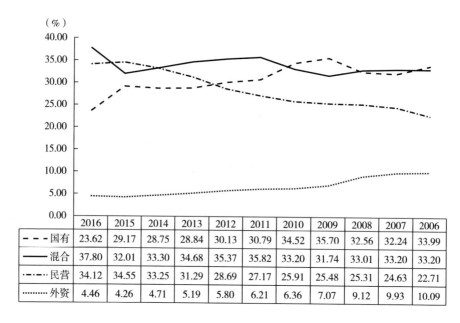

(%)	2016	2015	2014	2013	2012	2011	2010	2009	2008	2007	2006
--- 国有	23.62	29.17	28.75	28.84	30.13	30.79	34.52	35.70	32.56	32.24	33.99
—— 混合	37.80	32.01	33.30	34.68	35.37	35.82	33.20	31.74	33.01	33.20	33.20
-·- 民营	34.12	34.55	33.25	31.29	28.69	27.17	25.91	25.48	25.31	24.63	22.71
···· 外资	4.46	4.26	4.71	5.19	5.80	6.21	6.36	7.07	9.12	9.93	10.09

图4-5 2006~2016年按注册类型划分的全社会固定资产投资比重

（二）规模以上广义混合所有制企业情况描述

1. 规模以上广义混合所有制企业变化情况

图4-6是2000~2016年按注册类型划分的规模以上工业企业的企业数，其中，混合所有制企业从2000年的31663家上升到2016年的109303家，年均增长8.05%；民营企业从2003年之后一直属于数量最多的企业类型，从2000年的22510

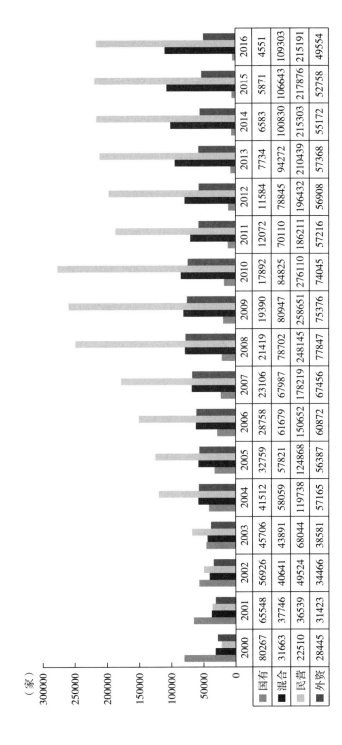

	2000	2001	2002	2003	2004	2005	2006	2007	2008	2009	2010	2011	2012	2013	2014	2015	2016
国有	80267	65548	56926	45706	41512	32759	28758	23106	21419	19390	17892	12072	11584	7734	6583	5871	4551
混合	31663	37746	40641	43891	58059	57821	61679	67987	78702	80947	84825	70110	78845	94272	100830	106643	109303
民营	22510	36539	49524	68044	119738	124868	150652	178219	248145	258651	276110	186211	196432	210439	215303	217876	215191
外资	28445	31423	34466	38581	57165	56387	60872	67456	77847	75376	74045	57216	56908	57368	55172	52758	49554

图4-6 2000~2016年按注册类型划分的规模以上工业企业的企业数

家上升到 2016 年的 215191 家，年均增长 15.15%；国有企业从 2000 年的 80267 家下降到 2016 年的 4551 家，年均下降 16.42%；外资企业从 2000 年的 28445 家，在波动中上升到 2016 年的 49554 家，年均增长 3.53%，这说明民营企业数量增长最多，其次是混合所有制企业，再次是外资企业，国有企业数量在急剧减少。

由图 4-7 可知，2000~2016 年混合所有制企业在波动中上升，从 2000 年的 19.44% 上升到 2003 年的 22.37%，又下降到 2010 年的 18.73%，又上升到 2016 年的 28.87%。民营企业呈现大幅上升的趋势，从 2000 年的 13.82% 急剧上升到 2010 年的 60.97%，又下降到 2016 年的 56.84%，但一直稳定在 50% 以上，说明民营企业占我国规模以上企业的绝对主体。国有企业一直是下降趋势，从 2000 年的 49.28% 一直下降到 2016 年的 1.20%，从数量上看民营企业是我国主流，国有企业已经下降到微乎其微的比例了，甚至低于外资企业，因此从维护公有制主体地位来看，不能再走国有企业退出的老路。外资企业数量也是在波动中下降，从 2000 年的 17.46% 上升到 2007 年的 20.03%，又下降到 2016 年的 13.09%。

2. 规模以上亏损的广义混合所有制企业变化情况

从图 4-8 可以看出，规模以上混合所有制企业的亏损数量在波动中上升，2000~2004 年是上升阶段，亏损企业数量从 2000 年的 6030 家上升到 2004 年的 11812 家；2005~2007 年属于下降阶段，从 2005 年的 10837 家下降到 2007 年的 10158 家；2008 年突然上升到 13462 家，而后又持续下降到 2011 年的 7672 家；而后又急剧上升到 2015 年的 16155 家，2016 年亏损数量缩减到 14264 家，总体呈现波动上升的趋势。随着国有企业改革进程的推进，国有企业数量不但在大幅减少，亏损数量也在大幅减少，除了 2000~2003 年国有企业是亏损数量最多的企业类型以外，从 2004 年开始，亏损企业数量最多的是民营企业，这可能与民营企业基数大有关，并不能说明民营企业效率更低，国有企业效率更高。外资企业的表现有点出乎意料，2000~2012 年外资亏损企业的个数都是排第二，这与外资企业拥有先进的技术和管理能力相违背，我们仔细分析了一下原因，这是因为外资企业主要是三来一补的企业，并未把先进的技术带到中国，中国的市场没有换得相应的技术，且外资企业有可能存在"水土不服"等问题，故表现差强人意。

从图 4-9 规模以上亏损工业企业比例来看，混合所有制企业比重也是在波动中上升，2000~2003 年是上升阶段，从 2000 年的 15.85% 上升到 2003 年的 21.78%；然后 2004 年下降到 20.29%，随后又上升到 2005 年的 22.43%，2006 年的 22.57%，然后又微降到 2008 年的 20.59%，随后又呈上升趋势，并在 2013

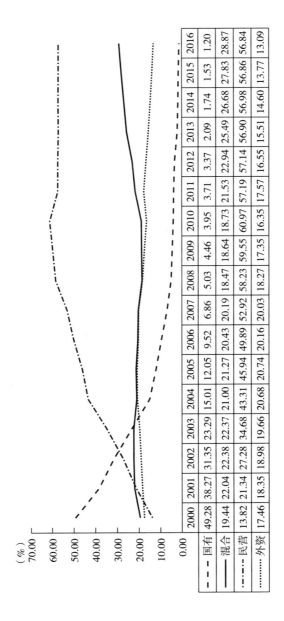

图 4 - 7　2000～2016 年按注册类型划分的规模以上工业企业的企业比重

	2000	2001	2002	2003	2004	2005	2006	2007	2008	2009	2010	2011	2012	2013	2014	2015	2016
国有	49.28	38.27	31.35	23.29	15.01	12.05	9.52	6.86	5.03	4.46	3.95	3.71	3.37	2.09	1.74	1.53	1.20
混合	19.44	22.04	22.38	22.37	21.00	21.27	20.43	20.19	18.47	18.64	18.73	21.53	22.94	25.49	26.68	27.83	28.87
民营	13.82	21.34	27.28	34.68	43.31	45.94	49.89	52.92	58.23	59.55	60.97	57.19	57.14	56.90	56.98	56.86	56.84
外资	17.46	18.35	18.98	19.66	20.68	20.74	20.16	20.03	18.27	17.35	16.35	17.57	16.55	15.51	14.60	13.77	13.09

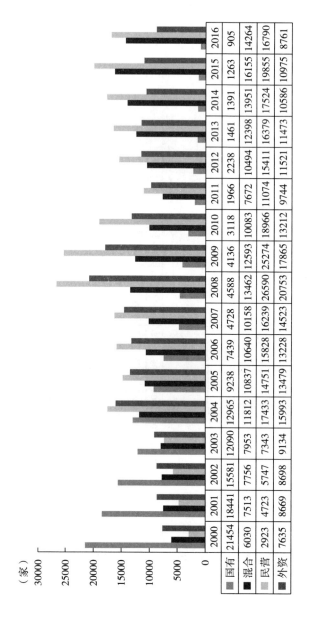

	2000	2001	2002	2003	2004	2005	2006	2007	2008	2009	2010	2011	2012	2013	2014	2015	2016
国有	21454	18441	15581	12090	12965	9238	7439	4728	4588	4136	3118	1966	2238	1461	1391	1263	905
混合	6030	7513	7756	7953	11812	10837	10640	10158	13462	12593	10083	7672	10494	12398	13951	16155	14264
民营	2923	4723	5747	7343	17433	14751	15828	16239	26590	25274	18966	11074	15411	16379	17524	19855	16790
外资	7635	8669	8698	9134	15993	13479	13228	14523	20753	17865	13212	9744	11521	11473	10586	10975	8761

图 4 - 8 2000～2016 年按注册类型划分的规模以上工业企业的亏损企业数量

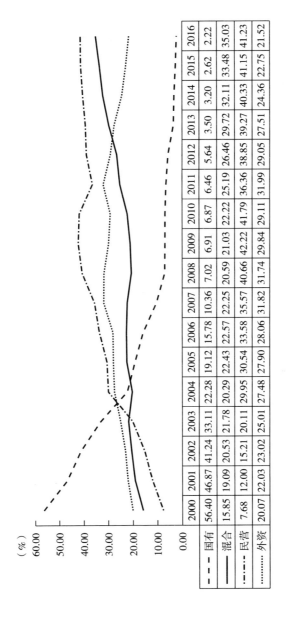

（%）	2000	2001	2002	2003	2004	2005	2006	2007	2008	2009	2010	2011	2012	2013	2014	2015	2016
国有	56.40	46.87	41.24	33.11	22.28	19.12	15.78	10.36	7.02	6.91	6.87	6.46	5.64	3.50	3.20	2.62	2.22
混合	15.85	19.09	20.53	21.78	20.29	22.43	22.57	22.25	20.59	21.03	22.22	25.19	26.46	29.72	32.11	33.48	35.03
民营	7.68	12.00	15.21	20.11	29.95	30.54	33.58	35.57	40.66	42.22	41.79	36.36	38.85	39.27	40.33	41.15	41.23
外资	20.07	22.03	23.02	25.01	27.48	27.90	28.06	31.82	31.74	29.84	29.11	31.99	29.05	27.51	24.36	22.75	21.52

图4-9 2000~2016年按注册类型划分的规模以上亏损工业企业比例

年亏损比例超过外资企业，2016 年亏损比例达到 35.03%。但国有企业亏损比例一直在下降，从 2000 年的亏损超过一半的 56.40% 下降到 2016 年的 2.22%；民营企业亏损比例在波动中上升，从 2000 年的 7.68% 上升到 2016 年的 41.23%；外资企业以 2011 年为分水岭，2011 年前一直在上升，2011 年后下降幅度较大，2016 年的亏损比例为 21.52%。

3. 规模以上广义混合所有制企业规模变化情况

从图 4-10 规模以上各类企业的总资产规模看，混合所有制企业在 2001～2016 年规模都是最大的，混合所有制企业从 2000 年的 3.95 万亿元上升到 2016 年的 56.06 万亿元，增长 14 倍之多。国有企业只有 2000 年是规模最大的，为 5.70 万亿元，其他年份位次都在下降，从 2001～2003 年的第二位，下降到 2004～2007 年的第三位，再下降到 2009～2016 年的最后一位，几乎是每况愈下；民营企业数量虽然很多，但是规模排次并不如此，2000～2007 年民营企业规模都是最低的，2008 年首次超过国有企业，随后 2009～2012 年一直位于第三位，2013 年之后位于第二位，这说明民营企业的规模在上升。外资企业的规模也是在波动中上升，从 2000 年的 2.57 万亿元上升到 2016 年的 21.27 万亿元。

从图 4-11 规模以上各类企业总资产的比重来看，混合所有制企业的比重在波动中上升，且一直很高，只有 2000 年是 31.31%，排第二，其余年份都是排第一，在 2015 年达到了 50.25%，占一半比重。但是国有企业资产的比重一直呈现下降趋势，从 2000 年的 45.13% 下降到 2016 年的 6.66%。外资企业总资产比重比较稳定，几乎在 20% 上下波动。民营企业总资产比重上升很快，从 2000 年的 3.19% 上升到 2016 年的 22.12%，在 2013 年就超过了外资企业总资产的比重，说明发展势头很猛。

4. 规模以上广义混合所有制企业利润变化情况

从图 4-12 规模以上各类企业利润总额情况来看，混合所有制企业的表现特别亮眼，一直稳居第一位，从 2000 年的 1755.7 亿元上升到 2016 年的 26538 亿元，增长 15 倍。民营企业利润情况也不错，从 2000 年的 187.46 亿元上升到 2016 年的 25604 亿元，自 2010 年后就超过外资企业，排名第二。外资企业利润上升幅度也很大，从 2000 年的 1282.5 亿元上升到 2016 年的 17597 亿元，增长 13.72 倍。但国有企业因为数量大幅减少，利润增长不大，2000 年为 1167.9 亿元，到 2016 年也才 2181.9 亿元，排名位于末位。

从图 4-13 规模以上各类企业的利润总额比重可知，除了 2015 年以外，混合所有制企业利润比重一直首屈一指，且均超过 1/3，说明混合所有制企业业绩较

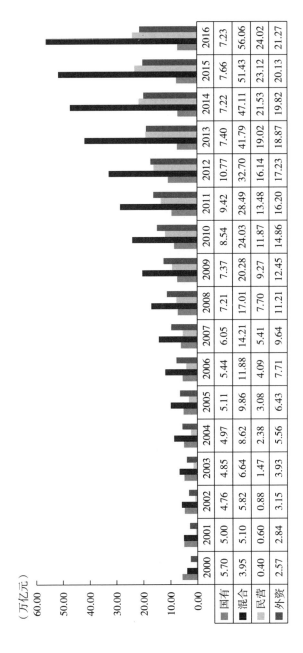

图 4-10 2000～2016 年按注册类型划分的规模以上各类企业的总资产

	2000	2001	2002	2003	2004	2005	2006	2007	2008	2009	2010	2011	2012	2013	2014	2015	2016
国有	5.70	5.00	4.76	4.85	4.97	5.11	5.44	6.05	7.21	7.37	8.54	9.42	10.77	7.40	7.22	7.66	7.23
混合	3.95	5.10	5.82	6.64	8.62	9.86	11.88	14.21	17.01	20.28	24.03	28.49	32.70	41.79	47.11	51.43	56.06
民营	0.40	0.60	0.88	1.47	2.38	3.08	4.09	5.41	7.70	9.27	11.87	13.48	16.14	19.02	21.53	23.12	24.02
外资	2.57	2.84	3.15	3.93	5.56	6.43	7.71	9.64	11.21	12.45	14.86	16.20	17.23	18.87	19.82	20.13	21.27

（万亿元）

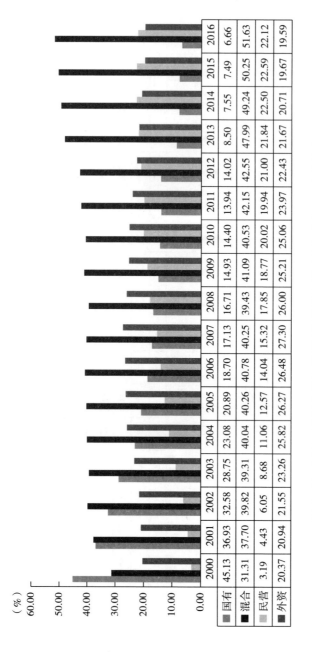

图 4 - 11 2000 ~ 2016 年按注册类型划分的规模以上各类企业总资产的比重

（%）	2000	2001	2002	2003	2004	2005	2006	2007	2008	2009	2010	2011	2012	2013	2014	2015	2016
国有	45.13	36.93	32.58	28.75	23.08	20.89	18.70	17.13	16.71	14.93	14.40	13.94	14.02	8.50	7.55	7.49	6.66
混合	31.31	37.70	39.82	39.31	40.04	40.26	40.78	40.25	39.43	41.09	40.53	42.15	42.55	47.99	49.24	50.25	51.63
民营	3.19	4.43	6.05	8.68	11.06	12.57	14.04	15.32	17.85	18.77	20.02	19.94	21.00	21.84	22.50	22.59	22.12
外资	20.37	20.94	21.55	23.26	25.82	26.27	26.48	27.30	26.00	25.21	25.06	23.97	22.43	21.67	20.71	19.67	19.59

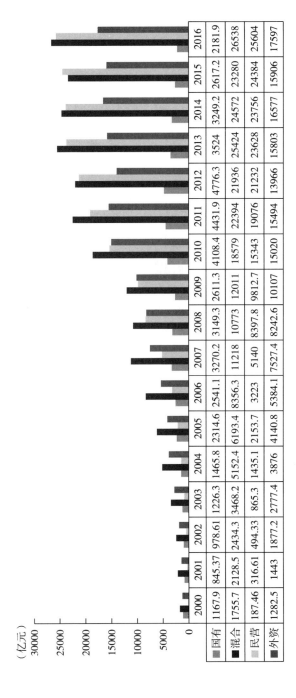

图 4 - 12 2000 ~ 2016 年按注册类型划分的规模以上各类企业的利润总额

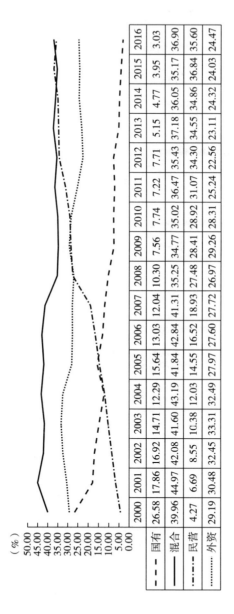

	2000	2001	2002	2003	2004	2005	2006	2007	2008	2009	2010	2011	2012	2013	2014	2015	2016
国有	26.58	17.86	16.92	14.71	12.29	15.64	13.03	12.04	10.30	7.56	7.74	7.22	7.71	5.15	4.77	3.95	3.03
混合	39.96	44.97	42.08	41.60	43.19	41.84	42.84	41.31	35.25	34.77	35.02	36.47	35.43	37.18	36.05	35.17	36.90
民营	4.27	6.69	8.55	10.38	12.03	14.55	16.52	18.93	27.48	28.41	28.92	31.07	34.30	34.55	34.86	36.84	35.60
外资	29.19	30.48	32.45	33.31	32.49	27.97	27.60	27.72	26.97	29.26	28.31	25.24	22.56	23.11	24.32	24.03	24.47

图 4-13 2000～2016 年按注册类型型划分的规模以上各类企业利润总额的比重

好。其次是民营企业，从 2000 年的 4.27% 上升到 2016 年的 35.60%，甚至在
2015 年超过了混合所有制企业的利润，2016 年与混合所有制企业也只差一个百
分点，所以民营企业是一个极具发展潜力的企业。外资企业利润占比呈现波动中
下降的趋势，从 2000 年的 29.19%，接近 1/3，下降到 2016 年的 24.47%，下降
了 4 个百分点。与国有企业数量大幅下降相比，国有企业利润下降幅度也很大，
从 2000 年的 26.58% 下降到 2016 年的 3.03%，下降了 23 个百分点，国有企业对
利润的贡献已经很小了。

5. 规模以上广义混合所有制企业税收变化情况

图 4-14 表明混合所有制企业应交增值税一直是单边上升趋势，且从 2001
年开始规模最高，从 2000 年的 1201.77 亿元上升到 2014 年的 14454.6 亿元，扩大
了 12 倍。其次是民营企业，2000 年只有 147.63 亿元，随后快速上升到 2014 年的
10474.9 亿元，单边上涨了 71 倍，发展速度是最快的。外资企业也是单边上涨趋
势，从 2000 年的 738.88 亿元，到 2003 年跨越 1000 亿元，到 2006 年跨越 2000 亿
元，再到 2010 年跨越 5000 亿元大关，到 2014 年达到 6951.07 亿元，可以说是稳
扎稳打，一步一个台阶。国有企业数量虽然急剧减少，但总体上应交增值税也是
呈现波动中小幅增长趋势，从 2000 年的 1596.92 亿元上涨到 2014 年的 2098.48
亿元，且自 2007 年之后一直排在末位，说明国有企业对社会的贡献率在下降。

图 4-15 是 2000~2014 年规模以上各类企业应交增值税的比重，我们发现
混合所有制企业独占鳌头，一直在 30% 以上；民营企业上升趋势非常明显，从
2000 年的 4.01% 增长到 2014 年的 30.83%，几乎贡献了 1/3 的应交增值税税收；
外资企业比重比较稳定，一直在 20%~24% 波动；国有企业下降趋势最激烈，从
2000 年的 43.33% 下降到 2014 年的 6.18%，影响力在下降。

图 4-16 显示，混合所有制企业应交所得税的数量一直位居第一（除了
2000 年以外），从 2000 年的 265.48 亿元上升到 2014 年的 3647.13 亿元，增长
13.74 倍，对社会的贡献非常大。民营企业表现也不俗，从 2000 年最低的 35.95
亿元增长到 2016 年的 2697.08 亿元，扩大了 74 倍，因此在经济新常态下，需要
提振民营企业的信心，增加经济增长的稳定性和韧性。40 多年的改革开放政策，
带来外资企业的蓬勃发展，对我国社会福利贡献也较高，从 2000 年的 128.22 亿
元增长到 2014 年的 2884.56 亿元，增加了 22 倍。但国有企业表现比较差强人
意，可能与国有企业大幅缩减有关，从 2000 年的 333.18 亿元仅增长到 2014 年
的 660.97 亿元，只扩大了一倍。

图 4-17 显示，混合所有制企业应交所得税的比重一直稳定在 30% 以上，2001~

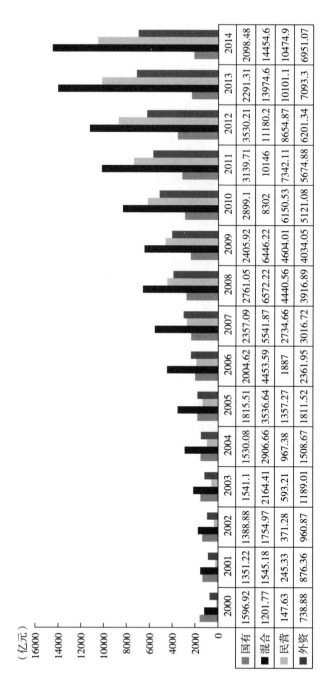

（亿元）	2000	2001	2002	2003	2004	2005	2006	2007	2008	2009	2010	2011	2012	2013	2014
国有	1596.92	1351.22	1388.88	1541.1	1530.08	1815.51	2004.62	2357.09	2761.05	2405.92	2899.1	3139.71	3530.21	2291.31	2098.48
混合	1201.77	1545.18	1754.97	2164.41	2906.66	3536.64	4453.59	5541.87	6572.22	6446.22	8302	10146	11180.2	13974.6	14454.6
民营	147.63	245.33	371.28	593.21	967.38	1357.27	1887	2734.66	4440.56	4604.01	6150.53	7342.11	8654.87	10101.1	10474.9
外资	738.88	876.36	960.87	1189.01	1508.67	1811.52	2361.95	3016.72	3916.89	4034.05	5121.08	5674.88	6201.34	7093.3	6951.07

图 4 - 14 2000 ~ 2014 年规模以上各类企业应交增值税的总额

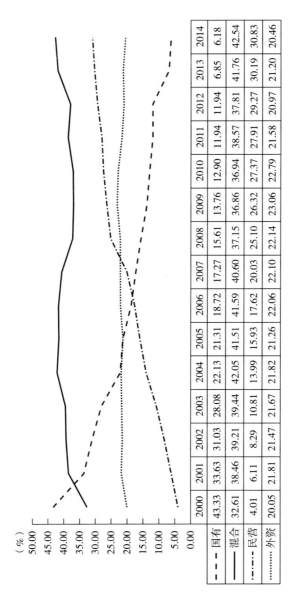

	2000	2001	2002	2003	2004	2005	2006	2007	2008	2009	2010	2011	2012	2013	2014
国有	43.33	33.63	31.03	28.08	22.13	21.31	18.72	17.27	15.61	13.76	12.90	11.94	11.94	6.85	6.18
混合	32.61	38.46	39.21	39.44	42.05	41.51	41.59	40.60	37.15	36.86	36.94	38.57	37.81	41.76	42.54
民营	4.01	6.11	8.29	10.81	13.99	15.93	17.62	20.03	25.10	26.32	27.37	27.91	29.27	30.19	30.83
外资	20.05	21.81	21.47	21.67	21.82	21.26	22.06	22.10	22.14	23.06	22.79	21.58	20.97	21.20	20.46

图 4 – 15　2000～2014 年规模以上各类企业应交增值税的比重

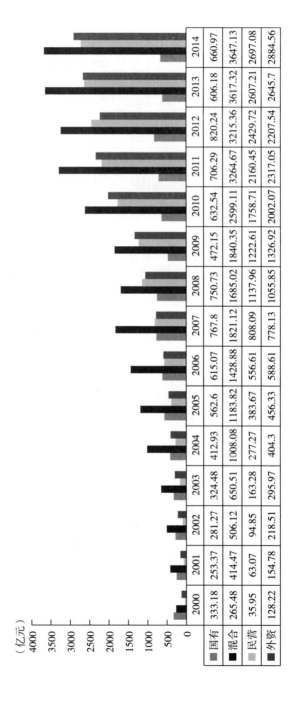

图4-16 2000~2014年按注册类型划分的规模以上各类企业应交所得税的总额

	2000	2001	2002	2003	2004	2005	2006	2007	2008	2009	2010	2011	2012	2013	2014
国有	333.18	253.37	281.27	324.48	412.93	562.6	615.07	767.8	750.73	472.15	632.54	706.29	820.24	606.18	660.97
混合	265.48	414.47	506.12	650.51	1008.08	1183.82	1428.88	1821.12	1685.02	1840.35	2599.11	3264.67	3215.36	3617.32	3647.13
民营	35.95	63.07	94.85	163.28	277.27	383.67	556.61	808.09	1137.96	1222.61	1758.71	2160.45	2429.72	2607.21	2697.08
外资	128.22	154.78	218.51	295.97	404.3	456.33	588.61	778.13	1055.85	1326.92	2002.07	2317.05	2207.54	2645.7	2884.56

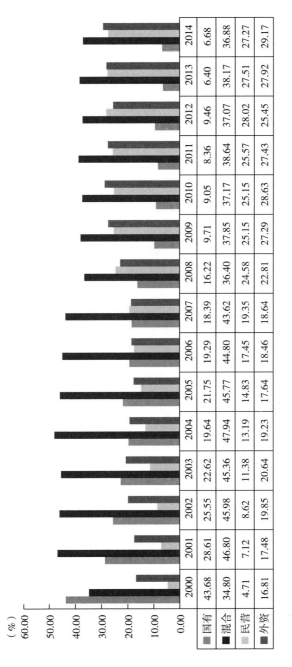

图 4 -17 2000 ~ 2014 年按注册类型划分的规模以上各类企业应交所得税的比重

（%）	2000	2001	2002	2003	2004	2005	2006	2007	2008	2009	2010	2011	2012	2013	2014
国有	43.68	28.61	25.55	22.62	19.64	21.75	19.29	18.39	16.22	9.71	9.05	8.36	9.46	6.40	6.68
混合	34.80	46.80	45.98	45.36	47.94	45.77	44.80	43.62	36.40	37.85	37.17	38.64	37.07	38.17	36.88
民营	4.71	7.12	8.62	11.38	13.19	14.83	17.45	19.35	24.58	25.15	25.15	25.57	28.02	27.51	27.27
外资	16.81	17.48	19.85	20.64	19.23	17.64	18.46	18.64	22.81	27.29	28.63	27.43	25.45	27.92	29.17

2014 年都是位居第一。其次是民营企业发展势头很猛，从 2000 年的 4.71% 增长到 2014 年的 27.27%，与外资企业的比重不相上下，因此我国还需要坚定地发展市场经济。外资企业应交所得税的比例也一直呈现出波动中上升的趋势，从 2000 年的 16.81% 上升到 2014 年的 29.17%。但是国有企业的比重下降非常厉害，从 2000 年的 43.68% 下降到 2014 年的 6.68%。

总之，从广义混合所有制企业来看，企业数量在稳步上升，企业税的比重在逐年提高；就业人数在稳步增长，就业比例也在逐步提高；全社会固定资产投资额度在波动中上升，位于第二位，且比重一直维持在 30% 以上，几乎占 1/3，表现稍逊于民营企业。但是以规模以上工业企业为研究对象，我们发现混合所有制企业数量和增长速度虽然比民营企业差，但亏损数量和亏损比重都低于民营企业，且总资产规模最大，比重一直很高，在 2015 年达到了 50.25%，占一半比重。混合所有制企业的利润表现特别亮眼，一直稳居第一位，利润比重也是一直首屈一指，且均超过 1/3，说明混合所有制企业业绩较好。混合所有制企业应交增值税一直是单边上升趋势，且规模最高，比重一直在 30% 以上。混合所有制企业应交所得税的数量一直位居第一（除了 2000 年以外），比重一直稳定在 30% 以上，说明混合所有制企业虽然与民营企业相比，数量和规模上处于劣势，但是其利润最高，应交增值税和应交所得税一直排第一，说明混合所有制企业的效率较高，无论是对社会贡献的宏观效率，还是用企业利润衡量的财务效率，都比较高。因此混合所有制企业是一种极具发展潜力的企业类型。

二、狭义的混合所有制企业现状分析

自改革开放以来，我国混合所有制经济已有 20 多年的发展历史，但它只是作为我国股份制经济形态的有限补充，并没有上升到"基本经济制度重要实现形式"的高度，所以统计部门也没有专门口径来统计混合所有制企业的各项指标。陈东和董也琳（2014）[①] 将除纯国有、纯集体、纯私营、港澳台和外商独资之外的工业企业全部归为混合所有制企业，这是广义的混合所有制企业，而不是国资委定义的公有资本与非公有资本混合的狭义的混合所有制企业。陈林和唐杨柳

---

① 陈东、董也琳：《中国混合所有制经济生产率测度及变动趋势研究》，《经济与管理研究》，2014 年第 6 期，第 33 - 43 页。

(2014)①、吴万宗和宗大伟（2016）② 是用《中国工业企业数据库》实收资本中含有公有资本与非公有资本的组合划分为混合所有制企业，这种划分符合国资委的定义。李永兵等（2015）③、张晓玫和朱琳琳（2016）④ 则将前十大股东中既有国有资本又有非国有资本的上市公司界定为混合所有制企业。汪平等（2015）⑤和马连福等（2015）⑥ 手工整理了前十大股东的所有权性质，这种划分方法工作量大且容易发生主观臆断问题。还有一种简单的界定方法，就是根据上市公司第一大股东的终极产权来划分企业类型，终极产权是国家所有的归为狭义的混合所有制企业⑦，本书采用该方法。

　　本部分以优质企业上市公司为分析对象，从微观层面比较混合企业效率的优劣，包括宏观效率和微观效率。

（一）数据收集和指标选取

　　此处数据均来自 CSMAR4.0 的上市公司数据库，构建的指标体系见表 4-4。因为 2003 年上市公司才开始披露终极控制人资料，而企业类型是按照终极控制人性质来划分的，所以收集的是 2003~2016 年上市公司数据。混合所有制企业包括 1100 个（国有企业）、1210 个（集体所有制企业）、2000 个（行政机关、事业单位）、2100 个（中央机构）、2120 个（地方机构），民营企业包括 1000 个（企业经营单位）、1200 个（民营企业）、2500 个（社会团体）、3000 个（自然人）、3110 个（国内自然人），外资企业包括 1220 个（港澳台资企业）、1230 个（外国企业）、3120 个（港澳台自然人）、3200 个（国外自然人），对无法确定终极控制人性质的上市公司结合终极控制人单位名称通过网络搜索确定其分类，删除金融保险行业，删除没有终极控制人的上市公司数据，删除相关指标缺失的数

　　① 陈林、唐杨柳：《混合所有制改革与国有企业政策性负担——基于早期国企产权改革大数据的实证研究》，《经济学家》，2014 年第 11 期，第 13-23 页。
　　② 吴万宗、宗大伟：《何种混合所有制结构效率更高——中国工业企业数据的实证检验与分析》，《现代财经（天津财经大学学报）》，2016 年第 3 期，第 15-25 页。
　　③ 李永兵等：《混合所有制、业务创新与绩效表现——基于我国上市银行的实证研究》，《上海经济研究》，2015 年第 10 期，第 55-63 页。
　　④ 张晓玫、朱琳琳：《混合所有制公司的治理结构、高管薪酬和经营绩效——基于分行业的研究视角》，《金融经济》，2016 年第 2 期，第 153-155 页。
　　⑤ 汪平等：《异质股东的资本成本差异研究》，《中国工业经济》，2015 年第 9 期，第 130-144 页。
　　⑥ 马连福等：《混合所有制的优序选择：市场的逻辑》，《中国工业经济》，2015 年第 7 期，第 5-20 页。
　　⑦ 混合所有制企业是指公有资本和非公有资本混合的企业，所以终极控制人是国有企业、集体企业和国有机构的上市公司，只要不是 100% 的国有股份，流通股中就一定包含社会公众股，即含有非公有资本成分，因此将终极产权是国家所有的定义为混合所有制企业，它其实指的是国有企业。

表4-4　企业效率指标体系

一级	二级	指标	计算公式或来源
微观效率	规模	资产总计（亿元）	资产负债表
	偿债能力	资产负债率（%）	负债合计/资产总计
		流动比率（%）	流动资产/流动负债
	盈利能力	净资产收益率（%）	净利润/股东权益余额
		总资产净利润率（%）	净利润/总资产余额
		投入资本回报率（%）	（净利润+财务费用）/（资产总计-流动负债+应付票据+短期借款+一年内到期的长期负债）
		投资收益率（%）	本期投资收益/（长期股权投资本期期末值+持有至到期投资本期期末值+交易性金融资产本期期末值+可供出售金融资产本期期末值+衍生金融资产本期期末值）
	经营能力	存货周转率（次）	营业成本/存货期末余额
		应收账款周转率（次）	营业收入/应收账款期末余额
		总资产周转率（次）	营业收入/资产总额期末余额
	增长能力	每股收益增长率（%）	（基本每股收益本年）-上年/基本每股收益上年
		营业总收入增长率（%）	（营业收入本年-上年）/营业收入上年
		利润总额增长率（%）	（利润总额本年-上年）/利润总额上年
		总资产增长率（%）	（资产总计本年末-上年末）/资产总计上年末
		净资产收益率增长率（%）	（净资产收益率本年-上年）/净资产收益率上年
	现金能力	净利润现金净含量（%）	（经营活动产生的现金流量净额）/净利润
		营业收入现金净含量（%）	（经营活动产生的现金流量净额）/营业总收入
		全部现金回收率（%）	（经营活动产生的现金流量净额）/资产总计
		每股自由现金流量（%）	（现金及现金等价物净增加额-筹资活动产生的现金流量净额）本期值/实收资本本期期末值
宏观效率	社会福利	资本保值增值率（%）	（所有者权益合计）本期期末值/（所有者权益合计）本期期初值
		资本积累率（%）	（所有者权益合计本期期末值-所有者权益合计本期期初值）/所有者权益合计本期期初值
		流转税率（%）	营业税金及附加/营业总收入
		综合税率（%）	（营业税金及附加+所得税费用）/营业总收入
		所有税率（%）	所得税费用/利润总额

据,最终获得27430个样本,其样本分布如图4－18和表4－5所示。企业效率的指标体系由两块构成,微观效率和宏观效率,其中微观效率由规模、偿债能力、盈利能力、经营能力、增长能力、现金能力构成,宏观效率由社会福利构成,基本统计量如表4－6所示。

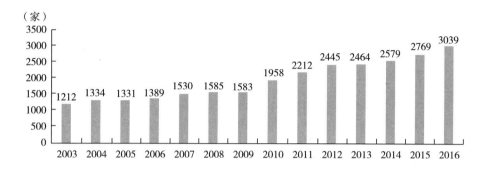

图4－18　2003～2016年样本数

表4－5　2003～2016年不同企业样本分布

年份	企业性质						总计（家）
	混合（家）	比例（%）	民营（家）	比例（%）	外资（家）	比例（%）	
2003	926	76.40	181	14.93	105	8.66	1212
2004	960	71.96	330	24.74	44	3.30	1334
2005	944	70.92	348	26.15	39	2.93	1331
2006	926	66.67	417	30.02	46	3.31	1389
2007	963	62.94	518	33.86	49	3.20	1530
2008	973	61.39	556	35.08	56	3.53	1585
2009	850	53.70	681	43.02	52	3.28	1583
2010	910	46.48	970	49.54	78	3.98	1958
2011	924	41.77	1200	54.25	88	3.98	2212
2012	1044	42.70	1317	53.87	84	3.44	2445
2013	1022	41.48	1360	55.19	82	3.33	2464
2014	1034	40.09	1457	56.49	88	3.41	2579
2015	1049	37.88	1631	58.90	89	3.21	2769
2016	1071	35.24	1871	61.57	97	3.19	3039
总计	13596		12837		997		27430

表4-6 指标的基本统计量

指标	N	最小值	最大值	平均数	标准偏差	偏度	峰度
总资产净利润率	27430	-51.30	23509.77	0.92	142.03	165.36	27371.11
净资产收益率	27430	-167.11	713.20	0.09	5.93	85.81	9660.73
投入资本回报率	27430	-177.98	713.13	0.07	4.91	110.43	16396.85
投资收益率	27430	-1.59	27865.00	2.33	188.31	128.41	18070.85
净利润现金净含量	27430	-1591.94	4887.91	2.22	47.14	67.44	6376.32
营业收入现金净含量	27430	-1756.84	721.50	-0.07	13.63	-87.13	11152.37
全部现金回收率	27430	-24.97	62.79	0.04	0.42	109.70	17856.06
每股自由现金流量	27430	-24.44	28.94	-0.23	1.22	-1.08	50.12
应收账款周转率	27430	-0.14	146019454.25	6012.23	883595.17	164.57	27189.61
存货周转率	27430	0.00	431109.27	82.75	3289.56	96.78	11473.60
总资产周转率	27430	-0.02	11.42	0.65	0.56	4.77	47.75
资本保值增值率	27430	-337.06	366.05	1.29	4.26	0.87	4180.46
资本积累率	27430	-338.06	365.05	0.29	4.26	0.87	4180.56
总资产增长率	27430	-1.00	4719.61	0.83	39.24	99.19	10780.77
净资产收益率增长率	27430	-12815.87	44104.31	0.19	292.13	124.11	19125.83
每股收益增长率	27430	-9491.00	22392.00	0.84	153.35	105.50	17129.46
利润总额增长率	27430	-1518.46	2375.86	0.15	34.22	31.04	2134.00
营业总收入增长率	27430	-11.33	134607.06	6.28	818.21	162.54	26707.24
资产负债率	27430	-0.19	142.72	0.51	1.69	55.52	3760.82
流动比率	27430	-143.00	9494.45	3.29	65.01	123.75	17101.65
流转税率	27430	-0.54	1.69	0.02	0.03	11.58	391.73
综合税率	27430	-7.49	38.70	0.04	0.30	91.84	10887.20
所得税率	27430	-134.83	220.39	0.17	1.83	40.51	9364.70

从表4-4来看，微观效率指标包括规模、偿债能力、盈利能力、经营能力、增长能力、现金能力6个二级指标，各二级指标下面再分设若干个三级指标，指标体系构造相对齐全。但受资料的限制，宏观效率指标只有社会福利一个二级指标，包括资本保值增值率、资本积累率、流转税率、综合税率、所有税率，它刻画了国有企业资本保值水平，以及对国家财政税赋的贡献，所以用它衡量国有企业的宏观效率。

图4-18显示，2003～2016年收集的上市公司数量基本上保持着上升趋势，

这与我国证券市场在逐步发展有关，与上市公司的数量逐年增加有关。由表4-5可知，2003~2016年各有1212家、1334家、1331家、1389家、1530家、1585家、1583家、1958家、2212家、2445家、2464家、2579家、2769家、3039家上市公司。其中，混合所有制企业上市公司样本有926家、960家、944家、926家、963家、973家、850家、910家、924家、1044家、1022家、1034家、1049家、1071家，民营企业上市公司的样本有181家、330家、348家、417家、518家、556家、681家、970家、1200家、1317家、1360家、1457家、1631家、1871家，外资企业上市公司的样本有105家、44家、39家、46家、49家、56家、52家、78家、88家、84家、82家、88家、89家、97家。

由表4-5可知，每年混合所有制企业、民营企业、外资企业数量与中国实际情况大致相符，因为产权改革原因，国有企业数量大幅减少，民营企业数量大幅上升，所以国有企业比重在逐年减少，样本数据从2003年的76.40%下降到2016年的35.24%，表现在上市公司上就是混合所有制企业数量在大幅降低；而民营企业比例在逐年上升，从2003年的14.93%上升到2016年的61.57%。外资企业比例从2003年的8.66%下降到2016年的3.19%，这是因为2008年1月《企业所得税法》的实行，统一了内外资企业所得税制度，内外资企业税率由33%、15%统一为25%，基本宣告外资企业的"超国民待遇"，而2010年10月国务院颁布的《国务院关于统一内外资企业和个人城市维护建设税和教育费附加制度的通知》，终结了外资企业的"超国民待遇"，因此外资企业比例在2004年下降后维持在3%左右。

从表4-6的偏度和峰度指标可知，所有指标都不服从正态分布；又因为所有指标的最大值和最小值差异非常大，说明良莠不齐现象比较严重，波动幅度非常大，因此后面均值比较检验不适宜采用参数检验方法，应该采用非参数检验方法。

（二）狭义混合所有制企业的描述性分析

1. 混合所有制企业规模的描述分析

图4-19显示，2003~2016年，混合所有制企业在3类企业中资产增长是最快的，从2003年的32.52亿元上升到2016年的331.92亿元；民营企业也呈现上升趋势，从2003年的15.42亿元上升到2016年的67.34亿元，幅度比国有企业小很多；外资企业也处于稳步增长状况，从2003年的17.15亿元上升到2016年的78.70亿元，增长幅度稍微高于民营企业。Kruskal-Wallis检验发现，卡方值为1923.027，P值为0.000，所以不同类型企业规模存在显著性差异。因为平均

等级混合所有制企业、民营企业和外资企业分别为 15828.59、11604.69、12077.48，故混合所有制企业规模最大，外资企业次之，民营企业最低。

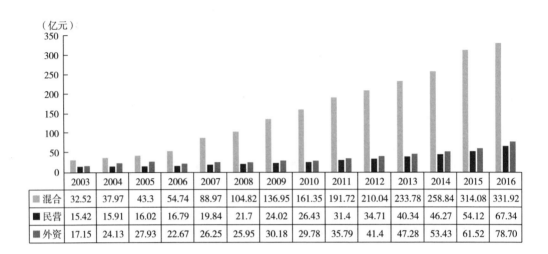

（亿元）	2003	2004	2005	2006	2007	2008	2009	2010	2011	2012	2013	2014	2015	2016
混合	32.52	37.97	43.3	54.74	88.97	104.82	136.95	161.35	191.72	210.04	233.78	258.84	314.08	331.92
民营	15.42	15.91	16.02	16.79	19.84	21.7	24.02	26.43	31.4	34.71	40.34	46.27	54.12	67.34
外资	17.15	24.13	27.93	22.67	26.25	25.95	30.18	29.78	35.79	41.4	47.28	53.43	61.52	78.70

图 4 - 19　2003～2016 年资产总计

2. 混合所有制企业偿债能力的描述分析

图 4 - 20 表明，2003～2016 年 3 类企业中，民营企业资产负债率的波动幅度最大，2009 年以前 3 类企业中民营企业的资产负债率最高，且 2007 年达到最高值 0.99，2009 年之后民营企业的资产负债率呈现下降趋势，目前维持在 0.40 左右。但是混合所有制企业资产负债率的波动幅度非常平稳，一直在 0.5 上下波动，特别是 2010 年之后反超民营企业，随后逐年增长，截至 2016 年达到 0.5，这与世界金融危机后中国推出的 4 万亿政策，资金大部分流向国有企业有关，但是也更加恶化了中国经济高投入、高消耗的粗放式增长方式。Kruskal - Wallis 检验发现，卡方值为 1587.695，P 值为 0.000，所以不同类型企业的资产负债率存在显著差异。因为平均等级混合所有制企业、民营企业和外资企业分别为 15617.76、11739.95、13211.02，故混合所有制企业偿债能力最差，其次是外资企业，民营企业偿债能力最好。

由图 4 - 21 可知，2003～2016 年 3 类企业中，民营企业的流动比率相对较高，在 2008 年达到最高值 20，其次是 2011 年的 10.62，然后是 2010 年的 7.83。混合所有制企业的流动比率比较平稳，维持在 2 左右，而外资企业波动幅度居中。Kruskal - Wallis 检验发现，卡方值为 2236.628，P 值为 0.000，所以不同类型企业流动比率存在显著差异。因为平均等级混合所有制企业、民营企业和外资企业分别为 11465.05、16071.60、14068.49，故民营企业偿债能力最强，其次是外资企业，混合所有制企业偿债能力最差。

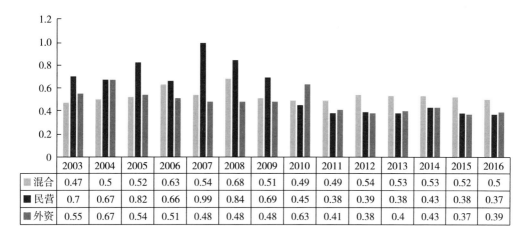

	2003	2004	2005	2006	2007	2008	2009	2010	2011	2012	2013	2014	2015	2016
■ 混合	0.47	0.5	0.52	0.63	0.54	0.68	0.51	0.49	0.49	0.54	0.53	0.53	0.52	0.5
■ 民营	0.7	0.67	0.82	0.66	0.99	0.84	0.69	0.45	0.38	0.39	0.38	0.43	0.38	0.37
■ 外资	0.55	0.67	0.54	0.51	0.48	0.48	0.48	0.63	0.41	0.38	0.4	0.43	0.37	0.39

图 4 - 20　2003～2016 年资产负债率

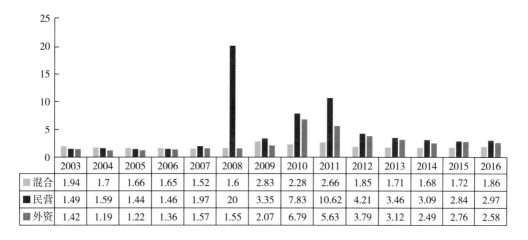

	2003	2004	2005	2006	2007	2008	2009	2010	2011	2012	2013	2014	2015	2016
■ 混合	1.94	1.7	1.66	1.65	1.52	1.6	2.83	2.28	2.66	1.85	1.71	1.68	1.72	1.86
■ 民营	1.49	1.59	1.44	1.46	1.97	20	3.35	7.83	10.62	4.21	3.46	3.09	2.84	2.97
■ 外资	1.42	1.19	1.22	1.36	1.57	1.55	2.07	6.79	5.63	3.79	3.12	2.49	2.76	2.58

图 4 - 21　2003～2016 年流动比率

总之，民营企业偿债能力最强，外资企业居中，混合所有制企业偿债能力最弱。因为偿债能力属于适度指标，所以偿债能力的高低属于双刃剑，对于民营企业而言，其偿债能力强，但也反映了财务杠杆运用能力不够，或者说民营企业可能存在融资难的问题；对于混合所有制企业而言，由于与政府关系密切，所以能优先拿到各种资源，包括融资资源，但也存在资金运用浪费、杠杆率过高的状况，2018 年的三大重点工作之一是防范金融风险，主要是降杠杆，除了减少地方政府债、防范房地产风险以外，就是降低国有企业的债务，因此我们要用辩证的观点来看待偿债能力问题。

3. 混合所有制企业盈利能力的描述分析

图 4 - 22 表明，2003 ~ 2016 年 3 类企业的净资产收益率都比较低，混合所有制企业最高值是 2006 年的 0.56，最低值是 2008 年的 - 0.17，其他年份也只在 0.01 ~ 0.21 间；民营企业净资产收益率每年波动也较大，在 2004 年和 2009 年是负值，分别为 - 0.14 和 - 0.41，最高值是 2011 年的 0.67；与我们主观认为外资企业盈利能力较强相反，图 4 - 22 显示 2003 年、2004 年、2005 年、2006 年、2010 年和 2011 年的净资产收益率均为负值，2010 年最低，达到 - 0.93，这可能与外资企业的 "超国民优惠" 政策取消有关。Kruskal - Wallis 检验发现，卡方值为 0.390，P 值为 0.823，所以不同类型企业净资产收益率不存在显著差异。

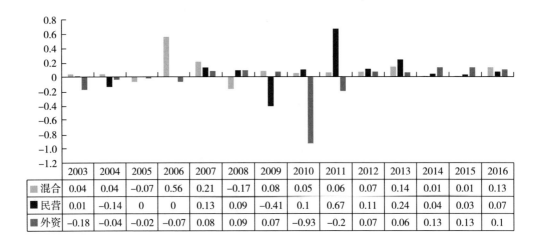

	2003	2004	2005	2006	2007	2008	2009	2010	2011	2012	2013	2014	2015	2016
混合	0.04	0.04	-0.07	0.56	0.21	-0.17	0.08	0.05	0.06	0.07	0.14	0.01	0.01	0.13
民营	0.01	-0.14	0	0	0.13	0.09	-0.41	0.1	0.67	0.11	0.24	0.04	0.03	0.07
外资	-0.18	-0.04	-0.02	-0.07	0.08	0.09	0.07	-0.93	-0.2	0.07	0.06	0.13	0.13	0.1

图 4 - 22   2003 ~ 2016 年净资产收益率

2003 ~ 2016 年，3 类企业的总资产净利润率（见图 4 - 23）也非常低，在 0.05 上下波动，说明三类企业的盈利都非常低。Kruskal - Wallis 检验发现，卡方值为 0.043，P 值为 0.979，所以不同类型企业总资产净利润率不存在显著差异。

图 4 - 24 显示，2003 ~ 2016 年 3 类企业中的民营企业波动幅度最大，2003 年、2004 年、2005 年、2006 年分别为 0、- 0.18、- 0.15、- 0.3，2010 年为 - 0.05，其余年份均为正值，2011 年达到最大值 0.65；混合所有制企业非常平稳，一直在 0.05 左右波动；外资企业只在 2010 年出现极小值 - 1.1，其余年份

也在 0.05 上下波动。Kruskal – Wallis 检验发现，卡方值为 0.764，P 值为 0.683，所以不同类型企业投入资本回报率不存在显著差异。

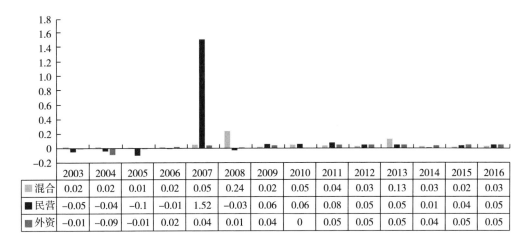

	2003	2004	2005	2006	2007	2008	2009	2010	2011	2012	2013	2014	2015	2016
混合	0.02	0.02	0.01	0.02	0.05	0.24	0.02	0.05	0.04	0.03	0.13	0.03	0.02	0.03
民营	−0.05	−0.04	−0.1	−0.01	1.52	−0.03	0.06	0.06	0.08	0.05	0.05	0.01	0.04	0.05
外资	−0.01	−0.09	−0.01	0.02	0.04	0.01	0.04	0	0.05	0.05	0.05	0.04	0.05	0.05

图 4 – 23　2003 ~ 2016 年总资产净利润率

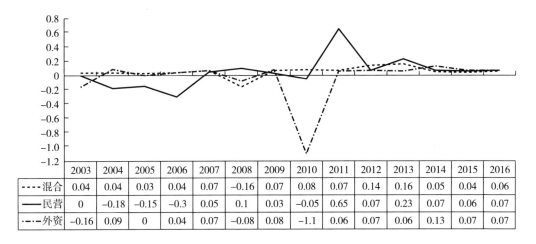

	2003	2004	2005	2006	2007	2008	2009	2010	2011	2012	2013	2014	2015	2016
混合	0.04	0.04	0.03	0.04	0.07	−0.16	0.07	0.08	0.07	0.14	0.16	0.05	0.04	0.06
民营	0	−0.18	−0.15	−0.3	0.05	0.1	0.03	−0.05	0.65	0.07	0.23	0.07	0.06	0.07
外资	−0.16	0.09	0	0.04	0.07	−0.08	0.08	−1.1	0.06	0.07	0.06	0.13	0.07	0.07

图 4 – 24　2003 ~ 2016 年投入资本回报率

图 4 – 25 表明，混合所有制企业的投资收益率波动幅度较大，2011 年之后显著提高，2011 ~ 2016 年分别为 30.53、0.45、9.07、0.27、0.98、11.3，而民营企业一直在 0.01 ~ 0.55 间徘徊，幅度比较平缓，但外资企业在 2011 年达到最大值 10.4，其余年份与民营企业类似。Kruskal – Wallis 检验发现，卡方值为 2.276，P 值为 0.320，所以不同类型企业投资收益率不存在显著差异。

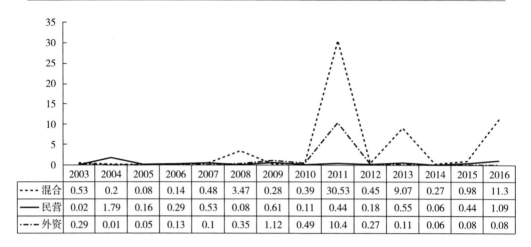

	2003	2004	2005	2006	2007	2008	2009	2010	2011	2012	2013	2014	2015	2016
混合	0.53	0.2	0.08	0.14	0.48	3.47	0.28	0.39	30.53	0.45	9.07	0.27	0.98	11.3
民营	0.02	1.79	0.16	0.29	0.53	0.08	0.61	0.11	0.44	0.18	0.55	0.06	0.44	1.09
外资	0.29	0.01	0.05	0.13	0.1	0.35	1.12	0.49	10.4	0.27	0.11	0.06	0.08	0.08

图 4 – 25 2003 ~ 2016 年投资收益率

4. 混合所有制企业经营能力的描述分析

从图 4 – 26 来看，民营企业的存货周转率波动幅度最大，混合所有制企业波动幅度次之，外资企业波动幅度最小。但 Kruskal – Wallis 检验发现，卡方值为 3.255，P 值为 0.196，所以不同类型企业存货周转率不存在显著差异。

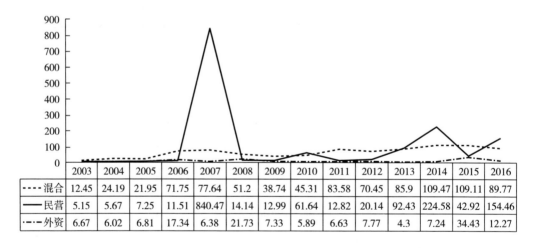

	2003	2004	2005	2006	2007	2008	2009	2010	2011	2012	2013	2014	2015	2016
混合	12.45	24.19	21.95	71.75	77.64	51.2	38.74	45.31	83.58	70.45	85.9	109.47	109.11	89.77
民营	5.15	5.67	7.25	11.51	840.47	14.14	12.99	61.64	12.82	20.14	92.43	224.58	42.92	154.46
外资	6.67	6.02	6.81	17.34	6.38	21.73	7.33	5.89	6.63	7.77	4.3	7.24	34.43	12.27

图 4 – 26 2003 ~ 2016 年存货周转率

由图 4 – 27 可知，混合所有制企业的应收账款周转率波动幅度最大，民营企业波动幅度次之，外资企业波动幅度最小。但 Kruskal – Wallis 检验发现，卡方值为 3.978，P 值为 0.137，所以不同类型企业应收账款周转率不存在显著差异。

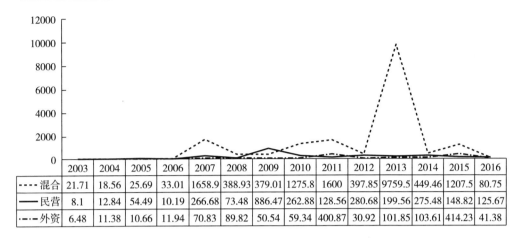

	2003	2004	2005	2006	2007	2008	2009	2010	2011	2012	2013	2014	2015	2016
混合	21.71	18.56	25.69	33.01	1658.9	388.93	379.01	1275.8	1600	397.85	9759.5	449.46	1207.5	80.75
民营	8.1	12.84	54.49	10.19	266.68	73.48	886.47	262.88	128.56	280.68	199.56	275.48	148.82	125.67
外资	6.48	11.38	10.66	11.94	70.83	89.82	50.54	59.34	400.87	30.92	101.85	103.61	414.23	41.38

图4-27　2003～2016年应收账款周转率

图4-28表明，2003～2016年3类企业的总资产周转率一直位于0.4以上，且都有一种倒 U 型曲线形状，在 2007 年达到峰点，随后呈现下降趋势。但 Kruskal-Wallis 检验发现，卡方值为 4.482，P 值为 0.106，所以不同类型企业总资产周转率不存在显著差异。

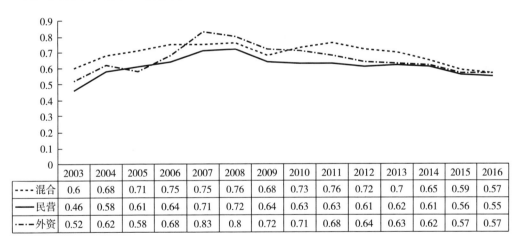

	2003	2004	2005	2006	2007	2008	2009	2010	2011	2012	2013	2014	2015	2016
混合	0.6	0.68	0.71	0.75	0.75	0.76	0.68	0.73	0.76	0.72	0.7	0.65	0.59	0.57
民营	0.46	0.58	0.61	0.64	0.71	0.72	0.64	0.63	0.63	0.61	0.62	0.61	0.56	0.55
外资	0.52	0.62	0.58	0.68	0.83	0.8	0.72	0.71	0.68	0.64	0.63	0.62	0.57	0.57

图4-28　2003～2016年总资产周转率

总之，2003～2016年混合所有制企业与民营企业、外资企业的经营能力不存在显著差异，这是因为经过市场经济残酷的市场竞争淘汰，狭义的混合所有制企业，也就是国有企业已经适应优胜劣汰的市场法则，虽然国有企业体制僵化、决策不灵活，但它拥有非常优秀的人力资本，也不乏宋志平、董明珠之类的优秀企业家，故其经营能力也不比其他类型企业差。

5. 混合所有制企业增长能力的描述分析

总体而言，2003~2016年3类企业的每股收益增长率都不高（见图4-29），其中2003~2006年增长速度为0，且波动幅度不大。混合所有制企业每股收益增长率可能稍有逊色，在2007年、2009年、2013年、2014年都是负值，而民营企业和外资企业的每股收益增长率发展趋势大致相同。但 Kruskal-Wallis 检验发现，卡方值为3.968，P值为0.138，所以不同类型企业每股收益增长率不存在显著差异。

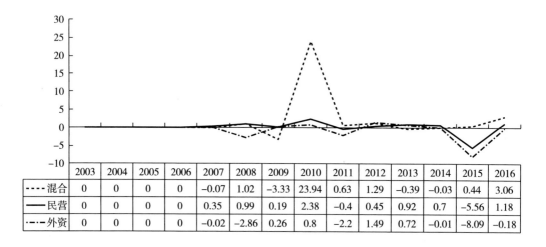

	2003	2004	2005	2006	2007	2008	2009	2010	2011	2012	2013	2014	2015	2016
----混合	0	0	0	0	-0.07	1.02	-3.33	23.94	0.63	1.29	-0.39	-0.03	0.44	3.06
——民营	0	0	0	0	0.35	0.99	0.19	2.38	-0.4	0.45	0.92	0.7	-5.56	1.18
-·-外资	0	0	0	0	-0.02	-2.86	0.26	0.8	-2.2	1.49	0.72	-0.01	-8.09	-0.18

图4-29　2003~2016年每股收益增长率

从图4-30可以看出，2003~2016年，民营企业的营业总收入增长率较好，一直位于3者之上，2011年达到最高值13.84，但是2012年之后一直在下降，到2016年只有0.52。外资企业在2003~2016年也位于混合所有制企业之上，且 Kruskal-Wallis 检验发现，卡方值为11.097，P值为0.004，所以不同类型企业营业总收入增长率存在显著差异。因为平均等级混合所有制企业、民营企业和外资企业分别为5.00、10.22、17.00，故混合所有制企业营业总收入增长率最差，民营企业稍好，外资企业最好。

图4-31显示，外资企业的利润增长率波动幅度最大，民营企业次之，混合所有制企业波动幅度最小。但 Kruskal-Wallis 检验发现，卡方值为0.251，P值为0.882，所以不同类型企业利润增长率不存在显著差异。

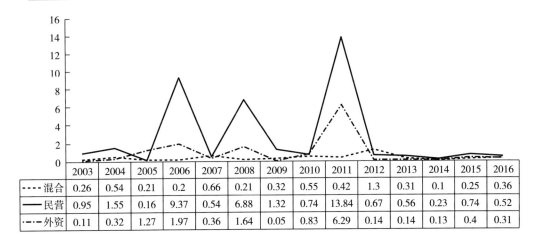

	2003	2004	2005	2006	2007	2008	2009	2010	2011	2012	2013	2014	2015	2016
混合	0.26	0.54	0.21	0.2	0.66	0.21	0.32	0.55	0.42	1.3	0.31	0.1	0.25	0.36
民营	0.95	1.55	0.16	9.37	0.54	6.88	1.32	0.74	13.84	0.67	0.56	0.23	0.74	0.52
外资	0.11	0.32	1.27	1.97	0.36	1.64	0.05	0.83	6.29	0.14	0.14	0.13	0.4	0.31

图 4 - 30　2003 ~ 2016 年营业总收入增长率

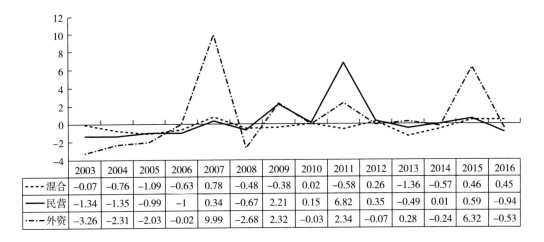

	2003	2004	2005	2006	2007	2008	2009	2010	2011	2012	2013	2014	2015	2016
混合	-0.07	-0.76	-1.09	-0.63	0.78	-0.48	-0.38	0.02	-0.58	0.26	-1.36	-0.57	0.46	0.45
民营	-1.34	-1.35	-0.99	-1	0.34	-0.67	2.21	0.15	6.82	0.35	-0.49	0.01	0.59	-0.94
外资	-3.26	-2.31	-2.03	-0.02	9.99	-2.68	2.32	-0.03	2.34	-0.07	0.28	-0.24	6.32	-0.53

图 4 - 31　2003 ~ 2016 年利润增长率

图 4 - 32 表明，民营企业和混合所有制企业总资产增长率的波动幅度大致相同，但外资企业波动幅度较为平缓。其中，混合所有制企业在 2003 ~ 2011 年一直是上升趋势，从 2003 年的 0.14 上升到 2011 年的 5.45，但随后下降到 2016 年的 0.6。但 Kruskal - Wallis 检验发现，卡方值为 1.846，P 值为 0.397，所以不同类型企业总资产增长率不存在显著差异。

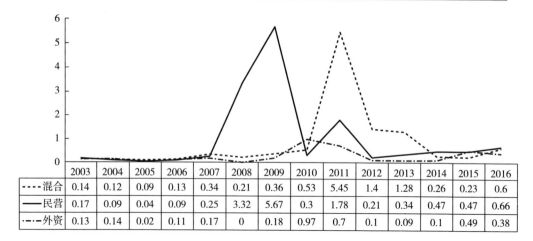

	2003	2004	2005	2006	2007	2008	2009	2010	2011	2012	2013	2014	2015	2016
---- 混合	0.14	0.12	0.09	0.13	0.34	0.21	0.36	0.53	5.45	1.4	1.28	0.26	0.23	0.6
—— 民营	0.17	0.09	0.04	0.09	0.25	3.32	5.67	0.3	1.78	0.21	0.34	0.47	0.47	0.66
-·- 外资	0.13	0.14	0.02	0.11	0.17	0	0.18	0.97	0.7	0.1	0.09	0.1	0.49	0.38

图 4 - 32   2003 ~ 2016 年总资产增长率

图 4 - 33 显示，2003 ~ 2016 年 3 类企业的净资产收益率增长率都是负值，极少年份是正值，所以 3 类企业的净资产收益率增长率非常低。但 Kruskal - Wallis 检验发现，卡方值为 0.460，P 值为 0.794，所以不同类型企业净资产收益率增长率不存在显著差异。

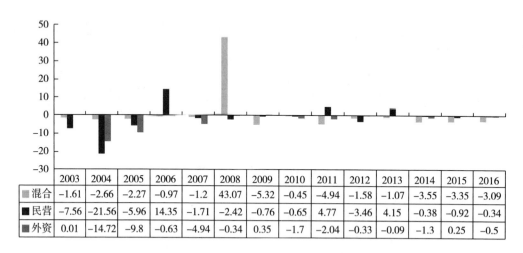

	2003	2004	2005	2006	2007	2008	2009	2010	2011	2012	2013	2014	2015	2016
混合	-1.61	-2.66	-2.27	-0.97	-1.2	43.07	-5.32	-0.45	-4.94	-1.58	-1.07	-3.55	-3.35	-3.09
民营	-7.56	-21.56	-5.96	14.35	-1.71	-2.42	-0.76	-0.65	4.77	-3.46	4.15	-0.38	-0.92	-0.34
外资	0.01	-14.72	-9.8	-0.63	-4.94	-0.34	0.35	-1.7	-2.04	-0.33	-0.09	-1.3	0.25	-0.5

图 4 - 33   2003 ~ 2016 年净资产收益率增长率

总之，2003 ~ 2016 年 3 类企业增长能力不存在显著差异。

6. 混合所有制企业现金能力的描述分析

总体而言，2003 ~ 2016 年净利润现金净含量只有民营企业的波动幅度较大，且只有 2003 年、2004 年、2005 年和 2015 年在 3 类企业中是最高的，其他年份表现较弱，说明民营企业的现金能力较弱。但混合所有制企业波动非常平缓（见图 4 - 34），且一直维持在 1 ~ 4 间，2011 年之后呈现上升趋势，说明 2011 年之后混合所有制企业的现金管理能力较强。但 Kruskal - Wallis 检验发现，卡方值为 1.551，P 值为 0.460，所以不同类型企业净利润现金净含量不存在显著差异。

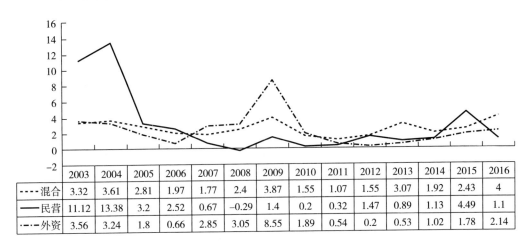

	2003	2004	2005	2006	2007	2008	2009	2010	2011	2012	2013	2014	2015	2016
混合	3.32	3.61	2.81	1.97	1.77	2.4	3.87	1.55	1.07	1.55	3.07	1.92	2.43	4
民营	11.12	13.38	3.2	2.52	0.67	-0.29	1.4	0.2	0.32	1.47	0.89	1.13	4.49	1.1
外资	3.56	3.24	1.8	0.66	2.85	3.05	8.55	1.89	0.54	0.2	0.53	1.02	1.78	2.14

图 4 - 34　2003 ~ 2016 年净利润现金净含量

如图 4 - 35 所示，2003 ~ 2016 年 3 类企业的营业收入现金净含量取值都不高，在 0 值上下波动。但 Kruskal - Wallis 检验发现，卡方值为 2.432，P 值为 0.296，所以不同类型企业营业收入现金净含量不存在显著差异。

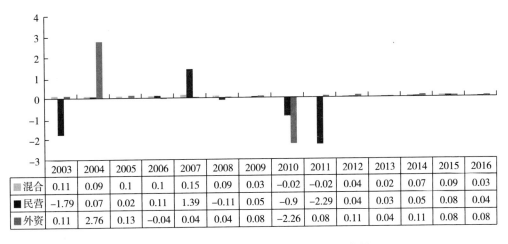

	2003	2004	2005	2006	2007	2008	2009	2010	2011	2012	2013	2014	2015	2016
混合	0.11	0.09	0.1	0.1	0.15	0.09	0.03	-0.02	-0.02	0.04	0.02	0.07	0.09	0.03
民营	-1.79	0.07	0.02	0.11	1.39	-0.11	0.05	-0.9	-2.29	0.04	0.03	0.05	0.08	0.04
外资	0.11	2.76	0.13	-0.04	0.04	0.04	0.08	-2.26	0.08	0.11	0.04	0.11	0.08	0.08

图 4 - 35　2003 ~ 2016 年营业收入现金净含量

从图 4-36 来看，2008 年是混合所有制企业全部现金回收率最高的年份，达到了 0.12，而 2007 年是外资企业全部现金回收率最高的年份，但民营企业波动比较平缓。Kruskal - Wallis 检验发现，卡方值为 0.149，P 值为 0.928，所以不同类型企业全部现金回收率不存在显著差异。

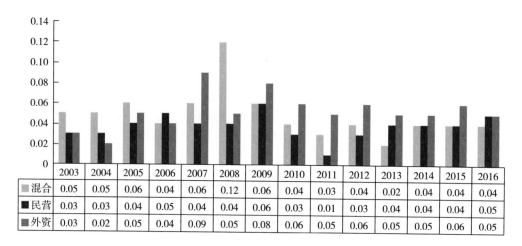

	2003	2004	2005	2006	2007	2008	2009	2010	2011	2012	2013	2014	2015	2016
混合	0.05	0.05	0.06	0.04	0.06	0.12	0.06	0.04	0.03	0.04	0.02	0.04	0.04	0.04
民营	0.03	0.03	0.04	0.05	0.04	0.04	0.06	0.03	0.01	0.03	0.04	0.04	0.04	0.05
外资	0.03	0.02	0.05	0.04	0.09	0.05	0.08	0.06	0.05	0.06	0.05	0.05	0.06	0.05

图 4-36　2003～2016 年全部现金回收率

图 4-37 显示，2003～2016 年 3 类企业的每股自由现金流量都是负值，说明当期经营活动获取现金的能力较弱。但 Kruskal - Wallis 检验发现，卡方值为 2.084，P 值为 0.353，所以不同类型企业每股自由现金流量不存在显著差异。

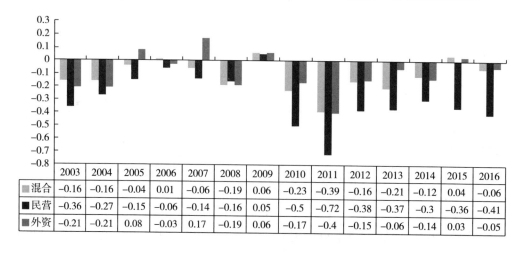

	2003	2004	2005	2006	2007	2008	2009	2010	2011	2012	2013	2014	2015	2016
混合	-0.16	-0.16	-0.04	0.01	-0.06	-0.19	0.06	-0.23	-0.39	-0.16	-0.21	-0.12	0.04	-0.06
民营	-0.36	-0.27	-0.15	-0.06	-0.14	-0.16	0.05	-0.5	-0.72	-0.38	-0.37	-0.3	-0.36	-0.41
外资	-0.21	-0.21	0.08	-0.03	0.17	-0.19	0.06	-0.17	-0.4	-0.15	-0.06	-0.14	0.03	-0.05

图 4-37　2003～2016 年每股自由现金流量

总之，2003～2016 年 3 类企业的现金能力不存在差异，这说明混合所有制企业获取现金的能力并不比其他类型企业优越。

7. 混合所有制企业社会福利的描述分析

从图 4 - 38 来看，2003～2016 年 3 类企业的资本保值增值率波动幅度都不大，且差异不明显，因为 Kruskal - Wallis 检验发现，卡方值为 4.534，P 值为 0.104，所以不同类型企业资本保值增值率不存在显著差异。

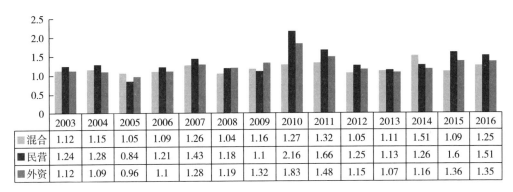

	2003	2004	2005	2006	2007	2008	2009	2010	2011	2012	2013	2014	2015	2016
混合	1.12	1.15	1.05	1.09	1.26	1.04	1.16	1.27	1.32	1.05	1.11	1.51	1.09	1.25
民营	1.24	1.28	0.84	1.21	1.43	1.18	1.1	2.16	1.66	1.25	1.13	1.26	1.6	1.51
外资	1.12	1.09	0.96	1.1	1.28	1.19	1.32	1.83	1.48	1.15	1.07	1.16	1.36	1.35

图 4 - 38　2003～2016 年资本保值增值率

图 4 - 39 显示，2010 年民营企业和外资企业的资本积累率达到最高，分别为 1.16 和 0.83，但混合所有制企业的波动幅度较小，但 Kruskal - Wallis 检验发现，卡方值为 1.460，P 值为 0.694，所以不同类型企业资本积累率不存在显著差异。

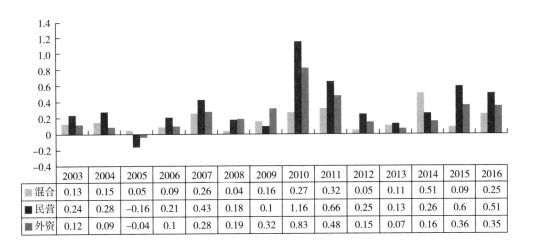

	2003	2004	2005	2006	2007	2008	2009	2010	2011	2012	2013	2014	2015	2016
混合	0.13	0.15	0.05	0.09	0.26	0.04	0.16	0.27	0.32	0.05	0.11	0.51	0.09	0.25
民营	0.24	0.28	-0.16	0.21	0.43	0.18	0.1	1.16	0.66	0.25	0.13	0.26	0.6	0.51
外资	0.12	0.09	-0.04	0.1	0.28	0.19	0.32	0.83	0.48	0.15	0.07	0.16	0.36	0.35

图 4 - 39　2003～2016 年资本积累率

从图 4-40 来看，2003～2016 年民营企业的流转税率平均值稍低，但 Kruskal-Wallis 检验发现，卡方值为 4.229，P 值为 0.117，所以不同类型企业流转税率不存在显著差异。

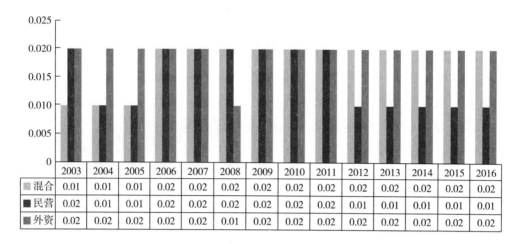

	2003	2004	2005	2006	2007	2008	2009	2010	2011	2012	2013	2014	2015	2016
■ 混合	0.01	0.01	0.01	0.02	0.02	0.02	0.02	0.02	0.02	0.02	0.02	0.02	0.02	0.02
■ 民营	0.02	0.01	0.01	0.02	0.02	0.02	0.02	0.02	0.02	0.01	0.01	0.01	0.01	0.01
■ 外资	0.02	0.02	0.02	0.02	0.02	0.01	0.02	0.02	0.02	0.02	0.02	0.02	0.02	0.02

图 4-40　2003～2016 年流转税率

图 4-41 显示，2003～2016 年 3 类企业的综合税率差别不大，且 Kruskal-Wallis 检验发现，卡方值为 1.674，P 值为 0.433，所以不同类型企业综合税率不存在显著差异。

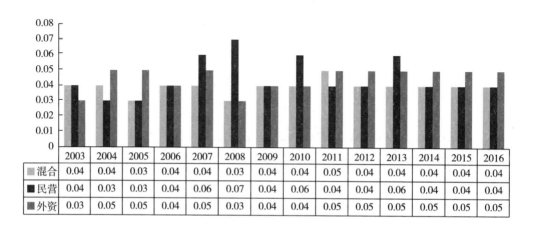

	2003	2004	2005	2006	2007	2008	2009	2010	2011	2012	2013	2014	2015	2016
■ 混合	0.04	0.04	0.03	0.04	0.04	0.03	0.04	0.04	0.05	0.04	0.04	0.04	0.04	0.04
■ 民营	0.04	0.03	0.03	0.04	0.06	0.07	0.04	0.06	0.04	0.04	0.06	0.04	0.04	0.04
■ 外资	0.03	0.05	0.05	0.04	0.05	0.03	0.04	0.04	0.05	0.05	0.05	0.05	0.05	0.05

图 4-41　2003～2016 年综合税率

图 4 - 42 表明，除了 2010 年混合所有制企业的所得税率为 0.42，2016 年外资企业的所得税率为 0.47 是极端值以外，其他年份三者差异不大。因为 Kruskal - Wallis 检验发现，卡方值为 3.339，P 值为 0.188，所以不同类型企业所得税率不存在显著差异。总之，2003 ~ 2016 年 3 类企业的社会福利并不存在差异。

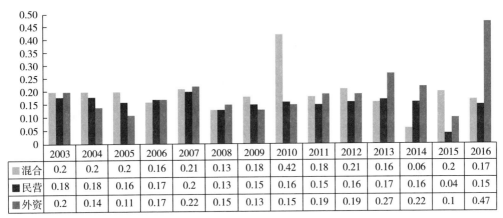

	2003	2004	2005	2006	2007	2008	2009	2010	2011	2012	2013	2014	2015	2016
混合	0.2	0.2	0.2	0.16	0.21	0.13	0.18	0.42	0.18	0.21	0.16	0.06	0.2	0.17
民营	0.18	0.18	0.16	0.17	0.2	0.13	0.15	0.16	0.15	0.16	0.17	0.16	0.04	0.15
外资	0.2	0.14	0.11	0.17	0.22	0.15	0.13	0.15	0.19	0.19	0.27	0.22	0.1	0.47

图 4 - 42　2003 ~ 2016 年所得税率

总之，以 2003 ~ 2016 年上市公司为分析对象，我们发现狭义的混合所有制企业，也即国有企业，与其他类型企业相比，规模最大，偿债能力最弱，但财务效率、经营能力、增长能力、现金的能力并不比其他类型企业优越，因此总体而言，混合所有制企业的微观效率与其他类型企业不存在显著差异。混合所有制企业的资本保值增值率、资本积累率、流转税率、综合税率、所得税率与民营企业、外资企业不存在显著差异，混合所有制企业所有的宏观效率与其他类型企业不存在差异，这与党的十八届三中全会《决定》提出"国有企业已基本同市场经济相融合"论断一致。

本章小结

一、主要结论

1. 广义的混合所有制企业数量在上升，是一种极具发展潜力的企业

从广义的混合所有制企业来看，企业数量在稳步上升，比重也在逐年提高；

就业人数在稳步增长，就业比例也在逐步提高；全社会固定资产投资比重一直维持在30%以上，但表现稍逊于民营企业。以规模以上工业企业为研究对象，我们发现，混合所有制企业数量和增长速度虽然比民营企业差，但是亏损数量和亏损比重都低于民营企业，且总资产规模最大，比重一直很高，2015年达到了50.25%，占了半壁江山。混合所有制企业的利润表现特别亮眼，一直稳居第一位，利润比重也是一直首屈一指，且均超过1/3，说明混合所有制企业业绩较好。混合所有制企业应交增值税一直是单边上升趋势，且规模最高，比重一直在30%以上。混合所有制企业应交所得税的数量一直位居第一（除了2000年以外），比重一直稳定在30%以上。混合所有制企业的利润最高，应交增值税和应交所得税也一直排在第一位，所以，无论是对社会贡献的宏观效率，还是用企业利润衡量的财务效率，混合所有制企业的效率都很高，因此混合所有制企业是一种极具发展潜力的企业类型。

2. 狭义的混合所有制企业与市场经济基本相融合

以2003～2016年上市公司为分析对象，我们发现狭义的混合所有制企业，也即国有企业，与其他类型企业相比，规模最大，偿债能力最弱，但财务效率、经营能力、增长能力、现金的能力并不比其他类型企业优越，因此总体而言，混合所有制企业的微观效率与其他类型企业不存在显著差异。混合所有制企业的资本保值增值率、资本积累率、流转税率、综合税率、所得税率与民营企业、外资企业不存在显著差异，混合所有制企业所有的宏观效率与其他类型企业不存在差异，所以，总体而言，混合所有制企业的宏观效率和微观效率并不比其他类型企业低下，据此认为狭义的混合所有制企业与市场经济基本相融合。

二、政策建议

积极发展混合所有制经济。既然广义上的混合所有制企业效率很高，是一种极具发展潜力的企业；狭义上的混合所有制企业的宏观效率和微观效率也并不比其他类型企业差，那么应该积极发展混合所有制经济。

第五章　基于控制权转移视角的混合所有制企业股权结构作用机理研究

第五章探讨混合所有制企业股权结构的作用机理，即以已经发生的混合所有制企业国有股转让数据为样本，分析混合所有制企业进行国有股转让的动机是提高企业效率的"效率论"，还是提高地方财政收入、弥补财政亏损的"财政论"，还是契合党的十八届三中全会提出的优化国有资本布局、促进国有资本保值增值的"政治论"，还是符合大股东进行利益侵占的"侵占论"，以凝练和归纳混合所有制企业股权结构作用机理。

第一节　问题的提出

一、研究背景

自党的十八届三中全会《决定》提出"积极发展混合所有制经济"，强调"国有资本、集体资本、非公有资本等交叉持股、相互融合的混合所有制经济是基本经济制度的重要实现形式"以来，引发了全民大探讨，尤其对不同资本怎样融合表达了不同看法。

民营企业层面。全国工商联副主席庄聪生（2014）[1] 称，民企入股国企，除了进行财务投资外，一定要有话语权，"说了算数"才能解决目前的后顾之忧。

---

① 庄聪生：《民营企业要求在混合所有制中有话语权》，财新网，2014 年 3 月 2 日，https：//new. qq. com/cmsn/20140302/20140302008230。

复星集团董事长郭广昌（2014）干脆建议"应逐步形成以民企为主导的混合所有制模式"①。王健林（2015）甚至直白地说"如果要混合，一定是私营企业控股，至少是相对控股。否则，国企控股，不等于我拿钱帮国企吗?②"宗庆后（2014）再次发声"民营资本没有那么傻，以高昂的价格与代价获取国企少量的股本，进入后既没有话语权、决策权，也改变不了国有企业的机制。③"民营企业这么理直气壮地要求控制权，是因为产权理论认为私有产权比公有产权更具效率。我国40多年的国企改革，进行的也是明晰产权的现代企业制度改革，政府也屡次发布减持国有股的相关法律法规，因而国务院国资委副主任黄淑和提出"国资30%能控股，就不搞40%"④ 也在意料之中。

学者层面。很多学者担心在我国上一轮国有企业改革中，抓大放小的产权改革导致国企数量已经大大减少，公有制的主体地位勉强体现出来。这次混合所有制改革，针对的主要是垄断行业，如果垄断行业的国有企业再失去控制权，不仅造成国有资产的再次流失，而且会失去公有制的主体地位，还会造成公用事业价格上涨、社会整体福利下滑、贫富差距继续拉大等问题。为此夏小林（2014）⑤⑥⑦ 撰写系列文章，抨击其他学者妖魔化国有企业"一股独大"的现象，他认为"一股独大"是世界范围内公司的普遍现象，并没有证据表明它必然导致效率低下，相反，民企闭口不谈自身"一股独大"的问题，却大肆宣扬国有企业"一股独大"的弊端，以要求民营企业"一股独大"的控制权，这种双重标准可谓司马昭之心，路人皆知。其实，早在2003年聂长海等就发现国有

① 郭广昌：《逐步形成以民企为主导的混合所有制模式》，新京报（北京），2014 年 3 月 4 日，http：//news. 163. com/14/0304/02/9MF9A5G700014AED. html#from = relevant#xwwzy_ 35_ bottomnewskwd。

② 宁迪、潘圆：《国企混改还需越过几道坎儿》，《中国青年报》，2015 年 9 月 30 日。

③ 宗庆后：《溢价进国企还说了不算？ 民企没那么傻!》，中国新闻网，2014 年 9 月 4 日，https：//www. chinaventure. com. cn/cmsmodel/news/detail/261551. shtml。

④ 黄淑和：《谈国企改革：国资30%能控股就不搞40%》，解放日报，2014 年 3 月 10 日，http：//energy. people. com. cn/n/2014/0310/c71890 - 24585930. html。

⑤ 夏小林：《2014 年：国企与改革（上）——兼评被污名化的"国资一股独大"》，《管理学刊》，2014 年第 3 期，第 1 - 15 页。

⑥ 夏小林：《2014 年：国企与改革（中）——兼评被污名化的"国资一股独大"》，《管理学刊》，2014 年第 4 期，第 1 - 13 页。

⑦ 夏小林：《2014 年：国企与改革（下）——兼评被污名化的"国资一股独大"》，《管理学刊》，2014 年第 5 期，第 1 - 13 页。

"一股独大"与企业绩效正相关①，于金（2005）②和王勇（2007）③也证实国有"一股独大"的企业绩效并不差。何况民营企业的"一股独大"也同样存在大股东侵占小股东利益，以及效率不佳的问题，如近年来全国私营经济"标杆"的温州私人企业也同样连年不景气，并发生多次企业家跑路事件，因此民企以国企"一股独大"的弊端要求私企"一股独大"的绝对控制权是没有理论依据的。可以说，夏小林一针见血地指出了当前争论的核心所在，并指出发展混合所有制的方向必须是加强国有企业的主体地位，而不是为了多创造几个亿万富翁。张文魁（2017）④意识到中国存在名义混合所有制多而实质性混合所有制少的问题，因而提出必须引入持股比例较大的非国有积极股东，他一样认识到股权结构对混合所有制企业的重要性。刘孟辉等（2018）也认同混合所有制改革的关键就是合理配置公有资本与非公有资本的股权比例⑤。

政府层面。地方政府积极响应中央号召，迅速拿出了混合所有制经济改革方案，提出了一些硬性指标，上海、北京、天津、江西、甘肃、江苏、重庆、四川、青海等省市提出80%以上的国有资本集中到提供公共服务等领域。另外，资本证券化也是国资改革的重要方向。湖北省力争将全省国有资本证券化率提高到50%，重庆市宣布80%以上的竞争类国有企业国有资本实现证券化，北京市提出国有资本证券化率达到50%以上，广东省计划省属企业资产证券化率由现在的20%上升到60%。由此可见，国有资产资本化、证券化将是混合所有制经济未来的改革方向。2014年3月底，国务院常务会议部署了进一步促进资本市场健康发展的六条措施，为混合所有制经济国有资产资本化、证券化创造了制度载体。

据统计，截至2016年1月，上海、吉林、浙江、山东、江西、湖南、广东、福建、宁夏、新疆、河北、河南、江苏等十余省区市在政府工作报告中部署了2016年的国企改革主要工作，在加速重组调结构、清退落后产能、资产证券化、股权多元化以及投资运营公司等方面提出诸多新要求。地方两会勾勒出国企改革

① 聂长海等：《"一股独大"悖论：中国证券市场的经验证据》，《中国工业经济》，2003年第7期，第46－52页。
② 于金：《论"一股独大"的潜在优势》，《求是学刊》，2005年第2期，第59－63页。
③ 王勇：《对国有大股东作用的一种认识——来自国有股独大企业与全流通企业的比较》，《上海经济研究》，2007年第8期，第26－31页。
④ 张文魁：《混合所有制的股权结构与公司治理》，《新视野》，2017年第4期，第11－19页。
⑤ 刘孟晖等：《基于终极控制权的混合所有制国有股权配置模式研究》，《财会月刊》，2018年第1期，第41－46页。

的三大路径：一是加速重组整合，二是混合所有制改革与证券化，三是去产能调结构。其中，重组整合、混合所有制改革与证券化都离不开国有企业股权结构如何选择的问题。在 2017 年初的两会中，共有 17 个省份明确提及了"混合所有制改革是国企改革的重要突破口"（许光建和孙伟，2018①），主要措施是采用资产证券化、军民融合、PPP 合作等方式。2017 年 1 月，上海市国资委发布《关于地方国有控股混合所有制企业开展第一批员工持股试点的通知》，选定 4 家企业进行试点。2017 年 6 月，天津滨海柜台交易市场开设国企专板，41 家市属集团推出 194 个混合所有制改革招商项目。2018 年 9 月 29 日，山东省首届儒商大会在济南正式开幕。颇受瞩目的是，山东省国资委推出 93 个项目推介混合所有制改革，其中山东省 6 家省属企业拿出最优质资源，并明确表示不设国有股比例进行混合所有制改革。

中央政府积极推动垄断行业的混合所有制改革。2017 年中央政府工作报告提出"加快推进国企国资改革""深化混合所有制改革，在电力、石油、天然气、铁路、民航、电信、军工等领域迈出实质性步伐。抓好电力和石油天然气体制改革，开放竞争性业务"。2018 年中央政府工作报告则提出"推进国资国企改革""制定出资人监管权责清单"，与 2017 年相比，2018 年把国资改革排在第一位，把国企改革排在第二位，换了一个位置，这说明没有国资改革的成功，就没有国企改革的成功，以国资改革引领国企改革是稳妥推进混合所有制改革的必备条件。这也间接证明本书所研究的价值，即混合所有制企业股权结构选择研究必须基于三层架构下进行。

国有企业层面。相对于地方政府的一头热情，企业却显得比较冷淡，特别是国有企业高管进行混合所有制改革的动力不足，存在应付心理。这是因为在当前反腐高压态势和项目责任终身追究制的情况下，国企高管存在多一事不如少一事的想法，不进行混合所有制改革，就不必担心扣上国有资产流失的帽子。但是，中央企业层面的混合所有制改革仍然在如火如荼地进行，第一批 9 家混合所有制改革试点的方案已实施；第二批 10 家试点企业名单已经确定；第三批试点也着手启动了遴选工作。但是中央企业层面的混合所有制改革，主要是中央企业与中央企业之间的重组，2016 年初中央企业有 105 家，2016 年共有 5 对 10 家中央企业实施了重组，分别为中国国旅集团有限公司整体并入中国港中旅集团公司、中

---

① 许光建、孙伟：《国有企业混合所有制改革的五个关键问题》，《宏观经济管理》，2018 年第 1 期，第 20 – 25 页。

国中纺集团公司整体并入中粮集团有限公司、中国建筑材料集团有限公司与中国中材集团公司实施重组、宝钢集团有限公司与武汉钢铁（集团）公司实施联合重组、中国储备棉管理总公司整体并入中国储备粮管理总公司，同时成立了新中央企业中国航空发动机集团和新五矿集团，所以 2016 年底中央企业有 102 家。2017 年，中国恒天集团有限公司整体并入中国机械工业集团公司，成为其全资子企业；中国轻工集团公司、中国工艺（集团）公司整体并入中国保利集团公司，成为其全资子企业；中国国电集团公司与神华集团有限责任公司合并重组为国家能源集团，所以 2017 年底还有 98 家中央企业，数量已经降到 100 家以下。但这种中央企业与中央企业之间的重组，产生了中国神钢、中国神船、中国神车等航空母舰，符合做大做强国有企业的思路，能否做优国有企业，还有待后续观察。这种合并并不是真正意义上的混合所有制改革，可以说是应付国有企业混合所有制改革而进行的改革，因为这是国企与国企之间的混合，并没有引入非公有制资本，虽然不用考虑国有资产流失的问题，但是国有企业体制僵化、政企不分的弊端并没有解决，也没有发挥非公有资本的灵活性。真正进行混合所有制改革的是中国联通集团。2017 年 8 月，中国联通上市公司引进多家民营企业，诸如腾讯和阿里等战略投资者，以及实施员工持股制度，将国有股比例降至 36.67%，其采取的相对控股模式也是一次伟大的尝试。但是，截至 2018 年 10 月，在国家强力去杠杆、环保监管日益严厉的情况下，发生了大量的国有企业资本收购民营上市公司的案例，已有 28 起，且有加速趋势，诸如国务院国资委的航天科工投资基金收购 ST 尤夫（2018 年 3 月 23），浙江省国有资本运营有限公司收购英唐智控（2018 年 9 月 10 日），深圳市投资控股有限公司收购怡亚通（2018 年 9 月 10 日），山东高速集团有限公司收购当代东方（2018 年 7 月 20 日），等等。

因此，在混合所有制经济政策已经明确的前提下，如何借助资本平台防范国有资产流失、破除民营企业和国有企业踟蹰不前的顾虑，是困扰当今国有企业改革的重大难题。很明显，这些担忧都与控制权和控制力有关。季晓南（2014）[1]在国企改革方法论论坛上明确指出，混合所有制改革的关键问题是控股权之争。卫兴华和何召鹏（2015）[2]指出，发展混合所有制经济，不仅是切蛋糕的问题，更是做蛋糕的问题，其中控股是关键问题。这是因为不同股权结构导致不同的控

---

[1] 季晓南：《正确理解混合所有制经济》，《经济日报》，2014 年 4 月 7 日。

[2] 卫兴华、何召鹏：《从理论和实践的结合上弄清和搞好混合所有制经济》，《经济理论与经济管理》，2015 年第 1 期，第 15 – 21 页。

制权配置，特别是在混合所有制企业，公有资本追求社会福利最大化，非公有资本追求利润最大化，不同的股权结构、不同的追求目标将直接影响公司战略目标安排，直接影响企业内部治理模式和经营管理架构的设置，从而影响公司治理效率和企业绩效。但是，2018 年集中爆发的"国进民退"的案例引发了新的思考，国企收购民企，当然不存在国有资产流失的问题，但是这种混合所有制企业股权结构如何安排，是否是民企在去杠杆压力下、环保严厉监管下的权宜之计，会不会为后面股权争夺埋下引子，因此我们还需要动态追踪混合所有制企业混合之后的股权动态变化，以探寻混合所有制股权结构安排的一般规律。

事实上，我国早在 1993 年党的十四届三中全会就提出"混合经济"的思想，2003 年党的十六届三中全会提出"大力发展混合所有制"，20 多年过去了，我国经济取得了翻天覆地的变化，国有企业改革也进入深水区，为何目前国家仍然主张"积极发展混合所有制经济"，把混合所有制经济作为国有企业改革的突破口？事实上，混合所有制经济在中国也取得了长足发展，表 4 - 2 显示了广义的混合所有制企业的比重在逐年提高，从 2010 年的 15.70% 上升到 2016 年的 20.24%；图 4 - 5 也显示了广义的混合所有制企业全社会固定资产投资一直维持在 30% 以上，几乎占 1/3。这是因为党中央强调的是狭义的混合所有制企业，即公有资本与非公有资本混合的混合所有制企业，期待以非公有资本的灵活性，叠加公有资本的资金优势和政策优势，培育出具有全球竞争力的世界一流企业。

但是，很显然，学术界对狭义混合所有制经济的研究却稍显滞后，尤其对狭义混合所有制企业股权结构选择问题关注不够。特别是中国经济形势发生了新变化，经济发展进入新常态，国有资产监管体制也发生了变化。由于中国原国资管理模式是国资委、国有企业的双层架构，国资委存在政企不分、错位和越位等问题，所以党的十八届三中全会之后，提出了从"管人管事管资产"的国资管理模式向"管资本"监管模式转变，为此成立了国资委—国有资本投资、运营公司—国有企业的三层架构模式。在新的三层架构模式下，对资本的考核侧重于优化国有经济布局、实现国有资产保值增值、提高国有经济竞争力，因此传统的从公司绩效角度研究股权结构选择规律已不适应新情况，很有必要在新形势下重新审视股权结构选择问题。

二、股权结构安排问题的思考

股权结构的安排牵涉到控制权权力的分配问题，在混合所有制企业体现的是公有资本与非公有资本的权力配置问题，所以股权结构如何选择非常重要。资本市场经常发生控制权转移案例，这些案例是研究股权结构安排的自然社会实验，我们可以通过现有的控制权转移样本研究股权结构变动的背后机理，是出于经济动机还是政治动机，还是为了提高企业效率，还是为了减轻财政收入压力，还是为了国家战略调整，还是为了高管控制权的私人收益。有学者研究了控制权转移的短期市场反应、长期回报和会计绩效。行为金融理论认为，短期内，投资者情绪会影响股票价格。Miller（1997）[1] 等认为，在一个缺乏做空机制的市场，投资者因为乐观情绪，会将股票定价高于经典金融理论的定价模型所决定的价格。王化成等（2010）[2] 以2000～2006年上市公司股权协议转让为样本，实证后发现控制权转移过程中投资者存在乐观情绪，且投资者对 ST 公司的乐观程度高于非 ST 公司，这是因为中国上市公司"壳"资源的稀缺。长期内，大部分学者认同国有股民营化取得了积极效果，提高了公司绩效（董梅生和洪功翔，2017[3]；宋立刚和姚洋，2005[4]；王红领等，2001[5]，等等）；带来了明显的财富效应，提高了公司价值，且利益侵占得到显著抑制（徐向艺和王俊韡，2011[6]）。钱先航和曹廷求（2014）[7] 利用中国2001～2009年国有股协议转让数据，分析后发现国有股权以42∶50∶1∶7的比例分配给了国企、民企、个人和外资，且转让价格外资最高，国企和民企无差异，但转让后都显著提高了业绩。张硕和赵息（2016）[8] 以控制权转移为背景，研究了控制权私利攫取驱动下资本投向差异，发现控制权私利与股权投资负相关，与固定资产和无形资产投资正相关。

但是也有学者认为，控制权转移并未带来正面效应。王克敏和刘博（2014）[9] 研究发现，高管利用不完善的证券市场和内部治理机制，利用向下盈

① Miller E. M. , "Risk, Uncertainty, and Divergence of Opinion", *Journal of Finance*, 1977, Vol. 32, No. 4, pp. 1151 – 1168.

② 王化成等：《控制权转移中投资者过度乐观了吗?》，《管理世界》，2010 年第 2 期，第 38－45 页。

③ 董梅生、洪功翔：《发展混合所有制经济的内在机制研究——基于产权改革视角》，《云南财经大学学报》，2017 年第 2 期，第 12－25 页。

④ 宋立刚、姚洋：《改制对企业绩效的影响》，《中国社会科学》，2005 年第 2 期，第 17－31 页。

⑤ 王红领等：《政府为什么会放弃国有企业的产权》，《经济研究》，2001 年第 8 期，第 61－70 页。

⑥ 徐向艺、王俊韡：《控制权转移、股权结构与目标公司绩效——来自深、沪上市公司2001—2009的经验数据》，《中国工业经济》，2011 年第 8 期，第 89－98 页。

⑦ 钱先航、曹廷求：《谁获得了国有股权?》，《经济与管理研究》，2014 年第 12 期，第 23－33 页。

⑧ 张硕、赵息：《资本投向差异与私利攫取——来自中国上市公司控制权转移的经验证据》，《会计研究》，2016 年第 12 期，第 44－50 页。

⑨ 王克敏、刘博：《公司控制权转移与盈余管理研究》，《管理世界》，2014 年第 7 期，第 144－156 页。

余管理换取个人高额福利。白云霞等（2013）[1] 研究发现，私有公司的负债水平高于国有控股公司，且其通过负债侵占中小股东利益的程度也高于国有控股公司。杨记军等（2010）[2] 以 2003～2007 年国有企业股权转让数据为样本进行研究，结果认为政府转让控制权的目的是保留规模大和具有战略意义的企业，政治动机明显，经济业绩动机减弱，但相对于民营化能提高绩效而言，国企内部控制权转让绩效改善不显著；存在大股东利用股权转让和关联交易掠夺上市公司的行为（程敏，2009[3]）；进行盈余管理，降低了会计质量（曾昭灶和李善民，2009[4]）；公司业绩的提升并非来自于控制权转移，而是来自于盈余管理（奚俊芳和于培友，2006[5]；白云霞等，2005[6]）；控制权的频繁转移有损企业业绩（徐莉萍等，2005[7]）。

有学者直接研究了控制权转移动机。刘峰和涂国前（2016）[8] 以中国 A 股市场上截至 2013 年末的 1410 起公司控制权转移事件为样本，从收购方选择、转让定价、转让后绩效等角度，剖析了中国上市公司控制权转移的动机，发现中国上市公司控制权转移并未提高公司绩效，甚至成为一种"掏空"的方式。杨记军等（2010）认为，2003～2007 年国有股控制权的转让是出于政治目的，是基于"抓大放小"战略进行的国有资本调整。宁宇新和柯大钢（2006）[9] 实证后发现，控制权转移后，大股东既存在利用自身资源支持上市公司的行为，也存在将自身资产及时变现掏空上市公司的行为。蔡祥（2004）[10] 则认为，上市公司被接管过

① 白云霞等：《所有权、负债与大股东利益侵占——来自中国控制权转移公司的证据》，《会计研究》，2013 年第 4 期，第 66－72 页。

② 杨记军等：《国有企业的政府控制权转让研究》，《经济研究》，2010 年第 2 期，第 69－82 页。

③ 程敏：《交易特征、并购溢价及并购绩效分析——来自上市公司大宗股权协议转让的经验证据》，《证券市场导报》，2009 年第 2 期，第 41－47 页。

④ 曾昭灶、李善民：《控制权转移中的盈余质量实证研究》，《管理评论》，2009 年第 7 期，第 105－112 页。

⑤ 奚俊芳、于培友：《我国上市公司控制权转移绩效研究——基于经营业绩的分析》，《南开管理评论》，2006 年第 4 期，第 42－48 页。

⑥ 白云霞等：《业绩低于阈值公司的盈余管理——来自控制权转移公司后续资产处置的证据》，《管理世界》，2005 年第 5 期，第 135－143 页。

⑦ 徐莉萍等：《控制权转移、产权改革及公司经营绩效之改进》，《管理世界》，2005 年第 3 期，第 126－136 页。

⑧ 刘峰、涂国前：《中国上市公司控制权转移的动机研究》，《财经研究》，2016 年第 10 期，第 140－154 页。

⑨ 宁宇新、柯大钢：《控制权转移和资产重组：掏空抑或支持——来自中国资本市场的经验证据》，《中国会计评论》，2006 年第 2 期，第 277－290 页。

⑩ 蔡祥：《上市公司被接管之后的资产重组行为分析》，《中国会计评论》，2004 年第 2 期，第 259－272 页。

后的频繁资产重组行为是短视性的，其目的是为了调整规避或者迎合监管政府在盈利指标的相关要求。无独有偶，李增泉等（2005）① 等获得了类似结论，他们发现，当公司具有配股或避免亏损需求时，会通过购并方式短期内显著提升公司的会计业绩；当没有这些需求时，并购活动目的在于掏空公司资产，并损害公司的价值。李善民和曾昭灶（2003）② 研究后发现，管理层的效率低下、财务资源有限、资产规模相对较小、股权较分散、股权流动性较高、市净率较高的公司的控制权最容易被转移。

有学者则直接研究了混合所有制企业的控制权问题。刘猛辉等（2018）③ 从理论上探讨了终极控制人视角下的混合所有制企业国有股权配置模式。夏鑫等（2018）④ 则从实证角度研究了终极控制权视角下，一般商业性混合所有制企业国有控股股东的现金流权对控股股东掏空行为和援助行为的影响。从博弈论角度研究混合所有制企业股权配置的学者较多，丁然和卜伟（2017）⑤ 则从理论角度探讨了混合所有制企业生成和演化机理，李建标等（2016）⑥ 则是采用比较制度实验方法进行论证。

综上文献可以发现，对控制权转移研究是国内外学术探讨的一个热点问题，从控制权转移动机短期表现、长期业绩和后续再并购的影响都进行了详细分析，这些足以证明控制权转移问题的重要性。从中国改革开放的进程来看，中国国有股转让最早的案例是1993年"深宝安"收购"延中实业"案例，首次通过协议转让的是1994年4月珠海恒通集团收购棱光实业35.5%的股份成为第一大股东，开启了中国资本市场国有股转让的起点。随着国企改革"抓大放小"政策的实施，国有企业民营化的事件越来越多，很多学者也研究了国有企业民营化的效果，结论有支持有反对，莫衷一是。但是，自从党的十八届三中全会提出"积极

① 李增泉等：《掏空、支持与并购重组——来自我国上市公司的经验证据》，《经济研究》，2005年第1期，第95-105页。

② 李善民、曾昭灶：《控制权转移的背景与控制权转移公司的特征研究》，《经济研究》，2003年第11期，第54-64页。

③ 刘孟晖等：《基于终极控制权的混合所有制国有股权配置模式研究》，《财会月刊》，2018年第1期，第41-46页。

④ 夏鑫等：《混合所有制、终极控股结构与控制权私利行为——基于"一般商业性"国有企业的实证研究》，《会计之友》，2018年第2期，第152-160页。

⑤ 丁然、卜伟：《基于主观博弈的混合所有制演化机理分析》，《经济问题探索》，2017年第6期，第23-29页。

⑥ 李建标等：《混合所有制改革中国有和非国有资本的行为博弈——实验室实验的证据》，《中国工业经济》，2016年第6期，第109-126页。

发展混合所有制经济"之后，还未有学者基于国有资产管理体制从"管人管事管资产"到"管资本"背景的转变下，系统分析混合所有制企业国有股控制权转让的动机和后果，特别是从资本保值增值、国有企业优化布局角度研究控制权转移问题，为此本书做一探讨，期待挖掘出混合所有制企业股权转移的机理。

第二节　混合所有制企业控制权转移动机的实证分析

此处控制权转移数据来自国泰安 CSMAR4.0 数据库里的国有股转让数据库。因为研究的对象是上市公司里国有股股权的转让，根据前面混合所有制企业的狭义定义，这样的上市公司既包含了公有制成分的国有股，又包含有了非公有成分的社会公众股（中小股民或民营、外资股东），所以将它定义为混合所有制企业，因此以该数据库为样本，研究的是混合所有制企业的控制权转移动机，以及由此归纳和凝练的股权结构选择机理。

一、数据处理与指标选取

（一）数据处理

此部分数据没有特殊说明，均来自国泰安 CSMAR4.0 数据库。因为国有股转让数据库里的国有股权转让有协议转让（有偿）、拍卖、无偿划转、抵债、合并重组、股权出资、间接变更、委托管理或授权经营、其他 9 种类型。吴联生和白云霞（2004）[①] 研究发现，控制权转移方式对公司价值有重要影响，所以剔除了无偿划转、抵债、合并重组、股权出资、间接变更、委托管理或授权经营、其他 7 种类型，只保留公开挂牌交易的两种类型，即协议转让（有偿）和拍卖，并分别赋值为 1 和 0。

借鉴钱先航和曹廷求（2014）[②] 的做法，将一家转让多家和多家转让一家，以及多家转让给多家的复杂情况，按其转让协议的涉及方来计算样本，这样能最大限度地保留样本，且符合交易的实际情况。但是这种处理方式存在的一个问

---

① 吴联生、白云霞：《公司价值、资产收购与控制权转移方式》，《管理世界》，2004 年第 9 期，第 123 – 130 页。

② 钱先航、曹廷求：《谁获得了国有股权？》，《经济与管理研究》，2014 年第 12 期，第 23 – 33 页。

题，就是同一家上市公司在同一年度里有多条交易数据，因而不符合面板数据要求一个年度一个上市公司一条数据的要求，故在实证分析部分采用混合回归的方法，不宜采用固定效应或者随机效应模型。

参考顾露露等（2017）①、陈仕华和卢昌崇（2017）② 采用滞后一期办法控制变量中可能出现的内生性问题，本研究将自变量也做滞后一期处理，也就是 T－1 期。按照通行做法，本文删除金融和保险行业数据，删除相关指标缺失的数据，最终获得2003～2016 年发生国有股控制权转移的 573 条记录，并对所有连续变量进行了上下 1% 的 winsorize 缩尾处理。样本分布如图 5－1 所示。

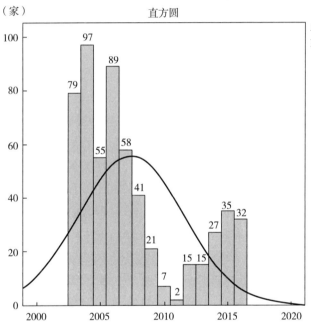

图 5－1　样本分布

图 5－1 表明，573 条观测记录数据分布极不均匀，不服从正态分布，呈右偏状态，其中 2003～2016 年分别有 79 家、97 家、55 家、89 家、58 家、41 家、21家、7 家、2 家、15 家、15 家、27 家、35 家、32 家，可以看出 2003～2007 年是

---

① 顾露露等：《家族治理、所有权变更与企业创新——基于中国家族企业的实证研究》，《管理科学》，2017 年第 2 期，第 39－53 页。

② 陈仕华、卢昌崇：《国有企业高管跨体制联结与混合所有制改革——基于"国有企业向私营企业转让股权"的经验证据》，《管理世界》，2017 年第 5 期，第 107－118 页。

国有股转让的一个高峰，2013～2016 年是另一个小高峰，这符合中国国企改革历程，2003 年是"抓大放小"改革的高峰期，2013～2016 年是混合所有制改革的高峰段。

（二）指标选取

1. 因变量

（1）受让者距离 distance。参考钱先航和曹廷求（2014）① 的研究，根据受让者距离国有企业的远近设立序数选择变量，对受让者为国企、民企（包含个人）、外企分别定义为 1、2、3，数字越大表示受让者性质距离越远，所以本书将控制权转移分成国有转国有、国有转民营、国有转外资 3 大类，分别赋值 1、2、3，采用有序 ologit 回归方法分析。

（2）受让者是否为国企 yes。是 = 1，否 = 0，用来度量转让方的所有权属性，采用 logit 回归方法分析。

2. 自变量

（1）控制权转移动机指标的选取。就目前研究而言，发生控制权转移动机可以归纳为四种理论。第一种是"效率论"，即政府转移国有股的目的是提高企业效率。第二种是"财政论"，即政府转移国有股的目的是缓解财政压力，或者是停止对亏损国有企业的补助，减少财政支出，或者是出售国有股权，获得短期财政收入（王红领等，2001②）。第三种是"政治论"，即政府转移国有股的目的是出于国家经济战略调整，将国有企业集中于关系国计民生或者维持国家经济安全的行业（杨记军等，2010③）。第四种是"侵占论"，即大股东具有侵占中小股东利益的动机。刘峰和涂国前（2016）④ 发现，中国上市公司控制权转移并未提高公司绩效，甚至成为一种"掏空"的方式。宁宇新和柯大钢（2006）⑤ 实证后发现，控制权转移后，大股东既存在利用自身资源支持上市公司的行为，也存在将自身资产及时变现掏空上市公司的行为。无独有偶，李增泉

① 钱先航、曹廷求：《谁获得了国有股权?》，《经济与管理研究》，2014 年第 12 期，第 23 – 33 页。
② 王红领等：《政府为什么会放弃国有企业的产权》，《经济研究》，2001 年第 8 期，第 61 – 70 页。
③ 杨记军等：《国有企业的政府控制权转让研究》，《经济研究》，2010 年第 2 期，第 69 – 82 页。
④ 刘峰、涂国前：《中国上市公司控制权转移的动机研究》，《财经研究》，2016 年第 10 期，第 140 – 154 页。
⑤ 宁宇新、柯大钢：《控制权转移和资产重组：掏空抑或支持——来自中国资本市场的经验证据》，《中国会计评论》，2006 年第 2 期，第 277 – 290 页。

等（2005）① 等获得了类似结论，他们发现，当公司具有配股或避免亏损需求时，会通过购并方式短期内显著提升公司的会计业绩；当没有这些需求时，并购活动目的在于掏空公司资产，并损害公司的价值。蔡祥（2004）② 则认为，上市公司被接管过后的频繁资产重组行为是短视性的，其目的是为了调整规避或者迎合监管政府在盈利指标的相关要求。因此，国有股控制权的转移有可能符合"侵占论"，即大股东有侵占中小股东利益或者掏空上市公司资产的行为。

为此衡量控制权转移动机有四类指标：第一类是"效率论"，用传统的财务业绩指标衡量，选取总资产净利润率、净资产收益率、总资产周转率。第二类是"财政论"，用综合税率、所得税率和财政缺口的对数衡量，其中财政缺口＝地方财政一般预算支出－地方财政支出（亿元），数据来自《中国统计年鉴》。党的十八届三中全会《决定》提出"完善国有资产管理体制，以管资本为主加强国有资产监管"，将国资监管从政企不分的"管人管事管资产"的行政事务解放出来，"国有资本投资运营要服务于国家战略目标，更多投向关系国家安全、国民经济命脉的重要行业和关键领域，重点提供公共服务、发展重要前瞻性战略性产业、保护生态环境、支持科技进步、保障国家安全"，重点考核国有资本的保值增值水平和国有企业布局的优化效用，因此用"是否为战略新兴行业""资本保值增值率""资本积累率"来衡量"政治论"的绩效指标。第三类是"政治论"，2013 年党的十八届三中全会《决定》提出推进水、石油、天然气、电力、交通、电信等领域的价格改革，放开竞争性环节价格。2015 年的《关于深化国有企业改革的指导意见》明确"国有经济布局结构不断优化、主导作用有效发挥"，"在石油、天然气、电力、铁路、电信、资源开发、公用事业等领域，向非国有资本推出符合产业政策、有利于转型升级的项目"。2017 年中央政府工作报告明确指出"在电力、石油、天然气、铁路、民航、电信、军工等领域迈出实质性步伐"，因此将水、石油、天然气、电力、交通、航空、电信界定为战略性行业，其他行业为非战略性行业，并分别赋值为 1 和 0，这与杨记军等（2010）③的定义略有不同，他们多包含了煤炭行业。第四类是"侵占论"。现代公司股权结构的主要特征是集中的股权结构，因而大股东与中小股东之间的利益冲突成为"第二类"代理问题，其中大股东占款、对外担保和委托理财是大股东掏空上市

① 李增泉等：《掏空、支持与并购重组——来自我国上市公司的经验证据》，《经济研究》，2005 年第 1 期，第 95－105 页。

② 蔡祥：《上市公司被接管之后的资产重组行为分析》，《中国会计评论》，2004 年第 2 期，第 259－272 页。

③ 杨记军等：《国有企业的政府控制权转让研究》，《经济研究》，2010 年第 2 期，第 69－82 页。

公司的常用方式。王克敏和刘博（2014）[①] 研究发现，在资本市场不完善且公司治理不健全条件下，公司高管为应对离职风险而与买方合谋，高管通过向下盈余管理协助买方降低受让成本以换取个人福利的行为更严重。为此，将盈余管理作为刻画"侵占论"的指标之一。参考石水平（2010）[②] 的方法，将 ROE 在（0，1%）或（6%，7%）定义为盈余管理，赋值为1，其他赋值为0。参考姜国华和岳衡（2005）[③]、林润辉等（2015）[④]、郑国坚等（2014）[⑤]，定义资金占用1 = 其他应收款/总资产×100% 作为刻画"侵占论"的指标之二，参考高雷等（2006）[⑥]，定义资金占用2 =（应收账款 + 预付账款 + 其他应收款 − 应付账款 − 预收账款 − 其他应付款）/总资产×100% 作为刻画"侵占论"的指标之三。

（2）控制权转让特征。它用来直接刻画控制权转让行为的各种属性变量，包括担保情况、是否同属管辖、交易后股份性质是否发生变化、是否关联交易、交易相对规模5个属性特征。①担保情况。由于国有股转让数据库将担保情况分为0 = 无，1 = 保证，2 = 质押，3 = 留置，4 = 定金，5 = 抵押，6 = 担保，7 = 冻结8 种情形，为此设置虚拟变量0 和1，其中，0 表示无担保，1 表示上述的1～7 情形。很显然，当上市公司存在担保的情况，表明其生产或者管理处于不正常情况，这将给对手有可乘之机，增加其股权转让的概率。②是否同属管辖。根据中国特色的转轨经济，经济制度和法律制度，以及政治制度对公司行为有重要的影响，学者在这方面的研究已经非常成熟了，大部分学者都认为在中央和地方实行财政分权和政治锦标赛的前提下，地方政府倾向于管辖内的企业进行兼并重组，所以我们考虑国有股权转让的管辖范围，如果是同省、直辖市，有可能是政府主导的国有股权转让行为，只有不同省、企业之间的国有股权转让才是经营投资行为，因此考虑虚拟变量是否同属管辖：按照"省""直辖市"级别判断，1 = 是，0 = 否。③交易后股份性质是否发生变化，1 = 是，0 = 否。④是否关联交易，1 = 是，0 = 否。⑤用"交易相对规模"衡量股权转让的难度，或者度量股权交易的

① 王克敏、刘博：《公司控制权转移与盈余管理研究》，《管理世界》，2014 年第7 期，第144 – 156 页。

② 石水平：《控制权转移、超控制权与大股东利益侵占——来自上市公司高管变更的经验证据》，《金融研究》，2010 年第4 期，第160 – 176 页。

③ 姜国华、岳衡：《大股东占用上市公司资金与上市公司股票回报率关系的研究》，《管理世界》，2005 年第9 期，第119 – 126 页。

④ 林润辉等：《大股东资金占用与企业绩效——内部控制的"消化"作用》，《经济与管理研究》，2015 年第8 期，第96 – 106 页。

⑤ 郑国坚等：《大股东股权质押、占款与企业价值》，《管理科学学报》，2014 年第9 期，第72 – 87 页。

⑥ 高雷等：《国家控制、政府干预、银行债务与资金侵占》，《金融研究》，2006 年第6 期，第90 – 98 页。

重要性，且交易相对规模 = 交易总价/总资产 × 100%。

（3）股权特征。

1）两权分离度。基于终极控制权理论，大股东利用所有权与控制权的分离，可以利用极少的现金流权获取较大的控制权，从而实施侵占中小股东利益的行为。Fan 等（2007）[1] 认为中国地方政府控制的上市公司建立金字塔式组织结构的原因是对国有股权转让受到限制时的一种替代性分权方式。在国有股权转移过程中，大股东可以利用投票优势，操控控制权转让过程，以便顺利实施控制权转移行为，因此用两权分离度衡量终极股权特征。

2）终极控制人类型。我们需要注意的是，国有股权也并非只存在于国企中，民营企业中同样存在着大量的国有股权，其股权的转让也属于国有股权转让，但目前的研究忽略了这一点（钱先航和曹廷求，2014[2]）。为此，本书将终极控制人按照所有制属性分为国有企业、民营企业、外资企业 3 大类型，分别用虚拟变量 ctrl1、ctrl2、ctrl3 表示，且以国有为基准。

3）大股东的制衡能力。虽然第一大股东利用两权分离实施侵害中小股东的行为，但是中小股东也会采取措施进行反制，特别是前十大股东，也会对第一大股东的权力进行制衡。本书借鉴张硕和赵息（2016）[3] 的做法，将第二大股东持股比例大于等于5%，定义为1，否则为0，用来反映大股东的制衡能力。同时用 Z 指数 = 第一大股东/第二大股东刻画第一大股东的控制能力。

（4）其他控制变量。

偿债能力，用资产负债率表示。

现金能力，用每股经营活动产生的现金流量净额衡量。

公司规模，对期末总资产取对数。

发展能力，用总资产增长率刻画。很显然，公司发展前景越被看好，国有股权被转让的概率应该越小。

市场化水平。基于夏立军和陈信元（2007）[4] 的研究，加入转让股东所在省份的市场化水平。数据来源于樊纲等编制的 1997 ~ 2014 年的市场化指数，2015 ~ 2016

① Fan J. P. H., et al., "Organizational Structure as a Decentralization Device: Evidence from Corporate Pyramids", *Social Science Electronic Publishing*, 2007.

② 钱先航、曹廷求：《谁获得了国有股权？》，《经济与管理研究》，2014 年第 12 期，第 23 – 33 页。

③ 张硕、赵息：《资本投向差异与私利攫取——来自中国上市公司控制权转移的经验证据》，《会计研究》，2016 年第 12 期，第 44 – 50 页。

④ 夏立军、陈信元：《市场化进程、国企改革策略与公司治理结构的内生决定》，《经济研究》，2007 年第 7 期，第 82 – 95 页。

年的市场化指数，采用几何平均法外推而来，其中，西藏是用2014年数据代替。

（5）虚拟变量。

1）地区。分为东中西部3大类，分别用虚拟变量area1、area2、area3表示，且以东部为基准。东部地区包括12个省、直辖市、自治区，分别是辽宁、北京、天津、河北、山东、江苏、上海、浙江、福建、广东、广西、海南，中部地区包括山西、内蒙古、吉林、黑龙江、安徽、江西、河南、湖北、湖南9个省、自治区，西部地区包括陕西、甘肃、青海、宁夏、新疆、四川、重庆、云南、贵州、西藏10个省、直辖市、自治区。

2）行业。根据以中国证监会最新制定颁布的上市公司行业分类为准，选取行业1位数代码，最终有16个行业，生成16个虚拟变量，以房地产行业为基准。

3）年份。以党的十八届三中全会为分界点，将2013年（包括2013年）之前定义为0，2013年之后定义为1。所有指标、代码和计算公式如表5-1所示。

表5-1 指标、代码和计算公式

指标类别	统一符号	分类指标	单个指标	单个符号	计算公式
因变量	Y		受让者距离	distance	将控制权转移分成国有转国有、国有转民营、国有转外资3大类，分别赋值1、2、3
			受让者是否为国企	yes	是=1，否=0
控制权转移动机	X1	效率论	总资产净利润率	roa	净利润/总资产余额
			净资产收益率	roe	净利润/股东权益余额
			总资产周转率	turn	营业收入/资产总额期末余额
		财政论	综合税率	cotax	（营业税金及附加+所得税费用）/营业总收入
			所得税率	tax	所得税费用/利润总额
			财政缺口对数	lnco	ln财政缺口=ln（地方财政一般预算支出-地方财政支出）
		政治论	资本保值增值率	valu	所有者权益合计期末值/期初值
			资本积累率	accu	所有者权益（期末值-期初值）/期初值
			是否为战略新兴行业	stra	水、石油、天然气、电力、交通、航空、电信界定为战略性行业，其他行业为非战略性行业，并分别赋值为1和0
		侵占论	盈余管理	em	将ROE在（0，1%）或（6%，7%）定义为盈余管理，赋值为1，其他赋值为0
			资金占用1	occ1	其他应收款/总资产×100%
			资金占用2	occ2	（应收账款+预付账款+其他应收款-应付账款-预收账款-其他应付款）/总资产×100%

续表

指标类别	统一符号	分类指标	单个指标	单个符号	计算公式
自变量	X2	控制权转让特征	担保情况	assu	0 = 无担保，1 = 有担保
			同属管辖	prov	按照"省""直辖市"级别判断，1 = 是，0 = 否
			交易后股份性质是否发生变化	char	1 = 是，0 = 否
			是否关联交易	rela	1 = 是，0 = 否
			交易相对规模	scal	交易总价/总资产×100%
		股权特征	两权分离度	sepr	实际控制人拥有上市公司控制权比例 – 实际控制人拥有上市公司所有权比例
			第二大股东	seco	第二大股东持股比例是否大于等于5%，1 = 是，0 = 否
			Z 指数	z	第一大股东/第二大股东
			终极控制人类型	ctrl	ctrl1 = 国有，ctrl2 = 民营，ctrl3 = 外资，以国有为基准
		偿债能力	资产负债率	debt	负债合计/资产总计
		现金能力	每股经营活动产生的现金流量净额	cash	经营活动产生的现金流量净额本期值/实收资本本期期末值
		公司规模	期末总资产	asset	取总资产对数
		发展能力	总资产增长率	assrate	资产总计（期末值 – 期初值）/期初值
		市场化水平		mark	樊纲等编制的1997～2014年的市场化指数，2015～2016年的市场化指数，采用几何平均法外推
控制变量	D	行业		indust	以中国证监会最新制定颁布的上市公司行业分类为准，有16个虚拟变量，以房地产行业为基准
		地区		area	area1 = 东部，area2 = 中部，area3 = 西部，以东部为基准
		年份		year	以党的十八届三中全会为分界点，将2013年（包括2013年）之前定义为0，2013年之后定义为1

建立模型为：

$$y_t = a_0 + a_1 x_{1t-1} + a_2 x_{2t-1} + \beta D_t \qquad (5.1)$$

二、描述性统计分析

(一) 控制权转移动机的描述性分析

表 5 - 2 给出了度量控制权转移动机相应指标的基本统计量。因为偏度接近于 0，峰度接近于 3 表示样本服从正态分布。如表 5 - 2 所示，只有总资产净利润率、净资产收益率、综合税率、财政缺口对数接近正态分布，对它们进行均值检验时，可以采取参数检验方法；其他指标的偏度与 0，峰度与 3 有较大差距，所以不服从正态分布，对它们进行均值检验时，必须采取非参数检验方法，因此进行均值比较时，不同的地方需要用不同的检验方法，所以为了方便分析和简便起见，同时汇报参数检验与非参数检验结果，就需要请读者注意不同检验方法的适用性。

表 5 - 2 控制权转移动机指标的统计量

指标	variable	N	mean	p50	sd	min	max	skewness	kurtosis
总资产净利润率	roa	573	0	0	0.01	-0.02	0.02	-0.21	2.21
净资产收益率	roe	573	0	0.01	0.03	-0.06	0.05	-0.56	2.82
总资产周转率	turn	573	0.71	0.48	1.61	0	36.02	18.71	406.84
综合税率	cotax	573	0.03	0.01	0.03	0	0.09	1.1	2.95
所得税率	tax	573	0.11	0.01	0.13	-0.01	0.34	0.67	1.89
财政缺口对数	lnco	573	6.11	6.01	0.74	5.04	7.42	0.27	2.15
资本保值增值率	valu	573	1.79	1.07	6.28	-6.44	115.58	13.68	220.74
资本积累率	accu	573	4.56	1.07	41.72	-8.52	576.25	13.52	185.19
是否战略新兴行业	stra	573	0.16	0	0.37	0	1	1.83	4.36
盈余管理	em	573	0.41	0	0.49	0	1	0.37	1.14
资金占用1	occ1	573	5.64	2.94	5.95	0.32	18.16	1.04	2.71
资金占用2	occ2	573	0.26	-0.37	20.16	-34.7	31.11	-0.14	2.09

表 5 - 3 是否担保情况下控制权转移动机指标的统计量

指标	variable	是否担保	mean	p50	sd	skewness	kurtosis	N	Mann - Whitney Z	ttest t
总资产净利润率	roa	否	0	0	0.01	-0.19	2.2	473	0.524	0.6899
		是	0	0	0.01	-0.3	2.22	100	0.6003	0.4906

续表

指标	variable	是否担保	mean	p50	sd	skewness	kurtosis	N	Mann–Whitney Z	ttest t
净资产收益率	roe	否	0	0.01	0.03	−0.53	2.9	473	0.97	1.65
		是	0	0	0.03	−0.57	2.36	100	0.332	0.9503
总资产周转率	turn	否	0.72	0.49	1.72	18.34	374.74	473	1.998	0.4919
		是	0.63	0.37	0.9	4.81	30.83	100	0.0457	0.623
综合税率	cotax	否	0.03	0.01	0.03	1.05	2.88	473	−0.09	−0.0219
		是	0.03	0.01	0.03	1.29	3.15	100	0.928	0.9825
所得税率	tax	否	0.11	0.04	0.13	0.62	1.83	473	1.056	1.421
		是	0.09	0	0.13	0.94	2.29	100	0.291	0.1559
财政缺口对数	lnco	否	6.08	5.98	0.72	0.28	2.21	473	−1.88	−2.2557
		是	6.26	6.11	0.8	0.14	1.85	100	0.0601	0.0245
资本保值增值率	valu	否	1.85	1.07	6.88	12.57	185.11	473	−1.04	0.4978
		是	1.5	1.08	1.4	2.56	10.99	100	0.2983	0.6188
资本积累率	accu	否	5.15	1.06	45.9	12.27	152.67	473	−1.04	0.733
		是	1.78	1.08	2.2	3.11	13.99	100	0.2187	0.4639
是否战略新兴行业	stra	否	0.16	0	0.37	1.81	4.26	473	0.367	0.3667
		是	0.15	0	0.36	1.96	4.84	100	0.7137	0.7140
盈余管理	em	否	0.41	0.49	0.35	1.12	2.71	473	0.635	0.6345
		是	0.38	0	0.49	0.49	1.24	100	0.5255	0.5260
资金占用1	occ1	否	5.68	3.18	5.85	1.02	2.71	473	1.087	0.2987
		是	5.48	1.81	6.45	1.13	2.69	100	0.2771	0.7653
资金占用2	occ2	否	0.85	0.63	19.9	−0.22	2.17	473	1.532	1.5404
		是	−2.56	−3.26	21.24	0.18	1.94	100	0.1256	0.1240

注：Mann–Whitney Z 和 ttest t 第一栏是统计量的值，第二栏是概率值 P，表 5-4 到表 5-7、表 5-9 与此相同。

表 5-4 是否同属管辖下控制权转移动机指标的统计量

variable	是否同属管辖	mean	p50	sd	skewness	kurtosis	N	Mann–Whitney Z	ttest t
roa	否	0	0	0.01	−0.21	2.23	327	−0.429	−0.4132
	是	0	0	0.01	−0.22	2.17	246	0.6678	0.6796

variable	是否同属管辖	mean	p50	sd	skewness	kurtosis	N	Mann – Whitney Z	ttest t
roe	否	0	0.01	0.03	-0.58	3.05	327	-0.257	0.1207
	是	0	0.01	0.03	-0.53	2.55	246	0.7975	0.904
turn	否	0.71	0.44	2.02	16.45	287.84	327	-1.13	0.0489
	是	0.7	0.53	0.79	4.09	26.68	246	0.2548	0.961
cotax	否	0.03	0.01	0.03	1.07	2.84	327	0.658	0.7275
	是	0.02	0.01	0.03	1.15	3.11	246	0.5103	0.4672
tax	否	0.1	0.02	0.13	0.76	2.11	327	-0.943	-0.9993
	是	0.12	0	0.14	0.56	1.65	246	0.3457	0.3181
lnco	否	6.13	6.07	0.77	0.18	1.98	327	0.602	0.7167
	是	6.08	5.98	0.69	0.4	2.45	246	0.547	0.4739
valu	否	1.83	1.07	6.77	15.08	247.91	327	1.561	0.1993
	是	1.73	1.07	5.57	9.74	111.89	246	0.1185	0.8421
accu	否	1.8	1.07	5.26	12.94	201.3	327	0.752	-1.83
	是	8.23	1.06	63.28	8.87	79.83	246	0.4518	0.0678
stra	否	0.15	0	0.36	1.96	4.85	327	-0.932	-0.9314
	是	0.18	0	0.38	1.68	3.81	246	0.3516	0.3520
em	否	0.41	0	0.49	0.37	1.13	327	0.079	0.0790
	是	0.41	0	0.49	0.38	1.14	246	0.9370	0.9371
occ1	否	6.06	3.28	6.19	0.88	2.31	327	1.232	1.9594
	是	5.08	2.61	5.59	1.28	3.45	246	0.2180	0.0506
occ2	否	1.6	0.71	20.08	-0.19	2.03	327	1.684	1.8392
	是	-1.52	-1.75	20.17	-0.09	2.18	246	0.0923	0.0664

表 5 - 5   股权性质是否变化情况下控制权转移动机指标的统计量

variable	股权性质是否发生变化	mean	p50	sd	skewness	kurtosis	N	Mann – Whitney Z	ttest t
roa	否	0	0	0.01	-0.09	1.89	223	-2.108	-2.4073
	是	0	0	0.01	-0.25	2.47	350	0.0351	0.0164
roe	否	0	0	0.04	-0.37	2.14	223	-1.549	-2.3438
	是	0	0.01	0.03	-0.6	3.4	350	0.1215	0.0194

续表

variable	股权性质是否发生变化	mean	p50	sd	skewness	kurtosis	N	Mann-Whitney Z	ttest t
turn	否	0.68	0.48	0.77	4.49	31.01	223	0.389	-0.2877
	是	0.72	0.48	1.97	16.66	299.17	350	0.6969	0.7737
cotax	否	0.02	0.01	0.03	1.27	3.37	223	-1.741	-1.79
	是	0.03	0.02	0.03	1	2.73	350	0.0816	0.074
tax	否	0.09	0	0.12	0.88	2.34	223	-2.581	-2.7402
	是	0.12	0.08	0.14	0.54	1.67	350	0.0099	0.0063
lnco	否	6.42	6.33	0.8	-0.18	1.81	223	7.471	8.6728
	是	5.91	5.92	0.61	0.28	2.42	350	0	0
valu	否	2.17	1.08	8.39	11.6	152.55	223	1.419	1.1549
	是	1.55	1.06	4.43	13.29	198.06	350	0.1558	0.2486
accu	否	9.44	1.07	66.6	8.35	71.19	223	1.213	2.2418
	是	1.45	1.06	2.5	7.66	70.86	350	0.225	0.0254
stra	否	0.19	0	0.4	1.56	3.42	223	1.580	1.5823
	是	0.14	0	0.35	2.04	5.17	350	0.1141	0.1141
em	否	0.35	0	0.48	0.65	1.42	223	-2.450	-2.4610
	是	0.45	0	0.5	0.21	1.04	350	0.0143	0.0142
occ1	否	4.23	1.58	5.46	1.64	4.38	223	-5.129	-4.6148
	是	6.54	4.27	6.09	0.77	2.22	350	0.0000	0.0000
occ2	否	-4.14	-3.08	20.28	0.06	2.1	223	-4.016	-4.2262
	是	3.06	2.49	19.6	-0.27	2.17	350	0.0001	0.0000

表 5-6　不同控制权转移类型控制权转移动机指标的统计量

variable	转移类型	mean	p50	sd	skewness	kurtosis	N	Rank Sum	F
roa	国有转国有	0	0	0.01	-0.25	2.5	173	1.05	0.50
	国有转民营	0	0	0.01	-0.18	2.09	380	0.57	0.6068
	国有转外资	0	0	0.01	-0.5	2.26	20		
roe	国有转国有	0	0.01	0.03	-0.43	3.15	173	2.72	1.39
	国有转民营	0	0.01	0.03	-0.55	2.62	380	0.26	0.2498
	国有转外资	0.01	0.02	0.03	-1	3.82	20		

续表

variable	转移类型	mean	p50	sd	skewness	kurtosis	N	Rank Sum	F
turn	国有转国有	0.63	0.48	0.58	3.8	28.34	173	5.31	0.27
	国有转民营	0.74	0.45	1.93	16.2	293.74	380	0.07	0.7657
	国有转外资	0.77	0.68	0.5	2	6.32	20		
cotax	国有转国有	0.02	0.01	0.02	1.59	4.78	173	5.70	5.32
	国有转民营	0.03	0.01	0.03	0.9	2.42	380	0.05	0.0052
	国有转外资	0.02	0.02	0.03	1.49	4.67	20		
tax	国有转国有	0.09	0	0.12	0.99	2.5	173	6.89	4.09
	国有转民营	0.12	0.05	0.13	0.57	1.72	380	0.03	0.0172
	国有转外资	0.15	0.14	0.12	0.26	2.17	20		
lnco	国有转国有	5.9	5.89	0.62	0.24	2.19	173	21.09	13.03
	国有转民营	6.22	6.13	0.77	0.14	1.98	380	0.00	0.0000
	国有转外资	5.84	5.92	0.49	0.11	2.14	20		
valu	国有转国有	2.68	1.07	10.86	8.33	78.76	173	1.51	2.59
	国有转民营	1.42	1.07	2.33	11.14	165.33	380	0.47	0.0756
	国有转外资	0.97	1.04	0.26	−1.42	4.22	20		
accu	国有转国有	11.74	1.06	75.53	7.31	54.75	173	1.87	3.70
	国有转民营	1.48	1.07	2.22	5.24	48.62	380	0.39	0.0253
	国有转外资	0.97	1.04	0.26	−1.53	4.76	20		
stra	国有转国有	0.2	0	0.4	1.48	3.2	173	4.617	2.32
	国有转民营	0.14	0	0.35	2.08	5.33	380	0.0994	0.0993
	国有转外资	0.25	0	0.44	1.15	2.33	20		
em	国有转国有	0.45	0	0.5	0.2	1.04	173	4.989	2.51
	国有转民营	0.4	0	0.49	0.41	1.17	380	0.0825	0.0824
	国有转外资	0.2	0	0.41	1.5	3.25	20		
occ1	国有转国有	5.59	2.85	6.05	1.14	2.86	173	0.284	0.73
	国有转民营	5.75	3.17	5.98	0.97	2.58	380	0.8674	0.4816
	国有转外资	4.1	2.25	4.37	1.43	4.07	20		
occ2	国有转国有	0.21	−0.61	19.52	−0.17	2.33	173	0.092	0.01
	国有转民营	0.3	−0.58	20.76	−0.14	1.97	380	0.9549	0.9950
	国有转外资	−0.13	0.66	13.6	0.4	2.2	20		

注：非参数检验 Rank Sum 输出的检验结果是 chi - squared with ties，以及它对应的概率值；参数检验输出的结果是 F 检验，以及它对应的概率值。表 5 − 9 与此相同。

表 5 - 7　是否关联交易下控制权转移动机指标的统计量

variable	是否关联交易	mean	p50	sd	skewness	kurtosis	N	Mann - Whitney Z	ttest t
roa	否	0	0	0.01	- 0.18	2.26	469	- 2.169	- 1.9829
	是	0	0.01	0.01	- 0.42	2.1	104	0.0301	0.0479
roe	否	0	0	0.03	- 0.56	2.91	469	- 1.985	- 1.5214
	是	0.01	0.01	0.03	- 0.64	2.55	104	0.0472	0.1287
turn	否	0.69	0.46	1.73	18.33	373.32	469	- 1.455	- 0.3655
	是	0.76	0.53	0.89	4.3	27.55	104	0.1456	0.7149
cotax	否	0.03	0.01	0.03	1.07	2.86	469	0.683	0.6925
	是	0.02	0.01	0.03	1.27	3.41	104	0.4948	0.4889
tax	否	0.11	0	0.13	0.7	1.89	469	- 1.293	- 0.7725
	是	0.12	0.11	0.13	0.55	1.91	104	0.1961	0.4401
lnco	否	6.03	5.98	0.7	0.34	2.34	469	- 4.636	- 5.3174
	是	6.45	6.47	0.81	- 0.24	1.82	104	0	0
valu	否	1.75	1.07	6.56	14.18	224.17	469	0.427	- 0.3193
	是	1.96	1.06	4.8	5.34	30.35	104	0.6694	0.7496
accu	否	1.63	1.06	4.63	13.71	237.82	469	- 0.467	- 3.609
	是	17.78	1.07	96.72	5.63	32.69	104	0.6405	0.0003
stra	否	0.13	0	0.34	2.2	5.84	469	- 4.441	- 4.5153
	是	0.31	0	0.46	0.83	1.69	104	0.0000	0.0000
em	否	0.42	0	0.49	0.34	1.12	469	0.765	0.7645
	是	0.38	0	0.49	0.52	1.27	104	0.4444	0.4449
occ1	否	6.09	3.4	6.21	0.91	2.36	469	3.442	3.9096
	是	3.6	1.7	4.07	1.58	5.17	104	0.0006	0.0001
occ2	否	1.39	0.66	20.51	- 0.18	2.02	469	2.860	2.8789
	是	- 4.86	- 3.06	17.69	- 0.17	2.51	104	0.0042	0.0041

1. 效率论

（1）总资产净利润率。表 5 - 2 显示了控制权转移动机的基本统计量，其中总资产净利润率的平均值为 0，说明被转移标的上市公司的效率指标偏低，且公司参差不齐，最大值为 0.02，最小值为 - 0.02，说明整体被转让的标的公司良莠不齐，但总体效率偏低。表 5 - 3 表明，担保和不担保的情况下，总资产净利润率的平均值和中位数都是 0，一方面说明控制权转移公司的效率低下，另一方面说明是否担保对总资产净利润率没有影响。表 5 - 4 显示，是同一个省市管辖，与不是同一个省市管辖，总资产净利润率的平均值和中位数都是 0，一方面说明控制权转移公司的效率低下，另一方面说明是否同属管辖对总资产净利润率没有影响。由表 5 - 5 可知，控制权转移后，股权性质发生变化与不发生变化，总资产净利润率的平均值和中位数都是 0，一方面说明控制权转移公司的效率低下，另一方面说明股权性质是否改变对总资产净利润率没有影响。表 5 - 6 显示的是不同控制权转移类型控制权转移动机指标的统计量，我们发现无论是国有转国有，还是国有转民营、国有转外资，其总资产净利润率的偏度是负值，峰度接近于 3，所以我们认为服从正态分布，因此均值比较是以参数检验的 Bartlett's 值为准，既然平均值和中位数都是 0，说明控制权转移公司的效率低下，但是参数检验的 Bartlett's 值为 0.5，P 值为 0.6068，所以控制权的不同转移类型对总资产净利润率没有显著影响。表 5 - 7 显示的是关联交易的影响，我们发现是关联交易和不是关联交易的总资产净利润率平均值均为 0，但是没有关联交易的总资产净利润率的中位数为 0，有关联交易的总资产净利润率的中位数为 0.01，且非参数检验的 Mann - Whitney Z 统计量和参数检验的 ttest t 检验统计量都表明有显著差异。因此，在后面回归的时候，控制不同控制权转移类型和管理交易两个属性变量。

（2）净资产收益率。表 5 - 2 汇报了控制权转移动机的基本统计量，其中净资产收益率的平均值为 0，中位数为 0.01，说明被转移标的上市公司的效率指标仍然偏低，且公司良莠不齐，最大值为 0.05，最小值为 - 0.06，说明整体被转让的标的公司良莠不齐，但总体效率偏低。表 5 - 3 表明，是担保和不是担保的情况下，净资产收益率的平均值都是 0，没有担保公司的中位数为 0.01，有担保公司的中位数为 0，这说明被担保的公司效率更差，且非参数检验的 Mann - Whitney Z 值为 0.97，参数检验的 ttest t 值为 1.65，说明是否担保对净资产收益率没有影响。表 5 - 4 显示，是同一个省市管辖，与不是同一个省市管辖，净资产收益率的平均值都是 0，中位数都是 0.01，一方面说明控制权转移公司的效率低下，另一方面说明是否同属管辖对净资产收益率没有影响。由表 5 - 5 可知，控制权转移后，股权性质发生变化与不发生变化，净资产收益率的平均值都是 0，但是股权性质没有发生变化的公司中位数是 0，股权性质发生变化的公司中位数是 0.01，这说明效率高的公司更愿意发生股权性质变更，间接证明了 "靓女先嫁" 现象，但是非参数检验的 Mann - Whitney Z 值为 - 1.549，P 值为 0.1215；

参数检验的 ttest t 值为 -2.3438，P 值为 0.0194，考虑到 skewness 值接近 0，kurtosis 值接近 3，因而样本服从正态分布，故我们认为股权性质发生变化对净资产收益率有显著影响。表 5-6 显示的是不同控制权转移类型控制权转移动机指标的统计量，国有转国有的净资产收益率平均值为 0，中位数为 0.01；国有转民营的平均值为 0，中位数为 0.01；国有转外资的平均值为 0.01，中位数为 0.02，这说明上市公司倾向于将优质国有资产转移给外资，这与钱先航和曹廷求（2014）[1] 发现的转让给外资企业的股权价最高相匹配，因为是优质优价。但 Rank Sum 和 Bartlett's 统计量的 P 值都大于 0.05，故不同控制权转移类型对净资产收益率没有显著影响。表 5-7 显示的是关联交易的影响，我们发现没有关联交易的净资产收益率平均值和中位数均为 0，有关联交易的平均值和中位数均为 0.01，这说明有关联交易的公司效率偏高，考虑到 skewness 值接近 0，kurtosis 值接近 3，因而样本服从正态分布，故我们以 ttest t 检验统计量为准，因为 t 检验值为 -1.5214，P 值为 0.1287，所以有无关联交易对净资产收益率没有显著影响。因此，在后面回归的时候，只考虑控制权性质是否变化的属性变量。

（3）总资产周转率。表 5-2 显示了控制权转移动机的基本统计量，其中总资产周转率的平均值为 0.71，中位数为 0.48，都没有超过 1，说明被转移标的上市公司的效率指标仍然偏低，且公司良莠不齐，最大值为 36.02，最小值为 0，说明整体被转让的标的公司良莠不齐，但总体效率偏低。表 5-3 表明，没有担保的情况下，总资产周转率的平均值是 0.72，中位数是 0.49；有担保的情况下，总资产周转率的平均值是 0.63，中位数是 0.37，这说明被担保的公司效率更差，且 skewness 值远远高于 0，kurtosis 值远远高于 3，故样本不服从正态分布，所以均值检验以非参数检验的 Mann-Whitney Z 值为准，因为 Mann-Whitney Z 值为 1.998，P 值为 0.0457，故是否担保显著影响总资产周转率。表 5-4 显示，不是同一个省市管辖的总资产周转率的平均值是 0.71，中位数是 0.44；是同一个省市管辖的总资产周转率的平均值是 0.7，中位数是 0.53，说明政府倾向于把效率好的企业留在本省。非参数检验的 Mann-Whitney Z 值和参数检验的 ttest t 值都表明是否同一个省市管辖对总资产周转率没有显著影响。由表 5-5 可知，控制权转移后，股权性质没有发生变化的公司总资产周转率的平均值为 0.68，中位数为 0.48；股权性质发生变化的公司总资产周转率的平均值为 0.72，中位数为 0.48，这说明效率高的公司更愿意发生股权性质变更，间接证明了"靓女先嫁"

---

① 钱先航、曹廷求：《谁获得了国有股权？》，《经济与管理研究》，2014 年第 12 期，第 23-33 页。

现象，但是非参数检验的 Mann – Whitney Z 值和参数检验的 ttest t 值的 P 值都大于 0.05，故我们认为股权性质是否发生变化对总资产周转率没有显著影响。表 5 – 6 显示的是不同控制权转移类型控制权转移动机指标的统计量，国有转国有的总资产周转率平均值为 0.63，中位数为 0.48；国有转民营的平均值为 0.74，中位数为 0.45；国有转外资的平均值为 0.77，中位数为 0.68，这说明上市公司倾向于将优质国有资产转移给外资，且 skewness 值不接近 0，kurtosis 值远远高于 3，故样本不服从正态分布，所以均值检验以非参数检验的 Mann – Whitney Z 值为准，因为 Mann – Whitney Z 值为 5.31，P 值为 0.07，故在 95% 的可信度下，控制权的不同转移类型不影响总资产周转率。表 5 – 7 显示的是关联交易的影响，我们发现没有关联交易的总资产周转率平均值为 0.69，中位数为 0.43，有关联交易的平均值为 0.76，中位数为 0.53，这说明有关联交易的公司效率偏高，且 Mann – Whitney Z 检验和 ttest t 检验均表明是否关联交易不影响总资产周转率。因此，在后面回归的时候，只考虑是否担保的属性变量。

总之，"效率论"的描述性统计发现发生控制权转移的国有股上市公司效率整体偏低，存在"效率低被优先转让"的嫌疑，且被担保公司的效率更差，但效率稍好的公司更趋向于发生股权性质变更，存在"靓女先嫁"的现象，且更趋向于转让给外资企业。

2. 财政论

（1）综合税率。表 5 – 2 显示了控制权转移动机的基本统计量，其中综合税率的平均值为 0.03，中位数为 0.01，说明被转移标的上市公司的宏观效率指标不高，且公司良莠不齐，最大值为 0.09，最小值为 0。表 5 – 3 表明，在没有担保和有担保的情况下，综合税率的平均值都是 0.03，中位数是 0.01，且 Mann – Whitney Z 检验和 ttest t 检验的 P 值都大于 0.05，故是否担保不影响综合税率。表 5 – 4 显示，不是同一个省市管辖的综合税率的平均值是 0.03，中位数是 0.01；是同一个省市管辖的综合税率的平均值是 0.02，中位数是 0.01，说明政府为了扶持本土企业，倾向于"放养育苗"的政策，即减少税收。非参数检验的 Mann – Whitney Z 值和参数检验的 ttest t 值都表明是否同一个省市管辖对综合税率没有显著影响。由表 5 – 5 可知，控制权转移后，股权性质没有发生变化的公司综合税率的平均值为 0.02，中位数为 0.01；股权性质发生变化的公司综合税率的平均值为 0.03，中位数为 0.02，这说明宏观效率高，或者税赋更重的公司更愿意发生股权性质变更，间接证明了"靓女先嫁"现象，但是非参数检验的 Mann – Whitney Z 值和参数检验的 ttest t 值的 P 值都大于 0.05，故我们认为股权性质是否发生变化对综合税率没有显著影响。表5-6显示的是不同控制权转移类型控制权转移动机指标的统计量，国有转国有的综合税率平均值为0.02，中位数为0.01；国有转民营的平均值为0.03，中位数为0.01；国有转外资的平均值为0.02，中位数为0.01，这说明上市公司倾向于将综合税率高的国有资产转移给民企，且非参数检验的Mann-Whitney Z值和参数检验的ttest t值的P值都小于0.05，故控制权的不同转移类型显著影响综合税率。表5-7显示的是关联交易的影响，我们发现没有关联交易的综合税率平均值为0.03，中位数为0.01，有关联交易的平均值为0.02，中位数为0.01，说明有关联交易的公司综合税率偏低，且Mann-Whitney Z检验和ttest t检验的P值都大于0.05，故是否关联交易不影响综合税率。因此，在后面回归的时候，只考虑控制权转移的不同类型的属性变量。

（2）所得税率。表5-2显示了控制权转移动机的基本统计量，其中所得税率的平均值为0.11，中位数为0.01，说明被转移标的上市公司的效率指标仍然偏低，且公司良莠不齐，最大值为36.02，最小值为0，说明整体被转让的标的公司良莠不齐，但总体效率偏低。表5-3表明，没有担保的情况下，所得税率的平均值是0.11，中位数是0.04；有担保的情况下，所得税率的平均值是0.09，中位数是0，这说明被担保的公司所得税率更低，且Mann-Whitney Z检验和ttest t检验的P值都大于0.05，故是否担保不影响所得税率。表5-4显示，不是同一个省市管辖的所得税的平均值是0.1，中位数是0.02；是同一个省市管辖的所得税率的平均值是0.12，中位数是0，且非参数检验的Mann-Whitney Z值和参数检验的ttest t值的P值都大于0.05，故是否同一个省市管辖对所得税率没有显著影响。由表5-5可知，控制权转移后，股权性质没有发生变化的公司所得税率的平均值为0.09，中位数为0；股权性质发生变化的公司所得税率的平均值为0.12，中位数为0.08，这说明所得税率高的公司更愿意发生股权性质变更，也可能是为弥补财政才发生的股权性质变更，但是非参数检验的Mann-Whitney Z值和参数检验的ttest t值的P值都小于0.05，故我们认为股权性质是否发生变化对所得税率有显著影响。表5-6显示的是不同控制权转移类型控制权转移动机指标的统计量，国有转国有的所得税率平均值为0.09，中位数为0；国有转民营的平均值为0.12，中位数为0.05；国有转外资的平均值为0.15，中位数为0.14，这说明上市公司倾向于将所得税率高的优质国有资产转移给外资，且skewness值接近0，kurtosis值接近3，故样本服从正态分布，但Rank Sum和Bartlett's统计量的P值都小于0.05，故在95%的可信度下，控制权的不同转移类型对所得税率有显著影响。表 5 - 7 显示的是关联交易的影响，我们发现没有关联交易的所得税率平均值为 0.11，中位数为 0，有关联交易的平均值为 0.12，中位数为 0.11，这说明有关联交易的公司所得税率偏高，且 Mann - Whitney Z 检验和 ttest t 检验均表明是否关联交易不影响所得税率。因此，在后面回归的时候，只考虑股权性质是否发生变化的属性变量。

（3）财政缺口对数。表 5 - 2 显示了控制权转移动机的基本统计量，其中财政缺口的平均值为 6.11，中位数为 6.01，说明被转移标的上市公司的财政缺口较大，且公司良莠不齐，最大值为 7.42，最小值为 5.04，说明整体被转让的标的公司良莠不齐。表 5 - 3 表明，没有担保的情况下，财政缺口的平均值是 6.08，中位数是 5.98；有担保的情况下，财政缺口的平均值是 6.26，中位数是 6.11，这说明被担保公司的地区财政缺口更大，且非参数检验的 Mann - Whitney Z 值和参数检验的 ttest t 值的 P 值都小于 0.05，故我们认为是否担保对财政缺口有显著影响。表 5 - 4 显示，不是同一个省市管辖的财政缺口的平均值是 6.13，中位数是 6.07；是同一个省市管辖的财政缺口的平均值是 6.08，中位数是 5.98，说明财政缺口越大，地方政府越倾向于把企业转移给外省，且非参数检验的 Mann - Whitney Z 值和参数检验的 ttest t 值都大于 0.05，表明是否同一个省市管辖对财政缺口没有显著影响。由表 5 - 5 可知，控制权转移后，股权性质没有发生变化的公司，地方财政缺口的平均值为 6.42，中位数为 6.33；股权性质发生变化的公司，地方财政缺口的平均值为 5.91，中位数为 5.92，这说明地方财政负担越重，地方政府越不愿意变更股权性质，但是非参数检验的 Mann - Whitney Z 值和参数检验的 ttest t 值的 P 值都小于 0.05，故我们认为股权性质是否发生变化对地方财政缺口有显著影响。表 5 - 6 显示的是不同控制权转移类型控制权转移动机指标的统计量，国有转国有的财政缺口平均值为 5.9，中位数为 5.89；国有转民营的平均值为 6.22，中位数为 6.13；国有转外资的平均值为 5.84，中位数为 5.96，这说明财政缺口越大，上市公司越倾向于将优质国有资产转移给民营企业，且 Mann - Whitney Z 检验和 ttest t 检验的 P 值都小于 0.05，故我们认为控制权转移类型显著影响财政缺口。表 5 - 7 显示的是关联交易的影响，我们发现没有关联交易的财政缺口平均值为 6.03，中位数为 5.98，有关联交易的平均值为 6.45，中位数为 6.47，这说明有关联交易的公司财政缺口偏高，且 Mann - Whitney Z 检验和 ttest t 检验的 P 值都小于 0.05，表明是否关联交易显著影响财政缺口。因此，在后面回归的时候，考虑是否担保、股权性质是否变化、控制权转移类型、是否关联交易的属性变量。

总之，"财政论"的描述性统计发现，发生控制权转移的上市公司综合税率和所得税率整体偏低，但财政缺口数值偏大，存在"财政压力"嫌疑，且综合税率和所得税率高、财政缺口多地区的上市公司更趋向于发生股权性质变更，并将国有资产转给民营企业。

3. 政治论

（1）资本保值增值率。表5－2显示了控制权转移动机的基本统计量，其中资本保值增值率的平均值为1.79，中位数为1.07，说明被转移标的上市公司的资本保值指标仍然偏低，且公司参差不齐，最大值为115.58，最小值为－6.44，说明整体被转移的标的公司良莠不齐。表5－3表明，没有担保的情况下，资本保值增值率的平均值是1.85，中位数是1.07；有担保的情况下，资本保值增值率的平均值是1.5，中位数是1.08，这说明被担保的公司资本增值效果更差，且 Mann－Whitney Z 检验和 ttest t 检验的 P 值都大于0.05，故是否担保不影响资本保值增值率。表5－4显示，不是同一个省市管辖的资本保值增值率的平均值是1.83，中位数是1.07；是同一个省市管辖的资本保值增值率的平均值是1.73，中位数是1.07，这说明政府倾向于把资本保值效果差的企业留在本省。且非参数检验的 Mann－Whitney Z 值和参数检验的 ttest t 值的 P 值都大于0.05，表明是否同一个省市管辖对资本保值增值率没有显著影响。表5－6显示的是不同控制权转移类型控制权转移动机指标的统计量，国有转国有的资本保值增值率平均值为2.68，中位数为1.07；国有转民营的平均值为1.42，中位数为1.07；国有转外资的平均值为0.97，中位数为1.04，这说明上市公司倾向于将资本保值好的优质国有资产转移给国有企业，且非参数检验的 Mann－Whitney Z 值和参数检验的 ttest t 值的 P 值都大于0.05，控制权的不同转移类型不影响资本保值增值率。表5－7显示的是关联交易的影响，我们发现没有关联交易的资本保值增值率平均值为1.75，中位数为1.07，有关联交易的平均值为1.96，中位数为1.06，这说明有关联交易的公司资本保值率偏高，表明是否关联交易不影响资本保值增值率。因此，在后面回归的时候，只考虑控制权的不同转移类型的属性变量。

（2）资本积累率。表5－2显示了控制权转移动机的基本统计量，其中资本积累率的平均值为4.56，中位数为1.07，说明被转移标的上市公司的资本积累指标仍然偏低，且公司良莠不齐，最大值为576.25，最小值为－8.52，说明整体被转让的标的公司良莠不齐。表5－3表明，没有担保的情况下，资本积累率的平均值是5.15，中位数是1.06；有担保的情况下，资本积累率的平均值是1.78，中位数是1.08，这说明被担保的公司资本积累更差，且 Mann－Whitney Z 检验和

ttest t 检验的 P 值都大于 0.05，故是否担保不影响资本积累率。表 5 - 4 显示，不是同一个省市管辖的资本积累率的平均值是 1.8，中位数是 1.07；是同一个省市管辖的资本积累率的平均值是 8.23，中位数是 1.06，说明政府倾向于把资本积累好的企业留在本省，且 Mann - Whitney Z 检验和 ttest t 检验的 P 值都大于 0.05，故在 95% 的可信度下，是否同一个省市管辖对资本积累率没有显著影响。表 5 - 6 显示的是不同控制权转移类型控制权转移动机指标的统计量，国有转国有的资本积累率平均值为 11.74，中位数为 1.06；国有转民营的平均值为 1.48，中位数为 1.07；国有转外资的平均值为 0.97，中位数为 1.04，这说明上市公司倾向于将资本保值好的优质国有资产转移给国有企业，且 skewness 值不接近 0，kurtosis 值远远高于 3，故样本不服从正态分布，所以均值检验以非参数检验的 Mann - Whitney Z 值为准，因为 Mann - Whitney Z 值为 1.87，P 值为 0.39，故在 95% 的可信度下，控制权的不同转移类型不影响资本积累率。表 5 - 7 显示的是关联交易的影响，我们发现没有关联交易的资本积累率平均值为 1.63，中位数为 1.06，有关联交易的平均值为 17.78，中位数为 1.07，这说明有关联交易的公司资本保值更高，且 skewness 值不接近 0，kurtosis 值远远高于 3，故样本不服从正态分布，所以均值检验以非参数检验的 Mann - Whitney Z 值为准，因为 Mann - Whitney Z 值为 - 0.467，P 值为 0.6405，因此是否关联交易不影响资本积累率。因此，在后面回归的时候，不需要考虑控制权转移的属性变量。

（3）是否战略新兴行业。2013 年，党的十八届三中全会《决定》强调，必须毫不动摇地巩固和发展公有制经济，坚持公有制主体地位，发挥国有经济主导作用，不断增强国有经济活力、控制力、影响力。2015 年的《关于深化国有企业改革的指导意见》明确"国有经济布局结构不断优化、主导作用有效发挥"，因此将水、石油、天然气、电力、交通、航空、电信行业界定为战略性行业，其他行业界定为非战略性行业。

从表 5 - 8 来看，是否战略新兴行业的平均值为 0.16，中位数为 0，说明进行国有股权转让的大部分都不属于战略新兴行业，由图 5 - 2 可知，是否战略新兴行业并不服从正态分布。

表 5 - 8　是否战略新兴行业的统计量

variable	N	mean	p50	sd	min	max	skewness	kurtosis
stra	573	0.16	0	0.37	0	1	1.83	4.36

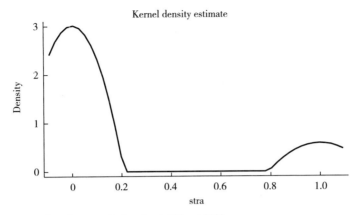

图5－2　是否战略新兴行业核密度分布

表5－9　不同交易特征下的战略新兴行业统计量

variable	N	mean	p50	sd	skewness	kurtosis	Mann – Whitney Z	ttest t
没有担保	473	0.16	0	0.37	1.81	4.26	0.367	0.3667
有担保	100	0.15	0	0.36	1.96	4.84	0.7137	0.714
不是同辖	327	0.15	0	0.36	1.96	4.85	−0.932	−0.9314
是同辖	246	0.18	0	0.38	1.68	3.81	0.3516	0.352
股份性质 不发生变化	223	0.19	0	0.4	1.56	3.42	1.58	1.5823
股份性质 发生变化	350	0.14	0	0.35	2.04	5.17	0.1141	0.1141
不是关联交易	469	0.13	0	0.34	2.2	5.84	−4.441	−4.5153
是关联交易	104	0.31	0	0.46	0.83	1.69	0	0
国有转国有	173	0.2	0	0.4	1.48	3.2	Rank Sum	F
国有转民营	380	0.14	0	0.35	2.08	5.33	4.617	3.7
国有转外资	20	0.25	0	0.44	1.15	2.33	0.0994	0.0253

表5－9表明，没有担保的平均值是0.16，有担保的是0.15，这说明战略新兴行业被担保的概率更小，但是否担保不影响是否为战略新兴行业；不是同辖的平均值为0.15，是同辖的平均值为0.18，说明同一管辖内的上市公司更倾向于

战略新兴行业的国有股权转让；股份性质不发生变化的平均值是 0.19，股份性质发生变化的平均值是 0.14，说明战略新兴行业转让的国有股权倾向于不变更股权性质；不是关联交易的平均值为 0.13，是关联交易的平均值为 0.31，且 Mann – Whitney Z 检验和 ttest t 检验均发现有显著性差异，因此战略新兴行业转让的国有股权倾向于进行关联交易；国有转国有的平均值是 0.2，国有转民营的平均值是 0.14，国有转外资的平均值是 0.25，说明战略性行业转让的国有股权倾向于给外资企业，但在 95% 的可信度下，不同类型转让不存在显著性差异。

总之，"政治论"的描述性统计发现，发生控制权转移的国有股上市公司资本保值率整体偏低，但保值增值和积累率稍好的上市公司更趋向于把国有股权转让给国有股，这似乎与党的十八届三中全会《决定》中以考核国有资本布局、资本保值增值有关，好像也符合"政治论"，后文还需进一步分析。

4. 侵占论

（1）盈余管理。由表 5 – 2 可知，盈余管理的平均值为 0.41，中位数为 0，与石水平（2010）[①] 研究的盈余管理平均值为 0.23，中位数为 0 比较，说明被转移标的上市公司盈余管理问题更加严峻。表 5 – 3 表明，没有担保的情况下，盈余管理的平均值是 0.41，中位数是 0；有担保的情况下，盈余管理的平均值是 0.38，中位数是 0，这说明没有被担保公司的盈余管理问题更严重，且 Mann – Whitney Z 检验和 ttest t 检验的 P 值都大于 0.05，故是否担保不影响盈余管理。表 5 – 4 显示，不是同一个省市管辖的盈余管理的平均值是 0.41，中位数是 0，与是同一个省市管辖的盈余管理值一样，且 Mann – Whitney Z 检验和 ttest t 检验的 P 值都大于 0.05，故在 95% 的可信度下，是否同一个省市管辖对盈余管理没有显著影响。表 5 – 5 显示的是股权性质是否变化，在股权性质不发生变化的情况下，em 的平均值为 0.35，中位数为 0；股权发生变化时，em 的平均值为 0.45，中位数为 0，且 Mann – Whitney Z 检验和 ttest t 检验的 P 值都小于 0.05，故在 95% 的可信度下，股权性质变化对 em 有显著影响。表 5 – 6 显示的是不同控制权转移类型控制权转移动机指标的统计量，国有转国有的盈余管理平均值为 0.45，中位数为 0；国有转民营的平均值为 0.4，中位数为 0；国有转外资的平均值为 0.2，中位数为 0，说明国有股转移给国有公司盈余管理问题更大，且 Mann – Whitney Z 检验和 ttest t 检验的 P 值都大于 0.05，故在 95% 的可信度下，控制权

① 石水平：《控制权转移、超控制权与大股东利益侵占——来自上市公司高管变更的经验证据》，《金融研究》，2010 年第 4 期，第 160 – 176 页。

的不同转移类型不影响盈余管理水平。表 5 - 7 显示的是关联交易的影响，我们发现没有关联交易的盈余管理平均值为 0.42，中位数为 0，有关联交易的平均值为 0.38，中位数为 0，这说明没有关联交易的盈余管理水平更高，且 Mann - Whitney Z 检验和 ttest t 检验的 P 值都大于 0.05，因此是否关联交易不影响盈余管理。

（2）资金占用 1。表 5 - 2 显示了控制权转移动机的基本统计量，其中 ooc1 的平均值为 5.64，中位数为 2.94，且最大值为 18.16，最小值为 0.32，说明整体被转让的标的公司良莠不齐。表 5 - 3 表明，没有担保的情况下，occ1 的平均值是 5.68，中位数是 3.18；有担保的情况下，occ1 的平均值是 5.48，中位数是 1.81，这说明没有被担保的公司资金占用更多，且 Mann - Whitney Z 检验和 ttest t 检验的 P 值都大于 0.05，故是否担保不影响 occ1。表 5 - 4 显示，不是同一个省市管辖的 occ1 的平均值是 6.06，中位数是 3.28；是同一个省市管辖的 occ1 的平均值是 5.08，中位数是 2.61，说明不是同省管辖的公司资金占用问题更大，且 Mann - Whitney Z 检验和 ttest t 检验的 P 值都大于 0.05，故在 95% 的可信度下，是否同省管辖对 occ1 没有显著影响。表 5 - 5 显示的是股权性质是否变化，在股权性质不发生变化的情况下，occ1 的平均值为 4.23，中位数为 1.58；股权发生变化时，occ1 的平均值为 6.54，中位数为 4.27，且 Mann - Whitney Z 检验和 ttest t 检验的 P 值都小于 0.05，故在 95% 的可信度下，股权性质变化对 occ1 有显著影响。表 5 - 6 显示的是不同控制权转移类型控制权转移动机指标的统计量，国有转国有的 occ1 平均值为 5.59，中位数为 2.85；国有转民营的平均值为 5.75，中位数为 3.17；国有转外资的平均值为 4.1，中位数为 2.25，这说明国有股权转让给国有企业的公司资金占用更多，且 Mann - Whitney Z 检验和 ttest t 检验的 P 值都大于 0.05，故在 95% 的可信度下，控制权的不同转移类型不影响 occ1。表 5 - 7 显示的是关联交易的影响，我们发现没有关联交易的 occ1 平均值为 6.09，中位数为 3.4，有关联交易的 occ1 平均值为 3.6，中位数为 1.7，这说明没有关联交易的公司 occ1 更高，且 Mann - Whitney Z 检验和 ttest t 检验的 P 值都小于 0.05，故是否关联交易显著影响 occ1。

（3）资金占用 2。表 5 - 2 显示了控制权转移动机的基本统计量，其中 occ2 的平均值为 0.26，中位数为 - 0.37，且最大值为 31.11，最小值为 - 34.7，说明被转让的标的公司良莠不齐。表 5 - 3 表明，没有担保的情况下，occ2 的平均值是 0.85，中位数是 0.63；有担保的情况下，occ2 的平均值是 - 2.56，中位数是 - 3.26，这说明被担保公司 occ2 更低，且 Mann - Whitney Z 检验和 ttest t 检验的

P 值都大于 0.05，故是否担保不影响 occ2。表 5 - 4 显示，不是同一个省市管辖的 occ2 的平均值是 1.6，中位数是 0.71；是同一个省市管辖的 occ2 的平均值是 - 1.52，中位数是 - 1.75，说明同省管辖 occ2 更低，且 Mann - Whitney Z 检验和 ttest t 检验的 P 值都大于 0.05，故在 95% 的可信度下，是否同一个省市管辖对 occ2 没有显著影响。表 5 - 5 显示的是股权性质是否变化，在股权性质不发生变化的情况下，occ2 的平均值为 - 4.14，中位数为 - 3.08；股权发生变化时，occ2 的平均值为 3.06，中位数为 2.49，且 Mann - Whitney Z 检验和 ttest t 检验的 P 值都小于 0.05，故在 95% 的可信度下，股权性质变化对 occ2 有显著影响。表 5 - 6 显示的是不同控制权转移类型控制权转移动机指标的统计量，国有转国有的 occ2 平均值为 0.21，中位数为 - 0.61；国有转民营的平均值为 0.3，中位数为 - 0.58；国有转外资的平均值为 - 0.13，中位数为 0.66，这说明转移给外资企业的 occ2 更低，且 Rank Sum 和 F 检验的 P 值均大于 0.05，故控制权的不同转移类型不影响 occ2。表 5 - 7 显示的是关联交易的影响，我们发现没有关联交易的 occ2 平均值为 1.39，中位数为 0.66，有关联交易的 occ2 平均值为 - 4.86，中位数为 - 3.06，说明没有关联交易的公司 occ2 更高，且 Mann - Whitney Z 检验和 ttest t 检验的 P 值均小于 0.05，故是否关联交易显著影响 occ2。

（二）控制权转让特征的描述性分析

1. 担保情况

表 5 - 10 显示，没有担保的公司有 473 家，占比 82.55%，其平均值为 0.17，中位数为 0，标准差为 0.38，偏度为 1.72，峰度为 3.94。

表 5 - 10　担保情况的基本统计量

是否担保	Freq.	Percent	N	mean	p50	sd	min	max	skewness	kurtosis
0	473	82.55	573	0.17	0	0.38	0	1	1.72	3.94
1	100	17.45								

2. 同属管辖情况

由表 5 - 11 可知，不是同一管辖的公司有 327 家，占比 57.07%，是同一管辖的公司有 246 家，占比 42.93%，其平均值为 0.43，中位数为 0，标准差为 0.5，偏度为 0.29，峰度为 1.08。

表 5-11　管辖情况的基本统计量

是否同辖	Freq.	Percent	N	mean	p50	sd	min	max	skewness	kurtosis
0	327	57.07	573	0.43	0	0.5	0	1	0.29	1.08
1	246	42.93								

3. 交易后股份性质是否发生变化情况

从表 5-12 来看，交易后股份性质没有发生变化的公司有 223 家，占比 38.92%，交易后股份性质发生变化的公司有 350 家，占比 61.08%，其平均值为 0.61，中位数为 1，标准差为 0.49，偏度为 -0.45，峰度为 1.21。

表 5-12　交易后股份性质变化情况的基本统计量

股份性质是否变化	Freq.	Percent	N	mean	p50	sd	min	max	skewness	kurtosis
0	223	38.92	573	0.61	1	0.49	0	1	-0.45	1.21
1	350	61.08								

4. 控制权转移类型情况

表 5-13 显示，国有转国有的公司有 173 家，占比 30.19%，国有转民营的公司有 380 家，占比 66.32%，国有转外资的公司有 20 家，占比 3.49%，说明大部分国有股份转让给了民营企业，这也比较符合实际中的民营化趋势，与钱先航和曹廷求（2014）[1] 的研究结论类似，但比例变为 30:66:4，民营化比重更加扩大，这与我国一直进行的国有企业产权改革一致。其平均值为 1.73，中位数为 2，标准差为 0.52，偏度为 -0.26，峰度为 2.56。

表 5-13　控制权转移类型的基本统计量

转移类型	Freq.	Percent	N	mean	p50	sd	min	max	skewness	kurtosis
国有转国有	173	30.19	573	1.73	2	0.52	1	3	-0.26	2.56
国有转民营	380	66.32								
国有转外资	20	3.49								

---

[1] 钱先航、曹廷求：《谁获得了国有股权?》,《经济与管理研究》,2014 年第 12 期,第 23-33 页。

由表 5 – 13 还可知,国有股转移给国有企业有 173 家,占比 30.19%,转移给非国有企业有 400 家,占比 69.81%,说明国有股转让对象以非国有企业为主。

5. 是否关联交易

表 5 – 14 表明,没有关联交易的公司有 469 家,占比 81.85%;有关联交易的公司有 104 家,占比 18.15%,说明没有关联交易的占了大多数。其平均值为 0.18,中位数为 0,标准差为 0.39,偏度为 1.65,峰度为 3.73。

表 5 – 14　关联交易情况的基本统计量

是否关联交易	Freq.	Percent	N	mean	p50	sd	min	max	skewness	kurtosis
0	469	81.85	573	0.18	0	0.39	0	1	1.65	3.73
1	104	18.15								

6. 交易相对规模

交易相对规模的平均值为 11.14,中位数为 7.95,标准差为 9.3,偏度为 0.87,峰度为 2.51。

(三) 其他变量的描述性分析

表 5 – 15　其他变量的基本统计量

	variable	N	mean	p50	sd	min	max	skewness	kurtosis
两权分离度	sepr	573	5.15	0	6.75	0	18.59	0.97	2.42
第二大股东	seco	573	0.42	0	0.49	0	1	0.31	1.09
Z 指数	z	573	17.72	2.17	64.2	0.5	698.44	7.7	73.01
终极控制人类型	ctrl	573	1.49	1	0.59	1	3	0.75	2.58
资产负债率	debt	573	0.54	0.55	0.22	0.19	0.9	0	1.97
每股经营活动产生的现金流量净额	cash	573	0.01	0	0.12	−0.21	0.21	−0.09	2.43
期末总资产	asset	573	20.94	20.86	0.8	19.81	22.2	0.16	1.75
总资产增长率	assrate	573	0.18	0.06	0.83	−0.93	13.98	10.95	158.98
市场化水平	mark	573	7.27	7.34	1.68	4.69	9.63	−0.07	1.68

由表 5 – 15 可知,两权分离度的平均值为 5.15,说明所有权与现金流权相差

5.15 个百分点，中位数为 0，标准差为 6.75，偏度为 0.97，峰度为 2.42。第二大股东持股比例超过 5% 的平均值为 0.42，中位数为 0，说明绝大多数第二大股东持股比例没有超过 5%，按照张文魁的说法，不是积极股东。Z 指数的平均值为 17.72，中位数为 2.17，说明第一大股东持股相对较大，有可能存在"一股独大"的问题。终极控制人类型的平均值为 1.49，中位数为 1，说明政府是终极控制人的占了多数。资产负债率的平均值为 0.54，中位数为 0.55，负债水平在合理区间。每股经营活动产生的现金流量净额的平均值为 0.01，中位数为 0，说明现金能力相对较弱。期末总资产的平均值为 20.94，中位数为 20.86，最小值为 19.81，最大值为 22.2，说明分布比较集中。总资产增长率平均值为 0.18，中位数为 0.06，标准差为 0.83，最小值为 -0.93，最大值为 13.98，说明企业之间差异很大，良莠不齐。市场化水平的平均值为 7.27，中位数为 7.34。

三、控制权转移的实证分析

（一）方法介绍

1. 有序多分类的 Logistic 回归模型

当结果变量为有序分类结果，如问卷调查的顾客满意度为"不满意、较不满意、一般、较满意、满意"，临床疗效的"无效、好转、显效、治愈"，就要考虑结果的有序性。若将其按照连续性变量拟合回归模型显然不适宜，而如果切分成两分类变量又会损失大量信息，此时应当使用有序结果的 Logistic 回归加以分析（陈峰，2013）[①]。

设结果变量 y 为 k 个等级的有序变量，k 个等级分别用 1，2，…，k 表示。$x^T = (x_1, x_2, \cdots, x_p)$ 为自变量。记等级为 $j(j=1, 2, \cdots, k)$ 的概率为：$P(y = j \mid x)$，则等级小于等于 $j(j=1, 2, \cdots, k)$ 的概率为：

$$P(y \leqslant j \mid x) = P(y = 1 \mid x) + \cdots + P(y = j \mid x) \tag{5.2}$$

称为等级小于等于 j 的累计概率，故等级大于 j 的累计概率表示为 $P(y > j \mid x)$，且

$$\text{logit}P_j = \text{logit}[P(y>j \mid x)] = \ln \frac{p(y>j \mid x)}{1 - p(y>j \mid x)}, \ j=1, 2, \cdots, k-1 \tag{5.3}$$

或者记为：

---

① 陈峰：《现代医学统计方法与 Stata 应用（第二版）》，中国统计出版社 2013 年版。

$$P(y \leqslant j \mid x) = \frac{1}{1 + \exp(-\alpha_j + \sum_{i=1}^{p} \beta_i x_i)} \qquad (5.4)$$

实际上，该模型是依次将 k 个等级人为地分为两类：$\{1, \cdots, j\}$ 与 $\{j + 1, \cdots, k\}$，在这两类的基础上定义的 logit 表示属于后 $k-j$ 个等级的累计概率与前 j 个等级的累计概率之比的对数，故称为累计比数模型。对于任一 j，logit$P$ 是自变量的线性函数，在模型中一共有 $(k-1) + p$ 个参数，α_j 和 β_i 为待估参数，回归系数 β_i 的大小与切分点 j 无关，α_j 解释变量均为 0 时，在某一固定的 j 下的两类不同概率之比的对数值，故有：

$$\alpha_1 < \alpha_2 < \cdots < \alpha_k$$

且可得每类有序结果的 Logistic 回归概率为：

$$\begin{aligned} P(y = j \mid x) &= P(y \leqslant j \mid x) - P(y \leqslant j - 1 \mid x) \\ &= P(-\alpha_j + \sum_i \beta_i x_i \leqslant \mu \leqslant -\alpha_{j-1} + \sum_i \beta_i x_i) \\ &= \frac{1}{1 + \exp(-\alpha_j + \sum_{i=1}^{p} \beta_i x_i)} - \frac{1}{1 + \exp(-\alpha_{j-1} + \sum_{i=1}^{p} \beta_i x_i)} \end{aligned}$$

$$(5.5)$$

其中，$j = 1, 2, \cdots, K$，α_0 定义为 $-\infty$，α_k 定义为 $+\infty$。

当其他变量不变时，x_i 的两个不同取值水平为 a，b，其优势比（Odds ratio）为：

$$OR = \exp[\beta_i(b-a)]$$

可见，OR 值与 α_j 无关，回归系数 β_i 表示自变量 x_i 每改变一个单位，y 值提高一个及一个以上等级之优势比的对数值。

2. 二分类的 Logistic 回归模型

在实际工作中，我们经常遇到这样的问题：买房与不买房、疾病治愈与没有治愈、药品合格与不合格、企业破产与不破产、银行贷款违约与不违约等二分类问题。若记，$Y = \begin{cases} 1 & \text{如果违约} \\ 0 & \text{如果不违约} \end{cases}$，因为因变量只能取 0 和 1 两个值，若构建 $Y = \beta_0 + \beta_1 X_1 + \cdots + \beta_p X_p + \varepsilon$ 的多元回归模型，这为估计带来了许多问题，如误差项不满足正态且异方差，另外模型左边可能超过 1 或小于 0 等，这些问题使得通常的 OLS 法不再适用这类问题的参数估计，但这类问题又比较常见，实践中人们通常选用逻辑斯蒂函数（Logistic）进行参数估计。

逻辑斯蒂函数是由美国学者皮尔和瑞德（Robert B. Pearl 和 Lowell J. Reed）

在研究果蝇的繁殖中提出的, 其一般表达式为:

$$p = \frac{1}{1 + \exp(-z)} \quad -\infty < z < \infty \tag{5.6}$$

由于 $1 - p = \dfrac{1}{1 + \exp(z)}$, 所以 $\dfrac{p}{1-p} = \dfrac{1 + \exp(z)}{1 + \exp(-z)} = \exp(z)$, 两边取自然对数

得到: $\ln\left(\dfrac{p}{1-p}\right) = z$。

令 $z = \beta_0 + \beta_1 X_1 + L + \beta_p X_p$, $L = \ln\left(\dfrac{p}{1-p}\right)$, 称为对数单位, 而 $\dfrac{p}{1-p}$ 称为机会比率, 即有利于出现某一状态的机会大小 (比如违约)。则:

$$L = \beta_0 + \beta_1 X_1 + L + \beta_p X_p \tag{5.7}$$

式 (5.7) 为逻辑斯蒂回归模型, 有时也称为对数单位模型。通过这种变换, 就使得因变量的取值范围从原来的 (0, 1) 扩展到了 $LogitP$ 的整个实数范围, 使得预测结果有了实用价值。回归系数 β_i 表示自变量 x_i 每改变一个单位, y 值提高一个及一个以上等级之优势比的对数值。

(二) 实证分析

1. 有序多分类的 Logistic 回归结果

$$记\ y = type = \begin{cases} 1 & 国有股转移给国有企业 \\ 2 & 国有股转移给民营企业 \\ 3 & 国有股转移给外资企业 \end{cases}$$

(1) "效率论"的实证分析。由表 5 - 16 可知, roe 的系数为负值, 但没有通过检验, 因此我们不予考虑。但 roa、turn 的系数显著为正, 这说明企业效率的提高, 增加了国有股转换为民营企业、外资企业的概率比值。因为伪 R^2 的值分别为 0.485、0.483, 说明模型拟合程度较好, 且 roa、turn 的 OR 值输出结果分别为 3.24e + 15、1.271964, 说明国有股转换为其他类型企业是转换为国有股的 3.24e + 15 倍、1.271964 倍, 说明效率越高, 国有股控制权转换成国有股的概率越低, 不符合 "效率论", 反倒符合 "靓女先嫁" 的理论。

表 5 - 16　"效率论" 的有序回归结果

Variable	ologit1	ologit2	ologit3
type			
roa	35.714 ***		

续表

Variable	ologit1	ologit2	ologit3
roe		− 5. 978	
turn			0. 241 *
assu	1. 507 ***	1. 488 ***	1. 668 ***
prov	− 1. 314 ***	− 1. 159 ***	− 1. 178 ***
char	4. 358 ***	4. 289 ***	4. 352 ***
rela	0. 730 **	0. 756 **	0. 764 **
scal	0. 014	0. 019	0. 015
sepr	− 0. 005	− 0. 008	− 0. 004
seco	0. 127	0. 203	0. 228
z	0	− 0. 001	0
ctrl			
2	1. 172 ***	1. 225 ***	1. 173 ***
3	3. 743 ***	3. 877 ***	3. 963 ***
debt	0. 97	0. 315	0. 162
cash	− 0. 256	− 0. 304	− 0. 334
asset	0. 234	0. 439 **	0. 391 **
assrate	− 0. 729 ***	− 0. 700 ***	− 1. 110 ***
mark	0. 343 ***	0. 404 ***	0. 400 ***
hydm2			
2	− 1. 609	− 1. 398	− 1. 75
3	− 1. 376	− 1. 205	− 1. 266
4	− 3. 328 ***	− 2. 892 **	− 3. 030 **
5	− 3. 351 *	− 3. 100 *	− 2. 910 *
6	− 2. 322 *	− 1. 947 *	− 2. 219 *
7	− 1. 154	− 0. 849	− 0. 849
8	− 2. 152	− 2. 185	− 2. 214
9	− 2. 18	− 1. 567	− 0. 813
10	1. 085	1. 328	1. 343
11	− 1. 855	− 1. 696	− 1. 677
12	− 0. 529	− 0. 315	− 0. 42
13	− 0. 683	− 1. 054	− 0. 925
14	− 2. 289	− 2. 261	− 2. 392

续表

Variable	ologit1	ologit2	ologit3
15	− 0. 308	− 0. 21	− 0. 199
16	1. 661	2. 101	2. 055
area			
2	1. 356 ***	1. 426 ***	1. 422 ***
3	0. 839 *	1. 023 **	1. 088 **
year	0. 399 ***	0. 360 ***	0. 373 ***
cut1			
_ cons	808. 841 ***	736. 458 ***	761. 284 ***
cut2			
_ cons	816. 147 ***	743. 819 ***	768. 749 ***
Statistics			
N	573	573	573
ll	− 221. 654	− 225. 165	− 222. 323
chi2	417. 41	410. 386	416. 07
r2_ p	0. 485	0. 477	0. 483

注: ＊表示 p < 0.1；＊＊表示 p < 0.05；＊＊＊表示 p < 0.01，全文同此。

（2）"财政论"的实证分析。由表 5 – 17 显示的"财政论"结果可知，tax、lnco 的系数没有通过检验，因此我们不予考虑。又因为 cotax 的系数显著为正，说明企业综合税率的提高，增加了国有股转换为其他股权的概率比值。因为伪 R^2 的值为 0.48，说明模型拟合程度较好，且 cotax 的 *OR* 值输出结果为 65358.39，说明国有股转换为其他类型企业是国有股的 65358.39 倍，也即综合税率越高，国有股控制权转换成其他股的概率越高，不符合"财政论"。

表 5 – 17 "财政论"的有序回归结果

Variable	ologit4	ologit5	ologit6
type			
cotax	11. 088 *		
tax		0. 876	
lnco			0. 286
assu	1. 516 ***	1. 510 ***	1. 571 ***

Variable	ologit4	ologit5	ologit6
prov	− 1. 181 ***	− 1. 202 ***	− 1. 178 ***
char	4. 290 ***	4. 235 ***	4. 264 ***
rela	0. 801 **	0. 757 **	0. 726 **
scal	0. 021	0. 018	0. 018
sepr	− 0. 002	− 0. 004	− 0. 004
seco	0. 125	0. 208	0. 236
z	− 0. 001	0	− 0. 001
ctrl			
2	1. 166 ***	1. 178 ***	1. 152 ***
3	3. 846 ***	3. 848 ***	3. 934 ***
debt	0. 596	0. 493	0. 381
cash	− 0. 5	− 0. 353	− 0. 453
asset	0. 314	0. 333 *	0. 356 *
assrate	− 0. 705 ***	− 0. 693 ***	− 0. 681 ***
mark	0. 368 ***	0. 382 ***	0. 403 ***
hydm2			
2	− 1. 569	− 1. 495	− 1. 373
3	− 1. 369	− 1. 317	− 1. 153
4	− 3. 116 **	− 3. 096 **	− 2. 915 **
5	− 3. 490 **	− 3. 278 *	− 3. 061 *
6	− 2. 110 *	− 2. 185 *	− 1. 953
7	− 1. 061	− 1. 015	− 0. 788
8	− 2. 146	− 2. 142	− 2. 063
9	− 2. 044	− 1. 916	− 1. 772
10	0. 941	1. 223	1. 388
11	− 2. 028 *	− 1. 798	− 1. 612
12	− 0. 477	− 0. 417	− 0. 34
13	− 1. 437	− 1. 021	− 0. 876
14	− 2. 436 *	− 2. 382	− 2. 313
15	− 0. 247	− 0. 28	0. 01
16	1. 69	1. 834	2. 173
area			

续表

Variable	ologit4	ologit5	ologit6
2	1. 377 ***	1. 405 ***	1. 294 ***
3	0. 874 *	0. 996 **	0. 955 *
year	0. 365 ***	0. 369 ***	0. 328 ***
cut1			
_ cons	743. 857 ***	751. 166 ***	672. 503 ***
cut2			
_ cons	751. 140 ***	758. 473 ***	679. 878 ***
Statistics			
N	573	573	573
ll	− 223. 89	− 225. 391	− 225. 286
chi2	412. 936	409. 934	410. 145
r2_ p	0. 48	0. 476	0. 477

（3）"政治论"的实证分析。表 5 - 18 输出的是"政治论"的有序回归结果，因为 valu、accu、stra 与转移类型正相关，虽然系数均没有通过检验，但是也能表明 valu、accu、stra 越高，国有股转换为其他类型企业的概率越大，故国有股控制权转移不符合"政治论"。

表 5 - 18　"政治论"的有序回归结果

Variable	ologit7	ologit8	ologit9
type			
valu	0. 074		
accu		0. 074	
stra			0. 189
assu	1. 528 ***	1. 528 ***	1. 537 ***
prov	− 1. 167 ***	− 1. 167 ***	− 1. 173 ***
char	4. 255 ***	4. 255 ***	4. 230 ***
rela	0. 750 **	0. 750 **	0. 726 **
scal	0. 02	0. 02	0. 018
sepr	− 0. 005	− 0. 005	− 0. 005
seco	0. 213	0. 213	0. 206

续表

Variable	ologit7	ologit8	ologit9
z	− 0. 001	− 0. 001	0
ctrl			
2	1. 195 ***	1. 195 ***	1. 177 ***
3	3. 903 ***	3. 903 ***	3. 899 ***
debt	0. 454	0. 454	0. 425
cash	− 0. 278	− 0. 278	− 0. 383
asset	0. 377 **	0. 377 **	0. 377 **
assrate	− 0. 702 ***	− 0. 702 ***	− 0. 702 ***
mark	0. 375 ***	0. 375 ***	0. 379 ***
hydm2			
2	− 1. 407	− 1. 407	− 1. 429
3	− 1. 234	− 1. 234	− 1. 283
4	− 3. 003 **	− 3. 003 **	− 3. 161 **
5	− 3. 183 *	− 3. 183 *	− 3. 203 *
6	− 2. 045 *	− 2. 045 *	− 2. 034 *
7	− 0. 892	− 0. 892	− 0. 992
8	− 2. 19	− 2. 19	− 2. 21
9	− 1. 822	− 1. 822	− 1. 789
10	1. 298	1. 298	1. 279
11	− 1. 709	− 1. 709	− 1. 724
12	− 0. 338	− 0. 338	− 0. 364
13	− 1. 002	− 1. 002	− 0. 995
14	− 2. 31	− 2. 31	− 2. 366
15	− 0. 177	− 0. 177	− 0. 191
16	2. 025	2. 025	1. 983
area			
2	1. 383 ***	1. 383 ***	1. 407 ***
3	0. 964 *	0. 964 *	0. 985 **
year	0. 365 ***	0. 365 ***	0. 364 ***
cut1			
_ cons	745. 025 ***	744. 951 ***	742. 241 ***
cut2			

续表

Variable	ologit7	ologit8	ologit9
_ cons	752. 389 ***	752. 314 ***	749. 590 ***
Statistics			
N	573	573	573
ll	− 225. 349	− 225. 349	− 225. 667
chi2	410. 018	410. 018	409. 383
r2_ p	0. 476	0. 476	0. 476

（4）"侵占论"。从表 5 – 19 可以看出，em、occ1 没有通过参数检验，但 occ2 通过了参数检验，且系数显著为负，说明随着 occ2 的上升，降低了国有股转换为其他类型企业的概率，增加了国有股转移为国有股的概率，符合"侵占论"。

表 5 – 19　"侵占论"的有序回归结果

Variable	ologit10	ologit11	ologit12
type			
em	− 0. 298		
occ1		− 0. 01	
occ2			− 0. 013 *
assu	1. 550 ***	1. 527 ***	1. 516 ***
prov	− 1. 181 ***	− 1. 176 ***	− 1. 200 ***
char	4. 223 ***	4. 231 ***	4. 267 ***
rela	0. 738 **	0. 742 **	0. 747 **
scal	0. 02	0. 018	0. 016
sepr	− 0. 005	− 0. 004	− 0. 005
seco	0. 226	0. 211	0. 225
z	0	− 0. 001	− 0. 001
ctrl			
2	1. 179 ***	1. 195 ***	1. 266 ***
3	3. 890 ***	3. 909 ***	3. 989 ***
debt	0. 323	0. 493	0. 145

续表

Variable	ologit10	ologit11	ologit12
cash	− 0. 429	− 0. 464	− 0. 616
asset	0. 394 **	0. 367 *	0. 394 **
assrate	− 0. 718 ***	− 0. 696 ***	− 0. 732 ***
mark	0. 391 ***	0. 386 ***	0. 404 ***
hydm2			
2	− 1. 374	− 1. 419	− 1. 385
3	− 1. 336	− 1. 252	− 1. 138
4	− 2. 993 **	− 2. 972 **	− 2. 902 **
5	− 3. 212 *	− 3. 211 *	− 3. 187 *
6	− 2. 052 *	− 2. 016 *	− 1. 988 *
7	− 0. 99	− 0. 892	− 0. 726
8	− 2. 13	− 2. 259	− 2. 443
9	− 1. 918	− 1. 857	− 1. 744
10	1. 164	1. 248	1. 382
11	− 1. 796	− 1. 687	− 1. 782
12	− 0. 363	− 0. 363	− 0. 251
13	− 1. 204	− 0. 938	− 0. 702
14	− 2. 513 *	− 2. 356	− 2. 319
15	− 0. 257	− 0. 181	− 0. 068
16	1. 995	2. 019	1. 998
area			
2	1. 470 ***	1. 425 ***	1. 494 ***
3	1. 059 **	0. 989 **	1. 042 **
year	0. 354 ***	0. 359 ***	0. 350 ***
cut1			
_ cons	723. 082 ***	732. 528 ***	714. 125 ***
cut2			
_ cons	730. 475 ***	739. 866 ***	721. 530 ***
Statistics			
N	573	573	573

续表

Variable	ologit10	ologit11	ologit12
ll	− 225. 216	− 225. 672	− 224. 014
chi2	410. 285	409. 373	412. 688
r2_ p	0. 477	0. 476	0. 479

由表 5 – 16 ～ 表 5 – 19 可知，assu 表示担保情况，它一直与因变量正相关，说明有担保的情形，显著提高了优势比的对数值，也即提高了国有股转移为其他类型股权的概率，这是因为银行已经从计划经济时代转换为独立自主的商业企业，所以在有担保的情况下，银行并不区分所有制的差异，基于追求利润最大化的角度，银行更趋向于将国有股权转让给有担保类型的企业，间接提高了国有股转移为其他类型企业的概率，这可能是在当前反腐形势下，银行怕承担国有控制权转移过程中国有资产流失的风险，而采取的自保行为。

prov 表示同属管辖，其中，1 = 是，0 = 否；assrate 表示发展能力，从表 5 – 16 ～ 表 5 – 19 可以看出，它们与 type 显著负相关，说明越是同属管理，企业发展能力越强，越降低优势比的对数值，也即提高了国有股转移为国有股的概率，这是因为在当前反腐严峻的形势下，不论是国企高管，还是该企业对应的终极管理人的政府，都害怕承担国有资产流失的罪名，但在同一省内国有股转移为国有股，一是"肉烂在锅里"，不存在国有资产流失问题，二是同一个省内，政府好控制转移对象的选择。

char 表示交易后股份性质是否发生变化，其中，1 = 是，0 = 否；asset 表示公司规模，由表 5 – 16 ～ 表 5 – 19 可知，它与 type 显著正相关，说明股份性质变化和公司规模越大，越能提高优势比的对数值，也即降低了国有股转移为国有股的概率，说明企业高管和政府部门倾向于将国有股权转让为非国有股。

rela 代表是否关联交易，1 = 是，0 = 否，从表 5 – 16 ～ 表 5 – 19 可以看出，它与 type 显著正相关，说明关联交易越高，发展能力越强，越能提高优势比的对数值，也即增加了国有股转移为非国有股的概率。

mark 表示市场化指数，由表 5 – 16 ～ 表 5 – 19 可知，它与 type 显著正相关，说明市场化程度越高，越能提高优势比的对数值，也即增加了国有股转移为非国有股的概率。

scal、sepr、seco、z、debt 分别代表交易相对规模、两权分离度、第二大股东股权是否超过 5%、Z 指数、资产负债率，它们都与 type 不显著，说明它们不影响国有股控制权的转移。

ctrl 表示终极控制人类型,从表 5 – 16 ~ 表 5 – 19 可以看出,它与 type 显著正相关,说明终极控制人是民企或者外企,能提高优势比的对数值,也即增加了国有股转移为非国有股的概率。

hydm 表示行业虚变量,从表 5 – 16 ~ 表 5 – 19 可以看出,它们大多数不和 type 相关,说明行业不是影响国有企业股权转移的主要因素。area 表示地区虚拟变量,从表 5 – 16 ~ 表 5 – 19 可以看出,中部地区 area2 和西部地区 area3 都与 type 正相关,说明中西部地区更趋向于增加优势比的对数值,也即提高了国有股转移为非国有股的概率。year 表示年份虚拟变量,从表 5 – 16 ~ 表 5 – 19 可以看出,它与 type 显著正相关,说明 2013 年后提高了优势比的对数值,也即增加了国有股转移为非国有股的概率。

2. 二分类的 Logistic 回归结果

记 $y = \begin{cases} 1 & \text{国有股转移给国有企业} \\ 0 & \text{国有股转移给非国有企业} \end{cases}$

(1)"效率论"的实证分析。从表 5 – 20 可以看出,roa、roe、turn 均没有通过显著性检验,故不符合"效率论"。

表 5 – 20　效率论的二分类回归结果

Variable	logit1	logit2	logit3
roa	– 21. 94		
roe		0. 77	
turn			– 0. 33
assu	– 1. 83 ***	– 1. 79 ***	– 2. 03 ***
prov	1. 34 ***	1. 27 ***	1. 28 ***
char	– 5. 26 ***	– 5. 32 ***	– 5. 47 ***
rela	– 0. 01	0. 02	0
scal	0. 02	0. 02	0. 02
sepr	0. 04	0. 04	0. 05
seco	– 0. 08	– 0. 09	– 0. 16
z	0	0	0
ctrl			
2	– 2. 99 ***	– 3. 01 ***	– 3. 04 ***

续表

Variable	logit1	logit2	logit3
3	-4.11^{***}	-4.12^{***}	-4.03^{***}
debt	1.22	1.55^{*}	1.76^{*}
cash	0.69	0.81	0.75
asset	-0.3	-0.41	-0.39
assrate	0.63^{**}	0.61^{**}	1.32^{***}
mark	-0.30^{*}	-0.35^{**}	-0.33^{**}
hydm2			
2	2.05	1.96	2.28
3	1.71	1.58	1.53
4	3.85^{**}	3.63^{**}	3.59^{**}
5	5.14^{*}	5.21^{*}	4.84^{*}
6	2.22	2.03	2.17
7	1.04	0.82	0.6
8	(empty)	(empty)	(empty)
9	3.43	3.2	2.56
10	0.77	0.4	0.24
11	1.8	1.75	1.49
12	-0.38	-0.46	-0.49
13	0.88	1.16	0.9
14	3.65^{*}	3.63^{*}	3.43
15	(empty)	(empty)	(empty)
16	0.19	0.04	-0.17
area			
2	-1.36^{**}	-1.43^{**}	-1.42^{**}
3	-1.19^{*}	-1.25^{*}	-1.25^{*}
year	-0.77^{***}	-0.76^{***}	-0.77^{***}
_ cons	1547.80^{***}	1528.78^{***}	1546.86^{***}
N	563	563	563
ll	-126.56	-127.28	-124.67
chi2	441.53	440.09	445.31
r2_ p	0.64	0.63	0.64

（2）"财政论"的实证分析。从表 5 - 21 可以看出，cotax、tax、lnco 均没有通过显著性检验，但与 logit 机会比率的对数值负相关，即降低了国有股转换为国有股的概率，因而也不符合"财政论"。

表 5 - 21 财政论的二分类回归结果

Variable	logit4	logit5	logit6
cotax	- 10. 41		
tax		- 0. 77	
lnco			- 0. 09
assu	- 1. 80 ***	- 1. 78 ***	- 1. 80 ***
prov	1. 28 ***	1. 29 ***	1. 28 ***
char	- 5. 31 ***	- 5. 31 ***	- 5. 33 ***
rela	0. 02	0. 02	0. 02
scal	0. 02	0. 02	0. 02
sepr	0. 04	0. 04	0. 04
seco	- 0. 02	- 0. 1	- 0. 09
z	0	0	0
ctrl			
2	- 3. 02 ***	- 3. 01 ***	- 2. 98 ***
3	- 4. 26 ***	- 4. 15 ***	- 4. 14 ***
debt	1. 54 *	1. 5	1. 56 *
cash	1. 05	0. 79	0. 86
asset	- 0. 35	- 0. 37	- 0. 4
assrate	0. 60 **	0. 59 **	0. 60 **
mark	- 0. 35 **	- 0. 34 **	- 0. 35 **
hydm2			
2	2. 04	2. 06	1. 94
3	1. 73	1. 66	1. 55
4	3. 82 **	3. 77 **	3. 62 **
5	5. 57 **	5. 29 *	5. 17 *
6	2. 15	2. 18	2. 02
7	1. 01	0. 93	0. 79
8	（empty）	（empty）	（empty）

Variable	logit4	logit5	logit6
9	3.62	3.35	3.23
10	1.08	0.51	0.38
11	2.05	1.83	1.72
12	−0.31	−0.42	−0.48
13	1.53	1.16	1.1
14	3.92*	3.72*	3.64*
15	（empty）	（empty）	（empty）
16	0.32	0.11	0.02
area			
2	−1.40**	−1.41**	−1.39**
3	−1.26*	−1.25*	−1.23*
year	−0.77***	−0.76***	−0.74***
_cons	1560.69***	1539.14***	1504.79***
N	563	563	563
ll	−126.42	−127.12	−127.25
chi2	441.8	440.4	440.13
r2_p	0.64	0.63	0.63

（3）"政治论"的实证分析。从表5-22可以看出，valu、accu 与 yes 显著
负相关，说明随着 valu、accu 的增加，降低了 logit 机会比率的对数值，即降低了
国有股转换为国有股的概率，且 *OR* 值均为 0.8160258 和 0.8160258，说明国有
股权转换成国有股权的概率降低了 0.8160258 倍，不符合"政治论"。

表5-22　政治论的二分类回归结果

Variable	logit7	logit8	logit9
valu	−0.20*		
accu		−0.20*	
stra			0.96
assu	−1.81***	−1.81***	−1.79***
prov	1.27***	1.27***	1.32***
char	−5.44***	−5.44***	−5.38***

续表

Variable	logit7	logit8	logit9
rela	0	0	− 0. 04
scal	0. 02	0. 02	0. 02
sepr	0. 04	0. 04	0. 05
seco	− 0. 07	− 0. 07	− 0. 13
z	0	0	0
ctrl			
2	− 3. 11 ***	− 3. 11 ***	− 3. 15 ***
3	− 4. 24 ***	− 4. 24 ***	− 4. 21 ***
debt	1. 66 *	1. 66 *	1. 60 *
cash	0. 5	0. 5	0. 71
asset	− 0. 41	− 0. 41	− 0. 44 *
assrate	0. 57 **	0. 57 **	0. 62 **
mark	− 0. 33 **	− 0. 33 **	− 0. 39 **
hydm2			
2	1. 83	1. 83	1. 9
3	1. 4	1. 4	1. 47
4	3. 57 **	3. 57 **	2. 81
5	5. 10 *	5. 10 *	5. 35 **
6	1. 94	1. 94	2. 08
7	0. 65	0. 65	0. 44
8	(empty)	(empty)	(empty)
9	3. 11	3. 11	3. 35
10	0. 3	0. 3	0. 46
11	1. 59	1. 59	1. 81
12	− 0. 69	− 0. 69	− 0. 46
13	1	1	1. 2
14	3. 48 *	3. 48 *	3. 71 *
15	(empty)	(empty)	(empty)
16	− 0. 16	− 0. 16	0. 09
area			
2	− 1. 34 **	− 1. 34 **	− 1. 50 ***
3	− 1. 22 *	− 1. 22 *	− 1. 33 **

续表

Variable	logit7	logit8	logit9
year	− 0.78 ***	− 0.78 ***	− 0.77 ***
_ cons	1570.37 ***	1570.17 ***	1559.03 ***
N	563	563	563
ll	− 125.59	− 125.59	− 126.06
chi2	443.45	443.45	442.53
r2_ p	0.64	0.64	0.64

（4）"侵占论"的实证分析。从表5 – 23 可以看出，em、occ2 与 yes 显著正相关，说明随着的 em、occ2 增加，提高了 logit 机会比率的对数值，即增加了国有股转换为国有股的概率，且 OR 值分别为 1.123932 和 1.008922，说明国有股权转换成国有股权的概率提高了 1.123932 倍和 1.008922 倍，符合"侵占论"。

表5 – 23　侵占论的二分类回归结果

Variable	logit10	logit11	logit12
em	0.12 *		
occ1		− 0.02	
occ2			0.01 *
assu	− 1.80 ***	− 1.80 ***	− 1.78 ***
prov	1.27 ***	1.27 ***	1.28 ***
char	− 5.30 ***	− 5.32 ***	− 5.34 ***
rela	0.04	0	0.02
scal	0.02	0.02	0.02
sepr	0.04	0.04	0.04
seco	− 0.1	− 0.09	− 0.07
z	0	0	0
ctrl			
2	− 3.01 ***	− 2.97 ***	− 3.09 ***
3	− 4.13 ***	− 4.09 ***	− 4.24 ***
debt	1.62 *	1.68 *	1.61 *
cash	0.85	0.63	1.09
asset	− 0.41	− 0.44 *	− 0.41

续表

Variable	logit10	logit11	logit12
assrate	0. 61 **	0. 62 **	0. 66 **
mark	− 0. 35 **	− 0. 35 **	− 0. 35 **
hydm2			
2	1. 96	1. 93	1. 94
3	1. 61	1. 57	1. 53
4	3. 64 **	3. 67 **	3. 58 **
5	5. 21 **	5. 27 *	5. 28 *
6	2. 03	2. 08	2
7	0. 88	0. 87	0. 76
8	（empty）	（empty）	（empty）
9	3. 29	3. 07	3. 31
10	0. 48	0. 45	0. 39
11	1. 77	1. 84	1. 77
12	− 0. 42	− 0. 55	− 0. 47
13	1. 22	1. 27	0. 9
14	3. 72 *	3. 63 *	3. 71 *
15	（empty）	（empty）	（empty）
16	0. 07	0. 17	− 0. 04
area			
2	− 1. 45 **	− 1. 39 **	− 1. 46 **
3	− 1. 27 *	− 1. 27 *	− 1. 27 *
year	− 0. 75 ***	− 0. 77 ***	− 0. 75 ***
_ cons	1524. 04 ***	1549. 03 ***	1513. 92 ***
N	563	563	563
ll	− 127. 23	− 127. 07	− 126. 83
chi2	440. 17	440. 49	440. 97
r2_ p	0. 63	0. 63	0. 63

assu、char、asset、mark 与 yes 显著负相关，说明随着它们的增加，降低了 logit 机会比率的对数值，亦即降低了国有股转换为国有股的概率，也就是增加了国有股转换为非国有股的概率。prov、debt、assrate 与 yes 显著正相关，说明随着

它们取值的增加，提高了 logit 机会比率的对数值，即增加了国有股转换为国有股的概率。rela、scal、sepr、seco、z、cash 没有通过检验，说明它们不是影响 yes 的主要因素。

ctrl 表示终极控制人类型，由表 5 – 20 ~ 表 5 – 23 可知，它与 yes 显著正相关，说明终极控制人是民企或者外企，能提高优势比的对数值，也即增加了国有股转移为非国有股的概率。

hydm 表示行业虚变量，从表 5 – 20 ~ 表 5 – 23 可以看出，它们大多数不和 yes 相关，说明行业不是影响国有企业股权转移的主要因素。area 表示地区虚拟变量，由表 5 – 20 ~ 表 5 – 23 可知，中部地区 area2 和西部地区 area3 都与 yes 显著负相关，说明中西部地区更趋向于降低优势比的对数值，也即提高了国有股转移为非国有股的概率。year 表示年份虚拟变量，由表 5 – 20 ~ 表 5 – 23 可知，它与 yes 显著正相关，说明 2013 年后降低了优势比的对数值，也即增加了国有股转移为非国有股的概率。

本章小结

一、主要结论

1. 国有股权控制权主要转移对象为非国有企业

从表 5 – 13 可以看出，国有股控制权转移给国有、民营和外资的比例为 31∶66∶4，国有与非国有的比例是 30∶70，所以国有股转让对象以非国有企业为主。其他实证分析结果也表明是各种因素提高了国有股转移为非国有股的概率。如表 5 – 16 中，roa、turn 的系数显著为正，说明随着企业效率的提高，增加了国有股转换为民营企业、外资企业的概率。表 5 – 22 中，valu、accu 与 yes 显著负相关，说明降低了国有股转换为国有股的概率。assu、char、asset、mark 与因变量 yes 显著负相关，说明它们提高了国有股转移为非国有股的概率。还有中部地区 area2 和西部地区 area3、year 虚拟变量、ctrl 终极控制人的类型也得出了类似结论，等等，不再赘述。仔细分析不同终极控制人转移情况后，我们发现终极控制人是政府的有 319 家，国有股权转让给国有、民营和外资的分别有 155 家、151 家、13 家；终极控制人是民营企业的有 226 家，国有股权转让给国有、民营和外资的分别有 17 家、208 家、1 家；终极控制人是外资企业的有 28 家，国有股权转让给国有、民营和外资的分别有 1 家、21 家、6 家，所以在混合所有制企业，无论它的终极控制人是政府、民企还是外资，其股权转移的主要对象是民营、外资企业，即民营化为主，非国有企业占多数，这符合当时的实际情况，因为这段时间的改革本身就是民营化的过程。由第四章图 4-1 和表 4-2 可知，一是私营企业数量不但在急速上升，而且远远超过其他类型企业，且比重维持在 70% 以上，所以私营企业已经成为中国企业的主流成分；二是国有企业数量起伏不大，但比重在逐年减少，2016 年比重只有 1.74%，所以国有股转让对象多数是非国有企业非常符合实际。

2. 国有股权控制权转移背后的机理是"侵占论"和"靓女先嫁"论

表 5-16 显示，roa、turn 与 type 正相关，说明企业效率越高，国有股控制权转换成国有股的概率越低，不符合"效率论"，反倒符合"靓女先嫁"的理论。从表 5-20 可以看出，roa、roe、turn 与 yes 进行逻辑回归系数均没有通过显著性检验，故不符合"效率论"。由表 5-17 可知，cotax 与 type 正相关，说明综合税率越高，国有股控制权转换成其他股的概率越高，不符合"财政论"。从表 5-21 可以看出，cotax、tax、lnco 与 yes 进行逻辑回归系数均没有通过显著性检验，故不符合"财政论"。表 5-18 有序回归结果显示，valu、accu、stra 的系数均没有通过检验，故不符合"政治论"。从表 5-22 可以看出，valu、accu 与 yes 显著负相关，说明随着 valu、accu 的增加，降低了国有股转换为国有股的概率，也不符合"政治论"。从表 5-19 可以看出，occ2 与 type 显著负相关，说明随着 occ2 的上升，增加了国有股转移为国有股的概率，符合"侵占论"。从表 5-23 可以看出，em、occ2 与 yes 显著正相关，说明随着的 em、occ2 的增加，提高了国有股转换为国有股的概率，符合"侵占论"。因此混合所有制企业控制权转移的动机不是提高企业效率的"效率论"，反而是企业效率高的国有股提升了被转让给非国有股的概率，符合"靓女先嫁"理论。混合所有制企业控制权转移的动机不是弥补财政缺口的"财政论"，也不符合国有企业保值增值、优化布局的"政治论"，而是符合大股东侵占中小股东利益的"侵占论"。由此可见，在混合所有制企业已经发生的国有股权转让，几乎都秉持着转让对象以非国有股优先的理念，哪怕是效率好的国有企业，仍然奉行了私有化优先的思路，这与一部分学者认定国有企业效率天然低下有关，他们认为即使国有企业效率不低，也是依靠垄断地位获取的利润，所以应该将效率低下的国有企业转让给盈利能力强的非国有企业，因此转让对象应该以非国有股为主也是合情合理。国有股股权转让符合

"侵占论"，给我们提出了一个警示，即国有股东与非国有股东控制权的配置尤其重要，它是大股东获得控制权私利的必备条件，这也从侧面反映出本研究课题"混合所有制企业股权结构选择"的重要性，它提醒我们要从大股东与中小股东利益冲突角度来研究该问题，但国有股转让对象主要是非国有企业，是不是更应该研究非国有大股东对中小股东的利益侵占问题，毕竟现实社会中这样的案例发生的非常多。这作为笔者后续研究的方向，本书不做拓展研究。

二、政策建议

1. 混合所有制改革应该坚持市场化方向

建设现代化市场经济体系，必须加快和完善社会主义经济体制，坚持市场化方向。这是因为市场是配置资源的决定性力量，特别是作为国企改革突破口的混合所有制改革，必须激发各类市场主体的活力，所以需要构建市场机制有效、宏观调控有度、微观主体有活力的经济体制，为此要坚持市场化方向。根据表 5 - 16 ~ 表 5 - 23，我们发现市场化率显著影响控制权转移的概率，且均显著提高了国有股转移为非国有股的概率，这说明市场化的资源优化配置自动选择了国有股转让对象为非国有股东，这是市场机制的自然选择，无可厚非。但最近几年，尤其是 2018 年，中美贸易大战爆发，国企去库存、降杠杆、环保督察严厉，导致我国经济增长面临着较大的下行压力，大量民营企业生产经营面临较大的困难，倒闭破产现象比较严重，企业主跑路现象也时有发生[①]，甚至出现了大量民营企业主动加入国有企业的现象。表 5 - 24 列出了截至 2018 年 10 月上市公司民企融入国有企业的案例，因而网络出现了"国进民退"的论调。更有甚者有意无意把当前经济领域出现的问题归咎于国有企业，认为是国有企业挤压了民营企业的发展空间，有意制造了国有经济和私营经济的对立矛盾。2018 年 10 月 14 日，《经济日报》用数据批驳了"国进民退"的论调，自 2018 年以来，国内 A 股市场上市公司大股东签署股权转让协议共有近 160 起，截至 9 月 27 日，只有 24 家将部分股权转让给国企，仅占涉及股权转让企业市值的 18.7% 左右，不足 A 股市值的 0.1%。另外，2018 年前 7 个月，境内上市公司实施并购重组 2377 单、交易金额 1.36 万亿元。其中，民营企业共发生并购 1835 单，交易金额 9795.45 亿元，交易数量和交易金额占比分别为 77.20% 、71.76%。大量数据和事实都已

---

① 华明．《不要乱把私营企业的发展困境归咎于国有企业》，http：//www.szhgh.com/Article/opinion/zatan/2018 - 09 - 28/180314.html。

充分表明，民营企业才是资本市场并购重组的主角，所以根本就没有"国进民退"的现象①。

表5－24　2018年民营上市公司加入国有企业案例

序号	上市公司	公告时间	板块	买方	买方实际控制人
1	ST天业	2018年1月23日	主板	济南高新城市建设发展有限公司	山东省国资委
2	金龙机电	2018年2月26日	创业板	未披露	地方国资委
3	ST尤夫	2018年3月23日	中小板	航天科工投资基金	国务院国资委
4	和晶科技	2018年3月30日	创业板	荆州慧合股权投资合伙企业	国务院国资委
5	新筑股份	2018年4月9日	中小板	四川发展控股有限责任公司	四川省国资委
6	宜安科技	2018年4月18日	创业板	株洲市国有资产投资控股有限公司	株洲市国资委
7	东方网络	2018年5月6日	中小板	昆山阳澄湖文商旅集团	昆山市国资委
8	盛运环保	2018年5月23日	创业板	四川能源投资有限责任公司	四川省国资委
9	红宇新材	2018年5月31日	创业板	华融国信控股（深圳）有限公司	舆情战略研究中心
10	山东华鹏	2018年6月2日	主板	建设投资有限责任公司	国务院国资委
11	腾信股份	2018年6月5日	创业板	青岛浩基资产管理有限责任公司	青岛市崂山区财政局
12	国旅联合	2018年6月11日	主板	江西省旅游集团有限责任公司	江西省国资委
13	天海防务	2018年6月19日	创业板	扬中市金融控股集团有限公司	扬中市人民政府
14	联建光电	2018年6月24日	创业板	广东南方新视界传媒科技有限公司	广东省人民政府
15	三聚环保	2018年6月26日	创业板	北京海淀区国有资产投资经营有限公司	北京市海淀区国资委
16	大富科技	2018年6月27日	创业板	郑州航空港兴港投资集团有限公司	郑州航空港区管委会
17	金一文化	2018年7月9日	主板	北京海淀科技金融资本控股集团	北京市海淀区国资委
18	当代东方	2018年7月20日	主板	山东高速集团有限公司	山东省国资委
19	华塑控股	2018年7月30日	主板	湖北新宏武桥投资有限公司	湖北省国资委
20	天沃科技	2018年8月4日	中小板	上海电气集团	上海市国资委
21	永泰能源	2018年8月22日	主板	北京能源集团有限责任公司	北京市国资委
22	金贵银业	2018年9月12日	中小板	上海樱业集团有限公司	中信集团
23	怡亚通	2018年9月10日	中小板	深圳市投资控股有限公司	深圳市国资委
24	环能科技	2018年9月10日	创业板	未披露	地方国资委
25	英唐智控	2018年9月10日	创业板	浙江省国有资本运营有限公司	浙江省国资委

---

① 《国企在股市接盘民企，能说明"国进民退"吗?》，《经济日报》，2018年10月14日。

序号	上市公司	公告时间	板块	买方	买方实际控制人
26	梦网集团	2018 年 9 月 11 日	中小板	未披露	深圳市国资委
27	华英农业	2018 年 9 月 11 日	中小板	信阳华信投资集团	信阳市人民政府
28	必康股份	2018 年 9 月 25 日	中小板	延安市鼎源投资有限责任公司	延安市人民政府

资料来源：陈柳：《国有资本收购民营上市公司：国进民退》，《长江产经智库》，2018 年 10 月 8 日。

　　但我们对这次争论的原因需要探讨，为什么 40 多年改革开放国企退出、民企进入就是合情合理，而最近发生的民企加入国企就是"国进民退"，就是挤压民企生存空间？民企主动融合国企，这也是民企的市场行为，难道在某些人眼里的市场行为就是私有化行为吗？很显然，民企主动融入国企正是党的十八届三中全会大力提倡的混合所有制经济，为何将其视为洪水猛兽？目前，不仅民营企业生存困难，国有企业发展也是举步维艰，这是从高速增长向高质量发展过程中的转型阵痛，国企和民企都无法逃避，如果没有核心技术，没有创新力，过剩行业、低附加值、粗放发展的企业将会倒下一大批，不仅是民营企业被市场淘汰，国有企业一样被去产能、降杠杆、实施供给侧改革。2018 年 5 月 31 日，国家发展改革委、财政部、国家能源局发布《关于 2018 年光伏发电有关事项的通知》，光伏补贴加速退坡、限制规模指标的"5·31 新政"将产能过剩的光伏行业整体带入寒冬，政策对国有和民营光伏企业"一刀切"，并没有所有制歧视，引发行业大洗牌。可以说，"5·31 新政"后能活下来的都是那些具有自主"造血"能力、优质企业和先进技术的光伏企业，市场优胜劣汰法则对国有企业和民营企业一视同仁。因此不能将民企发展困难归咎为国企垄断因素，那就是颠倒是非、罔顾事实了。实际上，这些出问题的私营企业经营困难的根本原因还是出在自身经营能力上。据 2018 年 10 月 14 日《经济日报》公布的数据[1]，被国有资本接盘的民企在自身资产大幅折损的同时，还面临股权质押、强制清仓的直接风险，甚至还面临资不抵债、拖欠银行贷款等连带的深层隐患。民企加入国资平台以后，既可缓解自身债务压力、化解股权质押风险，又可使民营企业补充资金、扩大再生产，持续经营下去，确保社会财富免遭更大损失和发生大面积的工人失业潮，因此民企被国企收购是民企的理性行为，是市场优胜劣汰的结果。

　　当前，我国经济正从高速增长阶段向高质量发展阶段迈进，像华为、大疆科

---

[1]　《国企在股市接盘民企，能说明"国进民退"吗?》，《经济日报》，2018 年 10 月 14 日。

技公司、小米、BAT、老干妈食品公司等注重创新能力、具备完善管理水平的民营企业更受欢迎，淘汰那些无视环境、靠腐败和潜规则生存、无技术、无品牌、无管理的"三无"民营企业。只有这样，我国的自然资源才能实现优化配置，才有青山绿水，我国的经济才能发生本质变化，否则只能永远停留在国际产业链的中低端。所以本书建议国企改革必须坚持市场化方向，通过市场化机制的优胜劣汰，通过市场实现自然资源的优化配置。因而积极发展混合所有制经济混合对象的选择也应该是双向选择，既包括国有企业主动选择民营企业，也包括民营企业主动加入国有企业，尤其是在当前全球化的背景下，我国的民营企业整体实力偏弱，容易成为跨国垄断资本并购对象。可以说，民企主动加入国企是抵抗市场激烈竞争、国际资本吞噬的最优选择。所以在混合所有制改革中，混合对象的选择必须坚持市场化方向，遵循双向选择、双向融合的原则，形成国有企业与民营企业你中有我、我中有你的局面，正好实现国民共进，促进中国经济持续健康发展。

2. 从战略高度认识新时代深化国有企业改革的中心地位，坚定国企改革的信心

自从党的十八届三中全会以来，国企改革从"1 + N"顶层设计到"十项改革试点"再到"双百行动"梯次展开、纵深推进，但国企改革的总体成效似乎与党的十八大、十九大精神要求还有相当大的距离。这主要体现在各方对于国企改革的认知依然存在着各种各样不同的声音，对于中央提出的改革政策精神也都在进行"选择性解读"。尤其令人担忧的是，整个社会的改革氛围不浓，改革动力与压力不足，由此造成缺乏足够多的敢于担当的改革者的局面。2018 年 8 月 20 日，国企改革"双百行动"正式启动，表明全面启动国有企业改革新局面，国有企业改革再出发，也意味着未来会大力推动国有企业改革，尤其是有望加快国有企业混合所有制改革的重组和整合步伐，抓紧培育具有世界一流的企业。2018 年 10 月 9 日，全国国有企业改革座谈会在北京召开，刘鹤出席会议并讲话①。刘鹤指示，要从战略高度认识新时代深化国有企业改革的中心地位，充分认识增强微观市场主体活力的极端重要性，坚持稳中求进工作总基调，按照完善治理、强化激励、突出主业、提高效率的要求，以"伤其十指不如断其一指"的思路进行新一轮国企改革。这传递出高层推动国企国资改革的重大决心，因此

---

① 刘鹤：《深化国有企业改革中心地位明确六大行动纲领》，《国资智库》，https：//mp. weixin. qq. com/s/YCniJfhGrod2－lQ5B41igA。

我们要坚定国企改革的信心，扎实推进国有企业改革，大胆务实向前走。刘鹤指出，当前国有企业改革正处于一个行动胜过一打纲领的关键阶段，也是改革乘数效应最大的阶段，要把更多精力聚焦到重点难点问题上来，集中力量攻坚克难。刘鹤布置了六大任务：一是突出抓好中国特色现代国有企业制度建设；二是突出抓好混合所有制改革；三是突出抓好市场化经营机制；四是突出抓好供给侧结构性改革；五是突出抓好改革授权经营体制；六是突出抓好国有资产监管，显示出国企改革的紧迫性、艰巨性。2018 年 10 月 14 日，易纲在 G30 国际银行业研讨会上发言，指出将以"竞争中性"原则对待国有企业，加快国内改革和对外开放，加强知识产权保护。2018 年 10 月 15 日，彭华岗回答记者的提问，他指出，改革开放后，国有企业和其他所有制企业一样依法平等使用生产要素、公平参与市场竞争，同等受到法律保护，这与"竞争中性"原则是一致的。2018 年 10 月 15 日，习近平总书记在中央军民融合发展委员会第二次会议上提出"要营造公平环境，推行竞争性采购，引导国有军工企业有序开放，提高民营企业参与竞争的比例"，总书记在实际行动中肯定了"竞争中性"原则。所以，我们应该从战略高度认识新时代深化国有企业改革的中心地位，以"竞争中性"原则推动国企改革，坚定国企改革的信心。

第六章　基于控制权视角的国有股权转让效果和转移价格影响因素分析

第六章以混合所有制企业国有股转让数据为样本，分析混合所有制企业进行国有股权转让后的效果，是实现了企业效率提高，还是促进了国有资本保值增值，还是提高了地方财政收入。再以国有股转让数据为样本，实证分析国有股转让价格的影响因素，以探析其中股权结构的作用机理。

第一节　基于控制权视角的国有股权转让效果分析

已经有很多学者研究了控制权转移的短期市场反应、长期回报和会计绩效。大部分学者认为，短期内投资者情绪会影响股票价格，且以乐观情绪为主（王化成等，2010[①]）。长期内，大部分学者认同国有股民营化取得了积极效果，提高了公司绩效（董梅生和洪功翔，2017[②]；宋立刚和姚洋，2005[③]；王红领等，2001[④]；等等）；带来了明显的财富效应，提高了公司价值，且利益侵占得到显著抑制（徐向艺和王俊韡，2011[⑤]）。但也有学者认为，控制权转移并未带来正

[①] 王化成等：《控制权转移中投资者过度乐观了吗？》，《管理世界》，2010 年第 2 期，第 38 – 45 页。

[②] 董梅生、洪功翔：《发展混合所有制经济的内在机制研究——基于产权改革视角》，《云南财经大学学报》，2017 年第 2 期，第 12 – 25 页。

[③] 宋立刚、姚洋：《改制对企业绩效的影响》，《中国社会科学》，2005 年第 2 期，第 17 – 31 页。

[④] 王红领等：《政府为什么会放弃国有企业的产权》，《经济研究》，2001 年第 8 期，第 61 – 70 页。

[⑤] 徐向艺、王俊韡：《控制权转移、股权结构与目标公司绩效——来自深、沪上市公司 2001—2009 的经验数据》，《中国工业经济》，2011 年第 8 期，第 89 – 98 页。

面效应，高管存在向下盈余管理换取个人高额福利的问题（王克敏和刘博，2014[1]），国企内部控制权转让绩效改善不显著，存在大股东利用股权转让和关联交易掠夺上市公司的行为（程敏，2009[2]），上市公司会进行盈余管理，降低了会计质量（曾昭灶和李善民，2009[3]）。因为中国股市的特色是牛短熊长，遭遇突发事件经常发生大涨大跌现象，在 2016 年多次出现千股跌停、千股涨停等事件，所以中国股市不是有效市场，因此中国股票价格波动受许多非主观性因素影响，不存在参考价值，所以本书不研究短期市场反应，只研究国有股转移后绩效的长期变化，包括会计效率变化、政治效率变化和财政效率变化。

一、数据处理与指标选取

（一）数据处理

此部分数据没有特殊说明，均来自国泰安 CSMAR4.0 数据库里的国有股转让数据库，只保留公开挂牌交易的两种类型，即协议转让（有偿）和拍卖，并分别赋值为 1 和 0。借鉴钱先航和曹廷求（2014）[4] 的做法，将一家转让给多家和多家转让给一家，以及多家转让给多家的复杂情况，将其按转让协议的涉及方来计算样本，这样能最大限度地保留样本，且符合交易的实际情况。但是这种处理方式存在的一个问题，就是同一家上市公司在同一年度里有多条交易数据，因而不符合面板数据一个年度一个上市公司一条数据的要求，不宜采用固定效应或者随机效应模型，故在实证分析部分采用了混合回归的方法。

按照通行做法，本书删除金融和保险行业数据，删除相关指标缺失的数据，最终获得 2003～2016 年发生国有股控制权转移的 573 条记录，并对所有连续变量进行了上下 1% 的 winsorize 缩尾处理。

（二）指标选取

1. 因变量的选取

遵从第五章分析内容，本书从三个方面来刻画国有股权转让以后企业效率的变化，包括会计效率变化、财政效率变化、政治效率变化，并探寻影响其变化的

① 王克敏、刘博：《公司控制权转移与盈余管理研究》，《管理世界》，2014 年第 7 期，第 144 - 156 页。

② 程敏：《交易特征、并购溢价及并购绩效分析——来自上市公司大宗股权协议转让的经验证据》，《证券市场导报》，2009 年第 2 期，第 41 - 47 页。

③ 曾昭灶、李善民：《控制权转移中的盈余质量实证研究》，《管理评论》，2009 年第 7 期，第 105 - 112 页。

④ 钱先航、曹廷求：《谁获得了国有股权?》，《经济与管理研究》，2014 年第 12 期，第 23 - 33 页。

因素。用国有股权转让前后 3 年效率变化指标进行实证分析，用国有股权转让前后 2 年效率变化指标进行稳健性检验，具体指标如下，计算公式如表 6-1 所示。

表 6-1　指标、代码和计算公式

指标	代码	指标		符号	计 算 公 式
效率变化	Y	会计效率变化	总资产净利润率变化	droa_3	转移后 3 年 roa − 转移前 3 年 roa
				droa_2	转移后 2 年 roa − 转移前 2 年 roa
			净资产收益率变化	droe_3	转移后 3 年 roe − 转移前 3 年 roe
				droe_2	转移后 2 年 roe − 转移前 2 年 roe
			总资产周转率变化	dturn_3	转移后 3 年 turn − 转移前 3 年 turn
				dturn_2	转移后 2 年 turn − 转移前 2 年 turn
			总资产增长率变化	dassrate_3	转移后 3 年 assrate − 转移前 3 年 assrate
				dassrate_2	转移后 2 年 assrate − 转移前 2 年 assrate
		财政效率变化	综合税率变化	dcotax_3	转移后 3 年 cotax − 转移前 3 年 cotax
				dcotax_2	转移后 2 年 cotax − 转移前 2 年 cotax
			所得税率变化	dtax_3	转移后 3 年 tax − 转移前 3 年 tax
				dtax_2	转移后 2 年 tax − 转移前 2 年 tax
		政治效率变化	资本保值增值率变化	dvalu_3	转移后 3 年 valu − 转移前 3 年 valu
				dvalu_2	转移后 2 年 valu − 转移前 2 年 valu
			资本积累率变化	daccu_3	转移后 3 年 accu − 转移前 3 年 accu
				daccu_2	转移后 2 年 accu − 转移前 2 年 accu
自变量	X	控制权转让特征	担保情况	assu	0 = 无担保，1 = 有担保
			同属管辖	prov	按照"省""直辖市"级别判断，1 = 是，0 = 否
			交易后股份性质是否发生变化	char	1 = 是，0 = 否
			是否关联交易	rela	1 = 是，0 = 否
			交易相对规模	scal	交易总价/总资产 ×100%
		股权特征	两权分离度	sepr	实际控制人拥有上市公司控制权比例 − 实际控制人拥有上市公司所有权比例
			第二大股东	seco	第二大股东持股比例是否大于等于 5%，1 = 是，0 = 否
			Z 指数	Z	第一大股东/第二大股东
			终极控制人类型	ctrl	ctrl1 = 国有，ctrl2 = 民营，ctrl3 = 外资，以国有为基准

续表

指标	代码	指标		符号	计算公式
自变量	X	偿债能力	资产负债率	debt	负债合计/资产总计
		现金能力	每股经营活动产生的现金流量净额	cash	经营活动产生的现金流量净额本期值/实收资本本期期末值
		公司规模	期末总资产	asset	取总资产对数
		市场化水平		mark	樊纲等编制的 1997～2014 年的市场化指数，2015～2016 年的市场化指数，采用几何平均法外推
控制变量	D	行业		indust	以中国证监会最新制定颁布的上市公司行业分类为准，有 16 个虚拟变量，以房地产行业为基准
		地区		area	area1 = 东部，area2 = 中部，area3 = 西部，以东部为基准
		年份		year	以党的十八届三中全会为分界点，将 2013 年（包括 2013 年）之前定义为 0，2013 年之后定义为 1

注：国有股权转让当年记为转移后 1 年，如果没有 3 年前或者 3 年后的数据，以最近年份进行平均补齐数据。

（1）会计效率变化。用 4 个指标计量，包括总资产净利润率的变化、净资产收益率变化、总资产周转率变化、总资产增长率变化。

（2）财政效率变化。用 2 个指标刻画，包括综合税率变化和所得税率变化。

（3）政治效率变化。用 2 个指标衡量，包括资本保值增值率变化和资本积累率变化。

2. 自变量的选取

（1）控制权转让特征。它用来直接刻画控制权转让行为的各种属性变量，包括担保情况、同属管辖、交易后股份性质是否发生变化、是否关联交易、交易相对规模 5 个属性特征，指标定义与第五章相同，不再赘述。

（2）股权特征。包括两权分离度、终极控制人类型、大股东的制衡能力，指标定义与第五章相同，不再赘述。

（3）其他控制变量。包括偿债能力、现金能力、公司规模、市场化水平，指标定义与第五章相同，不再赘述。

（4）虚拟变量。地区、行业、年份，指标定义与第五章相同，不再赘述。所有指标、代码和计算公式见表 6 - 1。

建立模型为：

$$y_t = \alpha_0 + \alpha_1 x_{1t} + \beta D_t \qquad (6.1)$$

二、描述性统计

(一) 效率变化的总体情况描述

表 6-2 显示，国有股权转让之后，效率出现了明显的上升，最显著增长的是资本积累率，3 年变化增加 6.85，2 年变化增加 4.67；其次是资本保值增值率，3 年变化增加 3.07，2 年变化增加 0.83；然后是总资产增长率，3 年变化增加 0.18，2 年变化增加 0.11，这符合三层架构下的国有企业改革宗旨，即要保持国有资产的保值增值，符合"政治论"或者"战略论"。但国有股权转让后其他效率指标变化不明显，其中反映宏观效率的综合税率和所得税率变化表现尤其不佳，综合税率 3 年变化增加 0.01，2 年变化增加 0.01，而所得税率 3 年变化下降 0.03，2 年变化为 0，说明从财政收入角度考量，国有股权转让之后，国家并没有增加企业税赋，不符合"财政效率"论。从会计效率变化的 3 个指标来看，总资产净利润率和净资产收益率前后 3 年和 2 年几乎没有变化，总资产周转率 3 年微增 0.2，2 年微增 0.09，说明国有股权转让后，盈利能力没有显著性变化，但企业管理能力稍有提升，不符合"效率论"。

表 6-2　效率变化的基本统计量

指标	variable	mean	p50	sd	skewness	kurtosis	N
总资产净利润率变化	droa_3	0	0	0.03	0.29	2.2	573
	droa_2	0	0	0.02	0.31	2.31	573
净资产收益率变化	droe_3	0.01	0	0.1	0.6	2.72	573
	droe_2	0.01	0	0.07	0.74	3.34	573
总资产周转率变化	dturn_3	0.2	0.09	1.55	-1.87	34.47	573
	dturn_2	0.09	0.05	0.97	-3.08	36.85	573
总资产增长率变化	dassrate_3	0.18	0.05	1.26	4.4	42.11	573
	dassrate_2	0.11	0.02	0.9	9.55	130.86	573
综合税率变化	dcotax_3	0.01	0	0.06	0.33	2.48	573
	dcotax_2	0.01	0	0.03	0.32	2.53	573
所得税率变化	dtax_3	-0.03	0	0.4	-0.16	2.23	573
	dtax_2	0	0	0.25	-0.26	2.32	573

续表

指标	variable	mean	p50	sd	skewness	kurtosis	N
资本保值	dvalu_ 3	3.07	0.09	14.01	5.31	32.69	573
增值率变化	dvalu_ 2	0.83	0.02	6.53	11.79	181.75	573
资本积累	daccu_ 3	6.85	1.07	43.4	11.96	155.49	573
率变化	daccu_ 2	4.67	1.01	41.74	13.45	184.08	573

（二）效率变化情况的分类描述

1. 控制权不同转移类型效率变化的描述

表6-3显示了控制权不同转移类型各类企业效率的变化，结果发现：就"效率论"而言，国有股权发生转移后，总资产净利润率（droa_ 3、droa_ 2）没有发生变化。净资产收益率（droe_ 3）接近正态分布，发生了显著变化，且净资产收益率变化率的表现是国有转国有优于国有转民营，再优于国有转外资。但净资产收益率（droe_ 2）虽然也发生了显著变化，但变化率的表现是国有转国有和国有转外资，优于国有转民营，这个结论有点意外，因为大部分学者认为国有企业效率低下，私有化是提高效率的有效途径，但本书数据却显示出国有转民营的效率是最差的。总资产周转率（dturn_ 3和dturn_ 2）没有发生显著性变化。从"财政论"角度来看，综合税率（dcotax_ 3、dcotax_ 2）接近正态分布，所以均值检验以F检验为主，发现综合税率存在显著变化，且变化率国有转民营优于国有转国有，再优于国有转外资；所得税率（dtax_ 3、dtax_ 2）接近正态分布，因此所得税率存在显著变化，且变化率国有转民营优于国有转国有，再优于国有转外资，这说明国有股转为民营后对财政的贡献最大，其次是国有企业，再次是外资企业。这与实际情况比较契合，因为经过40多年的改革开放，截至2017年末民营企业约有2800万户[1]，贡献了50%以上的税收，60%以上的GDP，70%以上的技术创新，80%以上的城镇劳动就业，90%以上的企业数量。从"政治论"而言，资本保值增值率（dvalu_ 3和dvalu_ 2）没有发生显著性变化，资本积累率（daccu_ 3、daccu_ 2）因为不服从正态分布，所以以Rank Sum统计量为准，即也没有发生显著性变化。就发展能力而言，总资产增长率（dassrate_ 3、dassrate_ 2）因为不服从正态分布，所以以Rank Sum统计量为准，即发生了显

---

① 《中小企业的"五六七八九"，你都知道吗？》，《深圳中小企业沙龙》，2018年8月23日，https：//www.sohu.com/a/249703133_ 99951074。

著变化，且总资产增长率的变化率国有转国有优于国有转民营，再优于国有转外资，这间接证明了国有企业资产保值增值的优势。

表 6 - 3　控制权不同转移类型各类企业效率变化的基本统计量

	variable	mean	p50	sd	min	max	skewness	kurtosis	Rank Sum	F
国有转国有		0	0	0.03	−0.05	0.06	0.29	2.46	3.693	0.91
国有转民营	droa_ 3	0	0	0.04	−0.05	0.06	0.25	2.11	0.1578	0.4041
国有转外资		−0.01	−0.02	0.04	−0.05	0.06	1.12	2.79		
国有转国有		0	0	0.02	−0.03	0.04	0.22	2.36	3.721	1.47
国有转民营	droa_ 2	0	0	0.02	−0.03	0.04	0.36	2.34	0.1556	0.2317
国有转外资		0	0	0.03	−0.03	0.04	0.38	1.88		
国有转国有		0.03	0	0.1	−0.14	0.22	0.63	2.71	7.249	3.39
国有转民营	droe_ 3	0	−0.01	0.1	−0.14	0.22	0.61	2.74	0.0267	0.0344
国有转外资		0	−0.02	0.11	−0.14	0.22	0.69	2.46		
国有转国有		0.02	0.01	0.07	−0.1	0.16	0.8	3.21	12.077	4.99
国有转民营	droe_ 2	0	0	0.07	−0.1	0.16	0.77	3.44	0.0024	0.0071
国有转外资		0.02	0	0.07	−0.1	0.16	0.67	3.18		
国有转国有		0.37	0.19	1.25	−2.02	6.56	2.41	12.41	5.103	1.72
国有转民营	dturn_ 3	0.11	0.07	1.7	−11.88	10.77	−2.5	33.73	0.0780	0.1803
国有转外资		0.32	0.34	0.52	−1.16	1.02	−1.07	4.7		
国有转国有		0.19	0.05	0.79	−1.68	3.68	2.04	9.67	1.857	1.73
国有转民营	dturn_ 2	0.03	0.04	1.06	−7.85	5.69	−3.89	36.85	0.3951	0.1774
国有转外资		0.2	0.2	0.38	−0.61	0.99	0.42	3.45		
国有转国有		0.29	0.09	1.38	−2.75	14.79	6.93	72.86	6.318	1.33
国有转民营	dassrate_ 3	0.15	0.04	1.23	−3.39	8.71	2.64	16.84	0.0425	1.33
国有转外资		−0.12	−0.13	0.19	−0.61	0.22	−0.52	3.73		
国有转国有		0.23	0.05	1.21	−2.16	14.21	9.15	105.92	10.755	2.39
国有转民营	dassrate_ 2	0.07	0.01	0.74	−2.42	8.72	7.49	82.33	0.0046	0.0922
国有转外资		−0.08	−0.04	0.15	−0.45	0.17	−0.63	3.15		
国有转国有		0	−0.01	0.05	−0.09	0.12	0.55	3.12	15.086	7.65
国有转民营	dcotax_ 3	0.01	0	0.06	−0.09	0.12	0.2	2.28	0.0005	0.0005
国有转外资		−0.03	−0.05	0.05	−0.09	0.09	0.61	2.83		

续表

	variable	mean	p50	sd	min	max	skewness	kurtosis	Rank Sum	F
国有转国有		0	0	0.03	−0.05	0.07	0.48	3.07	11.363	6.54
国有转民营	dcotax_2	0.01	0	0.04	−0.05	0.07	0.22	2.34	0.0034	0.0016
国有转外资		−0.01	0	0.03	−0.05	0.06	0.32	2.42		
国有转国有		−0.09	−0.05	0.37	−0.73	0.61	−0.07	2.4	8.571	4.39
国有转民营	dtax_3	0.01	0	0.41	−0.73	0.61	−0.24	2.19	0.0138	0.0128
国有转外资		−0.1	−0.01	0.36	−0.67	0.56	−0.1	2.1		
国有转国有		−0.04	0	0.24	−0.46	0.39	−0.2	2.44	7.218	3.80
国有转民营	dtax_2	0.02	0	0.26	−0.46	0.39	−0.33	2.3	0.0271	0.0229
国有转外资		−0.03	0.01	0.21	−0.34	0.29	−0.02	1.89		
国有转国有		2.88	0.07	14.29	−9.39	114.39	6.37	46.73	0.817	0.51
国有转民营	dvalu_3	3.31	0.09	14.25	−25.9	78.04	4.68	24.6	0.6645	0.6011
国有转外资		0.13	0	0.58	−0.37	2.33	2.92	11.69		
国有转国有		1.62	0.01	10.92	−10.32	113.07	8.01	74.27	1.109	1.86
国有转民营	dvalu_2	0.52	0.03	3.14	−26.48	38.09	3.83	72.23	0.5743	0.1563
国有转外资		0	0	0.3	−0.76	0.67	0.2	5.28		
国有转国有		13.21	1.08	76.07	15.98	576.48	7.09	52.5	2.058	2.73
国有转民营	daccu_3	4.26	1.08	13.74	−28.41	78.99	4.69	25.68	0.3574	0.0662
国有转外资		1.1	0.92	1.21	−2.1	4.44	0.47	6.55		
国有转国有		11.67	1	75.48	−9.31	575.69	7.3	54.71	2.378	3.52
国有转民营	daccu_2	1.68	1.02	3.45	−27.44	27.24	1.34	28.35	0.3046	0.0303
国有转外资		1	1	0.31	0.22	1.7	0.33	5.51		

　　总体而言，控制权的不同转移类型只影响净资产收益率的变化、综合税率的变化、所得税率的变化和总资产增长率的变化。

　　2. 不同终极控制人效率变化的描述

　　表6-4描述的是不同终极控制人对效率变化的影响。从效率论的3个指标来看，国有股权转让后，不同终极控制人的总资产净利润率（droa_3、droa_2）没有发生显著变化。国有股权转让后，不同终极控制人的净资产收益率（droe_3、droe_2）发生了显著变化，且净资产收益率变化率的表现是政府企业优于外资企业，再优于民营企业。这个结论有点意外，因为大部分学者认为国有企业效

率低下，私有化是提高效率的有效途径，但本书数据却显示国有转民营的效率最差，钟昀珈等（2016）① 研究了国有企业民营化与创新效率的影响，发现民营化后非国有大股东具有侵占中小股东利益的掏空行为，减少了创新活动，也降低了创新效率。国有股权转让后，不同终极控制人的总资产周转率（dturn_3 和 dturn_2）没有发生显著性变化。从"财政论"角度来看，不同终极控制人的综合税率（dcotax_3、dcotax_2）和所得税率（dtax_3、dtax_2）没有显著差异。就"政治论"而言，不同终极控制人的资本保值增值率（dvalu_3）和资本积累率（daccu_3）没有发生显著性变化，但资本保值增值率（dvalu_2）和资本积累率（daccu_2）因为不服从正态分布，所以以 Rank Sum 统计量为准，即发生了显著变化，且变化率政府优于民营，再优于外资。就发展能力而言，不同终极控制人的总资产增长率（dassrate_3）没有显著差异，但总资产增长率（dassrate_2）因为不服从正态分布，所以以 Rank Sum 统计量为准，即发生了显著变化，且变化率民营优于政府，再优于外资。

表6-4　不同终极控制人效率变化的基本统计量

终极控制人	variable	mean	p50	sd	min	max	skewness	kurtosis	Rank Sum	F
政府		0	0	0.03	-0.05	0.06	0.35	2.71	4.081	3.19
民营	droa_3	0	0	0.04	-0.05	0.06	0.14	1.77	0.1300	0.0419
外资		0	0.01	0.04	-0.05	0.06	0.04	1.85		
政府		0	0	0.02	-0.03	0.04	0.36	2.59	3.300	2.17
民营	droa_2	0	0	0.02	-0.03	0.04	0.18	1.95	0.1921	0.1153
外资		0	0	0.02	-0.03	0.04	0.23	2.86		
政府		0.02	0	0.11	-0.14	0.22	0.57	2.54	6.074	3.58
民营	droe_3	-0.01	-0.01	0.1	-0.14	0.22	0.63	3.01	0.0480	0.0286
外资		0.02	0.01	0.11	-0.14	0.22	0.33	2.51		
政府		0.02	0	0.07	-0.1	0.16	0.69	2.91	12.833	8.38
民营	droe_2	-0.01	-0.01	0.07	-0.1	0.16	0.74	3.77	0.0016	0.0003
外资		0	0	0.05	-0.1	0.16	0.81	6.64		

---

① 钟昀珈等：《国企民营化与企业创新效率：促进还是抑制?》，《财经研究》，2016 年第 7 期，第 4-15 页。

续表

终极控制人	variable	mean	p50	sd	min	max	skewness	kurtosis	Rank Sum	F
政府	dturn_3	0.25	0.08	1.12	−5.32	6.56	1.69	15.05	0.507	0.70
民营		0.1	0.03	2.07	−11.88	10.77	−2.32	25.75	0.7761	0.4966
外资		0.32	0.13	0.86	−1.16	2.72	1.47	5.36		
政府	dturn_2	0.13	0.07	0.7	−4.3	3.68	0.93	15.14	0.556	0.96
民营		0.02	0.03	1.29	−7.85	5.69	−3.44	27.4	0.7572	0.3840
外资		0.13	0	0.52	−0.61	1.47	1.46	4.56		
政府	dassrate_3	0.14	0	1.25	−3.39	14.79	5.52	63.25	2.313	0.47
民营		0.22	0.12	1.25	−2.59	8.71	3.31	21.13	0.3146	0.6281
外资		0.32	−0.1	1.49	−2.06	4.25	1.88	5.95		
政府	dassrate_2	0.09	0	0.93	−2.42	14.21	11.26	171.16	7.957	1.02
民营		0.17	0.07	0.91	−1.15	8.72	6.58	57.61	0.0187	0.3610
外资		−0.05	−0.04	0.21	−0.46	0.31	−0.22	2.62		
政府	dcotax_3	0	0	0.05	−0.09	0.12	0.38	2.89	3.620	3.23
民营		0.02	0	0.07	−0.09	0.12	0.17	1.97	0.1637	0.0402
外资		0	0	0.05	−0.09	0.12	0.21	3.35		
政府	dcotax_2	0	0	0.03	−0.05	0.07	0.43	2.98	3.467	2.43
民营		0.01	0	0.04	−0.05	0.07	0.14	2.07	0.1767	2.43
外资		0.01	0	0.03	−0.05	0.07	0.33	2.97		
政府	dtax_3	−0.03	0	0.4	−0.73	0.61	−0.15	2.22	1.773	1.42
民营		−0.01	0	0.39	−0.73	0.61	−0.15	2.26	0.4121	0.2433
外资		−0.14	0	0.42	−0.73	0.61	−0.18	1.8		
政府	dtax_2	−0.01	0	0.25	−0.46	0.39	−0.23	2.32	2.759	1.41
民营		0.01	0.01	0.25	−0.46	0.39	−0.33	2.41	0.2517	0.2440
外资		−0.07	0	0.29	−0.46	0.39	0.02	1.92		
政府	dvalu_3	2.04	0.04	10.86	−9.39	114.39	8.09	78.14	3.579	3.15
民营		4.84	0.18	18.06	−25.9	78.04	3.62	14.77	0.1671	0.0438
外资		0.53	0.1	1.89	−3.11	4.59	1.05	3.92		
政府	dvalu_2	1.13	0.01	8.21	−10.32	113.07	10.38	127.97	10.960	0.86
民营		0.52	0.03	3.59	−26.48	38.09	3.77	69.6	0.0042	0.4230
外资		−0.07	0	0.19	−0.76	0.14	−2.08	7.63		

续表

终极控制人	variable	mean	p50	sd	min	max	skewness	kurtosis	Rank Sum	F
政府		8.36	1.07	56.32	−15.98	576.48	9.7	97.58	0.971	0.6155
民营	daccu_ 3	5.4	1.09	17.17	−28.41	78.99	3.82	16.67	0.6155	0.5828
外资		1.39	1.05	1.99	−3.57	5.59	0.41	4.13		
政府		7.14	1	55.78	−9.31	575.69	10.01	102.15	12.440	1.26
民营	daccu_ 2	1.65	1.03	3.42	−27.44	27.24	0.17	40.61	0.0020	0.2834
外资		0.93	0.99	0.2	0.22	1.25	−1.96	7.72		

注：表中 Rank Sum、F 的第一栏数字是相应的统计量值，F 栏数字是相应统计量的概率值 P。

总之，不同的终极控制人只影响净资产收益率（droe_ 3、droe_ 2）的变化、资本保值增值率（dvalu_ 2）和资本积累率（daccu_ 2）的变化、总资产增长率（dassrate_ 2）的变化。

三、实证分析

采用混合回归方法，对式（6.1）进行实证分析，结果如表 6 - 5 ~ 表 6 - 7 所示。

表 6 - 5　会计效率变化的影响因素分析结果

Variable	droa_ 3	droa_ 2	droe_ 3	droe_ 2	dturn_ 3	dturn_ 2	dassrate_ 3	dassrate_ 2
assu	0	0.00*	0	0.01	0.34*	0.19*	−0.24	−0.05
prov	0	0	0	0	−0.08	−0.05	0.1	0.08
char	0	0	−0.01	−0.01	−0.1	−0.04	−0.18	−0.1
rela	0	0	0.01	0.01	−0.14	−0.11	0	−0.04
scal	0	0	0	0	0	0	0.01	0.01
sepr	0	0	0.00***	0.00***	0.02*	0.01**	0	0
seco	−0.01***	−0.01***	−0.02*	0	0.24*	0.18**	−0.38***	−0.13**
z	0	0	−0.00***	−0.00*	0	0	0	0
ctrl								
2	0.01	0	−0.03***	−0.03***	−0.24	−0.19*	−0.03	0.03
3	0.01	0	0	−0.02	−0.1	−0.12	0.33	−0.03
debt	0	0	0.01	0	1.04***	0.77***	0.31	0.08
cash	0.03***	0.03***	0	0.01	1.04*	0.55*	−0.27	−0.05

续表

Variable	droa_3	droa_2	droe_3	droe_2	dturn_3	dturn_2	dassrate_3	dassrate_2
asset	-0.01***	-0.00***	-0.01**	-0.01	-0.04	-0.03	-0.41***	-0.17**
mark	0	0	-0.01	0	0.11	0.08*	0.16***	0.09**
hydm2								
2	0	0	0.03	0.01	-0.2	-0.31**	0.73*	0.51
3	0	0	0	0	0.23	-0.03	0.65***	0.09
4	0	0	-0.01	-0.02	-0.41	-0.32*	0.4	-0.07
5	-0.01	0	0.05	0.02	0.31	-0.1	1.24***	0.89***
6	0	0	0.02	0.01	0.46	0.01	0.48*	0.08
7	0.01	0.01	-0.02	-0.01	-0.22	-0.39**	0.32	0.14
8	0	0	-0.02	-0.01	0.21	0.09	0.13	0.13
9	-0.04*	-0.03***	-0.01	0	0.11	-0.21	1.63	1.35
10	0.01	0.01	0.02	0.02	0.19	-0.02	0.38	-0.04
11	0	0	0.05	0.03	-0.64	-0.55	0.95***	0.38
12	-0.01	-0.01	-0.03	-0.01	0.56	0.22	-0.25	-0.18
13	-0.02	-0.02**	-0.06	-0.05**	0.41	0.09	0.61**	0.28*
14	0.03	0.01	0.02	-0.05	-0.1	-0.16	0.69	-0.42**
15	-0.04***	-0.02**	-0.04	-0.04	-0.49	-0.39**	-0.03	-0.30*
16	0	-0.01	0.02	0	0.11	-0.08	0.80***	0.38***
area								
2	0	0	-0.01	-0.01	0.61**	0.40**	0.37	0.43*
3	-0.01	-0.01*	-0.02	0	0.35	0.25	0.28	0.23*
year	0.00***	0.00**	0	-0.00*	-0.06***	-0.04***	0.04***	0.01
_cons	-2.45***	-1.16**	4.83*	3.80*	118.29***	74.05***	-73.08**	-13.63
N	573	573	573	573	573	573	573	573
r2	0.17	0.14	0.11	0.14	0.13	0.13	0.18	0.13
r2_a	0.12	0.09	0.06	0.09	0.08	0.08	0.13	0.08

（一）会计效率变化的影响因素分析

表6-5对会计效率变化的影响因素进行了实证分析，我们发现，担保情况（assu）对会计效率有显著影响，其中对总资产净利润变化（droa_2）、总资产周转率变化（dturn_3、dturn_2）有正向影响，这可能是因为担保给高管层带

来业绩压力，促使他们努力工作，按时还款以解除担保威胁。两权分离度（sepr）与净资产收益率变化（droe_3、droe_2）、总资产周转率变化（dturn_3、dturn_2）正相关。第二大股东（seco）与总资产净利润率变化（droa_3、droa_2）、净资产收益率变化（droe_3）、总资产增长率变化（dassrate_3）负相关，与总资产周转率变化（dturn_3、dturn_2）正相关。Z指数（z）与净资产收益率变化（droe_3、droe_2）负相关，说明第一大股东持股相对第二大股东持股比例越高，净资产收益率变化值越低，即一股独大不利于企业效率的提高。资产负债率（debt）与总资产周转率变化（dturn_3、dturn_2）正相关。现金能力（cash）与总资产净利润率变化、总资产周转率变化正相关。公司规模与会计效率变化负相关。市场化水平与总资产周转率变化（dturn_2）、总资产增长率变化（dassrate_3、dassrate_2）正相关。行业、地区、年度虚拟变量被控制。

（二）财政效率变化的影响因素分析

从表6-6财政效率变化的影响因素分析结果来看，是否同省管辖（prov）与所得税率变化（dtax_2）负相关，这可能是同一管辖区内，为了促使国有股权转让协议的达成，政府更乐意给出一些优惠政策，降低所得税率。交易后股份性质（char）发生变化，更易提高综合税率变化值（dcotax_3、dcotax_2），即国有股转让后性质变为非国有股，提高了综合税率变化值，即增加了财政收入。两权分离度（sepr）与所得税率变化（dtax_2）负相关。第二大股东（seco）和Z指数（z）与综合税率变化（dcotax_3、dcotax_2）、所得税率变化（dtax_3、dtax_2）负相关。现金能力（cash）与综合税率变化（dcotax_3、dcotax_2）、所得税率变化（dtax_2）正相关。行业、地区、年度虚拟变量被控制。

表6-6　财政效率变化的影响因素分析结果

Variable	dcotax_3	dcotax_2	dtax_3	dtax_2
assu	0.01	0	0.02	0
prov	0	0	−0.04	−0.05**
char	0.02***	0.01***	0.04	0.02
rela	0.01	0	0.02	0.01
scal	0	0	0	0
sepr	0	0	0	−0.00*
seco	−0.02***	−0.01***	−0.10***	−0.05**

续表

Variable	dcotax_ 3	dcotax_ 2	dtax_ 3	dtax_ 2
z	− 0. 00 **	− 0. 00 ***	− 0. 00 ***	− 0. 00 ***
ctrl				
2	0. 01	0	0. 02	0. 01
3	0	0	− 0. 16 *	− 0. 1
debt	0	0	− 0. 1	− 0. 08
cash	0. 04 **	0. 02 **	0. 23	0. 18 **
asset	0	0	− 0. 03	− 0. 02
mark	0	0	0. 01	0. 01
hydm2				
2	0. 05 ***	0. 02 ***	0. 35 ***	0. 08
3	0. 02 **	0. 01 *	0. 23 **	0. 02
4	0. 03 *	0. 01	0. 12	− 0. 07
5	0. 02	0	0. 29 **	0. 05
6	0. 03 **	0. 01 *	0. 26 **	0. 02
7	0	0	0. 17	− 0. 02
8	0. 06 ***	0. 04 ***	0. 66 ***	0. 21 **
9	0	0	0. 2	− 0. 04
10	0	− 0. 01	0. 24 *	0. 07
11	0. 06 ***	0. 03 ***	0. 36 ***	0. 1
12	− 0. 01	0	0. 02	− 0. 11
13	− 0. 03	− 0. 03 *	0. 11	− 0. 05
14	0. 01	0	0. 59 ***	0. 21 **
15	0	0. 01	0. 12	0. 02
16	0. 04	0. 02	0. 27 *	0. 03
area				
2	− 0. 01	− 0. 01	− 0. 02	0
3	− 0. 01	− 0. 01 *	0. 06	0. 05
year	0. 00 ***	0. 00 *	0. 02 ***	0. 01 **
_ cons	− 4. 86 ***	− 1. 46 *	− 31. 88 ***	− 16. 00 **
N	573	573	573	573
r2	0. 18	0. 18	0. 14	0. 12
r2_ a	0. 14	0. 13	0. 09	0. 07

（三）政治效率变化的影响因素分析

表6-7是政治效率变化的影响因素分析结果，我们发现是否担保与资本保值增值率变化（dvalu_3）、资本积累率变化（daccu_3）负相关。交易后股份性质（char）发生变化，更易提高资本保值增值率变化（dvalu_2），即增加了财政收入。是否关联交易（rela）与资本保值增值率变化（dvalu_3）负相关，与资本积累率变化（daccu_3、daccu_2）正相关。交易相对规模（scal）与政治效率变化负相关。两权分离度（sepr）与资本保值增值率变化（dvalu_3）负相关，与资本积累率变化（daccu_2）正相关。第二大股东（seco）与资本保值增值率变化（dvalu_3）和资本积累率变化（daccu_3）正相关。资产负债率（debt）与资本保值增值率变化（dvalu_2）和资本积累率变化（daccu_2）正相关。公司规模与资本保值增值率变化（dvalu_2）负相关。行业、地区、年度虚拟变量被控制。

表6-7 政治效率变化的影响因素分析结果

Variable	dvalu_3	dvalu_2	daccu_3	daccu_2
assu	-3.88***	-0.45	-6.32**	-2.89
prov	-0.67	-0.39	1.62	2.22
char	3.93**	-0.08	-1.39	-4.86
rela	-3.07**	-0.23	10.42*	13.25**
scal	-0.28***	-0.04*	-0.61***	-0.41*
sepr	-0.22**	0.03	0.3	0.53*
seco	-3.53***	0.7	-8.55***	-4.65
z	0	0	-0.01	-0.01
ctrl				
2	2.49**	-0.92	-0.71	-3.37
3	-1.43	-1.15**	0.47	1.31
debt	-2.1	3.29**	5.33	10.58*
cash	-0.95	0.84	6.45	8.32
asset	0.37	-0.66*	-1.74	-2.82
mark	-0.42	-0.57	-1.67	-1.61
hydm2				
2	8.25	3.54	3.51	-1.3
3	2.47	0.09	4.14	1.86

续表

Variable	dvalu_ 3	dvalu_ 2	daccu_ 3	daccu_ 2
4	− 0. 29	− 0. 63	0. 18	0. 11
5	8. 98 **	7. 19 **	128. 48 **	127. 81 **
6	− 1. 96	− 1. 47	− 2. 93	− 2. 31
7	1. 67	− 0. 7	− 2. 26	− 4. 47
8	− 0. 27	1. 02	1. 63	7. 44
9	− 3. 73	− 0. 55	4. 85	8. 01
10	− 1. 84	0. 17	2. 8	4. 76
11	− 1. 69	− 0. 08	0. 96	2. 88
12	− 2. 79	0. 74	1. 87	4. 83
13	4. 16	− 0. 72	4. 67	− 0. 06
14	5. 54 *	2. 03	9. 55 *	4. 94
15	− 3. 62	0. 17	0. 52	4. 25
16	− 0. 28	0. 09	− 2. 58	− 2. 79
area				
2	− 3. 94 **	− 2. 27 *	− 6. 48 *	− 5
3	− 3. 99	− 2	7. 31	9. 52 *
year	1. 13 ***	0. 12 *	0. 66	− 0. 28
_ cons	− 2267. 04 ***	− 226. 86	− 1266. 87	637. 06
N	573	573	573	573
r2	0. 21	0. 11	0. 27	0. 3
r2_ a	0. 17	0. 06	0. 23	0. 26

四、主要结论

1. 国有股权控制权转移后绩效变化符合"政治论"

表6 - 2显示,国有股权转让之后,政治效率变化最明显,其中,资本积累率3年变化增加6.85,2年变化增加4.67;资本保值增值率3年变化增加3.07,2年变化增加0.83;总资产增长率变化3年变化增加0.18,2年变化增加0.11,这符合中共十八届三中全会《决定》提出的国有企业改革需要,既符合优化国有经济布局、促进国有资本保值增值的宗旨,也符合三层架构下的国有企业改革目的,因此符合"政治论"。但是国有股权转让后反映宏观效率的综合税率和所得税率、反映会计效率变化的总资产净利润率、净资产收益率、总资产周转率变

化不明显，据此认为国有股权转让的目的是优化国有经济布局、促进国有资本保值增值的"政治论"，不是提升企业效率的"效率论"，也不符合提高财政收入的"财政论"。表6-3显示，国有股权的不同转移类型只影响净资产收益率的变化、综合税率的变化、所得税率的变化、总资产增长率的变化，所以国有股权的不同转移类型并不影响"政治效率"。表6-4表明，不同的终极控制人只影响净资产收益率、资本保值增值率、资本积累率、总资产增长率的变化，说明终极控制人的不同类型对"政治效率"影响较大。因此，国有股权转让后符合促进国有资本保值增值的"政治论"，不符合提升企业效率的"效率论"，也不符合提高财政收入的"财政论"。总之，国有股权控制权转移后绩效变化符合"政治论"。

2. 股权结构是影响效率变动的重要因素

从表6-5～表6-7可以发现，股权结构虽然对不同的效率指标影响效果不一致，有促进和抑制作用，但都是影响效率的重要因素。其中两权分离度对会计效率变化是正向影响，对财政效率是负向影响，对资本保值增值率是负向变化，对资本积累率是正向变化。第二大股东持股比例超过5%，说明第二大股东是积极股东，但它对会计效率的影响方向有正有负，且与财政效率和政治效率负相关。Z指数指第一大股东与第二大股东的比值，反映的是第二大股东制衡第一大股东的能力的倒数，它与会计效率负相关，与财政效率负相关，与政治效率负相关但不显著，这些均说明第二大股东持股比例越大，各种效率变化越高，也再次证明股权结构安排的重要性。考虑到三层架构下的国有企业改革宗旨是优化国有企业布局、保持国有资产的保值增值，所以可以考虑降低两权分离度、提高第二大股东持股比例，即降低终极控制人控制权与所有权的差距，提高第二大股东的持股比例来促进国有资本保值增值，亦即建立相互制衡的股权结构比较合适。

3. 股权结构对政治效率变动的分位数回归结果

因为国有股控制权转移后的绩效变化符合"政治论"，且股权结构对"政治效率"变动也有显著影响，为了探究不同股权结构不同水平对政治效率变动的一般规律，采取分位数回归方法进行回归，因为政治效率变化（dvalu_ 3）与两权分离度（sepr）的 test［q10 = q25 = q50 = q75 = q90］：sepr 的 F（4, 543）= 5.95，Prob > F = 0.0048，所以政治效率变化（dvalu_ 3）与两权分离度（sepr）不同分位数存在显著性差异，结果如表6-8所示。因为政治效率变化（daccu_ 2）与两权分离度（sepr）的 test［q10 = q25 = q50 = q75 = q90］：sepr 的 F（4, 5 = 475）= 8.03，Prob > F = 0.0000，所以政治效率变化（daccu_ 2）与两权分离度（sepr）不同分位数存在显著性差异，结果如表6-9所示。

表6-8 两权分离度（sepr）与政治效率变化（dvalu_3）的分位数回归结果

Variable	OR_10	OR_25	OR_50	OR_75	OR_90
sepr	0.022	-0.001**	-0.005**	-0.014**	-0.098**
assu	-0.369	-0.088	0.022	-0.167	-1.941
char	0.005	-0.11	-0.04	0.018	1.367
rela	-0.046	0	0.022	0	-0.002
scal	0	-0.004	0.001	0	-0.066
seco	-0.364	-0.168	-0.212	-0.367	-2.136
z	0.001	0	-0.001	-0.001	0.001
ctrl					
2	-0.181	0.192	0.172	-0.051	1.643
3	0.225	0.097	0.012	-0.385	-0.728
debt	-0.218	0.149	1.005***	1.406	1.73
cash	-1.814	-0.482	-0.102	1.041	0.472
asset	0.214	-0.025	-0.159*	-0.443	0.035
mark	0.204	0.082	0.055	0.044	0.077
hydm2					
2	1.101	2.455***	0.651	-0.028	-1.558
3	1.444	2.459***	0.747	0.402	-0.613
4	1.612	2.227***	0.476	-0.259	-3.488
5	2.071	2.720***	10.974***	11.502***	21.111
6	1.126	2.464***	0.69	0.409	-2.874
7	1.324	2.376***	0.892	-0.077	-1.805
8	2.298	2.797	0.97	0.086	-3.113
9	-1.578	0.397	-2.089**	-1.873	-6.313
10	2.115	2.526***	0.827	0.04	-4.496
11	1.937	2.653***	0.801	0.082	-1.561
12	1.164	2.041**	0.198	-0.397	-2.667
13	1.941	2.960***	0.909	-0.049	-1.248
14	2.398	7.377***	6.738***	11.092***	2.04
15	1.736	1.549*	-0.607	-1.142	-4.918
16	1.263	2.733***	0.991	0.383	-3.64
area					
2	0.076	0.174	0.113	-0.018	-1.313
3	0.313	0.265	0.266	-0.07	-0.165
year	0.018***	0.016***	0.038*	0.138**	0.973***
_cons	-45.221***	-34.112***	-74.030*	-268.256**	-1.90E+03***
N	573	573	573	573	573

表6-9　两权分离度与政治效率变化（daccu_ 2）的分位数回归结果

Variable	OR_ 10	OR_ 25	OR_ 50	OR_ 75	OR_ 90
sepr	-0. 011 ***	0. 001 ***	0. 001 ***	-0. 006 ***	-0. 019 ***
assu	0. 091	0. 03	-0. 006	0. 027	-0. 063
char	0. 328	0. 035	-0. 005	0. 002	-0. 051
rela	0. 203	0. 018	0. 019	0	0. 079
scal	-0. 011	-0. 002	0	-0. 001	0. 001
seco	-0. 009	-0. 027	-0. 03	-0. 139	-0. 048
z	0	0	0	0	0
ctrl					
2	0. 481	0. 077	0. 049	0. 14	-0. 028
3	-0. 064	-0. 014	-0. 023	-0. 07	-0. 302
debt	-1. 237	-0. 21	0. 203	0. 436	1. 59
cash	-0. 279	0. 012	-0. 047	0. 276	1. 119
asset	0. 266	0. 063	-0. 005	-0. 102	-0. 181
mark	0. 024	0. 008	0. 014	0. 026	-0. 075
hydm2					
2	1. 618	0. 078	0. 008	0. 601	-8. 720 ***
3	1. 626	0. 028	0. 013	0. 125	-11. 292 ***
4	1. 57	0. 047	-0. 029	-0. 034	-11. 448 ***
5	2. 578	0. 374	2. 139 ***	9. 929	561. 800 ***
6	1. 655	0. 042	-0. 039	-0. 075	-11. 398 ***
7	2. 116	0. 133	-0. 039	0. 261	-11. 130 ***
8	2. 189	0. 14	0. 088	0. 107	-11. 286
9	0. 47	-0. 284	-0. 679	-0. 535	-4. 276
10	2. 014	0. 158	0. 297	0. 203	-11. 339 ***
11	1. 69	0. 033	-0. 012	0. 029	-11. 220 ***
12	2. 278	0. 28	0. 16	0. 133	-11. 182 ***
13	2. 518	0. 407	0. 219	0. 197	-11. 374 ***
14	1. 972	0. 123	13. 704 ***	12. 94	0. 478
15	1. 58	0	-0. 108	-0. 29	-11. 592 ***
16	1. 785	-0. 006	0. 029	0. 136	-10. 990 ***
area					
2	0. 047	0. 046	0. 026	0. 055	-0. 237
3	0. 076	0. 004	0. 011	0. 048	-0. 163
year	-0. 02 ***	-0. 006 ***	0. 006 ***	0. 065 ***	0. 076 ***
_ cons	33. 926 ***	11. 054 ***	-10. 947 ***	-126. 679 ***	-135. 143 ***
N	573	573	573	573	573

由表6-8可知，随着分位数的增加（0.1→0.25→0.5→0.75→0.9），两权分离度（sepr）与政治效率变化（dvalu_3）的分位数回归系数变为（0.022→-0.001→-0.005→-0.014→-0.098），这表明两权分离度（sepr）对高分位数的负向影响越来越强，所以对于政治效率表现越好的企业，也即dvalu_3越高的企业，越应该降低两权分离度（sepr）。

由表6-9可知，随着分位数的增加（0.1→0.25→0.5→0.75→0.9），两权分离度（sepr）与政治效率变化（daccu_2）的分位数回归系数变为（-0.011→0.001→0.001→-0.006→-0.019），这说明两权分离度（sepr）越来越高，系数从负变为正再变为负，所以两权分离度（sepr）对两端影响为负，对中间影响为正，这就要求对于政治效率变化（daccu_2）表现越好或越差的企业，越应该降低两权分离度（sepr）；对于政治效率变化（daccu_2）处于中间水平的企业，越应该提高两权分离度（sepr），表明两权分离的负向影响集中于极端企业，这可能是因为极端企业受两权分离的影响更甚，导致公司治理机制更加不完善。

第二节　基于控制权转让视角的国有股权转让价格影响因素分析

混合所有制改革，除了需要重点关注股权结构安排的问题以外，国有股权转让的价格也非常敏感，因为国有企业老总最害怕承担国有资产流失的罪名，尤其是在目前反腐形势严峻、责任终身追究的情况下，国企老总踟蹰不前也情有可原。但是，已经发生国有股权转让的混合所有制企业国有股权如何定价也必须引起重视，我们可以从分析影响上市公司国有股权定价的主要因素入手，总结规律、凝练经验，并进行推广。

一、问题提出

（一）国有股权定价政策的变迁

资产定价是国有企业在上市、重组、并购过程中的难点问题，不同的方式要采用不同的定价模式，本书只讨论已经上市的公司国有股权转让价格，不讨论IPO价格。尽管中国自1994年就确立了国有股权转让制度，但却并没有明确转让的定价机制，交易价格基本依赖于双方协定。由于存在股权分置问题，国有股、法人股不能在二级市场流通，导致了交易市场的混乱，尤其是管理层收购（MBO）中利用信息不对称的优势，极易发生私下协商、暗箱操作的行为，通过操纵财务报表虚减目标企业资产、隐藏利润、扩大账面亏损而陷入一种"内部人交易"，这样容易造成国有资产的大幅流失。基于 1996 年市场上出现了国有股权转让中大量的低价出售、二级市场炒作等行为，国家国有资产管理局于 1997 年颁布了《股份有限公司国有股股东行使股权行为规范意见》，其中第十七条规定："转让股份的价格必须依据公司的每股净资产值、净资产收益率、实际投资价值（投资回报率）、近期市场价格以及合理的市盈率等因素来确定，但不得低于每股净资产值"，首次确立了以每股净资产为基础的转让定价机制，并上报财政部审批后通过。2001 年 6 月，国家曾短暂地采用过用市场定价的方法界定国有股价格，通过上市公司的二级市场转让国有股权，但是，由于上市公司存在股权分置问题，流通股与非流通股的定价机制不同，市场定价遭遇了极大的阻力，股民用脚投票，导致资本市场持续波动，当年 10 月证监会紧急叫停了这一方案，此后以净资产为基础的定价机制一直持续到 2007 年（钱先航、曹廷求，2014①）。

2003 年，国务院国资委颁布了《企业国有产权转让管理暂行办法》，明确了企业国有产权交易监管的制度要求，企业国有产权转让价格应当以资产评估结果为参考依据，在产权交易市场中公开竞价形成，产权交易机构应按照有利于竞争的原则积极探索新的竞价交易方式，这样，为国有股转让构造了一个更加公平有序的环境。2004 年，国务院国资委颁发了《关于企业国有产权转让有关问题的通知》，就主辅分离、辅业改制中资产处置问题、子企业的重大国有产权转让、股权性质发生变化、转让方案、信息披露进行了规定。2006 年，国务院国资委印发了《关于企业国有产权转让有关事项的通知》，规定国有产权转让价格应在产权交易市场中公开竞价形成，首次挂牌价格不得低于经核准或备案的资产评估结果，且不得以任何付款方式为条件对国有产权转让价格进行打折、优惠，对市场定价再次进行了规范。2007 年，国务院国资委、中国证监会颁布了《国有股东转让所持上市公司股份管理暂行办法》《国有单位受让上市公司股份管理暂行规定》《上市公司国有股东标识管理暂行办法》三个政策性文件，废除了以往的定价机制，确立了以股票交易价格为基础的市场化定价机制，规定自 2007 年 7 月 1 日起，"国有股权转让的价格应以转让信息公告日前 30 个交易日的每日加权

---

① 钱先航、曹廷求：《谁获得了国有股权?》，《经济与管理研究》，2014 年第 12 期，第 23 - 33 页。

平均价格算术平均值为基础确定；确需折价的，其最低价格不得低于该算术平均值的90%"，为股票转让的市场价格制定了详细的操作规范。2008 年，第十一届全国人民代表大会常务委员会第五次会议通过《中华人民共和国企业国有资产法》，对关系国有资产出资人权益的重大事项，诸如企业改制、与关联方的交易、资产评估、国有资产转让、国有资本经营预算、国有资产监督等程序进行了规范。2009 年国务院国资委颁布《企业国有产权交易操作规则》，对企业国有产权交易的具体环节进行了明确和细致的规定，将企业国有产权交易分为转让申请、发布信息、受让意向登记、组织交易签约、结算交易资金和出具交易凭证几个阶段，从信息披露的程序上保障了企业国有产权交易的公平、公开和公正。

2016 年 7 月 1 日，国务院国资委和财政部印发《企业国有资产交易监督管理办法》。2018 年 5 月 18 日，国务院国资委和中国证监会颁布《上市公司国有股权监督管理办法》，规定自 2018 年 7 月 1 日起施行，该办法对上市公司国有股权变动行为的程序和流程进行了详细具体规定，包括上市公司国有股权持股主体、数量或比例等发生变化的行为，以及本书所研究的国有股东所持上市公司股份通过证券交易系统转让、公开征集转让、非公开协议转让等行为，并规定上市公司国有股权变动应当根据证券市场公开交易价格、可比公司股票交易价格、每股净资产值等因素合理定价。

总体而言，中国国有股权转让的定价机制经历了净资产定价—市场定价—净资产定价—市场定价的演变过程，而本书收集的数据是 2003～2016 年发生国有股控制权转移的 573 条记录，所以股票转让价格是以市场定价为主。

（二）国有股定价相关文献综述

1. 国有股减持价格的文献梳理

许多学者直接对国有股减持价格进行了模型构建（张玲，2002；贺学会和段际凯，2002；奚君羊和马永波，2004；文宗瑜和李铭，2007；邓学衷和范小勇，2008；等等）。祁向前和赵会军等（2002）[①] 提出了一种"新股新办法，老股老办法"的国有股减持方案，并对认股权证在"老国有股"减持中的定价进行了运用。史本山和陈蛇等（2002）[②] 设计了国有股减持的浮动定价机制。游达明和

① 祁向前、赵会军等：《认股权证与国有股减持定价》，《中央财经大学学报》，2002 年第 7 期，第 33 - 36 页。
② 史本山、陈蛇等：《国有股减持价格的浮动定价机制研究》，《数量经济技术经济研究》，2002 年第 8 期，第 72 - 75 页。

肖革非（2002）[1] 比较了市场定价方式、净资产定价方式和市盈率定价方式的优缺点。周子康和杨春鹏等（2004）[2] 则利用期权定价公式给出了国有股减持价格的一个定价模型。郑江淮（2002）[3] 认为国有股减持中政府、公众投资者和承销商等利益相关者之间没有形成"多赢"局面，是因为国有股东不会轻易放弃其私有收益，以及国有股东追求社会效率等问题，导致现行上市公司股权结构和治理结构仍然存在各种弊端，政府、公众投资者和承销商等利益相关者对股权价值预期较低。刘延锋（2003）[4] 基于博弈论角度，采用两阶段动态博弈模型研究国有股减持定价问题，发现政府制定的价格与股票实际价格存在反向变动关系，因此政府应该实行"低价格减持政策"。黄晓榕和雷云（2006）[5] 则从理论上探讨了国有股转让价格，他们认为当前国有股转让价格存在四个误区，即国有股转让价格应与国有股转让的资产评估价格一致、国有股转让价格必须高于净资产评估价格、国有股转让价格与转让对象无关、国有股转让价格有一个绝对标准。

以上研究表明，大多数学者对国有股定价的研究，都是基于绝大部分股票不能流通的前提下设计的定价模型。自从 2006 年底股权分置改革完成以后，股票进入全流通时代，以上学者设计的国有股转让价格模型和定价公式不再合适，但这为国有股权公开转让的市场定价创造了制度和操作平台，随后国有股转让定价以公开市场交易和市场定价为主，所以学者对国有股价格的研究反而很少关注了。

2. 国有股权转让定价的文献梳理

国企改革进入了市场定价时代后，学者对市场化情况下的国有股转让价格进行的研究，可能是因为市场公开交易和市场定价，交易流程比较透明，暗箱操作减少，反倒研究国有股转让价格的相关文献较少。宋光（2012）[6] 对比分析了相对估值法和绝对估值法的优劣，并采用绝对估值方法中的三阶段股利贴现模型估

① 游达明、肖革非：《上市公司国有股定价方式比较分析》，《上海电力学院学报》，2002 年第 3 期，第 78 – 81 页。

② 周子康、杨春鹏等：《国有股减持价格模型研究》，《管理现代化》，2004 年第 1 期，第 56 – 59 页。

③ 郑江淮：《国有股减持中的代理冲突、股权价值与路径依赖》，《管理世界》，2002 年第 1 期，第 104 – 112 页。

④ 刘延锋：《国有股定价的博弈模型》，《国际商务（对外经济贸易大学学报）》，2003 年第 4 期，第 34 – 38 页。

⑤ 黄晓榕、雷云：《国有股转让价格的认识误区及价格的合理确定》，《财务与会计》，2006 年第 22 期，第 63 – 64 页。

⑥ 宋光：《关于国有银行股权的定价问题探讨》，上海交通大学博士学位论文，2012 年，第 43 页。

计了中国建设银行股权的内在价值。韩忠伟和杨朝军（2007）[1] 考虑到中国转轨经济的特殊性，认为国有银行大部分经营利润都被用于补充计提拨备以及冲销各种历史财务包袱，造成利润严重失真，导致各种传统股权定价方法失效，因此他们采用两阶段股息贴现模型，预测结果比较贴近真实的股票价格。即使是这 2 篇文献，也是研究银行股票定价问题，不带有普适性。

3. 国有股转让价格影响因素的文献梳理

徐信忠和黄张凯等（2006）[2] 对 2002 ~ 2003 年我国上市公司协议转让的 233 笔非流通股进行了研究，发现流动性约束对非流通股定价有负面作用，而控制权收益对非流通股定价有正面作用。严绍兵（2008）[3] 以深沪两市 1997 年 4 月 1 日至 2003 年 12 月 25 日 1042 宗正式公告披露的非流通股股权有偿交易的 436 家上市公司为样本进行研究，发现流动性折价达到 80%，且影响转让价格的因素有市净率、总价款、转让股权数量、每股净资产、资产负债率、法人股比例、净利润等。曾璐（2005）[4] 理论分析后认为，经营性国有资产转让价格与供求关系、资产专用性、预期收益等因素有关。程敏（2009）[5] 详细分析了并购溢价与交易特征的关系，包括是否属于关联交易、国有股权性质是否变化、股权是有偿转让还是无偿划拨形式等特征与并购溢价的关系。王克敏和刘博（2014）[6] 分析了制度背景对国有资产转让价格的影响，他们认为中国资本市场不是有效市场，因此中国控制权市场不能有效识别管理层工作努力程度，以及鉴别管理层是否有控制权私利的行为，尤其是中国经理人市场不发达，控制权转移引发的公司代理问题更加严重，管理层不但存在自利行为，甚至可能与买方、卖方合谋换取个人私利，主要表现为存在盈余管理行为，转让前盈余管理越严重，转让价格越低。侯宇和王玉涛（2010）[7] 认为，控制权转移与股权集中度有关，因此与国有股转让价格也有关，股权越集中，越能提高

① 韩忠伟、杨朝军：《国有银行会计利润失真与股权定价模型的修正》，《金融研究》，2007 年第 5 期，第 78 － 86 页。

② 徐信忠、黄张凯等：《大宗股权定价的实证检验》，《经济研究》，2006 年第 1 期，第 101 － 108 页。

③ 严绍兵：《流动性对非流通股权定价的影响》，《东北财经大学学报》，2008 年第 1 期，第 17 － 21 页。

④ 曾璐：《影响经营性国有资产转让价格的因素分析》，《金融经济》，2005 年第 10 期，第 89 － 90 页。

⑤ 程敏：《交易特征、并购溢价及并购绩效分析——来自上市公司大宗股权协议转让的经验证据》，《证券市场导报》，2009 年第 2 期，第 41 － 47 页。

⑥ 王克敏、刘博：《公司控制权转移与盈余管理研究》，《管理世界》，2014 年第 7 期，第 144 － 156 页。

⑦ 侯宇、王玉涛：《控制权转移、投资者保护和股权集中度——基于控制权转移的新证据》，《金融研究》，2010 年第 3 期，第 167 － 182 页。

转移股份的议价能力, 价格越高。夏立军和陈信元 (2007)[1] 考察了市场化进程对国有企业改革策略的影响, 市场越发达的地区, 价格越透明, 转让价格越高, 所以市场化进程也是影响国有股转让价格的因素之一。

综上, 影响国有股转让的因素有国有股转让特征、股权结构、市场化进程、高管自利行为、资产负债率等。参考以上文献, 本书选取的指标如表 6 – 10 所示。

表 6 – 10　影响国有股转让价格的因素指标

指标	代码	指标		符号	计算公式
	price	国有股转让价格	国有股转让价格	price	每股转让价格除以每股净资产
自变量	X	控制权转让特征	担保情况	assu	0 = 无担保, 1 = 有担保
			同属管辖	prov	按照 "省" "直辖市" 级别判断, 1 = 是, 0 = 否
			交易后股份性质是否发生变化	char	1 = 是, 0 = 否
			是否关联交易	rela	1 = 是, 0 = 否
			交易相对规模	scal	交易总价/总资产 × 100%
		股权特征	两权分离度	sepr	实际控制人拥有上市公司控制权比例 – 实际控制人拥有上市公司所有权比例
			第二大股东	seco	第二大股东持股比例是否大于等于 5%, 1 = 是, 0 = 否
			Z 指数	z	第一大股东/第二大股东
			终极控制人类型	ctrl	ctrl1 = 国有, ctrl2 = 民营, ctrl3 = 外资, 以国有为基准
		高管自利行为	盈余管理	em	参考石水平 (2010)[2] 的方法, 将 ROE 在 (0, 1%) 或 (6%, 7%) 定义为盈余管理, 赋值为 1, 其他赋值为 0
		偿债能力	资产负债率	debt	负债合计/资产总计
		现金能力	每股经营活动产生的现金流量净额	cash	经营活动产生的现金流量净额本期值/实收资本本期期末值
		公司规模	期末总资产	asset	取总资产对数
		市场化水平		mark	樊纲等编制的 1997 ~ 2014 年的市场化指数, 2015 ~ 2016 年的市场化指数, 采用几何平均法外推

① 夏立军、陈信元:《市场化进程、国企改革策略与公司治理结构的内生决定》,《经济研究》, 2007 年第 7 期, 第 82 – 95 页。

② 石水平:《控制权转移、超控制权与大股东利益侵占——来自上市公司高管变更的经验证据》,《金融研究》, 2010 年第 4 期, 第 160 – 176 页。

续表

指标	代码	指标	符号	计算公式
控制 变量	D	行业	indust	以中国证监会最新制定颁布的上市公司行业分类为准, 有 16 个虚拟变量, 以房地产行业为基准
		地区	area	area1 = 东部, area2 = 中部, area3 = 西部, 以东部为基准
		年份	year	以党的十八届三中全会为分界点, 将 2013 年 (包括 2013 年) 之前定义为 0, 2013 年之后定义为 1

二、国有股转让价格影响因素的实证分析

我们采用面板回归的固定效应模型进行分析, 结果如表 6 - 11 所示。

表 6 - 11　国有股转让价格影响因素的实证结果

Variable	price	price	price	price
assu	- 0. 39	- 0. 42	- 0. 37	- 0. 49
prov	- 0. 77	- 0. 82	- 0. 76	- 0. 74
char	- 0. 27	- 0. 23	- 0. 23	- 0. 3
rela	- 1. 07	- 1. 13	- 1. 14	- 1. 09
scal	0. 17 ***	0. 16 ***	0. 16 ***	0. 17 ***
em	0. 6	0. 66	0. 64	0. 62
sepr	- 0. 07 *			- 0. 08 *
seco		- 0. 46		- 0. 57
z			0	- 0. 00 *
ctrl				
2	- 0. 66	- 0. 93	- 1. 00 *	- 0. 6
3	- 0. 78	- 0. 73	- 0. 83	- 0. 8
debt	10. 41 ***	10. 09 ***	10. 13 ***	10. 29 ***
cash	4. 01 **	4. 00 **	4. 01 **	3. 83 **
asset	- 2. 00 ***	- 2. 03 ***	- 2. 01 ***	- 1. 98 ***
mark	- 0. 08	- 0. 07	- 0. 1	- 0. 12
hydm2				
2	- 10. 34 *	- 10. 24 *	- 10. 20 *	- 10. 27 *
3	- 10. 14 *	- 9. 99 *	- 9. 89 *	- 10. 04 *

续表

Variable	price	price	price	price
4	− 11. 16 **	− 11. 00 *	− 10. 99 *	− 11. 03 *
5	− 8. 72	− 8. 88	− 8. 83	− 8. 59
6	− 12. 03 **	− 11. 99 **	− 11. 97 **	− 11. 94 **
7	− 8. 08	− 8. 03	− 7. 94	− 7. 95
8	− 0. 44	− 0. 49	− 0. 17	− 0. 76
9	1. 76	2. 27	2. 17	2. 01
10	− 10. 66 *	− 10. 72 *	− 10. 63 *	− 10. 67 *
11	− 8. 68	− 8. 58	− 8. 34	− 8. 63
12	− 12. 24 **	− 12. 22 **	− 11. 93 **	− 12. 50 **
13	− 12. 64 **	− 12. 93 **	− 13. 05 **	− 12. 35 **
14	− 9. 49	− 8. 88	− 9. 03	− 9. 08
15	− 12. 62 **	− 12. 37 **	− 12. 11 **	− 12. 76 **
16	− 9. 48 *	− 10. 16 *	− 9. 99 *	− 9. 56 *
area				
2	− 0. 78	− 0. 82	− 0. 87	− 0. 91
3	0. 18	0. 04	− 0. 06	0. 05
year	0. 38 ***	0. 38 ***	0. 38 ***	0. 36 ***
_ cons	− 708. 41 ***	− 718. 88 ***	− 710. 72 ***	− 680. 19 ***
N	573	573	573	573
r2	0. 3	0. 3	0. 3	0. 3
r2_ a	0. 26	0. 26	0. 25	0. 26

由表6 – 11可知，影响国有股转让价格的因素有交易相对规模（scal），且交易规模越大，国有股转让价格越高，这是因为国有股转让规模越大，意味着交易股份越多，卖方的议价能力越强。股权结构中，只有两权分离度（sepr）与国有股转让价格负相关，Z指数与国有股转让价格负相关，这说明当实际控制权比例与所有权比例差距越大，第一大股东持股比例越高时，国有股转让价格越低，这是因为控制权与所有权的分离越大，第一大股东持股比例越高，说明大股东侵占中小股东的动机越强，有可能存在降低股权交易价格，获取大股东控制权的其他私利的问题。王克敏和刘博（2014）① 发现，管理层不但存在自利行为，甚至存

① 王克敏、刘博：《公司控制权转移与盈余管理研究》，《管理世界》，2014年第7期，第144 – 156页。

在可能与买方、卖方合谋换取个人私利的代理问题。资产负债率（debt）与国有股权转让价格正相关，这可能是因为资产负债率越高企业杠杆能力越强，对未来盈利预期越好，从而增加了股权转让时的议价能力。现金能力越强（cash），国有股转让价格越高，这是因为现金能力越强，说明股权转让方不存在财务困境等问题，可能是基于公司战略发展目标的调整、合作伙伴的变更进行股权转让，从而议价能力较强。公司规模越大，国有股转让价格越低，这是因为规模越大，即使是较小股份的股权转让，其转让的绝对金额也不低，对受让方的资金实力要求较强，限制了受让方的范围，从而降低了议价能力，转让价格也越低。

另外，是否担保（assu）、是否同属管辖（prov）、交易后股份性质是否发生变化（char）、是否关联交易（rela）、是否进行盈余管理（em）、第二大股东持股比例是否大于5%（seco）、终极控制人类型（ctrl）、市场化水平（mark）不是影响国有股转让价格的因素。地区对国有股转让价格没有影响，行业对国有股转让价格有影响，年份对国有股转让价格有正影响，这说明2013年党的十八届三中全会以后，提升了国有股转让价格，这可能与中央大力反腐有关，因为国企老总害怕承担国有资产流失的罪名。

本章小结

一、主要结论

1. 国有股权控制权转移后绩效变化符合"政治论"

表6-2显示，国有股权转让之后，政治效率变化最明显，其中，资本积累率3年变化增加6.85，2年变化增加4.67；资本保值增值率3年变化增加3.07，2年变化增加0.83；总资产增长率3年变化增加0.18，2年变化增加0.11，这符合中共十八届三中全会《决定》提出的国有企业改革需要，既符合优化国有经济布局、促进国有资本保值增值的宗旨，也符合三层架构下的国有企业改革目的，因此符合"政治论"。但是国有股权转让后反映宏观效率的综合税率和所得税率、反映会计效率变化的总资产净利润率、净资产收益率、总资产周转率变化不明显，据此认为国有股权转让的目的是优化国有经济布局、促进国有资本保值增值的"政治论"，不是提升企业效率的"效率论"，也不符合提高财政收入的

"财政论"。表6-3显示，国有股权的不同转移类型只影响净资产收益率的变化、综合税率的变化、所得税率的变化、总资产增长率的变化，所以国有股权的不同转移类型并不影响"政治效率"。表6-4表明，不同的终极控制人只影响净资产收益率、资本保值增值率、资本积累率、总资产增长率的变化，说明终极控制人的不同类型对"政治效率"影响较大。因此，国有股权转让后符合促进国有资本保值增值的"政治论"，不符合提升企业效率的"效率论"，也不符合提高财政收入的"财政论"。

2. 股权结构是影响效率变动的重要因素

从表6-5~表6-7可以发现，股权结构虽然对不同的效率指标影响效果不一致，但都是影响效率的重要因素。其中两权分离度对会计效率变化是正向影响，对财政效率是负向影响，对资本保值增值率是负向变化，对资本积累率是正向变化；第二大股东持股比例超过5%，说明第二大股东是积极股东，但它对会计效率的影响方向有正有负，且与财政效率和政治效率负相关；Z指数指第一大股东与第二大股东的比值，反映的是第二大股东制衡第一大股东的能力的倒数，它与会计效率负相关，与财政效率负相关，与政治效率负相关但不显著，这些均说明第二大股东持股比例越大，各种效率变化越高，也再次证明股权结构安排的重要性。由表6-8可知，两权分离度（sepr）对高分位数的负向影响越来越强，所以对于政治效率表现越好的企业，也即dvalu_3越高的企业，应该降低两权分离度（sepr）。由表6-9可知，对于政治效率变化（daccu_2）处于两端的企业，应该降低两权分离度（sepr）。考虑到三层架构下的国有企业改革宗旨是优化国有企业布局、保持国有资产的保值增值，所以可以考虑降低两权分离度、提高第二大股东持股比例，即降低终极控制人控制权与所有权的差距，提高第二大股东的持股比例来促进国有资本保值增值，亦即建立相互制衡的股权结构比较合适。

3. 两权分离是影响国有股转让价格的重要因素

由表6-11可知，两权分离度（sepr）与国有股转让价格负相关，Z指数与国有股转让价格负相关，这说明当实际控制权比例与所有权比例差距越大，第一大股东持股比例越高时，国有股转让价格越低，这是因为控制权与所有权的分离越大，第一大股东持股比例越高，说明大股东侵占中小股东的动机越强，因而有可能降低股权交易价格，获取大股东控制权的其他私利，因此为了国有资产保值增值考虑，也必须构建相互制衡的股权结构。

为了探究股权结构对价格影响的一般规律，我们也采用分位数回归方法进行实证分析。因为 F（4，540）= 5.85，Prob > F = 0.0024，故对于不同分位数，国有股转让价格存在显著差异，结果如表 6 - 12 所示。

表 6 - 12　不同分位数的国有股转让价格实证结果

Variable	OR_ 10	OR_ 25	OR_ 50	OR_ 75	OR_ 90
sepr	- 0.002 ***	- 0.008 ***	0.002 ***	- 0.007 ***	- 0.093 ***
assu	0.096	0.067	- 0.192	- 0.72	- 0.732
prov	- 0.098	- 0.08	- 0.181	- 0.067	0.334
char	0.138	0.023	- 0.179	- 0.275	- 2.086
rela	- 0.068	- 0.084	- 0.271	- 0.447	- 1.506
scal	0.021 ***	0.019 ***	0.02	0.009	0.233 *
em	- 0.024	- 0.069	- 0.102	- 0.174	0.507
seco	0.069	- 0.1	- 0.206	- 0.653	- 1.003
z	- 0.001	0	0	- 0.002	- 0.004
ctrl					
2	- 0.017	0.039	- 0.028	- 0.539	- 1.702
3	0.06	- 0.053	- 0.149	- 0.608	- 1.226
debt	0.605 **	1.043 ***	2.020 ***	4.869 ***	11.448 **
cash	- 0.045	- 0.286	0.023	1.612	10.6
asset	- 0.118	- 0.276 ***	- 0.534 ***	- 1.579 ***	- 2.737
mark	0.019	- 0.006	0.042	0.22	0.229
hydm2					
2	0.158	0.139	- 0.322	- 15.097 ***	- 46.976 ***
3	0.035	0.03	- 0.911	- 15.442 ***	- 47.547 ***
4	0.156	0.083	- 0.948	- 15.880 ***	- 49.216 ***
5	0.312	0.294	1.804	- 15.653 ***	- 37.646 ***
6	- 0.054	- 0.058	- 1.181	- 16.532 ***	- 49.133 ***
7	- 0.036	- 0.177	- 1.635	- 15.596 ***	- 35.290 ***
8	10.595 ***	10.570 ***	9.467 ***	- 6.11	- 42.393
9	0.124	0.307	9.254 ***	- 8.442 ***	3.127
10	0.041	- 0.206	- 1.318	- 16.986 ***	- 49.225 ***
11	0.083	0.076	- 0.646	- 14.338 ***	- 37.508 ***

Variable	OR_ 10	OR_ 25	OR_ 50	OR_ 75	OR_ 90
12	0.261	0.07	−1.252	−17.777***	−51.753***
13	0.517	0.532	−0.791	−17.294***	−49.802***
14	0.48	3.636***	1.935	−14.018***	−47.216***
15	0.127	−0.19	−1.369	−17.277***	−52.014***
16	−0.062	−0.035	−1.167	−15.940***	−46.188***
area					
2	0.003	−0.017	−0.033	−0.295	0.595
3	−0.032	−0.011	0.039	0.389	−0.379
year	0.078***	0.098***	0.155***	0.263***	0.29
_ cons	−154.054***	−190.301***	−298.769***	−479.443***	−476.28***
N	573	573	573	573	573

由表 6 – 12 可知，随着分位数的增加（0.1→0.25→0.5→0.75→0.9），两权分离度（sepr）与国有股权转让价格（price）的分位数回归系数变为（−0.002→−0.008→0.002→−0.007→−0.093），只有 50% 的分位数系数为正，这说明随着两权分离度（sepr）越来越高，price 系数从负变为正再变为负，所以两权分离度（sepr）对两端影响为负，对中间影响为正，这就要求对于价格处于两端的企业而言，越应该降低两权分离度（sepr），这可能是因为对于价格处于两端的企业，由于两权分离度的增加，其大股东与中小股东的利益冲突更加明显，公司治理结构更加不完善，从而呈现出两权分离度与价格负相关，因此应该降低两权分离度，也即构建相互制衡的股权结构。

二、政策建议

1. 应坚定不移地推进混合所有制改革

毫无疑问，混合所有制改革是国有企业改革的突破口，它的改制效果具有"牵一发而动全身"的作用。表 6 – 2 显示，国有股权转让之后，政治效率变化最明显，即符合三层架构下的国有企业改革目的：优化国有经济布局、促进国有资本保值增值，因此我们要坚定不移地推进混合所有制改革。自中共十八届三中全会《决定》强调"混合所有制经济是基本经济制度的重要实现形式"，以及强调"允许更多国有经济和其他所有制经济发展成为混合所有制经济"之后，为混合所有制经济不同所有制成分的混合创造了公平竞争和合作的环境。但是在现实中，出于各种问题考虑，混合所有制改革存在"雷声大雨点小"的现象，呈现政府一头热、国有企业和民营企业都不甚积极的现象。自中共十八届三中全会以来，党中央、国务院对于混合所有制改革多次做出了重要部署，制定了 1 + N 的系列文件，多角度多层次全方位进行了顶层设计，目前已经到了"一个行动胜过一打纲领"的阶段，要用"伤其十指不如断其一指"的勇气继续推进国企改革，要从战略高度认识新时代深化国有企业改革的中心地位。很显然，作为国有企业突破口的混合所有制企业改革，其目的是通过各种资本所有制的相互融合实现取长补短，利用国有企业技术和资金实力、管理相对规范的优势，叠加民营企业市场灵活性强的优势，打造出富有效率和活力的资本混合的企业组织形式，成为我国新一轮国有企业改革的有效载体和长久动力，以进一步巩固和完善社会主义基本经济制度，因此还要坚定不移地推进混合所有制改革。

2. 混合所有制企业应构建相互制衡的股权结构

利用国有企业技术和资金实力、管理相对规范的优势，叠加民营企业市场灵活性强的优势，可以打造出富有效率和活力的混合所有制企业，但必须构建相互制衡的股权结构。从表 6 - 5 ~ 表 6 - 7 可以发现，降低两权分离、提高第二大股东持股比例可以促进国有资产增值保值。由表 6 - 8 可知，政治效率变化（daccu_ 2）表现越好或越差的企业，越应该降低两权分离度（sepr）。由表 6 - 9 可知，政治效率变化（daccu_ 2）表现越好或越差的企业，越应该降低两权分离度（sepr）。从表 6 - 11 可以看出，两权分离度（sepr）和 Z 指数与国有股转让价格负相关。从表 6 - 12 可以看出，价格处于两端的企业，越应该降低两权分离度。这些均说明要降低两权分离度，因为第一大股东通常对应于终极控制人，所以第一大股东持股比例越高，两权分离度越高，大股东侵占中小股东的动机越强，越可能降低股权交易价格，因此出于国有资产保值增值考虑，也必须构建相互制衡的股权结构。因为我国股权结构是以金字塔结构为主，政府终极控制和非政府终极控制的上市公司各占 84% 和 16%（刘芍佳等，2003）[1]，即使股权分置改革完成后，90% 的中国上市公司仍然存在终极控制权现象（凌翅，2012）[2]，所以第一大股东越大对应的终极股东控制权越大，其侵占中小股东利益的动机越大，因此应该

① 刘芍佳等：《终极产权论、股权结构及公司绩效》，《经济研究》，2003 年第 4 期，第 51 - 62 页。

② 凌翅：《上市公司终极控制人、资金占用与投资不足的关系研究》，浙江财经学院博士学位论文，2012 年，第 55 页。

构建相互制衡的股权结构，完善公司治理结构，以对大股东侵占中小股东现象进行有效监督。无独有偶，深圳证监局课题组（2016）[1] 调研发现，构建相互制衡的股权结构，方便各方股东规范参与治理，可以形成激励与约束平衡的高管团队，有效平衡董事会各方利益，完善诸如独立董事、监事会和内外部审计等外部监督制衡，从而在股东、董事会、经理层等多个维度形成有效制衡的法人治理结构，所以在混合所有制企业应重点关注公有资本与非公有资本的比例，最好是适度制衡的股权结构。

---

① 深圳证监局课题组：《构建有效制衡的国有企业法人治理结构》，《中国证券报》，2016 年 4 月 7 日。

第七章 三层架构下混合所有制企业股权结构选择的实证分析

第五章研究发现，国有股份控制权转移的主要对象为非国有企业，且转移动机是"侵占论"和"靓女先嫁"论，所以在当前中美贸易大战爆发，国企去库存、降杠杆、环保督察严厉的情况下，我国经济增长面临着较大的下行压力，2018 年第三季度 GDP 增长率已经下降到 6.5%，大量民营企业生产经营面临较大的困难，为缓解民企流动性危机和股权质押困境，国家各部委出台了多项民企扶持政策，但混合所有制改革应该仍然坚持市场化方向，通过国有企业与民营企业的融合，一方面缓解民营企业流动性危机和股权质押困境，另一方面从战略高度认识新时代深化国有企业改革的中心地位，坚定国企改革的信心。

第六章研究结果表明，国有股权控制权转移后绩效变化符合"政治论"，即符合三层架构下的优化国有经济布局、促进国有资本保值增值的国有企业改革目的，因此要坚定不移地推进混合所有制改革。同时，股权结构是影响政治效率变动的重要因素，两权分离是影响国有股转让价格的重要因素，且构建相互制衡的股权结构是最合适混合所有制企业的。所以第七章探讨在三层架构下，混合所有制企业选择股权结构的合适比例或者合适区间。

第一节 三层架构下混合所有制企业股权结构总体选择的实证分析

一、研究假设的提出

以往文献研究混合所有制企业股权选择都是基于企业业绩的考量，且股权结构与企业绩效（业绩、效率）的关系本身就是公司治理研究的热点问题之一，因为中国是以公有制为主体的所有制结构，所以探讨国有股与企业绩效（业绩、效率）关系的文献很多，但目前尚未取得统一认识，结论有负相关①②、正相关③、正 U 关系④、倒 U 关系⑤、不相关⑥。支持国有股与企业绩效负相关的理论是产权理论，它认为国有股股权的"虚位"和"缺位"，容易导致内部人控制，因而公有产权效率低下，张维迎的国有企业家"五个不可能"定理充分代表了这类观点。对国有股与企业绩效正相关的解释，比较令人信服的观点是政府"支持之手"理论，这是因为国有企业在资金募集、技术引进、财税补贴等政策上享有更多优惠，或者在行政任命的体制下，管理层出于"乌纱帽"考虑，有强烈的动机与当地政府合谋提升企业利润。至于国有股与企业绩效不是单纯的线性关系，而是曲线关系，其理论依据是超产权理论。U 型关系的观点是，国有股比例较低时，政府缺乏监督的动力，随着股权比例上升，政府重视程度强化和监督动力增强，反而有助于企业绩效的改善，因此应该避免"底部价值陷阱"。倒 U 型关系认为存在最优的股权结构，这是因为在国有股权虚位的情况下，高度集中的股权结构容易发生内部人控制问题，且出于社会福利考虑，国有企业会承当很多政策性负担，容易发生大股东侵占中小股东利益的行为；而高度分散的股权，政府既缺乏监督动力，也缺少提供政策支持的动力，因此适度的国有股权结构既摆脱了"一言堂"局面，也形成了有效的内部制衡机制，因而提高了公司绩效。综上，国有股比例与企业绩效存在曲线关系，但是倒 U 型还是 U 型关系，还未获得统一认识。

但是，国资管理从"管资产"向"管资本"转变以后，国资管理和监督体制变为国资委—国有投资（运营）公司—国有企业的三层架构，此时再也不能从企业绩效角度考量国有股权的安排，而应该从资本保值增值和优化国有企业产业布局角度研究国有企业股权的安排。因此，作为国企改革突破口的混合所有制

① 陈晓、江东：《股权多元化、公司业绩与行业竞争性》，《经济研究》，2000 年第 8 期，第 28 – 35 页。

②③ 王新霞等：《股权分置改革对股权结构与公司绩效关系变迁的影响机理及实证分析》，《上海经济研究》，2011 年第 2 期，第 63 – 72 页。

④ 吴淑琨：《股权结构与公司绩效的 U 型关系研究——1997～2000 年上市公司的实证研究》，《中国工业经济》，2002 年第 1 期，第 80 – 87 页。

⑤ 魏熙晔、张前程：《最优股权结构与公司价值——理论模型与来自中国的经验证据》，《当代经济科学》，2014 年第 3 期，第 92 – 103 页。

⑥ 陈小悦、徐晓东：《股权结构、企业绩效与投资者利益保护》，《经济研究》，2001 年第 11 期，第 3 – 11 页。

改革，也必须遵从"管资本"的思路，从资本保值增值和优化国企产业布局角度考虑混合企业中国有股权的配置问题。目前已经有少数学者研究了混合所有制企业股权结构选择的问题，从第二章的文献综述可知，研究可以分为数理学派和实证学派两类，其中数理学派代表性的学者有高蓓和高汉（2013）① 构建的两阶段混合寡占博弈模型、陈俊龙和汤吉军（2016）② 构建的混合所有制企业国有股最优比例的双寡头垄断竞争模型、殷军等（2016）③ 构建的双寡头垄断模型、李东升等（2017）④ 构建的国有股东、非国有股东和监管机构的三方博弈模型、陈俊龙等（2018）构建的国有企业和私营企业专利授权行为的三阶段动态序贯博弈混合寡占模型、董梅生和洪功翔（2016）⑤ 构建的混合所有制企业和民营企业的古诺竞争模型。实证学派代表性的学者有基于上市公司数据的汪平等（2015）⑥、王曙光和王琼慧（2017）⑦、罗孟旎（2017）⑧、刘孟晖等（2018）⑨、夏鑫等（2018）⑩、于丹（2017）⑪ 等，基于中国工业企业数据库的张蕊和蒋煦涵

① 高蓓、高汉：《国有股比例与管理授权——基于混合寡占模型的研究》，《世界经济文汇》，2013年第6期，第14－27页。

② 陈俊龙、汤吉军：《国有企业混合所有制分类改革与国有股最优比例——基于双寡头垄断竞争模型》，《广东财经大学学报》，2016年第1期，第36－44页。

③ 殷军等：《国有企业混合所有制的内在机制和最优比例研究》，《南开经济研究》，2016年第1期，第18－32页。

④ 李东升等：《国有企业混合所有制改造中股东间利益博弈分析》，《经济与管理研究》，2017年第2期，第44－50页。

⑤ 董梅生、洪功翔：《发展混合所有制经济的内在机制研究——基于效率和社会福利视角》，《统计与信息论坛》，2016年第12期，第46－53页。

⑥ 汪平等：《异质股东的资本成本差异研究——兼论混合所有制改革的财务基础》，《中国工业经济》，2015年第9期，第129－144页。

⑦ 王曙光、王琼慧：《混合所有制改革中商业银行股权结构与绩效：基于上市银行的实证研究》，《金融与经济》，2017年第4期，第27－34页。

⑧ 罗孟旎：《混合所有制、公司治理质量与股权资本成本——基于中国资本市场经验证据的分析》，《商业研究》，2017年第7期，第89－95页。

⑨ 刘孟晖：《基于终极控制权的混合所有制国有股权配置模式研究》，《财会月刊》，2018年第1期，第41－46页。

⑩ 夏鑫等：《混合所有制、终极控股结构与控制权私利行为——基于"一般商业性"国有企业的实证研究》，《会计之友》，2018年第2期，第152－160页。

⑪ 于丹：《混合所有制企业内部控制的中小股东权益保护作用研究》，北京物资学院博士学位论文，2017年，第94页。

（2018）①、董梅生和洪功翔（2017）② 等。但无一例外，他们都是从传统的业绩指标，诸如财务效率和经济增加值等指标来研究混合所有制企业股权结构的安排问题，还很少有学者从国有资产保值增值角度研究混合所有制企业股权安排的问题。因为国有股东的终极控制人是各级政府，以追求经济增长、维持社会稳定和增加就业为目标，所以国有股比例越大越有利于终极控制人干预国有企业人事任命、经营决策、投资并购等事项，特别是当前经济下行的状态下，为维持经济稳定增长，政府天然具有扩大投资的内在冲动，随之也扩大了国有资产，因此提出假设。

假设 7.1：国有股比例越高，国有资产保值增值率越高。

混合所有制之所以成为国有企业改革的突破口，是因为新古典经济学假设的信息完全、完全理性的经济人、不存在交易成本等理想状态在现实生活中并不存在，相反，由于制度存在路径依赖等惯性，混合所有制改革是在决策者充分认识到信息不完全、有限理性和存在交易成本约束条件下的一种理性行为（汤吉军和戚振宇，2018）③。因为混合所有制企业将对企业治理结构、运营机制、国资管理模式等正式制度变迁发生深刻影响，即使对诸如伦理道德、文化传统、风俗习惯等非正式制度产生的路径依赖，也需要借助"看得见"和"看不见"的手的双方力量，通过混合所有制的国有资本与非国有资本的相互制衡力量，消除国有股"一股独大"和国企运行僵化的官僚体制的弊端，充分吸收民企对市场反应灵活的优点，通过完善公司的治理结构，实现国有资本保值增值，以充分发挥不同资本的优势，实现"1+1>2"的目标。

所以如何实现国有股东和非国有股东的相互制衡非常重要。学者普遍认同通过混合所有制改革，非国有股东利用拥有的董事、监事和高管的人员安排，在股东大会和高层决策上制衡国有股东的随意决策和政府的过度干预；非国有股东有动机监督高管的自利行为，防止高管构建自己的资金帝国、随意提高在职消费水平、增加机会主义或道德风险等行为，因此大部分学者都赞同对非国有股东超额配置董事、监事和高管的人员。例如，中国联通进行混合所有制改革之后，2018年2月8日，诞生了新一届董事会，在8名非独立董事中，只有3位联通高管，

① 张蕊、蒋煦涵：《混合所有制改革、国有股最优比例与工业增加值》，《当代财经》，2018 年第 2 期，第 115 – 123 页。

② 董梅生、洪功翔：《中国混合所有制企业股权结构选择与绩效研究》，《上海经济研究》，2017 年第 3 期，第 71 – 77 页。

③ 汤吉军、戚振宇：《国有企业发展混合所有制的路径依赖研究》，《天津社会科学》，2018 年第 5 期，第 103 – 110 页。

其余 5 位战略投资者来自中国人寿、百度、阿里、腾讯、京东，这与联通拥有 36.67% 的股权比例是不对等的，存在超额配备民企董事的情况。但是，这些只是个例，普遍的现状是非国有股东委派董监高的比例远远小于非国有股东持股均值，蔡贵龙等（2018）[①] 以 2008 ~ 2015 年 6659 个上市公司的国有企业为样本，发现前十大股东中非国有股持股比例的均值为 0.1，但非国有股东委派董监高的比例仅为 0.017，可见一斑。当然，国有股东对非国有股东单纯追求利润、轻视社会责任，甚至侵占国有资产的情况也进行了预防，制定了各种产权转让的文书条例和防范国有资产流失的规章制度。例如，2015 年 10 月 31 日，国务院颁布《关于加强和改进企业国有资产监督防止国有资产流失的意见》（国办发〔2015〕79 号）、2016 年 6 月 24 日发布国资委、财政部《企业国有资产交易监督管理办法》（国务院国有资产监督管理委员会、财政部令第 32 号）。因此国有股东与非国有股东之间是相互监督、相互制约的，所以本书定义混合股权制衡程度和股权混合深入性反映两大股东相互之间的监督和制衡能力，其中混合股权制衡程度 = 前十大股东中 min｛国有股占全部股权的百分比，所有非国有股占全部股权的百分比｝/max｛国有股占全部股权的百分比，股权混合深入性 = 前十大股东中国有股东、外资股东、民企的持股比例平方和｝。

很显然，混合股权制衡程度反映的是异质股东之间的相互制衡、互相监督的指标，如果混合程度低，说明控制股东权力过大，非控制股东的话语权很小，控制股东更容易做出符合大股东利益的决策，从而侵占中小股东利益，对于国有大股东可能是构建自己的资金王国进行过度投资，对于民营大股东可能会侵占国有资产，但是如果股权制衡度绝对平均的话，也容易造成决策效率低下、久拖不决等问题，因此我们提出假设。

假设 7.2：适度的混合股权制衡程度有利于国有资产的保值增值。

股权混合深入性表示不同产权性质股东持股比例，即衡量混合所有制改革中国有股和非国有股的混合程度。但是，国有股东与非国有股东的追求目标不同，国有股东的终极控制人是各级政府部门，基于地方经济发展和政治"锦标赛"竞争的需要，国有股东需要承担一些社会目标，诸如增加就业、稳定经济增长、扩大投资，等等；而非国有股东是以利润最大化为目标，天然具有"逐利"特性，所以他们以经济回报作为经营企业的第一要务，期望良好的投资回馈，特别

---

① 蔡贵龙等：《国有企业的政府放权意愿与混合所有制改革》，《经济研究》，2018 年第 9 期，第 99 – 115 页。

是在经济新常态下，经济转型升级困难，经济存在下行空间，混合程度加深将抑制国有企业的盲目扩张，所以有利于抑制国有企业无效投资，但不利于国有企业资产保值增值，毕竟扩大投资和兼并重组是国有企业增值保值快速、有效的手段。随着股权混合程度的加深，非国有股东对国有股东的制衡能力增强，在企业决策中的话语权加强，削弱了政府对国有企业的控制力，国有股东基于社会责任的目标将被弱化，企业"市场化"特征突出，迫使企业体现出对于经济任务的追求，又有利于国有资产的保值增值。所以我们提出假设。

假设7.3：适度的股权混合深入性有利于国有资产的保值增值。

西方产权理论认为产权是决定企业绩效的关键因素，因为通过明晰的产权界定，私有财产的排他性保证了产权所有人占有全部剩余价值，从而有较强的激励不断提高企业绩效，因此私有产权效率高于公有产权，但事实并非如此。最早进行私有化改革的英国从"日不落帝国"沦落为美国的跟班，俄罗斯的全盘私有化也没有带来经济的相应增长，反而使经济和政治濒于崩溃的边缘，可见，私有产权并不一定导致高效率。这是因为产权理论是以零交易费用和没有外部性为前提的，但市场运行中的价格发现和交易机制不可能不支付成本，特别是处于经济转轨期的中国，产权改革过程中伴随的非规范行为（如寻租、国有资产流失等），以及附着的非理性裙带行为（如环境污染、食品安全等），使得产权的摩擦成本更加沉重。Martin 和 Parker（2003）对英国企业的实证分析发现，私有化后平均效益提升只针对竞争性强的行业，垄断行业并不明显，因此他们认为市场竞争是利润激励能够驱动经营者努力的前提条件，因而提出了超产权理论（Beyond Property – Right Argument）。超产权理论认为，企业利润与经营者投入未必存在必然的正向关系，利润激励只有在市场竞争的前提条件下，才能发挥其刺激经营者增加努力与投入的作用。这是因为，在竞争性行业，企业面临的是市场"生"与"死"的对抗性博弈，不管企业属于谁，只要它想生存与发展，就必须调整内部治理结构，以适应外部环境变化，提高市场占有率。同时，市场竞争更容易传递经营者努力与否的信号，从而可以更有效地监督与激励经营者，因此市场竞争是发挥产权激励作用的先决条件。从长期来看，市场竞争将导致企业治理机制与效益趋同，因而不受产权归属决定；但在短期内，产权变更对改善企业治理效果仍有积极意义，因此从产权与市场竞争的二维向量所决定的公司绩效相关程度来看，产权变动所引致的企业内部治理结构优化是必要条件，而竞争机制所牵制的公司不断创新以适应市场的能力是充分条件。

作为转轨经济国家，我国自20世纪80年代开始进行国企改革，目的是为了实现政企分开、激发国有企业活力、提高国有企业绩效，因此国企改革是以产权改革为主、以剥离政策性负担为辅的思路进行的。政府期许国企产权清晰的同时，能通过创造公平、竞争的外部环境来提高国有企业绩效，结果确实如此。宋常等（2008）[①] 发现，在产品市场竞争度高的行业中，市场能够起到较好的监督作用；谭云清等（2008）[②] 认为，产品市场竞争和管理者激励能有效提高管理者努力水平，促进公司营运效率的提升；梁英和梁喜农（2012）[③] 发现，市场竞争对国有控股公司绩效提升更加显著，因此本书提出假设。

假设 7.4：市场竞争能促进国有企业的保值增值。

Januszewski、Koke 和 Wintre（2002）对德国 1986 ~ 1994 年的 400 家制造企业数据实证发现，竞争与高度集中的股权结构对生产效率的影响是互补关系。梁英和梁喜农（2012）发现，与私有产权控股公司相比，产品市场的竞争对提高国有控股公司治理绩效更显著，且中央直属国企控股公司的治理绩效 > 地方政府控股公司 > 地方国企控股公司。胡一帆等（2005）[④] 发现，市场竞争对国有企业绩效提升的作用大于非国有企业。姚佳和陈国进（2009）[⑤] 发现，竞争与中度股权结构对公司绩效的提高是互补关系，与高度股权结构对公司绩效的提高是替代关系。这些研究表明，市场竞争不但对公司绩效有影响，而且通过股权结构的调节作用对企业绩效产生双重影响，所以提出假设。

假设 7.5：市场竞争通过混合所有制企业的股权结构对混合所有制企业资产保值增值产生双重影响。

二、数据收集和指标选取

（一）数据收集

1. 混合所有制企业的定义

针对上市公司的数据，不同学者从不同的角度对混合所有制企业进行了界

① 宋常等：《产品市场竞争、董事会结构与公司绩效——基于中国上市公司的实证分析》，《审计研究》，2008 年第 5 期，第 55 - 60 页。

② 谭云清等：《产品市场竞争、经理报酬与公司绩效：来自中国上市公司的证据》，《管理评论》，2008 年第 2 期，第 58 - 62 页。

③ 梁英、梁喜农：《产品市场竞争程度、控股股东性质与公司治理绩效》，《当代经济研究》，2012 年第 12 期，第 75 - 78 页。

④ 胡一帆等：《竞争、产权、公司治理三大理论的相对重要性及交互关系》，《经济研究》，2005 年第 9 期，第 44 - 57 页。

⑤ 姚佳、陈国进：《公司治理、产品市场竞争和企业绩效的交互关系——基于中国制造业上市公司的实证研究》，《当代财经》，2009 年第 8 期，第 56 - 61 页。

定。蔡贵龙等（2018）① 发表在《经济研究》上的文章，将上市国有企业定义为混合所有制企业。林明等（2016）② 将股权结构中既含有国有股权又含有民营股权的企业当作混合所有制企业。李永兵等③（2015）、张晓玫和朱琳琳（2016）④ 则将前十大股东中既有国有资本又有非国有资本的上市公司界定为混合所有制企业。王新红等（2018）⑤ 定义混合所有制企业的步骤为：第一步，根据国泰安数据库中的实际控制人性质筛选出所有制造业国有上市公司；第二步，获取这些上市公司前十大股东的排名和类别；第三步，前十大股东中既包含国有股东又包含非国有股东的企业。胡锋（2018）⑥ 定义混合所有制企业的步骤为：第一步，实际控制人为国有股东的上市公司；第二步，前十大股东中选择同时含有国有股东（且国有股比例≥5%）和非国有股东的上市公司。董梅生和洪功翔（2017）⑦ 将实际控制人是国有股东的界定为混合所有制企业。刘汉民、齐宇和解晓晴（2018）⑧ 把前五大股东中同时有国有股东和非国有股东的企业定义为混合所有制企业。卢建词和姜广省（2018）⑨ 首先根据终极控制人性质，剔除非国有公司，将其定义为混合所有制企业。然后将前十个股东分成国有股东、集体股东、民营股东和境外法人股东四大类。张文魁（2017）⑩ 认为，混合所有制企业有名义与实质区分，实质的混合所有制企业是指引入持股比例较大的非国有积极股东，并把非国有股东股权比例超过33.4%作为跨越股权结构拐点。

---

① 蔡贵龙等：《国有企业的政府放权意愿与混合所有制改革》，《经济研究》，2018年第9期，第99－115页。

② 林明等：《混合所有制企业高管团队断裂带对突破性创新绩效的影响：基于混合高管结构权力平衡的调节效应》，《预测》，2016年第4期，第15－21页。

③ 李永兵等：《混合所有制、业务创新与绩效表现——基于我国上市银行的实证研究》，《上海经济研究》，2015年第10期，第55－63页。

④ 张晓玫、朱琳琳：《混合所有制公司的治理结构、高管薪酬和经营绩效——基于分行业的研究视角》，《金融经济》，2016年第2期，第153－155页。

⑤ 王新红等：《股权混合度、研发投入与国企绩效调节效应分析——基于国企混合所有制改革背景》，《财会通讯》，2018年第18期，第43－45页。

⑥ 胡锋：《混合所有制企业竞争力与国有股比例关系研究——基于制造业的分析》，《上海经济》，2018年第1期，第18－26页。

⑦ 董梅生、洪功翔：《发展混合所有制经济的内在机制研究——基于产权改革视角》，《云南财经大学学报》，2017年第2期，第12－25页。

⑧ 刘汉民、齐宇、解晓晴等：《股权和控制权配置：从对等到非对等的逻辑——基于央属混合所有制上市公司的实证研究》，《经济研究》，2018年第5期，第175－189页。

⑨ 卢建词、姜广省：《混合所有制与国有企业现金股利分配》，《经济管理》，2018年第2期，第5－20页。

⑩ 张文魁：《混合所有制的股权结构与公司治理》，《新视野》，2017年第4期，第11－19页。

大部分学者通过对前十大股东的分类，对混合所有制企业的混合程度进行了描述。蔡贵龙等（2018）将前十大股东中，全部非国有股东持股比例之和界定为混合所有制改革的股权结构维度；将非国有股东委派董监高人数的比例定义为混合所有制改革的高层治理结构维度。于文成等（2018）[①] 将前十大股东中，国有股东、外资股东、机构股东和高管股东的数量定义为混合主体多样性；将前十大股东中，国有股东、外资股东、机构股东和高管股东的持股比例定义为混合主体深入性；将国有股东、外资股东、机构股东和高管股东的持股比例平方和定义为股权混合程度，数值越高，表示混合程度越大。杨志强和李增泉（2018）[②]、杨志强等（2016）[③] 将一个混合所有制企业中，min ｛国有股占全部股权的百分比，所有非国有股占全部股权的百分比｝/max ｛国有股占全部股权的百分比，所有非国有股占全部股权的百分比｝定义为所有制混合度，并区分了是国有股占多数还是非国有股占多数的两种情况。王新红等（2018）[④] 将非国有股比例/国有股比例定义为股权混合程度。卢建词和姜广省（2018）[⑤] 将前十个股东分成国有股东、集体股东、民营股东和境外法人股东四大类，然后计算赫芬达尔指数和熵指数，分别定义为股东类别的多元化和股东股份的多元化。赵斌斌和钱士茹（2017）[⑥] 将前十大股东中 1/（政府持股比例平方 + 国有法人持股比例平方 + 民营股持股比例平方 + 外资持股比例平方）定义为所有制混合程度。于成永和崔艳（2018）[⑦] 将前十大股东中剔除自然人和机构投资者后，外资和民营企业的持股比率之和定义为混合所有制程度。许为宾和周建（2017）[⑧] 将非国有股东持股比

① 于文成等：《基于异质股东的混合股权结构对国企双重任务的影响分析》，《统计与信息论坛》，2018 年第 4 期，第 49 - 57 页。

② 杨志强、李增泉：《混合所有制、环境不确定性与投资效率——基于产权专业化视角》，《上海财经大学学报》，2018 年第 2 期，第 4 - 24 页。

③ 杨志强等：《混合所有制、股权激励与融资决策中的防御行为——基于动态权衡理论的证据》，《财经研究》，2016 年第 8 期，第 108 - 120 页。

④ 王新红等：《股权混合度、研发投入与国企绩效调节效应分析——基于国企混合所有制改革背景》，《财会通讯》，2018 年第 18 期，第 43 - 45 页。

⑤ 卢建词、姜广省：《混合所有制与国有企业现金股利分配》，《经济管理》，2018 年第 2 期，第 5 - 20 页。

⑥ 赵斌斌、钱士茹：《混合所有制是否有利于国有企业绩效提升——基于制造业上市公司的实证研究》，《北京邮电大学学报（社会科学版）》，2017 年第 1 期，第 64 - 70 页。

⑦ 于成永、崔艳：《混合所有制、高管薪酬与并购企业费用粘性》，《会计之友》，2018 年第 4 期，第 155 - 161 页。

⑧ 许为宾、周建：《混合所有制、股权制衡与国企过度投资：基于政治观和经理人观的解释》，《广东财经大学学报》，2017 年第 2 期，第 53 - 62 页。

例之和减去国有股东持股比例的差定义为混合股权制衡程度，并分为国有 + 外资、国有 + 民营、国有 + 外资 + 民营三种类型。马连福、王丽丽和张琦（2015）[①] 把前十大股东区分为国有股东、外资股东、民营股东、机构投资者和自然人，但将国有股东、外资股东、民营股东的数量定义为混合主体的多样性；将前十大股东中外资和民营股东持股比例之和作为混合主体深入性；将外资和民营股东持股比例之和减去国有股东持股比例的差定义为混合主体的制衡。汪平等（2015）[②] 手工整理了前十大股东的性质，并分为国有股东、国企股东、民企股东、自然人股东、机构投资者、外资股东、事业单位股东和其他股东八大类，并将国有股东和国企股东合并成一类，研究了异质性股东的资本成本差异。

本书借鉴上述作者的做法，首先筛选出实际控制人是国有股东的上市公司，将其定义为混合所有制企业；然后基于前十大股东性质的分析，将前十大股东中 min ｛国有股占全部股权的百分比，所有非国有股占全部股权的百分比｝／max ｛国有股占全部股权的百分比，所有非国有股占全部股权的百分比｝ 定义为所有制混合股权制衡程度，并分为国有股占多数和非国有股占多数的两种情况，如果前十大股东中只有国有股，将出现所有制股权制衡为 0 的情况，所以该值越大表明制衡能力越强。将前十大股东中国有股东、外资股东、民企的持股比例平方和定义为股权混合深入性，数值越高，表示混合程度越大。

2. 数据处理

因为 2005 年财政部对 6 批共 22 项会计准则修订发布了征求意见稿，对 1997～2001 年的 16 项具体会计准则也进行了全面调整和修订，最终在 2006 年初构建起一套企业的新会计准则，并要求 2007 年 1 月 1 日起在上市公司中执行，其他企业鼓励执行。因此考虑到指标的前后一致性，本书收集的上市公司数据时间段为 2008～2017 年。基于上述混合所有制企业的定义，本书首先筛选出实际控制人是国有股东的上市公司，将其定义为混合所有制企业；然后删除金融、保险、证券、货币行业；然后删除相关指标缺失的数据，最终收集 2008～2017 年 4478 条混合所有制企业上市公司数据。为消除极端值的影响，重要变量做 1% 的缩尾处理。数据均来自国泰安 CSMAR 的上市公司数据库。

---

① 马连福、王丽丽、张琦：《混合所有制的优序选择：市场的逻辑》，《中国工业经济》，2015 年第 7 期，第 5－20 页。

② 汪平等：《异质股东的资本成本差异研究——兼论混合所有制改革的财务基础》，《中国工业经济》，2015 年第 9 期，第 129－144 页。

（二）指标选择

1. 被解释变量

资本保值增值率（valu）=（所有者权益合计）本期期末值/（所有者权益合计）本期期初值。数据来自 CSMAR4.0 的上市公司发展能力数据库。

2. 核心解释变量

（1）国有股比例（own）=国有股和国有法人股/总股本×100%，来自 CSMAR4.0 的上市公司的股本结构文件。rsqown 表示国有股比例的平方。

（2）混合股权制衡程度（restrict）=min｛国有股占全部股权的百分比，所有非国有股占全部股权的百分比｝/max｛国有股占全部股权的百分比，所有非国有股占全部股权的百分比｝，并分为国有股占多数和非国有股占多数的两种情况，如果前十大股东中只有国有股，将出现所有制股权制衡为 0 的情况，所以该值越大表明制衡能力越强。rsqrestrict 表示混合股权制衡程度的平方。

（3）股权混合深入性（embed）。将前十大股东中国有股东、外资股东、民企的持股比例平方和定义为股权混合深入性，数值越高，表示混合程度越大。rsqembed 表示股权混合深入性的平方。

（4）市场竞争程度（compet）。目前学者主要采用行业集中度（CRn）或赫芬因德指数（Herfindahl - Hirschman Index，即 hhi 指数）衡量市场竞争程度，考虑到 CRn 只反映了行业内前 n 个企业集中度的差别，并没有综合考察所有企业，所以本书使用 hhi 指数衡量，但需要注意的是，hhi 指数是逆指标，该值越大说明市场竞争程度越低，垄断势力越强。我们按照年份和 2012 年证监会的行业分类标准，对行业上市公司数目不少于五个的上市公司的全部企业，而不是前五大公司或者前十大公司，计算其营业收入的 hhi 指数，该值为 1 的时候表示是完全垄断企业，该值为 0 时表示行业内上市公司数目低于五家。

3. 控制指标

（1）规模（asset），用年末总资产的自然对数表示。

（2）财务杠杆（debt），公司使用负债融资，可以提高公司价值，降低股权成本，本书用资产负债率＝总负债/总资产×100% 作为财务杠杆的代理变量。

（3）盈余管理（EM），参考石水平（2010）[①] 的方法，将 ROE 在（0，1%）或（6%，7%）定义为盈余管理，赋值为 1，其他赋值为 0。

---

① 石水平：《控制权转移、超控制权与大股东利益侵占——来自上市公司高管变更的经验证据》，《金融研究》，2010 年第 4 期，第 160 - 176 页。

（4）代理成本（cost），用管理费用率代替，等于管理费用/营业收入×100%。

（5）独立董事比例（independ），等于独立董事人数/董事总人数×100%。

（6）Z 指数（z），公司第一大股东与第二大股东持股比例的比值。

（7）公司第一大股东持股比例（stock1）。

（8）现金能力（cash），用每股经营活动产生的现金流量净额表示，等于经营活动产生的现金流量净额本期值/实收资本本期期末值。

4. 虚拟变量

（1）地区（area），由于各地区市场发育成熟度、资源禀赋、资源配置和产业结构并不一样，这将直接影响到各地区企业绩效的大小，参考夏业良和程磊（2010）[①] 的方法，分为东、中、西部，并用虚拟变量 area1、area2 和 area3 表示。

（2）行业（indust），以 2012 年版证监会行业分类代码为准，采用二位分类代码，最终收集了 20 个行业。

（3）年份（year），构建 2008～2017 年 10 个年份的虚拟变量，以 2008 年为基准引入 9 个年份的虚拟变量参与面板回归。

（4）层级（lay），混合所有制企业按照终极所有权归属，划分为中央企业、省、市和县、其他 4 个层级，并分别赋值为 1、2、3、4，数据来自国泰安 CS-MAR 中的中国上市公司股权性质文件。

（三）基本统计分析

表 7-1 是各个指标在 2008～2017 年的基本统计量，其中资本保值增值率的平均值为 1.22，中位数为 1.08，总体而言，资本保值增值率较低，且最小值为 0.299，最大值为 4.198，说明各企业之间的资本保值增值率变化差异很大，且分布呈现右偏和尖顶形态。国有股比例平均值为 31.62%，中位数为 30.467%，所以整体而言，混合所有制企业中，国有股平均居于相对控股的地位，但各企业之间差异很大，最小的只有 0.071%，持股几乎忽略不计，最大的有 80.183%，属于绝对控股。股权混合深入性平均值为 0.792，中位数为 0.82，说明混合所有制企业股权混合深入性水平较高。股权制衡程度平均值为 0.343，中位数为 0.265，说明混合所有制企业股权制衡程度较低。市场竞争程度平均值为 0.116，中位数为 0.086，说明竞争程度较强，垄断性较弱。上市公司规模差异不大，平均值为

---

① 夏业良、程磊：《外商直接投资对中国工业企业技术效率的溢出效应研究——基于 2002—2006 年中国工业企业数据的实证分析》，《中国工业经济》，2010 年第 7 期，第 55 - 65 页。

22.224，中位数为 22.03，最小值为 19.53，最大值为 25.89。代理成本平均值为 0.131，中位数为 0.07，说明代理问题不是很严重。Z 指数平均值为 17.008，中位数为 5.729，说明第一大股东对第二大股东具有绝对的股权优势，这也印证了股权制衡程度相对较低。第一大股东持股比例的平均值为 40.612，中位数为 40.065，说明大部分上市公司都归为绝对控制控股一类，可能存在"一股独大"的问题，Z 指数也能侧面反映"一股独大"的问题。现金能力的平均值为 0.47，中位数为 0.505，但企业之间差异很大，最小的为 -2.655，最大的为 4.123。盈余水平的平均值为 0.249，中位数为 0，说明多数企业没有进行盈余管理。资产负债率的平均值为 0.491，中位数为 0.505，且不同企业之间差异很小。

表 7-1　2008～2017 年各指标的基本统计量

	variable	N	mean	p50	variance	min	max	skewness	kurtosis
资本保值增值率	valu	4478	1.22	1.08	0.277	0.299	4.198	3.336	17.04
国有股比例（%）	own	4478	31.62	30.467	487.973	0.071	80.183	0.288	1.996
股权混合深入性	embed	4478	0.792	0.82	0.018	0.383	0.977	-0.845	3.221
股权制衡程度	restrict	4478	0.343	0.265	0.079	0.001	0.979	0.701	2.324
市场竞争程度	compet	4478	0.116	0.086	0.013	0	0.918	3.825	22.998
独立董事比例	independ	4478	36.65	33.33	31.746	9.09	80	2.146	10.544
规模	asset	4478	22.224	22.03	1.782	19.53	25.89	0.533	3.062
代理成本	cost	4478	0.131	0.07	0.1	0	2.71	6.913	53.825
Z 指数	z	4478	17.008	5.729	917.78	1.028	190.824	3.642	18.029
第一大股东持股比例	stock1	4478	40.612	40.065	253.755	11.51	78.97	0.242	2.299
现金能力	cash	4478	0.47	0.35	0.884	-2.655	4.123	0.684	7.011
盈余水平	em	4478	0.249	0	0.187	0	1	1.158	2.341
资产负债率	debt	4478	0.491	0.505	0.046	0.029	0.958	-0.137	2.297

三、混合所有制企业股权结构选择的实证分析

（一）股权结构的内生性问题

1. 股权结构存在内生性问题的文献回顾

很长时间内，公司治理研究都是把股权结构作为外生变量，如若是这种情形，那么按照优胜劣汰原则，市场最后只会供应一种最优的股权结构，但事实并

非如此。Demsetz（1983）① 首先认识到这个问题，他认为股权分散与否取决于因资本联合而减少的风险成本，与由此增加的监督成本的均衡，因此股权结构是企业在追求利润最大化过程中的内生产物。随后股权结构内生性问题引起了其他学者的广泛关注和探讨，曹廷求等（2007）② 从中间产权和最终产权的角度再次证实股权结构确实存在内生性；郭思永等（2010）实证发现，即使是股权分置改革后，股权再融资也是股权结果的一种内生性调整，因此股权结构不是外生变量已是一个不争的事实。既然股权结构是个内生变量，就必须解决内生性问题，除了构建联立方程模型外，工具变量也是常用的办法。

曹廷求等（2007）③ 用流通中 A 股比例及其平方，宋敏等（2004）④、贾钢和李婉丽（2008）⑤ 用股东总数的自然对数作为股权结构的工具变量，但郑国坚和魏明海（2006）⑥ 认为，股权结构的形成更易受政府干预和政策变化的影响，为此他们在制度视角下解释了股权结构的内生性问题，蔡贵龙等（2018）⑦ 从政府意愿制度视角，选择国有企业所在省份自 1840 年鸦片战争以后至清朝末期是否被列强设定过租借、国企所在省份的沿海港口数量作为股权结构的工具变量。我们认为企业的股权结构并非一成不变，会随着市场环境和企业生产经营状况的变化进行动态调整，因此股权结构是外部宏观政策和内部微观因素共同作用的内生结果。Makhija（2004）发现，在不完善的制度环境下，新兴经济体中的重组会降低公司价值，且内部市场扮演着重要作用。因此，我们认为，作为转轨经济国家，我国企业面临的外部环境还不够成熟，政府对市场的干预程度还很高，所以制度对股权结构选择起着更大的作用。这是因为区域经济差异的存在，地方政府为实现 GDP 目标和官员晋升需要，或为满足资本上市或再融资监管要求，会制定不同的地方保护政策和法律法规，存在干预或推动企业股权结构变化的内在可能。如 2011 年 11 月上海家化与平安创新的混合，离不开上海市国资委对"以

---

① Demsetz H., "The Structure of Ownership and the Theory of the Firm", *Journal of Law & Economics*, 1983, Vol. 26, No. 2, pp. 375 – 390 页。

②③ 曹廷求等：《股权结构与公司绩效：度量方法和内生性》，《经济研究》，2007 年第 10 期，第 126 – 137 页。

④ 宋敏等：《股权结构的陷阱》，《南开管理评论》，2004 年第 1 期，第 9 – 23 页。

⑤ 贾钢、李婉丽：《多个大股东制衡结构的形成及其对公司价值的影响——基于股权结构内生性视角》，《软科学》，2008 年第 4 期，第 38 – 42 页。

⑥ 郑国坚、魏明海：《股权结构的内生性：从我国基于控股股东的内部资本市场得到的证据》，《中国会计评论》，2006 年第 2 期，第 189 – 204 页。

⑦ 蔡贵龙等：《国有企业的政府放权意愿与混合所有制改革》，《经济研究》，2018 年第 9 期，第 99 – 115 页。

网络竞价—权重报价的竞价方式实施竞价"方案的支持和促成。特别是对于混合所有制企业，当国有资本与非国有资本战略目标存在冲突的时候，更易引起政府关注甚至直接进行干预。如随后两年，上海家化原管理层与新管理层在公司战略理念上的分歧导致内斗不止，几次对簿公堂，并于 2013 年 11 月和 2014 年 12 月两次遭受证监会处罚。再如 2009 年金融危机时期，受国家 4 万亿投资的影响，政府促成了中粮入股蒙牛、山东钢铁收购日照钢铁、山西煤矿国有化整合等并购事件，因此从制度视角来理解混合所有制企业国有股比例的内生性更具合理性。

Jensen 和 Meckling（1976）指出，当法律对投资者保护不够全面时，容易发生"内部人控制"和大股东侵占小股东利益的问题，小股东只能用脚投票，导致股权越来越集中。无独有偶，LaPorta 等（1997）也发现，国家法律体系和执法程度的差异会影响企业的所有权结构，法律保护缺乏的国家，会引致出较高的所有权集中度。另外，由于我国在落后时期实施赶超策略，政府对资源分配的计划体制容易造成我国要素市场严重扭曲。如资本市场在设立之初定位于为国有企业脱困提供资金，造成国有企业上市垄断权和配股优势的扭曲；即使是在改革深化的今天，在 2014 年政府推动资本市场的大牛市行情里，也暗含着为经济转型和解决地方债务问题等实体经济服务的行政意图。因此，要素扭曲不仅抑制了我国企业的 R&D 投入和技术创新能力，还对中国上市公司成本和费用产生黏性影响，在影响了企业利润的同时，也内在牵绊了企业股权结构的选择。

综上所述，企业产权受制度环境和制度安排的约束。而樊纲、王小鲁、朱恒鹏编制的《中国市场化指数——各地区市场化相对进程 2011 年报告》，为制度环境和制度安排提供了量化指标，我们发现 31 个省、市、自治区的制度环境确实存在较大差距（见表 7 - 2），如它们的最大值和最小值，以及方差，这为研究混合所有制企业股权结构的选择提供了契机，因此我们考虑把市场化指数的相关指标作为混合所有制企业股权结构的工具变量。

表 7 - 2 市场化指数的基本统计量

	variable	N	mean	p50	variance	min	max	skewness	kurtosis
市场化指数总分	market	4478	7.168	7.23	3.417	- 0.3	10.94	- 0.261	2.907
政府与市场的关系	gov	4478	6.926	7.09	2.599	- 6.75	9.65	- 1.802	11.675
非国有经济的发展	noown	4478	7.415	7.46	4.473	0.94	11.18	- 0.705	3.204

续表

	variable	N	mean	p50	variance	min	max	skewness	kurtosis
产品市场的发育程度	product	4478	7.883	8.08	1.928	0.88	9.79	−0.881	3.978
要素市场的发育程度评分	element	4478	6.397	5.74	8.742	0.87	15.92	0.93	3.694
市场中介组织的发育和法律制度环境	institution	4478	7.426	6.26	22.371	1.04	20.5	0.866	2.931

2. 工具变量的选择

因为收集的数据不是均衡面板数据，所以不能用 SYS – GMM 方法中自变量的滞后期作为工具变量。基于上文分析，采用樊纲等编制的 1997～2014 年的市场化指数作为股权结构的工具变量，其中，2015～2016 年的市场化指数采用几何平均法外推法获得。它们与混合所有制企业股权结构各指标之间的相关系数阵如表 7 – 3 所示。可以发现，国有股比例、股权混合深入性、股权制衡程度与市场化指数各指标的相关性不同，所以国有股比例和股权制衡程度用非国有经济的发展评分、要素市场的发育程度评分、市场中介组织的发育和法律制度环境评分作为它的工具变量，股权混合深入性用产品市场的发育程度评分、要素市场的发育程度评分、市场中介组织的发育和法律制度环境评分作为它的工具变量。

表 7 – 3　混合所有制企业股权结构与工具变量之间的相关系数阵

变量		国有股比例	股权混合深入性	股权制衡程度
		own	embed	restrict
政府与市场的关系评分	gov	0.0371*	−0.0282	0.0018
非国有经济的发展评分	noown	−0.1391*	0.0193	−0.0611*
产品市场的发育程度评分	product	−0.0261	0.0861*	0.0186
要素市场的发育程度评分	element	−0.1320*	−0.0947*	−0.0941*
市场中介组织的发育和法律制度环境评分	institution	−0.1257*	−0.0822*	−0.0982*

（二）不考虑股权结构内生性的面板回归结果

在这一部分，本书先不考虑股权结构的内生性问题，采用固定效应的面板模型进行回归，结果如表 7 – 4～表 7 – 6 所示。

表7-4 资本保值增值率对股权混合深入性的面板回归结果

	valu	valu	valu	valu
	(1)	(2)	(3)	(4)
embed	-1.675 ***	-1.417 ***	2.159 *	2.363 **
	(-3.70)	(-2.98)	(1.87)	(2.04)
compet	0.153	2.293 *	0.151	2.193 *
	(0.67)	(1.88)	(0.67)	(1.80)
independ	-0.000	-0.000	0.000	0.000
	(-0.11)	(-0.10)	(0.14)	(0.15)
asset	0.060 ***	0.060 ***	0.060 ***	0.060 ***
	(3.11)	(3.10)	(3.11)	(3.10)
cost	-0.082 ***	-0.082 ***	-0.076 **	-0.076 **
	(-2.59)	(-2.60)	(-2.41)	(-2.42)
z	-0.001 **	-0.001 **	-0.001 *	-0.001 *
	(-2.56)	(-2.50)	(-1.96)	(-1.91)
stock1	-0.017 ***	-0.018 ***	-0.026 ***	-0.027 ***
	(-4.41)	(-4.50)	(-5.66)	(-5.72)
cash	0.021 *	0.021 *	0.021 *	0.021 *
	(1.70)	(1.74)	(1.74)	(1.78)
em	-0.106 ***	-0.106 ***	-0.109 ***	-0.108 ***
	(-4.83)	(-4.80)	(-4.95)	(-4.92)
debt	-0.707 ***	-0.707 ***	-0.685 ***	-0.686 ***
	(-9.73)	(-9.74)	(-9.42)	(-9.43)
embed × compet		-2.650 *		-2.529 *
		(-1.79)		(-1.71)
rsqembed			-3.381 ***	-3.344 ***
			(-3.61)	(-3.57)
行业	控制	控制	控制	控制
年份	控制	控制	控制	控制
地区	控制	控制	控制	控制
层级	控制	控制	控制	控制
_cons	2.311 ***	2.118 ***	1.783 **	1.606 **
	(3.19)	(2.89)	(2.41)	(2.15)

续表

	valu	valu	valu	valu
	(1)	(2)	(3)	(4)
N	4478	4478	4478	4478
R2	0.055	0.056	0.059	0.060
adj. R2	−0.258	−0.257	−0.253	−0.253
hausman	146.22	128.04	157.55	137.13
最优股权混合深入性			0.3193	0.3972

注：第（4）列的最优股权混合深入性中的 compet 按照平均值 0.116 计算所得，本章后面表格的最优比例计算同此，不再赘述。

从表 7-4 中的（1）和（2）结果可以看出，不考虑股权混合深入性的平方项，发现股权混合深入性与资本保值增值率负相关。但是考虑股权混合深入的平方项以后，股权混合深入性与资本保值增值率呈倒 U 型关系，且（3）的最优股权混合深入性为 0.3193，（4）的最优混合深入性为 0.3972，符合假设 7.3：适度的股权混合深入性有利于国有资产的保值增值。

表 7-5　资本保值增值率对股权制衡程度的面板回归结果

	valu	valu	valu	valu
	(1)	(2)	(3)	(4)
restrict	−0.040	−0.050	−0.179	−0.191
	(−0.93)	(−0.86)	(−1.26)	(−1.28)
compet	0.146	0.115	0.152	0.119
	(0.64)	(0.45)	(0.67)	(0.46)
independ	−0.000	−0.000	−0.000	−0.000
	(−0.12)	(−0.12)	(−0.12)	(−0.12)
asset	0.071 ***	0.071 ***	0.071 ***	0.071 ***
	(3.74)	(3.72)	(3.71)	(3.70)
cost	−0.079 **	−0.079 **	−0.079 **	−0.079 **
	(−2.49)	(−2.49)	(−2.49)	(−2.49)
z	−0.001 **	−0.001 **	−0.001 **	−0.001 **
	(−2.50)	(−2.51)	(−2.54)	(−2.54)
stock1	−0.004 **	−0.004 **	−0.004 **	−0.004 **
	(−2.54)	(−2.54)	(−2.44)	(−2.44)

续表

	valu	valu	valu	valu
	(1)	(2)	(3)	(4)
cash	0.020*	0.020*	0.020*	0.020*
	(1.68)	(1.68)	(1.66)	(1.67)
em	-0.107***	-0.107***	-0.107***	-0.107***
	(-4.86)	(-4.86)	(-4.86)	(-4.86)
debt	-0.733***	-0.733***	-0.736***	-0.737***
	(-10.13)	(-10.13)	(-10.16)	(-10.16)
restrict × compet		0.083		0.091
		(0.25)		(0.28)
rsqrestrict			0.155	0.156
			(1.02)	(1.03)
行业	控制	控制	控制	控制
年份	控制	控制	控制	控制
地区	控制	控制	控制	控制
层级	控制	控制	控制	控制
_cons	0.211	0.219	0.234	0.243
	(0.48)	(0.50)	(0.53)	(0.55)
N	4478	4478	4478	4478
R2	0.052	0.052	0.052	0.052
adj. R2	-0.263	-0.263	-0.263	-0.263
hausman	139.85	142.03	139.78	123.51

　　因为股权制衡程度和股权制衡程度的平方项没有通过 t 检验，所以从表 7-5 的面板回归结果来看，股权制衡程度对资本保值增值率没有显著影响，不符合假设 7.2：适度的混合股权制衡程度有利于国有资产的保值增值。

表7-6　资本保值增值率对国有股比例的面板回归结果

	valu	valu	valu	valu
	(1)	(2)	(3)	(4)
own	0.003***	0.002**	-0.005***	-0.006***
	(4.00)	(2.40)	(-2.81)	(-2.79)
compet	0.072	0.036	0.084	0.049
	(0.32)	(0.13)	(0.37)	(0.17)

续表

	valu	valu	valu	valu
	(1)	(2)	(3)	(4)
independ	− 0. 000	− 0. 000	− 0. 001	− 0. 001
	(− 0. 04)	(− 0. 04)	(− 0. 23)	(− 0. 23)
asset	0. 090 ***	0. 089 ***	0. 075 ***	0. 075 ***
	(4. 62)	(4. 62)	(3. 80)	(3. 80)
cost	− 0. 084 ***	− 0. 084 ***	− 0. 086 ***	− 0. 086 ***
	(− 2. 66)	(− 2. 65)	(− 2. 74)	(− 2. 74)
z	− 0. 001 **	− 0. 001 **	− 0. 001 **	− 0. 001 **
	(− 2. 37)	(− 2. 35)	(− 2. 35)	(− 2. 34)
stock1	− 0. 007 ***	− 0. 007 ***	− 0. 008 ***	− 0. 008 ***
	(− 3. 94)	(− 3. 92)	(− 4. 55)	(− 4. 53)
cash	0. 021 *	0. 021 *	0. 020 *	0. 020 *
	(1. 72)	(1. 72)	(1. 65)	(1. 65)
em	− 0. 102 ***	− 0. 102 ***	− 0. 102 ***	− 0. 103 ***
	(− 4. 64)	(− 4. 65)	(− 4. 66)	(− 4. 67)
debt	− 0. 699 ***	− 0. 700 ***	− 0. 691 ***	− 0. 692 ***
	(− 9. 61)	(− 9. 62)	(− 9. 53)	(− 9. 53)
own × compet		0. 003		0. 001
		(0. 66)		(0. 22)
rsqown			0. 000 ***	0. 000 ***
			(4. 40)	(4. 35)
行业	控制	控制	控制	控制
年份	控制	控制	控制	控制
地区	控制	控制	控制	控制
层级	控制	控制	控制	控制
_ cons	− 0. 198	− 0. 183	0. 259	0. 261
	(− 0. 45)	(− 0. 41)	(0. 57)	(0. 58)
N	4478	4478	4478	4478
R2	0. 056	0. 056	0. 061	0. 061
adj. R2	− 0. 257	− 0. 257	− 0. 250	− 0. 251
hausman	136. 11	135. 91	117. 44	104. 99

从表 7 - 6 的资本保值增值率对国有股比例的面板回归结果来看，（1）和（2）表明国有股比例与资本保值增值率显著正相关，（3）和（4）说明国有股比例与资本保值增值率有显著的 U 型关系，即国有股比例存在"底部陷阱"问题，但因为国有股比例的平方项系数几乎为零，所以这个"国有股比例的底部"值非常大，所以（3）和（4）最终呈现的还是 U 型的左边关系，即（1）和（2）表现出国有股比例与资本保值增值率的正向关系，因此符合假设 7.1：国有股比例越高，国有资产保值增值率越高。

（三）考虑股权结构内生性问题的面板回归结果

在这一部分，本书采用面板 IV 模型进行回归，结果如表 7 - 7 ~ 表 7 - 9 所示。

表 7 - 7 资本保值增值率对股权混合深入性的面板 IV 回归结果

	valu	valu	valu	valu
	（1）	（2）	（3）	（4）
embed	- 17. 897 ***	- 38. 928 **	220. 836	162. 516
	（ - 2. 61）	（ - 2. 13）	（1. 10）	（1. 46）
compet	0. 254	26. 128 *	0. 145	18. 925
	（0. 94）	（1. 87）	（0. 18）	（1. 57）
independ	- 0. 001	- 0. 002	0. 033	0. 024
	（ - 0. 34）	（ - 0. 50）	（1. 06）	（1. 36）
asset	- 0. 068	- 0. 206	0. 321	0. 247 *
	（ - 1. 16）	（ - 1. 55）	（1. 30）	（1. 77）
cost	- 0. 107 ***	- 0. 134 **	0. 260	0. 165
	（ - 2. 78）	（ - 2. 27）	（0. 80）	（0. 88）
z	- 0. 002 ***	- 0. 003 **	0. 013	0. 010
	（ - 3. 00）	（ - 2. 51）	（1. 02）	（1. 30）
stock1	- 0. 148 ***	- 0. 287 **	- 0. 189	- 0. 147 *
	（ - 2. 68）	（ - 2. 19）	（ - 1. 26）	（ - 1. 74）
cash	0. 021	0. 017	0. 042	0. 040
	（1. 51）	（0. 84）	（0. 93）	（1. 18）
em	- 0. 103 ***	- 0. 108 ***	- 0. 241 *	- 0. 198 **
	（ - 3. 99）	（ - 2. 91）	（ - 1. 70）	（ - 2. 35）
debt	- 0. 454 ***	- 0. 173	- 0. 163	- 0. 311
	（ - 3. 33）	（ - 0. 60）	（ - 0. 30）	（ - 0. 97）

续表

	valu	valu	valu	valu
	(1)	(2)	(3)	(4)
embed × compet		32.815*		-23.519
		(1.88)		(-1.56)
rsqembed			-166.704***	-121.389***
			(-7.12)	(-6.48)
行业	控制	控制	控制	控制
年份	控制	控制	控制	控制
地区	控制	控制	控制	控制
层级	控制	控制	控制	控制
_cons	18.557**	10.416	3.498	2.863
	(2.26)	(1.43)	(1.01)	(0.86)
N	4478	4478	4478	4478
Sargan	2.051	0.213	0.156	0.174
P-value	0.1521	0.6444	0.6931	0.6762
最优股权混合深入性			0.66236	0.65812

从表 7-7 中的 (1) 和 (2) 结果可以看出，不考虑股权混合深入性的平方项，发现股权混合深入性与资本保值增值率负相关。但是考虑股权混合深入性的平方项以后，股权混合深入性与资本保值增值率呈倒 U 型关系，且 (3) 的最优股权混合深入性为 0.66236，(4) 的最优股权混合深入性为 0.65812，符合假设 7.3：适度的股权混合深入性有利于国有资产的保值增值。我们将此结果与表 7-4 进行对比，发现考虑内生性问题之后，股权混合深入性的最优值显著提高，提高了 0.3。但因为股权混合深入性的平均值为 0.792，中位数为 0.82，超过了最优值，所以应该降低股权混合深入性。

表 7-8 资本保值增值率对股权制衡度的面板 IV 回归结果

	valu	valu	valu	valu
	(1)	(2)	(3)	(4)
restrict	0.936***	1.680***	3.733***	4.031***
	(3.21)	(2.95)	(3.52)	(3.46)
compet	0.064	2.483***	0.047	0.926**
	(0.26)	(3.00)	(0.18)	(2.56)

续表

	valu	valu	valu	valu
	(1)	(2)	(3)	(4)
independ	0.002	0.002	0.001	0.001
	(0.71)	(0.73)	(0.33)	(0.36)
asset	0.116***	0.128***	0.098***	0.104***
	(4.76)	(4.51)	(4.39)	(4.49)
cost	-0.092***	-0.090**	-0.085**	-0.085**
	(-2.70)	(-2.53)	(-2.44)	(-2.41)
z	-0.000	0.000	-0.000	-0.000
	(-0.02)	(0.03)	(-0.62)	(-0.56)
stock1	-0.005***	-0.005***	-0.008***	-0.008***
	(-3.10)	(-2.92)	(-3.82)	(-3.77)
cash	0.024*	0.022	0.026*	0.026*
	(1.81)	(1.64)	(1.94)	(1.89)
em	-0.090***	-0.089***	-0.100***	-0.099***
	(-3.72)	(-3.50)	(-4.07)	(-4.01)
debt	-0.722***	-0.706***	-0.655***	-0.649***
	(-9.29)	(-8.65)	(-7.89)	(-7.72)
restrict × compet		-6.484***		-2.609***
		(-2.97)		(-3.17)
rsqrestrict			-3.809***	-3.790***
			(-3.55)	(-3.48)
行业	控制	控制	控制	控制
年份	控制	控制	控制	控制
地区	控制	控制	控制	控制
层级	控制	控制	控制	控制
_cons	-1.170*	-1.734**	-0.856	-1.103*
	(-1.88)	(-2.15)	(-1.52)	(-1.81)
N	4478	4478	4478	4478
Sargan	0.285	0.105	3.020	3.342
P-value	0.5936	0.7463	0.2210	0.1881
最优股权制衡			0.49	0.5717

将表7-8与表7-5对比发现，考虑股权制衡的内生性问题之后，股权制衡度与资本保值增值率显著相关，而表7-5中，股权制衡度的系数和股权制衡度的平方系数均没有通过统计检验，所以在研究混合所有制企业股权结构选择问题之时，必须考虑内生性问题，如果不考虑内生性问题，容易得出错误结论。表7-8中（1）和（2）是正相关，（3）和（4）是倒U型关系，且最优股权制衡分别为0.49和0.5717，符合假设7.2：适度的混合股权制衡程度有利于国有资产的保值增值。但是因为股权制衡度的平均值和中位数分别为0.343和0.265，所以应该提高股权制衡度至最优水平。

表7-9 资本保值增值率对国有股比例的面板 IV 回归结果

	valu	valu	valu	valu
	(1)	(2)	(3)	(4)
own	0.007 ***	0.011 ***	0.018 **	0.018 **
	(3.90)	(2.92)	(2.11)	(2.03)
compet	0.060	0.926 *	0.020	0.398
	(0.26)	(1.89)	(0.09)	(1.27)
independ	0.000	0.000	0.001	0.001
	(0.03)	(0.03)	(0.29)	(0.26)
asset	0.120 ***	0.118 ***	0.130 ***	0.128 ***
	(5.32)	(5.14)	(4.63)	(4.55)
cost	-0.093 ***	-0.093 ***	-0.085 ***	-0.086 ***
	(-2.90)	(-2.89)	(-2.64)	(-2.66)
z	-0.001 **	-0.001 **	-0.001 **	-0.001 **
	(-2.25)	(-2.38)	(-2.31)	(-2.37)
stock1	-0.012 ***	-0.011 ***	-0.008 ***	-0.008 ***
	(-4.65)	(-4.33)	(-4.36)	(-4.48)
cash	0.021 *	0.020 *	0.022 *	0.022 *
	(1.74)	(1.66)	(1.82)	(1.78)
em	-0.094 ***	-0.093 ***	-0.098 ***	-0.097 ***
	(-4.21)	(-4.12)	(-4.33)	(-4.30)
debt	-0.635 ***	-0.628 ***	-0.677 ***	-0.671 ***
	(-8.25)	(-7.88)	(-9.10)	(-8.99)
own × compet		-0.029 **		-0.012 *
		(-2.03)		(-1.76)

续表

	valu	valu	valu	valu
	(1)	(2)	(3)	(4)
rsqown			-0.000^{*} (-1.69)	-0.000^{**} (-2.56)
行业	控制	控制	控制	控制
年份	控制	控制	控制	控制
地区	控制	控制	控制	控制
层级	控制	控制	控制	控制
_cons	-0.854^{*} (-1.69)	-0.925^{*} (-1.70)	-1.294^{*} (-1.80)	-1.273^{*} (-1.74)
N	4478	4478	4478	4478
Sargan	2.791	4.119	4.227	4.841
P-value	0.2477	0.1275	0.1208	0.0889

表 7-9 的（1）和（2）结果显示国有股比例与资本保值增值率显著正相关，（3）和（4）显示国有股比例与资本保值增值率是显著倒 U 型关系，但（3）和（4）的国有股比例平方项的系数几乎为 0，故最终表现的是国有股比例与资本保值增值率显著正相关，这与表 7-6 的结果一致，因此也符合假设 7.1：国有股比例越高，国有资产保值增值率越高。

总之，股权混合深入性与资本保值增值率呈倒 U 型关系，但应该降低股权混合深入性；股权制衡度与资本保值增值率呈倒 U 型关系，但应该提高股权制衡度；国有股比例与资本保值增值率是正向变动关系，所以应该构建以国有股为绝对控股股东、股权性质类别较少、非国有股东持股比例比较接近的股权结构。

（四）主要结论

（1）国有股比例越高，国有资产保值增值率越高。从表 7-6 和表 7-9 的实证结果都可以发现，国有股比例与资本保值增值率存在显著的正向关系，即符合假设 7.1：国有股比例越高，国有资产保值增值率越高。

（2）适度的混合股权制衡程度有利于国有资产的保值增值。因为表 7-8 中（3）和（4）都显示股权制衡程度与资本保值增值率呈倒 U 型关系，且最优的股权制衡度分别为 0.49 和 0.5717，所以符合假设 7.2：适度的混合股权制衡程度有利于国有资产的保值增值。

（3）适度的股权混合深入性有利于国有资产的保值增值。不考虑股权结构内生性时，表7-4显示股权混合深入性与资本保值增值率呈倒U型关系，且（3）的最优股权混合深入性为0.3193，（4）的最优股权混合深入性为0.3972。考虑股权结构内生性问题之后，从表7-7（3）和（4）的结果仍然可以看出股权混合深入性与资本保值增值率呈倒U型关系，且（3）和（4）的最优股权混合深入性分别为0.66236和0.65812，即符合假设7.3：适度的股权混合深入性有利于国有资产的保值增值。

（4）市场竞争程度的提高有利于提高国有资产的保值增值。从表7-4~表7-9可以发现，无论市场竞争程度是否通过t检验，市场竞争程度与资本保值增值率都是正相关，这说明市场竞争程度的提高有利于提高国有资产的保值增值。但是市场竞争程度与混合所有制股权结构的交叉效应并不统一，从表7-7可以看出，embed×compet是显著正相关，所以市场竞争程度促进了股权混合深入性对资本保值增值率的正相关；但从表7-8可以看出，restrict×compet是显著负相关，所以市场竞争程度降低了股权制衡度对资本保值增值率的正向影响；从表7-9可以看出，own×compet是显著负相关，所以市场竞争程度降低了国有股比例对资本保值增值率的正向影响，因此市场化竞争对混合所有制企业股权结构作用效果并不一致，这可能与不同股权结构的作用机理有关。

（5）独立董事比例与资本保值增值率不相关。从表7-4~表7-9可以发现，独立董事比例与资本保值增值率都没有通过t检验，所以独立董事比例与资本保值增值率不相关，这可能与我国独立董事是为了符合《公司法》而设置的，不得低于33%的比例，所以更多内涵存在于形式上，而且独立董事大多数是熟人担任，存在花瓶董事、人情董事、举手董事也不足为奇，所以独立董事并未起到监督内部董事的效果。

（6）规模越高，资本保值增值率越高。从表7-4~表7-9可以发现，规模越高，资本保值增值率越高，这是因为规模越高，说明资产价值越大，国有股份按照股权分享的价值也越高，所以规模与资本保值增值率正相关。

（7）代理成本越高，资本保值增值率越低。从表7-4~表7-9可以发现，代理成本与资本保值增值率显著负相关，即代理成本越高，资本保值增值率越低，这是因为代理成本高，说明委托代理问题更加严重，从而拖累了资本的增值保值。

（8）Z指数越高，资本保值增值率越低。从表7-4~表7-9可以发现，Z指数与资本保值增值率显著负相关，这说明第一大股东对第二大股东的持股倍数越高，第一大股东在公司治理和投资决策中的权力越大，越有动机侵占中小股东利益，因此股权失去制衡不利于资本增值保值，也间接证明了混合所有制企业需要构建相互制衡的股权结构。

（9）第一大股东持股比例越高，资本保值增值率越低。从表7-4～表7-9可以发现，第一大股东持股比例与资本保值增值率显著负相关，说明第一大股东持股比例越高，大股东越有动机侵占中小股东利益，因此一股独大的股权结构不利于资本增值保值，也间接证明混合所有制企业需要构建相互制衡的股权结构。

（10）现金能力越强，资本保值增值率越高。从表7-4～表7-9可以发现，现金能力与资本保值增值率显著正相关，现金能力越强，说明上市公司越不容易陷入财务困境，越能抓住任何投资和成长的机会，所以有利于资本的保值增值。

（11）盈余能力越高，资本保值增值率越低。从表7-4～表7-9可以发现，盈余能力与资本保值增值率显著负相关，这是因为盈余能力越高，表明第一大股东侵占中小股东利益的倾向越明显，再次间接证明混合所有制企业需要构建相互制衡的股权结构。

（12）偿债能力越强，资本保值增值率越低。从表7-4～表7-9可以发现，偿债能力与资本保值增值率显著负相关，这表明偿债能力越强，上市公司的财务杠杆效应越没有利用好，有可能放弃了未来收益大于融资成本的项目，从而不利于资本的保值增值。

第二节　三层架构下混合所有制企业股权结构分类选择的实证分析

基于表7-4～表7-9的研究发现，考虑股权结构内生性问题的实证分析效果更好，所以，在这里我们只汇报面板Ⅳ模型的实证结果，并按照终极控制人分类、是否垄断行业和股权制衡类型考察不同分类情况下，混合所有制企业股权结构分类选择的一般规律。

一、按照终极控制人的层级分类的实证研究

混合所有制企业按照终极所有权归属，划分为中央企业、省、市和县、其他4个层级，我们按照中央企业、省、市和县三个层级研究混合所有制企业股权结构选择的规律。

表 7 - 10 不同终极控制权类型的基本统计量

	variable	N	mean	p50	variance	min	max	skewness	kurtosis
中央	embed	1520	0.784	0.805	0.017	0.383	0.977	-0.707	2.902
	restrict	1520	0.329	0.246	0.078	0.001	0.979	0.78	2.475
	own	1520	31.898	30.571	506.349	0.071	80.183	0.266	1.943
	compet	1520	0.116	0.086	0.012	0	0.918	3.354	20.518
省级	embed	1056	0.78	0.807	0.021	0.383	0.977	-0.88	3.198
	restrict	1056	0.363	0.296	0.081	0.001	0.979	0.603	2.155
	own	1056	35.247	33.859	507.346	0.071	80.183	0.221	2.007
	compet	1056	0.133	0.093	0.02	0	0.897	3.57	17.8
市县级	embed	1611	0.805	0.835	0.017	0.383	0.977	-0.9	3.401
	restrict	1611	0.343	0.267	0.079	0.001	0.979	0.697	2.32
	own	1611	29.117	27.855	448.464	0.071	80.183	0.323	1.966
	compet	1611	0.106	0.084	0.01	0	0.918	4.157	28.121
其他	embed	291	0.915	0.904	0.001	0.883	0.971	0.815	2.425
	restrict	291	0.358	0.284	0.058	0.001	0.829	0.334	2.02
	own	291	27.701	31	87.554	14.878	42.84	-0.05	1.977
	compet	291	0.078	0.089	0.003	0.018	0.225	1.226	5.201

从表 7 - 10 可以看出，混合所有制企业的股权混合深入性从中央、省级、市县级和其他依次增加，说明混合程度在加深。股权制衡度从高到低依次为省级（0.363）、其他（0.358）、市县级（0.343）、中央（0.329）。国有股比例从高到低依次为省级（35.247）、中央（31.898）、市县级（29.117）、其他（27.701）。市场竞争程度从高到低依次为省级（0.133）、中央（0.116）、市县级（0.106）、其他（0.078）。基于其他类型样本较少，所以只分析终极控制人是中央、省级和市县级三种类型。

1. 中央混合所有制企业股权结构选择的结果

表 7 - 11 中的（3）和（4）结果显示，中央混合所有制企业的股权混合深入性与资本保值增值率呈倒 U 型关系，且股权混合深入性的最优值分别为 0.6345 和 0.6261，符合假设 7.3：适度的股权混合深入性有利于国有资产的保值增值。但因为中央混合所有制企业的股权混合深入性的平均值为 0.784，中位数为 0.805，所以应该降低中央混合所有制企业的股权混合深入性。

表7-11 央企资本保值增值率对股权混合深入性的面板 IV 回归结果

	valu	valu	valu	valu
	(1)	(2)	(3)	(4)
embed	21.445	18.194	31.540 *	29.474 *
	(1.42)	(1.39)	(1.76)	(1.73)
compet	−0.149	14.440 *	0.162	5.263 **
	(−0.30)	(1.91)	(0.40)	(2.25)
independ	−0.001	−0.002	0.002	0.001
	(−0.15)	(−0.31)	(0.26)	(0.18)
asset	0.192 *	0.166	0.053	0.054
	(1.65)	(1.64)	(1.30)	(1.33)
cost	−0.080	−0.094	−0.083	−0.087
	(−1.09)	(−1.37)	(−1.37)	(−1.46)
z	−0.002 *	−0.002 *	−0.000	−0.000
	(−1.80)	(−1.73)	(−0.14)	(−0.18)
stock1	0.174	0.128	−0.039 ***	−0.039 ***
	(1.43)	(1.34)	(−3.02)	(−3.09)
cash	0.008	0.009	0.027	0.026
	(0.29)	(0.37)	(1.17)	(1.14)
em	−0.043	−0.043	−0.088 **	−0.085 **
	(−0.78)	(−0.82)	(−2.14)	(−2.08)
debt	−1.378 ***	−1.325 ***	−0.951 ***	−0.963 ***
	(−4.17)	(−4.46)	(−6.94)	(−7.07)
embed × compet		−18.731 *		−6.578 **
		(−1.91)		(−2.25)
rsqembed			−24.855 *	−22.927 *
			(−1.91)	(−1.86)
行业	控制	控制	控制	控制
年份	控制	控制	控制	控制
地区	控制	控制	控制	控制
层级	控制	控制	控制	控制
N	1520	1520	1520	1520
Sargan	0.164	0.161	2.486	1.985
P − value	0.6851	0.6879	0.1149	0.1588
最优股权混合深入性			0.6345	0.6261

从表 7-12 可以看出，中央混合所有制企业的股权制衡度与资本保值增值率存在显著的倒 U 型关系，且股权制衡度的最优值分别为 0.4796 和 0.4711，符合假设 7.2：适度的混合股权制衡程度有利于国有资产的保值增值。但是因为中央混合所有制企业股权制衡度的平均值为 0.329，中位数为 0.246，没有达到最优值，所以应该提高中央混合所有制企业的股权制衡度。

表 7-12　央企资本保值增值率对股权制衡度的面板 IV 回归结果

	valu	valu	valu	valu
	(1)	(2)	(3)	(4)
restrict	0.724*	2.636	3.052**	3.808*
	(1.94)	(1.56)	(2.09)	(1.83)
compet	-0.060	4.399	-0.142	1.381
	(-0.15)	(1.54)	(-0.34)	(1.46)
independ	-0.006	0.001	-0.007	-0.005
	(-1.31)	(0.10)	(-1.49)	(-1.01)
asset	0.093**	0.122*	0.070*	0.074*
	(2.03)	(1.81)	(1.69)	(1.69)
cost	-0.125**	-0.119*	-0.058	-0.049
	(-1.98)	(-1.67)	(-0.91)	(-0.74)
z	-0.001	0.000	-0.000	-0.000
	(-0.52)	(0.16)	(-0.33)	(-0.11)
stock1	0.000	-0.003	-0.001	-0.003
	(0.11)	(-0.72)	(-0.38)	(-0.67)
cash	0.018	0.026	0.019	0.021
	(0.83)	(0.97)	(0.84)	(0.90)
em	-0.077*	-0.047	-0.079*	-0.070
	(-1.87)	(-0.94)	(-1.88)	(-1.61)
debt	-0.894***	-0.843***	-0.946***	-0.937***
	(-6.38)	(-4.88)	(-6.77)	(-6.55)
restrict × compet		-14.495		-4.953*
		(-1.56)		(-1.65)
rsqrestrict			-3.182**	-3.389*
			(-2.11)	(-1.87)

续表

	valu	valu	valu	valu
	(1)	(2)	(3)	(4)
行业	控制	控制	控制	控制
年份	控制	控制	控制	控制
地区	控制	控制	控制	控制
层级	控制	控制	控制	控制
N	1520	1520	1520	1520
Sargan	0.001	0.661	1.355	2.018
P – value	0.9775	0.4162	0.5078	0.3645
最优股权制衡			0.4796	0.4711

表 7 – 13 表明，中央混合所有制企业的国有股比例与资本保值增值率存在显著的正向关系，符合假设 7.1：国有股比例越高，国有资产保值增值率越高。

表 7 – 13　央企资本保值增值率对国有股比例的面板 IV 回归结果

	valu	valu	valu	valu
	(1)	(2)	(3)	(4)
own	0.008 **	0.008	0.011	0.011
	(2.21)	(1.15)	(0.96)	(0.84)
compet	– 0.120	0.581	– 0.080	0.424
	(– 0.31)	(0.58)	(– 0.20)	(0.77)
independ	– 0.007	– 0.007	– 0.007	– 0.006
	(– 1.61)	(– 1.47)	(– 1.44)	(– 1.41)
asset	0.087 **	0.076 *	0.087 *	0.081 *
	(2.10)	(1.79)	(1.80)	(1.68)
cost	– 0.094	– 0.090	– 0.093	– 0.091
	(– 1.63)	(– 1.56)	(– 1.59)	(– 1.56)
z	– 0.001	– 0.001	– 0.001	– 0.001
	(– 0.86)	(– 1.13)	(– 1.08)	(– 1.16)
stock1	– 0.007	– 0.005	– 0.004	– 0.004
	(– 1.49)	(– 1.02)	(– 1.12)	(– 1.22)
cash	0.016	0.015	0.016	0.016
	(0.75)	(0.72)	(0.74)	(0.73)

续表

	valu	valu	valu	valu
	（1）	（2）	（3）	（4）
em	－0.059	－0.065	－0.066*	－0.067*
	（－1.45）	（－1.63）	（－1.67）	（－1.70）
debt	－0.882***	－0.888***	－0.914***	－0.902***
	（－6.50）	（－6.19）	（－7.00）	（－6.88）
own × compet		－0.019		－0.014
		（－0.69）		（－1.23）
rsqown			－0.000	－0.000
			（－0.57）	（－0.35）
行业	控制	控制	控制	控制
年份	控制	控制	控制	控制
地区	控制	控制	控制	控制
层级	控制	控制	控制	控制
N	1520	1520	1520	1520
Sargan	1.292	2.611	1.787	2.555
P－value	0.5241	0.2710	0.4093	0.2787

总之，中央混合所有制企业应该降低股权混合的深入性，提高股权制衡度，提高国有股比例，即应该建立以国有股为绝对控股股东、股权性质类别较少、非国有股持股比较接近的股权结构。

2. 省级混合所有制企业股权结构选择结果

表7－14 中的（1）表明省级混合所有制企业的股权混合深入性与资本保值增值率呈显著的负向关系，且不存在二次曲线关系，因此不符合假设7.3：适度的股权混合深入性有利于国有资产的保值增值。

表7－14 省企资本保值增值率对股权混合深入性的面板Ⅳ回归结果

	valu	valu	valu	valu
	（1）	（2）	（3）	（4）
embed	－14.230**	－4.721	－56.312	－32.390
	（－2.36）	（－0.96）	（－0.71）	（－0.61）
compet	1.159*	1.697	1.722	1.370
	（1.92）	（0.25）	（1.39）	（0.14）

续表

	valu	valu	valu	valu
	(1)	(2)	(3)	(4)
independ	0.004	−0.003	0.004	−0.000
	(0.51)	(−0.48)	(0.26)	(−0.00)
asset	−0.018	0.068	0.076	0.086*
	(−0.26)	(1.32)	(1.23)	(1.85)
cost	−0.123	−0.069	−0.238	−0.156
	(−1.51)	(−1.00)	(−0.83)	(−0.81)
z	−0.002	−0.001	−0.005	−0.003
	(−1.50)	(−0.98)	(−0.77)	(−0.73)
stock1	−0.131**	−0.049	0.016	0.001
	(−2.49)	(−1.32)	(0.30)	(0.02)
cash	0.010	0.006	0.022	0.014
	(0.35)	(0.24)	(0.51)	(0.46)
em	−0.214***	−0.226***	−0.169	−0.196**
	(−4.21)	(−5.07)	(−1.56)	(−2.53)
debt	−0.381**	−0.521***	−0.908*	−0.762**
	(−2.00)	(−3.34)	(−1.70)	(−2.00)
embed × compet		−0.744		0.068
		(−0.09)		(0.01)
rsqembed			41.664	23.482
			(0.69)	(0.60)
行业	控制	控制	控制	控制
年份	控制	控制	控制	控制
地区	控制	控制	控制	控制
层级	控制	控制	控制	控制
N	1056	1056	1056	1056
Sargan	3.281	2.204	1.057	1.779
P − value	0.0701	0.1376	0.3040	0.1823

从表7－15可以看出，省企的股权制衡度与资本保值增值率不存在显著关系，因此不符合假设7.2：适度的股权制衡程度有利于国有资产的保值增值。

表7-15 省企资本保值增值率对股权制衡度的面板 IV 回归结果

	valu	valu	valu	valu
	(1)	(2)	(3)	(4)
restrict	0.541	0.477	3.258	1.813
	(0.72)	(0.45)	(0.57)	(0.35)
compet	0.768	1.698	0.776	1.453*
	(1.18)	(1.41)	(1.04)	(1.65)
independ	-0.002	-0.004	-0.003	-0.005
	(-0.18)	(-0.53)	(-0.36)	(-0.63)
asset	0.118***	0.113***	0.108***	0.109***
	(3.12)	(3.09)	(2.78)	(2.92)
cost	-0.032	-0.038	-0.009	-0.026
	(-0.47)	(-0.58)	(-0.10)	(-0.32)
z	0.000	-0.000	-0.001	-0.001
	(0.08)	(-0.20)	(-0.77)	(-0.72)
stock1	-0.008**	-0.007**	-0.010	-0.008
	(-2.24)	(-2.15)	(-1.44)	(-1.42)
cash	0.002	0.004	0.003	0.004
	(0.08)	(0.16)	(0.12)	(0.17)
em	-0.201***	-0.214***	-0.210***	-0.219***
	(-3.24)	(-3.41)	(-3.30)	(-3.56)
debt	-0.645***	-0.600***	-0.568***	-0.567***
	(-3.88)	(-3.97)	(-3.49)	(-3.56)
restrict × compet		-1.417		-0.977
		(-0.56)		(-0.49)
rsqrestrict			-3.232	-1.661
			(-0.58)	(-0.35)
行业	控制	控制	控制	控制
年份	控制	控制	控制	控制
地区	控制	控制	控制	控制
层级	控制	控制	控制	控制
N	1056	1056	1056	1056
Sargan	3.184	3.796	3.110	3.791
P-value	0.0744	0.0514	0.0778	0.0515

表 7 - 16 中的（3）和（4）显示，省企的国有股比例与资本保值增值率存在显著的倒 U 型关系，且国有股比例的最优值分别为 31 和 31. 0715，不符合假设 7. 1：国有股比例越高，国有资产保值增值率越高。但是因为省级混合所有制企业的国有股比例平均值为 35. 247，中位数为 33. 859，高于最优国有股比例，所以应该降低省级混合所有制企业的国有股比例。

表 7 - 16　省企资本保值增值率对国有股比例的面板 IV 回归结果

	valu	valu	valu	valu
	（1）	（2）	（3）	（4）
own	0. 013 ***	0. 022 ***	0. 062 ***	0. 066 ***
	(3. 70)	(3. 04)	(2. 72)	(2. 72)
compet	0. 651	2. 658 ***	0. 396	1. 279
	(1. 19)	(2. 59)	(0. 62)	(1. 59)
independ	− 0. 006	− 0. 006	0. 000	0. 000
	(− 1. 09)	(− 1. 11)	(0. 04)	(0. 03)
asset	0. 194 ***	0. 187 ***	0. 293 ***	0. 290 ***
	(4. 50)	(4. 38)	(3. 94)	(4. 09)
cost	− 0. 090	− 0. 101	− 0. 030	− 0. 033
	(− 1. 34)	(− 1. 43)	(− 0. 39)	(− 0. 44)
z	− 0. 001	− 0. 001	− 0. 001	− 0. 001
	(− 0. 69)	(− 0. 91)	(− 1. 31)	(− 1. 38)
stock1	− 0. 021 ***	− 0. 023 ***	− 0. 012 ***	− 0. 013 ***
	(− 4. 20)	(− 4. 11)	(− 2. 98)	(− 3. 09)
cash	0. 005	0. 007	0. 007	0. 008
	(0. 19)	(0. 28)	(0. 25)	(0. 29)
em	− 0. 220 ***	− 0. 223 ***	− 0. 176 ***	− 0. 177 ***
	(− 4. 86)	(− 4. 73)	(− 3. 23)	(− 3. 24)
debt	− 0. 373 **	− 0. 379 **	− 0. 563 ***	− 0. 568 ***
	(− 2. 30)	(− 2. 28)	(− 3. 28)	(− 3. 26)
own × compet		− 0. 066 **		− 0. 029
		(− 2. 14)		(− 1. 33)
rsqown			− 0. 001 **	− 0. 001 ***
			(− 2. 54)	(− 2. 65)

	valu	valu	valu	valu
	（1）	（2）	（3）	（4）
行业	控制	控制	控制	控制
年份	控制	控制	控制	控制
地区	控制	控制	控制	控制
层级	控制	控制	控制	控制
N	1056	1056	1056	1056
Sargan	2.713	1.362	1.700	1.337
P – value	0.2575	0.5060	0.4274	0.5124
最优国有股比例			31	31.0715

总之，省级的混合所有制企业中，股权混合深入性越高，越不利于资本保值增值；股权制衡度与资本保值增值率不存在显著关系；国有股比例与资本保值增值率存在显著的倒 U 型关系，但应该稍微降低一点省企的国有股比例，因此在稍微降低国有股比例的情况下，应建立以国有股为相对控股股东、股权性质类别较少的股权结构。

3. 市和县级混合所有制企业股权结构选择结果

表 7－17 中的（2）表明，市县级别的混合所有制企业的股权混合深入性与资本保值增值率呈显著的负向关系，且不存在二次曲线关系，因此不符合假设 7.3：适度的股权混合深入性有利于国有资产的保值增值。

表 7－17　市县企业资本保值增值率对股权混合深入性的面板 IV 回归结果

	valu	valu	valu	valu
	（1）	（2）	（3）	（4）
embed	－9.749	－23.235**	－40.945	－45.085
	（－1.51）	（－2.00）	（－1.61）	（－1.61）
compet	－0.219	－16.530*	0.001	－4.783
	（－0.56）	（－1.82）	（0.00）	（－1.48）
independ	0.006	0.005	0.000	－0.001
	（1.53）	（0.94）	（0.02）	（－0.07）
asset	0.015	－0.073	－0.041	－0.054
	（0.28）	（－0.83）	（－0.53）	（－0.63）

续表

	valu	valu	valu	valu
	(1)	(2)	(3)	(4)
cost	−0.116**	−0.133**	−0.170**	−0.177**
	(−2.31)	(−2.18)	(−2.39)	(−2.36)
z	−0.002**	−0.003**	−0.004**	−0.004**
	(−2.35)	(−2.46)	(−2.13)	(−2.10)
stock1	−0.082	−0.171**	−0.005	−0.003
	(−1.64)	(−2.09)	(−0.24)	(−0.12)
cash	0.038*	0.032	0.037	0.035
	(1.94)	(1.36)	(1.59)	(1.47)
em	−0.041	−0.030	−0.037	−0.037
	(−1.10)	(−0.68)	(−0.88)	(−0.85)
debt	−0.568***	−0.384*	−0.623***	−0.621***
	(−3.47)	(−1.70)	(−4.26)	(−4.12)
embed × compet		20.028*		5.932
		(1.81)		(1.47)
rsqembed			27.901	30.525
			(1.47)	(1.48)
行业	控制	控制	控制	控制
年份	控制	控制	控制	控制
地区	控制	控制	控制	控制
层级	控制	控制	控制	控制
N	1611	1611	1611	1611
Sargan	1.799	0.046	0.707	0.673
P − value	0.1798	0.8305	0.4005	0.4120

从表 7−18 中的（3）和（4）可以看出，市县级别的混合所有制企业的股权制衡度与资本保值增值率存在显著的倒 U 型关系，且股权制衡度的最优值分别为 0.4779 和 0.4748，所以符合假设 7.2：适度的混合股权制衡程度有利于国有资产的保值增值。但因为市县级别的混合所有制企业的股权制衡程度的平均值为 0.343，中位数为 0.267，低于最优值，所以应该提高市县企业的股权制衡度。

表7-18 市县企业资本保值增值率对股权制衡度的面板 IV 回归结果

	valu	valu	valu	valu
	(1)	(2)	(3)	(4)
restrict	0.927 *	1.966 **	3.712 **	3.813 **
	(1.87)	(2.12)	(2.39)	(2.41)
compet	0.106	3.264 **	-0.205	0.805
	(0.25)	(2.02)	(-0.50)	(1.30)
independ	0.009 **	0.008 *	0.010 **	0.009 **
	(2.04)	(1.72)	(2.24)	(2.17)
asset	0.116 ***	0.179 ***	0.117 ***	0.135 ***
	(2.93)	(3.04)	(3.00)	(3.16)
cost	-0.113 **	-0.106 *	-0.155 ***	-0.149 ***
	(-2.17)	(-1.90)	(-2.73)	(-2.69)
z	-0.000	-0.000	-0.000	-0.000
	(-0.55)	(-0.54)	(-0.48)	(-0.57)
stock1	-0.008 ***	-0.007 **	-0.011 ***	-0.011 ***
	(-2.79)	(-2.51)	(-3.33)	(-3.32)
cash	0.040 *	0.031	0.046 **	0.043 **
	(1.95)	(1.36)	(2.20)	(2.05)
em	-0.038	-0.055	-0.036	-0.042
	(-0.98)	(-1.36)	(-0.92)	(-1.11)
debt	-0.701 ***	-0.719 ***	-0.616 ***	-0.629 ***
	(-5.47)	(-5.28)	(-4.46)	(-4.64)
restrict × compet		-10.279 **		-3.278 **
		(-2.19)		(-2.07)
rsqrestrict			-3.884 **	-3.650 **
			(-2.45)	(-2.49)
行业	控制	控制	控制	控制
年份	控制	控制	控制	控制
地区	控制	控制	控制	控制
层级	控制	控制	控制	控制
N	1611	1611	1611	1611
Sargan	1.958	0.450	0.101	0.022
P - value	0.1618	0.5024	0.7502	0.8832
最优股权制衡			0.4779	0.4748

表7-19中的（1）和（2）显示，市县级别的混合所有制企业的国有股比例与资本保值增值率存在显著的正向关系，因此符合假设7.1：国有股比例越高，国有资产保值增值率越高。

表7-19　市县企业资本保值增值率对国有股比例的面板 IV 回归结果

	valu	valu	valu	valu
	（1）	（2）	（3）	（4）
own	0.005*	0.009*	0.000	0.002
	（1.91）	（1.89）	（0.00）	（0.13）
compet	-0.354	0.501	-0.251	0.060
	（-0.90）	（0.83）	（-0.67）	（0.13）
independ	0.009**	0.009**	0.008**	0.008**
	（2.22）	（2.14）	（2.10）	（2.07）
asset	0.128***	0.131***	0.102**	0.103**
	（3.15）	（3.19）	（2.40）	（2.41）
cost	-0.114**	-0.117**	-0.110**	-0.111**
	（-2.34）	（-2.39）	（-2.29）	（-2.31）
z	-0.002**	-0.002**	-0.001**	-0.001**
	（-2.21）	（-2.19）	（-2.11）	（-2.09）
stock1	-0.011***	-0.012***	-0.009***	-0.009***
	（-3.21）	（-3.21）	（-3.36）	（-3.41）
cash	0.038**	0.034*	0.039**	0.037**
	（1.99）	（1.76）	（2.03）	（1.96）
em	-0.046	-0.037	-0.049	-0.046
	（-1.31）	（-1.03）	（-1.41）	（-1.31）
debt	-0.668***	-0.643***	-0.701***	-0.693***
	（-5.43）	（-5.04）	（-5.86）	（-5.76）
own × compet		-0.026		-0.009
		（-1.55）		（-1.08）
rsqown			0.000	0.000
			（0.19）	（0.13）
行业	控制	控制	控制	控制
年份	控制	控制	控制	控制
地区	控制	控制	控制	控制
层级	控制	控制	控制	控制
N	1611	1611	1611	1611
Sargan	3.594	3.186	4.537	4.463
P-value	0.1658	0.2033	0.1034	0.1074

总之，市县级企业，应该降低股权混合的深入性、提高股权制衡度、提高国有股比例，所以应该构建以国有股为绝对控股股东、股权性质类别较少、非国有股东持股比例比较接近的股权结构。

二、按照是否垄断行业分类的实证研究

本书将水、石油、天然气、电力、交通、航空、电信行业界定为垄断行业，其他行业界定为非垄断行业，并分别赋值为 1 和 0。

从表 7-20 可以看出，垄断行业样本较少，只有 722 家，占 17%；83% 都是非垄断行业，有 3525 家。垄断行业的股权混合深入性（0.767）低于非垄断行业（0.797），垄断行业的股权制衡度（0.333）低于非垄断行业（0.345），垄断行业的国有股比例（34.458）高于非垄断行业（31.049），垄断行业的市场竞争程度（0.173）高于非垄断行业（0.105）。

表 7-20　按垄断行业分类的基本统计量

	variable	N	mean	p50	variance	min	max	skewness	kurtosis
非垄断行业	embed	3525	0.797	0.826	0.018	0.383	0.977	−0.876	3.301
	restrict	3525	0.345	0.264	0.08	0.001	0.979	0.698	2.302
	own	3525	31.049	30	480.085	0.071	80.183	0.294	1.991
	compet	3525	0.105	0.083	0.009	0	0.895	3.801	26.52
垄断行业	embed	722	0.767	0.782	0.02	0.383	0.977	−0.687	2.895
	restrict	722	0.333	0.273	0.077	0.001	0.979	0.715	2.438
	own	722	34.458	33.34	518.248	0.071	80.183	0.237	1.977
	compet	722	0.173	0.092	0.032	0	0.918	2.734	10.662

1. 垄断行业的实证结果

表 7-21 显示垄断行业的股权混合深入性与资本保值增值率不存在显著关系。

表 7-21　垄断行业资本保值增值率对股权混合深入性的面板 IV 回归结果

	valu	valu	valu	valu
	(1)	(2)	(3)	(4)
embed	4.500	4.581	−7.252	−8.329
	(0.58)	(0.61)	(−0.29)	(−0.33)

续表

	valu	valu	valu	valu
	(1)	(2)	(3)	(4)
compet	0.229	4.667	0.378	2.813
	(0.40)	(1.09)	(0.72)	(1.34)
independ	-0.003	-0.003	-0.006	-0.007
	(-0.41)	(-0.55)	(-0.77)	(-0.83)
asset	0.086	0.090	0.043	0.048
	(1.03)	(1.07)	(1.05)	(1.16)
cost	0.026	0.021	-0.012	-0.019
	(0.37)	(0.31)	(-0.10)	(-0.16)
z	-0.002	-0.002	-0.001	-0.001
	(-1.21)	(-1.22)	(-1.03)	(-1.04)
stock1	0.039	0.033	0.002	0.001
	(0.57)	(0.54)	(0.15)	(0.12)
cash	0.043	0.044	0.038	0.036
	(1.33)	(1.38)	(0.81)	(0.77)
em	-0.157***	-0.157***	-0.159***	-0.159***
	(-3.60)	(-3.59)	(-3.68)	(-3.68)
debt	-0.809***	-0.797***	-0.784***	-0.785***
	(-4.76)	(-4.90)	(-4.71)	(-4.71)
embed × compet		-5.682		-3.124
		(-1.00)		(-1.21)
rsqembed			5.299	6.349
			(0.29)	(0.34)
行业	控制	控制	控制	控制
年份	控制	控制	控制	控制
地区	控制	控制	控制	控制
层级	控制	控制	控制	控制
N	722	722	722	722
Sargan	0.081	0.000	0.182	0.074
P-value	0.7757	0.9867	0.6694	0.7851

表7-22表明垄断行业的股权制衡度与资本保值增值率不存在显著关系。

表 7 - 22　垄断行业资本保值增值率对股权制衡度的面板 IV 回归结果

	valu	valu	valu	valu
	(1)	(2)	(3)	(4)
restrict	3.184	-0.869	5.438	-1.006
	(0.27)	(-0.62)	(0.16)	(-0.17)
compet	0.057	-0.521	-0.479	0.347
	(0.04)	(-0.35)	(-0.09)	(0.53)
independ	0.005	-0.006	-0.006	-0.004
	(0.14)	(-1.02)	(-0.47)	(-0.74)
asset	0.043	0.042	0.086	0.036
	(0.58)	(1.00)	(0.32)	(0.61)
cost	-0.079	0.033	0.027	0.014
	(-0.21)	(0.45)	(0.23)	(0.21)
z	0.004	-0.002	0.001	-0.001
	(0.21)	(-1.21)	(0.08)	(-0.60)
stock1	-0.007	0.001	-0.006	0.000
	(-0.28)	(0.19)	(-0.18)	(0.07)
cash	0.071	0.037	0.125	0.033
	(0.68)	(1.02)	(0.26)	(0.37)
em	-0.141	-0.152 ***	-0.157 ***	-0.156 ***
	(-1.42)	(-3.35)	(-2.72)	(-3.57)
debt	-0.737 ***	-0.737 ***	-0.830 *	-0.743 ***
	(-2.63)	(-4.78)	(-1.74)	(-4.22)
restrict × compet		2.134		0.361
		(0.62)		(0.13)
rsqrestrict			-5.405	0.972
			(-0.16)	(0.18)
行业	控制	控制	控制	控制
年份	控制	控制	控制	控制
地区	控制	控制	控制	控制
层级	控制	控制	控制	控制
N	722	722	722	722
Sargan	0.055	0.015	0.118	0.249
P - value	0.8145	0.9027	0.7308	0.6177

　　表 7 - 23 是垄断行业国有股比例与资本保值增值率的面板 IV 实证分析结果，我们发现国有股比例与资本保值增值率不存在显著关系。

表 7 - 23　垄断行业资本保值增值率对国有股比例的面板 IV 回归结果

	valu	valu	valu	valu
	(1)	(2)	(3)	(4)
own	0.002	0.003	0.013	0.006
	(0.43)	(0.31)	(0.39)	(0.20)
compet	0.322	0.167	0.298	0.156
	(0.62)	(0.19)	(0.57)	(0.22)
independ	−0.005	−0.005	−0.004	−0.004
	(−0.92)	(−0.93)	(−0.79)	(−0.86)
asset	0.052	0.061	0.076	0.067
	(1.19)	(1.48)	(1.01)	(1.02)
cost	0.009	0.005	0.004	0.006
	(0.14)	(0.07)	(0.07)	(0.09)
z	−0.001	−0.001	−0.001	−0.001
	(−1.18)	(−1.14)	(−1.18)	(−1.14)
stock1	−0.002	−0.004	−0.003	−0.003
	(−0.46)	(−0.70)	(−0.86)	(−0.96)
cash	0.050	0.052*	0.059	0.055
	(1.60)	(1.66)	(1.51)	(1.46)
em	−0.155***	−0.154***	−0.150***	−0.153***
	(−3.65)	(−3.58)	(−3.31)	(−3.39)
debt	−0.735***	−0.718***	−0.754***	−0.739***
	(−4.75)	(−4.40)	(−4.12)	(−4.38)
own × compet		0.003		0.004
		(0.16)		(0.29)
rsqown			−0.000	−0.000
			(−0.30)	(−0.15)
行业	控制	控制	控制	控制
年份	控制	控制	控制	控制
地区	控制	控制	控制	控制
层级	控制	控制	控制	控制
N	722	722	722	722
Sargan	0.571	0.030	0.535	0.020
P - value	0.7515	0.8632	0.7652	0.8872

总之，垄断行业的股权混合深入性、股权制衡度、国有股比例与资本保值增值率都不存在显著关系，这并不是说明垄断行业的股权结构安排问题不重要，恰恰相反，说明垄断行业进行混合所有制改革的股权结构安排更加复杂，一企一策可能更加适合。

2. 非垄断行业的实证结果

表 7-24 是非垄断行业股权混合深入性与资本保值增值率的面板 IV 实证分析结果，我们发现股权混合深入性与资本保值增值率存在显著的负向关系。

表 7-24　非垄断行业资本保值增值率对股权混合深入性的面板 IV 回归结果

	valu	valu	valu	valu
	(1)	(2)	(3)	(4)
embed	-21.522***	-24.106***	155.598	155.765
	(-3.17)	(-2.84)	(1.07)	(1.37)
compet	0.151	-16.313**	-0.081	23.822
	(0.50)	(-2.25)	(-0.13)	(1.43)
independ	0.002	0.001	0.020	0.021
	(0.55)	(0.37)	(1.07)	(1.32)
asset	-0.087	-0.085	0.269	0.254*
	(-1.52)	(-1.39)	(1.31)	(1.65)
cost	-0.127***	-0.128***	0.089	0.085
	(-2.87)	(-2.79)	(0.46)	(0.54)
z	-0.003***	-0.003***	0.010	0.010
	(-3.45)	(-3.27)	(0.95)	(1.21)
stock1	-0.173***	-0.177***	-0.165	-0.165*
	(-3.27)	(-2.98)	(-1.32)	(-1.68)
cash	0.018	0.014	0.009	0.014
	(1.12)	(0.88)	(0.28)	(0.46)
em	-0.087***	-0.094***	-0.216*	-0.204**
	(-2.85)	(-2.99)	(-1.71)	(-2.07)
debt	-0.383**	-0.367**	-0.368	-0.378
	(-2.55)	(-2.23)	(-1.05)	(-1.29)
embed × compet		20.292**		-29.455
		(2.27)		(-1.42)

续表

	valu	valu	valu	valu
	（1）	（2）	（3）	（4）
rsqembed			− 118. 912	− 116. 984
			（ − 1.09）	（ − 1.39）
行业	控制	控制	控制	控制
年份	控制	控制	控制	控制
地区	控制	控制	控制	控制
层级	控制	控制	控制	控制
N	3525	3525	3525	3525
Sargan	0. 669	1. 330	2. 256	1. 504
P – value	0. 4133	0. 2487	0. 1331	0. 2200

表 7 – 25 是非垄断行业股权制衡度与资本保值增值率的面板 IV 实证分析结果，我们发现（3）和（4）的股权制衡度与资本保值增值率存在显著倒 U 型关系，且最优股权制衡度分别为 0.4873 和 0.4896，但是因为非垄断行业股权制衡度的平均值为 0.345，中位数为 0.264，低于最优值，因此应该提高非垄断行业的股权制衡度。

表 7 – 25 非垄断行业资本保值增值率对股权制衡度的面板 IV 回归结果

	valu	valu	valu	valu
	（1）	（2）	（3）	（4）
restrict	1. 020 ***	1. 988 ***	4. 230 ***	4. 684 ***
	（3. 65）	（3. 58）	（3. 87）	（3. 87）
compet	0. 020	3. 635 ***	− 0. 055	1. 468 ***
	（0. 07）	（3. 57）	（ − 0. 20）	（3. 03）
independ	0. 003	0. 004	0. 002	0. 003
	（0. 89）	（1. 06）	（0. 76）	（0. 87）
asset	0. 131 ***	0. 139 ***	0. 101 ***	0. 106 ***
	（4. 74）	（4. 59）	（4. 05）	（4. 15）
cost	− 0. 106 ***	− 0. 099 **	− 0. 102 **	− 0. 099 **
	（ − 2. 72）	（ − 2. 43）	（ − 2. 54）	（ − 2. 46）
z	− 0. 000	0. 000	− 0. 000	− 0. 000
	（ − 0. 08）	（0. 03）	（ − 0. 75）	（ − 0. 63）

续表

	valu	valu	valu	valu
	(1)	(2)	(3)	(4)
stock1	− 0.006 ***	− 0.006 ***	− 0.009 ***	− 0.009 ***
	(− 3.14)	(− 2.88)	(− 4.02)	(− 3.97)
cash	0.020	0.014	0.017	0.015
	(1.42)	(0.94)	(1.17)	(0.99)
em	− 0.075 ***	− 0.067 **	− 0.084 ***	− 0.080 ***
	(− 2.68)	(− 2.24)	(− 2.95)	(− 2.77)
debt	− 0.724 ***	− 0.675 ***	− 0.621 ***	− 0.599 ***
	(− 8.11)	(− 7.06)	(− 6.40)	(− 6.01)
restrict × compet		− 9.909 ***		− 4.184 ***
		(− 3.63)		(− 3.57)
rsqrestrict			− 4.340 ***	− 4.353 ***
			(− 3.91)	(− 3.89)
行业	控制	控制	控制	控制
年份	控制	控制	控制	控制
地区	控制	控制	控制	控制
层级	控制	控制	控制	控制
N	3525	3525	3525	3525
Sargan	0.160	0.049	2.496	2.242
P − value	0.6888	0.8240	0.1141	0.1343
最优股权制衡			0.4873	0.4896

表 7 - 26 中的（1）和（2）显示非垄断行业的国有股比例与资本保值增值率显著正相关，（3）和（4）表明非垄断行业的国有股比例与资本保值增值率存在显著的倒 U 型关系，但是因为国有股比例的平方项系数接近于 0，所以仍然表现的是国有股比例与资本保值增值率显著正相关，所以符合假设 7.1：国有股比例越高，国有资产保值增值率越高。

表 7 – 26 非垄断行业资本保值增值率对国有股比例的面板 **IV** 回归结果

	valu	valu	valu	valu
	(1)	(2)	(3)	(4)
own	0. 008 ***	0. 016 ***	0. 022 **	0. 028 ***
	(4. 04)	(3. 34)	(2. 43)	(2. 72)
compet	– 0. 144	2. 221 ***	– 0. 094	1. 223 **
	(– 0. 55)	(2. 65)	(– 0. 36)	(2. 54)
independ	0. 001	0. 001	0. 002	0. 002
	(0. 36)	(0. 29)	(0. 63)	(0. 61)
asset	0. 131 ***	0. 136 ***	0. 144 ***	0. 151 ***
	(5. 14)	(5. 03)	(4. 68)	(4. 76)
cost	– 0. 108 ***	– 0. 108 ***	– 0. 098 ***	– 0. 098 ***
	(– 2. 99)	(– 2. 95)	(– 2. 66)	(– 2. 64)
z	– 0. 001 **	– 0. 001 **	– 0. 001 **	– 0. 001 **
	(– 2. 07)	(– 2. 29)	(– 2. 07)	(– 2. 19)
stock1	– 0. 014 ***	– 0. 015 ***	– 0. 009 ***	– 0. 010 ***
	(– 4. 85)	(– 4. 64)	(– 4. 41)	(– 4. 60)
cash	0. 017	0. 015	0. 018	0. 017
	(1. 25)	(1. 13)	(1. 32)	(1. 26)
em	– 0. 080 ***	– 0. 081 ***	– 0. 086 ***	– 0. 087 ***
	(– 3. 10)	(– 3. 11)	(– 3. 33)	(– 3. 32)
debt	– 0. 629 ***	– 0. 606 ***	– 0. 662 ***	– 0. 646 ***
	(– 7. 19)	(– 6. 60)	(– 7. 70)	(– 7. 39)
own × compet		– 0. 070 ***		– 0. 039 ***
		(– 2. 78)		(– 3. 05)
rsqown			– 0. 000 **	– 0. 000 **
			(– 2. 00)	(– 2. 14)
行业	控制	控制	控制	控制
年份	控制	控制	控制	控制
地区	控制	控制	控制	控制
层级	控制	控制	控制	控制
N	3525	3525	3525	3525
Sargan	4. 564	0. 030	5. 549	0. 028
P – value	0. 1021	0. 8635	0. 0624	0. 8671

总之，在非垄断行业，股权混合深入性与资本保值增值率负相关，股权制衡度与资本保值增值率存在显著倒 U 型关系，国有股比例与资本保值增值率正相关。所以，应该在提高股权制衡度的情况下，构建以国有股为控股大股东的少数几个非国有股东的股权结构，即构建以国有股为绝对控股股东、股权性质类别较少、非国有股股份比较接近的股权结构。

三、按照股权制衡类型分类实证研究

因为混合股权制衡程度（restrict） = min ｛国有股占全部股权的百分比，所有非国有股占全部股权的百分比｝/max ｛国有股占全部股权的百分比，分为国有股占多数和非国有股占多数两种情况｝，所以在此再按照国有股占多数和非国有股占多数两种情况，分别考察它们与资本保值增值率的关系。

从表 7 - 27 可以发现，控制权类型中非国有股占多数的有 2002 家，国有股占多数的有 2476 家，分布比较均衡，且非国有股占多数的股权混合深入性（0.833）高于国有股占多数（0.759）的混合所有制企业；国有股占多数的股权制衡度（0.358）高于非国有股占多数（0.324）；国有股占多数的国有股比例（47.438）高于非国有股占多数（12.055），但两种市场竞争程度差不多，平均值分别为 0.114 和 0.118。

表 7 - 27　股权制衡类型分类的基本统计量

	variable	N	mean	p50	variance	min	max	skewness	kurtosis
非国有股占多数	embed	2002	0.833	0.861	0.013	0.383	0.977	-1.103	4.168
	restrict	2002	0.324	0.227	0.089	0.001	0.979	0.776	2.304
	own	2002	12.055	9.662	101.126	0.071	48.325	0.861	2.992
	compet	2002	0.114	0.083	0.013	0	0.918	3.708	22.084
国有股占多数	embed	2476	0.759	0.777	0.02	0.383	0.977	-0.641	2.789
	restrict	2476	0.358	0.297	0.071	0.001	0.979	0.661	2.37
	own	2476	47.438	47.45	240.978	12.815	80.183	0.097	2.35
	compet	2476	0.118	0.089	0.013	0	0.918	3.919	23.697

1. 国有股占多数的股权制衡度与资本保值增值关系的实证分析

表 7 - 28 中的（1）表明，当混合所有制企业中国有股占多数时，股权混合深入性与资本保值增值率正相关；（3）和（4）显示，股权混合深入性与资本保

值增值率存在显著的 U 型关系，且股权混合深入性的"底部陷阱"值分别为 0.6834 和 0.6825，因为股权混合深入性的平均值为 0.759，中位数为 0.777，这说明股权混合深入性的平均值超过"底部陷阱"，所有股权混合深入性与资本保值增值率是正向变动关系，所以应该提高股权混合深入性。

表 7 - 28　资本保值增值率对股权混合深入性的面板 IV 回归结果

	valu	valu	valu	valu
	(1)	(2)	(3)	(4)
embed	48.547 *	70.165	- 82.911 **	- 80.727 ***
	(1.90)	(1.44)	(- 2.57)	(- 2.65)
compet	- 0.591	57.049	0.255	- 4.900
	(- 0.73)	(1.52)	(0.46)	(- 1.19)
independ	0.002	0.013	- 0.028 ***	- 0.028 ***
	(0.18)	(0.72)	(- 2.72)	(- 2.77)
asset	0.797 **	1.017	- 0.059	- 0.055
	(1.99)	(1.49)	(- 0.93)	(- 0.90)
cost	- 0.012	- 0.001	- 0.134 *	- 0.132 *
	(- 0.12)	(- 0.01)	(- 1.65)	(- 1.66)
z	0.004	0.007	- 0.008 **	- 0.008 ***
	(1.47)	(1.28)	(- 2.57)	(- 2.63)
stock1	0.393 *	0.498	0.033	0.033
	(1.89)	(1.42)	(1.49)	(1.51)
cash	0.029	0.034	0.010	0.010
	(0.71)	(0.64)	(0.31)	(0.33)
em	- 0.112	- 0.068	- 0.009	- 0.016
	(- 1.47)	(- 0.70)	(- 0.14)	(- 0.26)
debt	- 1.287 ***	- 1.676 **	- 0.863 ***	- 0.838 ***
	(- 3.01)	(- 2.09)	(- 4.09)	(- 4.18)
embed × compet		- 72.545		6.459
		(- 1.51)		(1.26)
rsqembed			60.662 **	58.581 ***
			(2.51)	(2.59)
行业	控制	控制	控制	控制

续表

	valu	valu	valu	valu
	(1)	(2)	(3)	(4)
年份	控制	控制	控制	控制
地区	控制	控制	控制	控制
层级	控制	控制	控制	控制
N	2134	2134	2134	2134
Sargan	0.173	0.330	0.582	0.592
P – value	0.6774	0.5654	0.4454	0.4418
最差股权混合深入性			0.6834	0.6825

表 7 – 29 是当混合所有制企业中国有股占多数时，混合所有制企业的国有股资本保值增值率对股权制衡度的影响，实证结果发现，股权制衡度与国有股资本保值增值率显著负相关，不存在曲线关系。

表 7 – 29　资本保值增值率对股权制衡度的面板 IV 回归结果

	valu	valu	valu	valu
	(1)	(2)	(3)	(4)
restrict	– 3.455 ***	– 4.623 ***	15.951	– 56.335
	(– 2.99)	(– 2.96)	(1.50)	(– 0.70)
compet	0.007	– 6.853 ***	– 0.020	– 21.524
	(0.01)	(– 2.79)	(– 0.03)	(– 0.69)
independ	– 0.008	– 0.008	0.000	– 0.032
	(– 1.36)	(– 1.32)	(0.02)	(– 0.80)
asset	0.159 ***	0.093 **	– 0.044	0.216
	(2.73)	(1.98)	(– 0.51)	(0.76)
cost	– 0.018	– 0.049	– 0.040	– 0.147
	(– 0.28)	(– 0.78)	(– 0.47)	(– 0.55)
z	– 0.004 **	– 0.003 **	0.005	– 0.020
	(– 2.57)	(– 2.49)	(1.30)	(– 0.72)
stock1	– 0.010 **	– 0.006	0.001	– 0.002
	(– 2.08)	(– 1.63)	(0.27)	(– 0.13)
cash	0.022	0.023	0.057	– 0.063
	(0.83)	(0.85)	(1.41)	(– 0.39)

续表

	valu	valu	valu	valu
	(1)	(2)	(3)	(4)
em	−0.103 **	−0.106 **	0.049	−0.210
	(−2.06)	(−2.13)	(−0.70)	(−0.83)
debt	−0.453 ***	−0.416 **	−0.590 ***	−0.398
	(−2.85)	(−2.57)	(−2.91)	(−0.66)
restrict × compet		17.480 ***		56.139
		(2.89)		(0.70)
rsqrestrict			−15.302	47.787
			(−1.50)	(0.70)
行业	控制	控制	控制	控制
年份	控制	控制	控制	控制
地区	控制	控制	控制	控制
层级	控制	控制	控制	控制
N	2134	2134	2134	2134
Sargan	0.767	1.038	2.468	0.001
P − value	0.3812	0.3082	0.1162	0.9811

表 7 – 30 是当混合所有制企业中国有股占多数时，混合所有制企业的国有股资本保值增值率对国有股的影响，实证结果的（3）和（4）发现，国有股与国有股资本保值增值率存在显著的 U 型关系，国有股的"底部陷阱"值分别为 53.8 和 53.109，但因为国有股的平均值为 47.438，中位数为 47.45，低于"底部陷阱"值，所以应该提高国有股比例。

表 7 – 30　资本保值增值率对国有股比例的面板 IV 回归结果

	valu	valu	valu	valu
	(1)	(2)	(3)	(4)
own	−0.168	1.155	−0.538 *	−0.539 *
	(−0.31)	−0.4	(−1.92)	(−1.86)
compet	0.533	147.288	−0.114	−3.176
	−0.36	−0.39	(−0.19)	(−1.64)
independ	−0.016	0.016	−0.017 **	−0.017 *
	(−0.57)	−0.23	(−1.98)	(−1.93)

续表

	valu	valu	valu	valu
	(1)	(2)	(3)	(4)
asset	0.552	-2.411	0.194*	0.198*
	-0.34	(-0.39)	-1.75	-1.71
cost	-0.08	-0.112	-0.210*	-0.203*
	(-0.56)	(-0.24)	(-1.84)	(-1.78)
z	-0.005	0.012	-0.003	-0.003
	(-0.34)	-0.39	(-1.60)	(-1.52)
stock1	0.095	-0.417	0.02	0.019
	-0.31	(-0.40)	-1.31	-1.27
cash	0.078	-0.139	0.028	0.027
	-0.49	(-0.31)	-0.84	-0.82
em	-0.137	0.05	-0.024	-0.023
	(-0.71)	-0.11	(-0.36)	(-0.34)
debt	-1.018	2.67	-0.804***	-0.831***
	(-0.76)	-0.32	(-3.65)	(-3.62)
own × compet		-3.271		0.067*
		(-0.39)		-1.73
rsqown			0.005**	0.005*
			-1.97	-1.9
行业	控制	控制	控制	控制
年份	控制	控制	控制	控制
地区	控制	控制	控制	控制
层级	控制	控制	控制	控制
N	2134	2134	2134	2134
Sargan	4.427	0.033	3.355	2.269
P - value	0.1093	0.8564	0.1868	0.1320
最差国有股比例			53.8	53.109

总之，当混合所有制企业中国有股占多数时，股权混合深入性与资本保值增值率存在显著的 U 型关系，但应该提高股权混合深入性；股权制衡度与国有股资本保值增值率显著负相关，应该降低股权制衡度；国有股与国有股资本保值增值率存在显著的 U 型关系，但应该提高国有股比例。所以，应该在降低股权制衡度

的情况下，构建以国有股为绝对控股股东、股权性质类别较多、非国有股股东持股比例差异较大的股权结构。

2. 非国有股占多数的股权制衡度与资本保值增值关系的实证分析

表7-31中（1）和（2）的实证结果显示，当混合所有制企业中非国有股占多数时，股权混合深入性与国有股资本保值增值率显著负相关，且不存在曲线关系。

表7-31　资本保值增值率对股权混合深入性的面板 IV 回归结果

	valu	valu	valu	valu
	(1)	(2)	(3)	(4)
embed	-15.175***	-20.046***	1.865	18.552
	(-3.17)	(-3.06)	(0.05)	(0.42)
compet	-0.113	-21.549***	-0.029	3.263
	(-0.25)	(-2.59)	(-0.06)	(0.36)
independ	0.005	0.008*	0.005	0.005
	(1.25)	(1.83)	(1.08)	(1.31)
asset	0.034	0.035	0.032	0.023
	(0.98)	(0.95)	(0.84)	(0.59)
cost	-0.133**	-0.119**	-0.101	-0.068
	(-2.38)	(-2.07)	(-1.05)	(-0.68)
z	-0.001	-0.001	-0.001	-0.001
	(-0.73)	(-0.76)	(-0.71)	(-0.27)
stock1	-0.117***	-0.132***	-0.029	-0.041
	(-3.40)	(-3.30)	(-0.99)	(-1.21)
cash	0.024	0.025	0.006	0.003
	(1.20)	(1.19)	(0.33)	(0.17)
em	-0.161***	-0.147***	-0.142***	-0.150***
	(-4.69)	(-4.17)	(-4.32)	(-4.03)
debt	-0.591***	-0.659***	-0.645***	-0.612***
	(-4.25)	(-4.58)	(-4.75)	(-3.93)
embed × compet		25.508***		-3.835
		(2.58)		(-0.36)
rsqembed			-3.007	-14.530
			(-0.11)	(-0.47)

	valu	valu	valu	valu
	(1)	(2)	(3)	(4)
行业	控制	控制	控制	控制
年份	控制	控制	控制	控制
地区	控制	控制	控制	控制
层级	控制	控制	控制	控制
N	1815	1815	1815	1815
Sargan	2.216	1.528	0.017	0.015
P – value	0.1366	0.2164	0.8954	0.9037

　　表 7 - 32 中 (1) 和 (2) 的实证结果显示，当混合所有制企业中非国有股占多数时，股权制衡度与资本保值增值率显著正相关，(3) 和 (4) 的实证结果表明股权制衡度与资本保值增值率存在显著的倒 U 型关系，且最优的股权制衡度分别为 0.4929 和 0.4911，但因为股权制衡度的平均值为 0.324，中位数为 0.227，没有达到最优值，所以可以提高股权制衡度。

表 7 - 32　资本保值增值率对股权制衡度的面板 IV 回归结果

	valu	valu	valu	valu
	(1)	(2)	(3)	(4)
restrict	1.240 ***	1.676 ***	17.504	13.308 *
	(3.16)	(2.79)	(1.63)	(1.76)
compet	− 0.130	2.473 **	0.038	2.968 *
	(− 0.28)	(2.47)	(0.04)	(1.65)
independ	0.011 **	0.008 *	0.012	0.009
	(2.38)	(1.94)	(1.27)	(1.30)
asset	0.131 ***	0.111 **	− 0.062	− 0.024
	(2.77)	(2.43)	(− 0.66)	(− 0.35)
cost	− 0.122 **	− 0.122 **	− 0.116	− 0.118
	(− 2.16)	(− 2.17)	(− 1.03)	(− 1.32)
z	− 0.001	− 0.002	− 0.002	− 0.002
	(− 1.34)	(− 1.57)	(− 1.04)	(− 1.30)
stock1	− 0.010 ***	− 0.011 ***	− 0.026 **	− 0.022 **
	(− 2.72)	(− 2.86)	(− 2.02)	(− 2.30)

续表

	valu	valu	valu	valu
	（1）	（2）	（3）	（4）
cash	0.013	0.015	0.028	0.026
	(0.68)	(0.76)	(0.68)	(0.78)
em	-0.114***	-0.111***	-0.112	-0.108*
	(-3.24)	(-3.13)	(-1.61)	(-1.90)
debt	-0.678***	-0.563***	-0.378	-0.335
	(-4.82)	(-3.91)	(-1.15)	(-1.16)
restrict × compet		-7.486***		-8.583*
		(-2.81)		(-1.83)
rsqrestrict			-17.757	-12.553*
			(-1.63)	(-1.74)
行业	控制	控制	控制	控制
年份	控制	控制	控制	控制
地区	控制	控制	控制	控制
层级	控制	控制	控制	控制
N	1815	1815	1815	1815
Sargan	0.960	3.811	0.103	1.311
P-value	0.3271	0.0580	0.7481	0.2521
最优股权制衡			0.4929	0.4911

从表7-33中的（1）和（2）发现，国有股比例与资本保值增值率正相关；（3）和（4）表明国有股比例与资本保值增值率呈U型关系，且"底部陷阱"值分别为18和16.6858，但因为国有股比例的平均值为12.055，中位数为9.662，没有达到"底部陷阱"值，所以超过"底部陷阱"值才是合适的。

表7-33　资本保值增值率对国有股比例的面板 IV 回归结果

	valu	valu	valu	valu
	（1）	（2）	（3）	（4）
own	0.032***	0.071***	0.360*	0.267*
	(3.05)	(2.83)	(1.78)	(1.65)
compet	-0.056	4.630**	-0.400	3.583*
	(-0.13)	(2.55)	(-0.53)	(1.66)

	valu	valu	valu	valu
	（1）	（2）	（3）	（4）
independ	0.009 **	0.010 **	0.015 *	0.012 *
	（2.13）	（2.15）	（1.75）	（1.79）
asset	0.089 **	0.092 **	0.059	0.055
	（2.29）	（2.19）	（1.01）	（1.16）
cost	−0.105 *	−0.103 *	−0.094	−0.096
	（−1.94）	（−1.76）	（−1.03）	（−1.32）
z	−0.001	−0.001	−0.003	−0.003 *
	（−0.68）	（−0.83）	（−1.63）	（−1.81）
stock1	−0.015 ***	−0.017 ***	−0.010 *	−0.012 **
	（−3.66）	（−3.59）	（−1.66）	（−2.37）
cash	0.012	0.016	0.006	0.009
	（0.62）	（0.76）	（0.21）	（0.36）
em	−0.119 ***	−0.107 ***	−0.111 **	−0.110 **
	（−3.57）	（−2.89）	（−1.97）	（−2.36）
debt	−0.598 ***	−0.470 ***	−0.407	−0.389
	（−4.40）	（−2.93）	（−1.54）	（−1.62）
own × compet		−0.356 ***		−0.293 *
		（−2.66）		（−1.74）
rsqown			−0.010 *	−0.007
			（−1.75）	（−1.60）
行业	控制	控制	控制	控制
年份	控制	控制	控制	控制
地区	控制	控制	控制	控制
层级	控制	控制	控制	控制
N	1815	1815	1815	1815
Sargan	3.831	2.138	0.570	2.767
P − value	0.1473	0.1436	0.7521	0.0962
最优股权制衡			18	16.6858

总之，当混合所有制企业中非国有股占多数时，股权混合深入性与资本保值增值率显著负相关，所以应该降低股权混合深入性；股权制衡度与资本保值增值

率存在倒 U 型关系，但应该提高股权制衡度；国有股比例与资本保值增值率呈 U 型关系，但应该提高国有股比例。所以，当混合所有制企业中非国有股占多数时，应该构建低股权混合深入性、高股权制衡度、高国有股比例的股权结构，即在适当提高国有股比例的情况下，构建以非国有股为相对控股股东、股权性质类别较少、国有股东持股比例比较接近的股权结构。

本章小结

一、主要结论

基于本章第一节和第二节的实证分析结果，归纳总结结论如表 7-34 所示，由此获得的主要结论有：

表 7-34　混合所有制企业的股权结构与资本保值增值率关系的统计

总样本	层级			垄断		股权制衡类型	
	中央	省级	市县	垄断	非垄断	国有股占多数	非国有股占多数
股权混合深入性	倒 U 型关系，但降低股权混合深入性	负向关系	负向关系	没有关系	负向关系	U 型关系，但提高股权混合深入性	负向关系
制衡程度	倒 U 型关系，但提高股权制衡度	没有关系	倒 U 关系，但提高股权制衡度	没有关系	倒 U 型关系，但提高股权制衡度	负向关系	倒 U 关系，但提高股权制衡度
国有股比例	正向关系	倒 U 型关系，但降低国有股比例	正向关系	没有关系	正向关系	U 型关系，但提高国有股比例	U 型关系，但提高国有股比例
市场竞争程度	不确定	正向关系	不确定	没有关系	正向关系	不确定	不确定

续表

总样本	层级			垄断		股权制衡类型	
	中央	省级	市县	垄断	非垄断	国有股占多数	非国有股占多数
构建的股权结构类型	以国有股为绝对控股股东、股权性质类别较少、非国有股持股比较接近的股权结构	以国有股为相对控股股东、股权性质类别较少的股权结构	以国有股为绝对控股股东、股权性质类别较少、非国有股股份比较接近的股权结构	一企一策	以国有股为绝对控股股东、股权性质类别较少、非国有股股份比较接近的股权结构	以国有股为绝对控股股东、股权性质类别较多、非国有股股东持股比例差异较大的股权结构	在适当提高国有股比例的情况下，构建以非国有股为相对控股股东、股权性质类别较少、国有股东持股比例比较接近的股权结构

1. 很难给出普适的混合所有制企业的最优股权结构安排

从表7-34总结的实证分析结果来看，很难从理论上给出混合所有制企业股权结构的合适安排，这是因为所有制结构选择问题非常复杂，受多种因素影响，既受国家政治体制影响，还受国家经济政策影响，也受国家法律规章制度影响，甚至受文化、风俗习惯等非正式制度影响，非常复杂，不可能给出一种全世界普适的标准。世界各国的社会经济实践也表明，很难从理论上给出股权结构的合理比例。我们换个角度考虑，如果有最优的股权结构安排，最后世界上所有的公司肯定只会供应一种类型的股权结构，但事实表明，股权结构的种类非常多，有同股同权型、同股不同权型，有金字塔型、单层股权结构，有A股、B股、H股，有国家股、法人股、社会公众股，等等，可见，没有唯一的一种最优的股权结构。我国40多年改革开放的经验也表明，经济发展水平、社会发展阶段等因素都会对所有制结构中的公有制比例、民营企业比例、外资企业比例产生影响，因此社会因素的复杂性，不可能有一种最优的股权结构安排。

虽然没有一种普适的最优股权结构安排，但是我们仍然可以总结出一些一般性的规律，获得以下的结论，期待为混合所有制改革提供一些参考。

2. 股权混合深入性与资本保值增值率负相关

从表 7 - 34 可以看出，只有股权制衡类型是国有股占多数的情况下才需要提高股权混合性，其他情况都发现股权混合深入性与资本保值增值率负相关，或者是曲线关系的时候需要适当降低股权混合深入性，这与假设 7.3：适度的股权混合深入性有利于国有资产的保值增值不相符，这可能与中国特色的政治制度有关。股权混合深入性越高，说明国有股东、外资股东、民企股东不同类型股东类别越多，但是中国五千年的中华文明和两千年的封建帝王制度，使得企业里的权威制度、家长作风更适合中国企业的情况，俗话说"三个和尚没水吃""两虎相斗必有一伤"，所以一个企业里只能竖立一个权威，如果有多个权威会发生拉帮结派问题，容易产生组织内耗，手下员工往往会无所适从，反倒损耗了企业的决策效率和生产效率，尤其是在非国有股占大多数的混合所有制企业里，只能树立一个权威或者一个家长。至于国有股占多数时的混合所有制企业，可以提高股权的混合性，这是因为国有企业有一部分股权搭了便车，扮演了旁观者的角色。

例如，2015 年爆发的"万科股权大战"就是一个鲜活的例子。2014 年的年报显示，万科股权的股权结构为：华润集团（中央企业）持股 14.91%、HKSCC NOMINEES LIMITED（香港中央结算有限公司，代持个人股东的股票，外资股东）持股 11.90%、国信证券—工商银行—国信金鹏分级 1 号集合资产管理计划持股 3.3%、安邦人寿保险股份有限公司—稳健型投资组合持股 2.13%、GIC PRIVATE LIMITED 持股 1.32%、刘元生持股 1.21%、UBS AG 持股 1.08%、全国社保基金一〇三组合持股 0.72%、中国建设银行—博时主题行业股票证券投资基金持股 0.65%、南方东英资产管理有限公司—南方富时中国 A50ETF 持股 0.65%，可见这是一种高度分散的混合所有制企业的股权结构，存在遭遇"野蛮人"举牌的危险。作为国有大股东的华润集团，15 年来一直坚持不干预政策，以财务投资者的身份支持王石等高管带领企业高速发展与扩张，一个负责挣钱一个负责收钱，一直相安无事；作为外资大股东的 HKSCC NOMINEES LIMITED，它只是代替个人持有股票，也没有要求相应的话语权，也是充分信任高管进行企业管理和生产经营，这时万科只有一个权威，即董事长王石。2015 年爆发股权大战之后，据 2015 年 12 月 31 日年报公布的数据显示，大股东股权结构为：华润股份有限公司（中央企业）15.29%，HKSCC NOMINEES LIMITED（外资股东）11.90%，宝能系的一致行动人有深圳市钜盛华股份有限公司、国信证券—工商银行—国信金鹏分级 1 号集合资产管理计划、前海人寿保险股份有限公司—海利年年、招商财富—招商银行—德赢 1 号专项资产管理计划（民营企业）等一共持股 22.45%，安邦系（民营企业）持股 5%，这时候的万科仍然是混合所有制的股权结构，但权威出现了两个，一个是原董事长王石，另一个是宝能系董事长姚振华，谁都想当老大。2016 年 6 月 26 日，姚振华以资本老大的身份提议罢免王石及其他董事、监事。王石明确表示姚振华是"信用不够"，不欢迎宝能系成为第一大股东。双方你来我往，斗争比较激烈，把华润集团、深圳市政府，甚至保监会、证监会等部门全部搅进来，特别是在国家严厉打击金融"脱实向虚"的背景下，宝能系受到了严厉的处罚，保监会对前海人寿董事长姚振华开出撤销任职资格并禁入保险业 10 年的重罚，再次引发全社会的关注。最后在多方压力之下，华润集团退出，深圳地铁集团（深圳市政府）接手了华润的股权。进行资本重组以后，2017 年年报显示，深圳地铁集团持股 29.38%、宝能系持股 25.40%、HKSCC NOMINEES LIMITED（外资股东）持股 11.90%，此时大股东变为国有大股东。但在 2017 年 6 月 21 日公布的万科董事会安排中，宝能系没有取得任何席位，成为地地道道的财务投资者，颇为不同寻常。但这正好表明万科只有深圳地铁集团一个权威，宝能系没有任何话语权。最后宝能系在资本市场全身而退，截至 2018 年 9 月 30 日，"宝能系"持有万科 A 的九个资管计划已全部清盘，获利上百亿元，结果是皆大欢喜。但这个案例生动地演示了在国有股占大多数的情况下，在国有股沉默的情况下，可以提高股权混合深入性，此时国有股是哑巴股东，容易陷入高管层进行"内部人"控制的局面；在国有股谋求积极股东的情况下，股权混合深入性也不能提高，譬如万科里面的民营股东宝能系最后清仓了全部万科股票，彻底退出了万科。这从侧面也反映出虽然中国资本市场已经进入全流通时代，但即使是分散的股权结构下，很多控股股东的治理理念仍然停留在"一股独大"的家长式治理模式，提高混合所有制企业股权混合深入性似乎不适合中国特色的国情。

综上所述，股权混合深入性与资本保值增值率负相关可能更符合中国的实际情况。

3. 提高股权制衡度有利于增加资本保值增值率

从表 7-34 总结的实证分析结果来看，混合股权制衡程度与资本保值增值率的关系有倒 U 型关系和没有关系两种结论，且混合股权制衡度的平均值和中位数低于最优值，所以应该提高混合股权制衡度。这是因为虽然上述研究发现股权混合性加深不适合中国国情，"一股独大"的股权结构更适合中国的公司治理实情。但不可否认，"一股独大"仍然存在一些严重的弊端，比如大股东有可能利用控制权与现金流权的分离，通过金字塔结构存在侵占中小股东利益的资金占用、关联交易等隧道挖掘行为。譬如万科的第二大股东宝能系和第三大股东，都没有获得相应的董事席位，这样的董事会结构安排，如何保护第二、第三大股东的利益呢？如果它们的利益都无法保护，又如何保护广大中小投资者的利益呢？另外，大股东"一股独大"的情况下，高管层的任命一般是大股东的代理人，容易形成高管层的"内部人"控制，进一步损害广大中小股东的利益。高管层与大股东的利益也并非完全一致，存在新一轮"权力斗争"的可能性，譬如 2018 年 1 月 31 日，万科公告，董事会主席郁亮不再兼任总裁、首席执行官，万科董事会聘任祝九胜为公司总裁、首席执行官，就有可能上演的是"一朝君子一朝臣"戏码。而提高股权制衡度，显然可以制衡大股东的这些做法，这是因为混合所有制企业国有股东与非国有股东之间是相互监督相互制约的，通过股权制衡可以消除国有股"一股独大"和国企运行僵化的官僚体制的弊端，充分吸收民企对市场反应灵活的优点，完善公司治理结构、实现国有资本保值增值，以充分发挥不同资本的优势，实现"1 + 1 > 2"的目标。

4. 提高国有股比例有利于提高资本保值增值率

从表 7 - 34 总结的实证分析结果来看，除了在省级层面应该降低国有股比例以外，其他情况都发现国有股比例与资本保值增值率正相关，说明在混合所有制改革中，国有资本退出并非最优策略。这是因为国有股东的终极控制人是各级政府，我国国富民强，政府手握大量资金，苦于没有好的投资机会，特别是当前经济下行的状态下，铁公基的投资边际效率越来越弱，为维持经济稳定增长，政府天然具有扩大投资的内在冲动，国有股比例越大的混合所有制企业，越有利于终极控制人的政府干预国有企业人事任命、经营决策、投资并购等事项，也分享了政府资金富余的福利，增加了企业投资和并购等事项，从而也增加了混合所有制企业的国有资产，提高了国有资本保值增值率。

5. 市场竞争程度对资本保值增值率的影响机制比较复杂

表 7 - 34 的结果显示，市场竞争程度与资本保值增值率有不确定关系、正向关系和没有关系三种情况，这说明市场竞争对资本保值增值率的影响机理非常复杂，不能一概而论。我们认为，由于宏观环境的复杂性，企业资本保值增值程度与经营者的努力程度未必存在必然的正向关系，与是否是竞争行业还是垄断行业也无关，这是因为在中国执行的是强政府和强市场的双强政策，作为混合所有制企业的国有股权背靠着政府，天然具有资金和融资优势，特别是政商关系比较和谐的情况下，也能拿到各种财政补贴、出口退税，而且在稳增长和经济下行的压力下，政府之手的作用可能要强于市场之手的作用，所以最终体现为市场竞争对

资本保值增值的影响结果不一致。

二、政策建议

1. 混合所有制企业股权结构选择没有普适标准，应该一企一策

这是因为所有制结构选择问题非常复杂，受多种因素影响，既受国家政治体制影响，还受国家经济政策影响，也受国家法律规章制度影响，甚至受文化、风俗习惯等非正式制度影响，非常复杂，不可能给出一种全世界普适的标准。世界各国的社会经济实践也表明，很难从理论上给出股权结构的合理比例。我们换个角度考虑，如果有最优的股权结构安排，最后世界上所有的公司肯定只会供应一种类型的股权结构，但事实表明，股权结构的种类非常多，有同股同权型、同股不同权型，有金字塔型、单层股权结构，有 A 股、B 股、H 股，有国家股、法人股、社会公众股，等等，可见，没有唯一的一种最优的股权结构。我国 40 多年改革开放的经验也表明，经济发展水平、社会发展阶段等因素都会对所有制结构中的公有制比例、民营企业比例、外资企业比例产生影响，因此社会因素的复杂性，不可能有一种最优的股权结构安排，所以混合所有制企业股权结构选择没有普适标准，应该一企一策。

2. 混合所有制企业应该构建股东类别较少、制衡程度高的股权结构

根据实证分析结果，混合所有制企业应该构建股东类别较少、制衡程度高的股权结构，也就是说根据中国特色的国情，对于国有大股东和非国有大股东而言，并不是"三个臭皮匠，赛过诸葛亮"，而是"三个和尚没水吃""两虎相斗"的情况，所以对于积极的大股东，在不考虑做财务战略投资的大股东时，混合所有制企业最好是构建一个国有积极的大股东和一个非国有积极的大股东的股权结构，而且它们两者的持股比例最好不要相差太多，差距太大就起不到相互制衡的作用。同时还要注意，实证研究结果并未支持国有股退出效果更好，因为国有股比例与资本保值增值率正相关，而在国资管理的三层架构下，考核的主要指标就是资本的保值增值率，很显然，国有股比例越高，资本保值增值效果越好，所以我们不能一味强调国有资本退出的问题。至于谁在混合所有制企业做老大，看双方的谈判能力，看背后政府的诉求，看每个企业的具体情况，一企一策，只要有利于企业发展，只要有利于国有资本保值增值，只要没有发生违法违纪的情况，任何股权安排都是合适的。

3. 改革要坚持市场化方向，建立公平竞争的市场环境任重道远

自提出"建立市场经济"之后，建立现代企业制度就成为国企改革的核心内容。经过 40 多年的改革开放，国有企业总体上已经同市场经济相融合，留下的国有企业都是经过市场竞争的烈火锤炼、大浪淘沙的优质企业，其现代企业制度也基本建立，国有企业过重的社会负担问题、高管的行政化任命、市场化薪酬、员工流动性问题也在进一步改善。但是不可否认，国有企业政企不分、政资不分的现象仍然存在，国资管理越位、错位、虚位的问题也没有彻底解决，以行政手段代替市场手段的问题仍然存在。尤其是中共十八届三中全会提出"深化国企改革"以后，虽然以混合所有制改革为国企改革的突破口，以"坚持两个毫不动摇"作为改革的抓手，但国企改革剩下的都是难啃的骨头，尤其需要公平的市场环境和公正的法律制度作为保障，但是这些目标还远未达成，具体表现为：

一是当前还存在市场主体权益不平等、机会不平等、规则不平等现象，民营资本投资领域受限。虽然国家先后出台一系列产业发展政策，逐步放开国有垄断产业，但非公有制企业在发展空间、产业准入、资源获取方面仍存在种种有形或无形的限制。

二是民营企业家仍然担心所有制的问题，一篇名为《落花无言：私营经济的衰退》[①] 的文章中断定去产能过程中存在国有企业"幸存者偏差"的现象，民营企业遭受了不公平的打压；2018 年 9 月 12 日，吴小平的《中国私营经济已完成协助公有经济发展的任务，应逐渐离场》一文引爆舆论场。随后，《经济日报》《人民日报》多次批评这种论调，强调"两个毫不动摇"必须长期坚持。出现这种论调的背景是在上一轮国企混合所有制改革中，市场机制没有充分发挥作用，有个别民营企业家被非法拘禁，其合法权益没有得到有效保护，导致此次混合所有制改革民营企业家踟蹰不前，或者要求在混合所有制企业中拥有绝对的话语权。解决的办法只能是制定加强私人财产的产权保护法，强调私人财产神圣不可侵犯。如果不消除各种阻碍市场竞争的因素，建立公平竞争的市场秩序，国企混合所有制改革将难以实质性推进。

三是在习近平新时代指导思想下，经济发展以创新驱动为主，必须激发企业家精神，尤其是创新精神。这是因为，企业家是促进企业发展的原动力，是第一、最重要的要素，但是，国有企业激励机制与市场接轨的主要是一般员工和科技人员，企业领导人薪酬与市场化薪酬还存在不小差距，通常只能达到同类职业

---

① 《落花无言：私营经济的衰退》，《新财富杂志》，2018 年 9 月 7 日，https：//www. huxiu. com/article/261574. html。

经理人的30% ~40%的薪酬水平①，严重影响了国有企业领导人的积极性、创造性，造成国有企业优秀人才的流失。探索混合所有制企业经营者和员工持股是一种有效途径，经营者持股有利于建立长期激励，减少道德风险；员工持股有利于调动职工积极性，增强企业活力。总之，让市场竞争来优化所有制结构，是我们过去的成功经验。发挥市场的决定性作用，关键是要建立公平竞争的市场环境②，使各种所有制经济依法平等使用生产要素，公平参与市场竞争，同等受到法律保护。

---

① 张思平：《真正建立公平环境后，国企靠什么赢得竞争?》，https：//new. qq. com/omn/20181114/20181114A1616O. html。

② 发展混合所有制经济课题组：《坚持发展中国特色的混合所有制经济》，《经济研究参考》，2018年第24期，第10－11页。

第八章　三层架构下的混合所有制企业股权结构选择的案例分析

　　第七章分析发现，股权结构选择没有普适规律，且受多种因素影响，最好是一企一策，且股权结构是动态变化的，所以必须从动态视角追踪其股权结构变化带来的效率变化。2015 年 9 月 24 日，国务院发布《国有企业发展混合所有制经济的意见》，将国有企业分为商业类和公益类两大类，并指示按照主业是充分竞争行业、重要行业和关键领域的商业类国有企业，以及公益类国有企业分类推进混合所有制改革。为此，第八章首先从分类视角，从一企一策的角度，选取两个有代表性的上市公司动态追踪其股权结构变化带来的效率变化；然后以上海市为例，探讨地方国资委发展混合所有制经济的具体做法。

第一节　分类推进混合所有制改革的案例分析

一、竞争性行业的案例分析：惠而浦

　　惠而浦（600983），曾命名合肥三洋、G 合三洋，2004 年上市发行，股价2.6 元，注册地址是合肥高新技术产业开发区习友路 4477 号，主要生产洗衣机、冰箱、微波炉、洁身器、空气净化器及其他相关产品、电子程控器、离合器、电机、控制器、电磁炉、电烤箱、电饭煲、烤面包机、面包机、咖啡机、浓缩咖啡机、电饼铛、咖啡研磨机、酸奶机、三明治机、电水壶、电水瓶、电压力锅、电蒸锅、电动打蛋器、豆浆机、榨汁机、搅拌机（手持式、台式等）、食品加工机、吸尘器、电熨斗、挂烫机、加湿器、除湿机、电扇、空调扇、取暖器、家用

净水器、水质软化器、空调、热水器、新风系统、冷冻箱、冷藏箱、清洁机、干衣机、照明设备、灯具、抽油烟机、燃气灶、灶具、消毒柜、洗碗机、电蒸炉及厨房电器等产品，属于白色家电制造行业，处在典型的竞争行业。之所以选择惠而浦作为案例分析的对象，是因为惠而浦进行了两次混合所有制企业的股权变更，而且混合的对象都是国际著名外资企业，第一次合肥市国资委是绝对控股，第二次合肥市国资委是相对控股，时间跨度长，在动态上能追踪出一些变化规律，具有一定的代表性。

（一）惠而浦股权变化历程

1994 年 3 月 22 日成立合肥荣事达三洋电器股份有限公司，是由原荣事达集团公司和日本三洋电机株式会社等共同投资成立的中日合资企业，注册资本 1500 万美元，因此它是一个典型的混合所有制企业。2000 年 1 月，合肥荣事达三洋电器股份有限公司进行股份制改造，总股本为 2.48 亿元，此时大股东的股权分配比例为：合肥荣事达集团有限责任公司持股 50.24%（国有股）、日本三洋集团持股 44.17%（外资股）。2004 年 7 月 12 日在上海证券交易所上市，此时大股东的股权分配比例为：合肥荣事达集团有限责任公司持股 37.42%（国有股）、日本三洋集团持股 32.9%（外资股），这是以国有股为主导的两大股东相互制衡的股权结构。2006 年 4 月 25 日，发布股权分置改革方案实施报告，流通股每 10 股获得 3 股，稀释了大股东的股权，此时大股东的股权分配比例为：合肥荣事达集团有限责任公司持股 33.57%（国有股）、日本三洋集团持股 29.52%（外资股），仍然是以国有股为主导的两大股东相互制衡的股权结构。2013 年 4 月，合肥荣事达集团有限责任公司成功收回"荣事达"品牌，并引进战略投资者美国惠而浦公司。2013 年 8 月，公司与美国惠而浦开展战略合作。2013 年 11 月 1 日，安徽省人民政府同意该公司非公开发行的 A 股股票 23363.90 万股，发行价格不低于每股 8.50 元，但是大股东的持股比例没有变化。2014 年 7 月 18 日，合肥三洋收到商务部《关于原则同意惠而浦（中国）投资有限公司对合肥荣事达三洋电器股份有限公司战略投资的批复》。2014 年 10 月 21 日，完成新增股份登记手续，此时大股东的股权分配比例为：美国惠而浦集团持股 51%（外资股）、合肥市国有资产控股有限公司持股 23.34%（国有股），这是以外资股为主导的两大股东相互制衡的股权结构。2014 年 11 月初，合肥三洋更名惠而浦（中国）股份有限公司，在合肥市政府正式揭牌，这标志着惠而浦全面完成对合肥三洋的并购，在中国同时运作惠而浦、三洋、帝度和荣事达四个品牌。2017 年 11 月，惠而浦合肥智能工厂投产。2018 年 5 月 24 日，惠而浦全球研发中心及中国总部在安徽合肥正式启用。

从股权变更历程来看，惠而浦（600983）从上市伊始就是混合所有制企业，以 2014 年 10 月 21 日为分水岭，2004 年 6 月 30 日至 2014 年 10 月 20 日为国有股相对控股的混合所有制企业，2014 年 10 月 21 日至今为外资绝对控股的混合所有制企业，为不同性质的控制主体提供了比较案例，所以本书将这两段时间分别记为第一次股权变更和第二次股权变更，然后对这两段时间内的公司的效益、负债、资产等能力进行全面比较，以从动态上探寻一些股权结构选择的规律。数据均来自国泰安 CSMAR4.0 数据库里的指标。

（二）两次股权变更的纵向比较分析

1. 资产变化的比较分析

在国资管理的三层架构下，国有资产监管模式从"管资产"转向"管资本"，主要考核资本保值增值率的指标，所以在这一部分重点比较两次股权结构变更带来的资产变化。

（1）资本保值增值的比较。图 8 - 1 显示年末总资产呈现绝对的上升趋势，且在 2004 ~ 2007 年资产增幅不大，2008 年以后快速增长，截至 2013 年末，总资产达到 56.685 亿元，比 2004 年增长 9.38 倍。我们以 2013 年末为分界点，发现 2016 年末总资产为 89.79 亿元，是 2013 年的 1.58 倍，所以我们认为以国有股为控制权的混合所有制企业的资产规模小于以外资为控制权的混合所有制企业的资产规模，但增速在放缓。

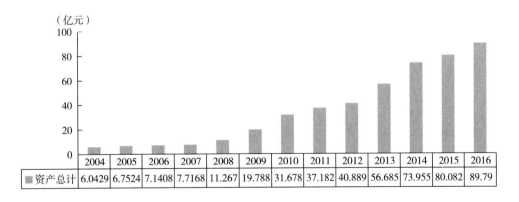

（亿元）	2004	2005	2006	2007	2008	2009	2010	2011	2012	2013	2014	2015	2016
资产总计	6.0429	6.7524	7.1408	7.7168	11.267	19.788	31.678	37.182	40.889	56.685	73.955	80.082	89.79

图 8 - 1　资产总计

图 8 - 2 中的资本保值增值率与资本积累率保持同步变化，这是因为资本积

累率＝资本保值增值率－1。从图 8－2 可以发现，2004 年和 2014 年资产保值增值率有一个跳跃值，这是因为 2004 年股票上市，2014 年进行了股票非公开定向增发，但以 2013 年为分界线，t 值为－0.510，P 值为 0.658，所以仍然可以发现，以国有股为控制权的混合所有制企业的资本保值增值率与以外资为控制权的混合所有制企业的资本保值增值率没有显著性差异，但是要特别注意 2016 年资本积累率是零增长。

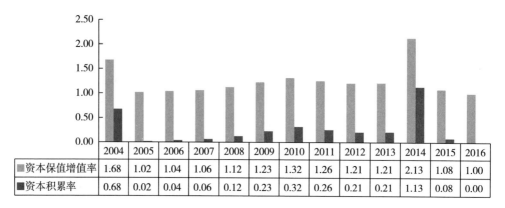

	2004	2005	2006	2007	2008	2009	2010	2011	2012	2013	2014	2015	2016
资本保值增值率	1.68	1.02	1.04	1.06	1.12	1.23	1.32	1.26	1.21	1.21	2.13	1.08	1.00
资本积累率	0.68	0.02	0.04	0.06	0.12	0.23	0.32	0.26	0.21	0.21	1.13	0.08	0.00

图 8－2　资本保值增值

（2）资本增长的比较。我们再计算资产的各类增长率指标（见图 8－3），发现总资产增长率在波动中下降，2010～2016 年的增长率分别为 0.60、0.17、0.10、0.39、0.30、0.08 和－0.01，所以 2014 年后有显著下降趋势，以 2013 年为界点，发现 t 值为 1.664，P 值为 0.152，所以总资产增长率没有显著性变化；其中，固定资产增长率 2004～2016 年的值分别为－0.05、0.09、－0.06、－0.18、0.48、0.39、0.72、0.16、0.24、0.19、0.11、0.22、－0.02，波动幅度比较大，以 2013 年为界点，发现 t 值为 0.853，P 值为 0.417，所以固定资产增长率没有显著性变化；但是每股净资产增长率只有 2010 年为负值（－0.18），其余年份都为正值，说明每股净资产一直在增长，但是增长幅度在下降，2016 年为 0，以 2013 年为界点，发现 t 值为－0.418，P 值为 0.711，所以每股净资产增长率没有显著性变化；净资产收益率增长率从 2011 年开始就为负值，且下降幅度有扩大的趋势，以 2013 年为界点，发现 t 值为－4.206，P 值为 0.003，所以净资产收益率显著下降。

总之，以 2013 年末为分界线，我们发现除了净资产收益率有显著下降以外，以国有股为控制权的混合所有制企业与以外资为控制权的混合所有制企业的其他指标都没有显著性差异，但是都有下降趋势，说明指标在恶化。

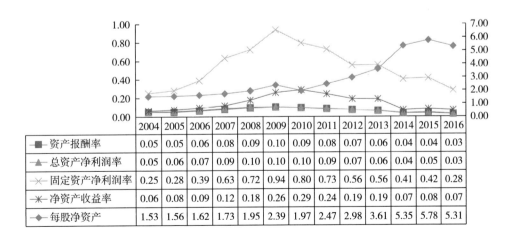

	2004	2005	2006	2007	2008	2009	2010	2011	2012	2013	2014	2015	2016
◆ 固定资产增长率	−0.05	0.09	−0.06	−0.18	0.48	0.39	0.72	0.16	0.24	0.19	0.11	0.22	−0.02
■ 总资产增长率	0.52	0.12	0.06	0.08	0.46	0.76	0.60	0.17	0.10	0.39	0.30	0.08	−0.01
▲ 净资产收益率增长率	1.18	1.23	0.97	1.67	0.62	0.06	0.48	−0.25	−0.54	−0.70	−1.05	−0.88	−0.44
✕ 每股净资产增长率	0.25	0.02	0.04	0.06	0.12	0.23	−0.18	0.26	0.21	0.21	0.48	0.08	0.00

图 8 – 3　资产增长

（3）资产盈利能力的比较。从图 8 – 4 资产盈利能力的折线图可以看出，净资产收益率增长率上升幅度最大，但是总资产净利润率和资产报酬率变动幅度不大，每股净资产从 2009 年以后有显著下降趋势，固定资产净利润率从 2009 年以后也有显著下降趋势。以 2013 年末为分界线，资产报酬率 t 值为 − 5.584，P 值为 0.000，所以资产报酬率有显著性下降趋势；总资产净利润率 t 值为 − 4.665，P 值为 0.002，所以总资产净利润率有显著性下降趋势；固定资产净利润率 t 值为 − 2.559，P 值为 0.028，所以固定资产净利润率有显著性下降趋势；净资产收益率 t 值为 − 3.795，P 值为 0.004，所以净资产收益率有显著性下降趋势；每股净资产 t 值为 12.499，P 值为 0.000，所以每股净资产有显著性上升趋势。

	2004	2005	2006	2007	2008	2009	2010	2011	2012	2013	2014	2015	2016
■ 资产报酬率	0.05	0.05	0.06	0.08	0.09	0.10	0.09	0.08	0.07	0.06	0.04	0.04	0.03
▲ 总资产净利润率	0.05	0.06	0.07	0.09	0.10	0.10	0.10	0.09	0.07	0.06	0.04	0.05	0.03
✕ 固定资产净利润率	0.25	0.28	0.39	0.63	0.72	0.94	0.80	0.73	0.56	0.56	0.41	0.42	0.28
✳ 净资产收益率	0.06	0.08	0.09	0.12	0.18	0.26	0.29	0.24	0.19	0.19	0.07	0.08	0.07
◆ 每股净资产	1.53	1.56	1.62	1.73	1.95	2.39	1.97	2.47	2.98	3.61	5.35	5.78	5.31

图 8 – 4　资产盈利能力

总之，以 2013 年末为分界线，除了每股净资产有显著性上升趋势以外，其他资产盈利指标都有显著性下降趋势，一方面说明以国有股为控制权的混合所有制企业的资产盈利能力高于以外资为控制权的混合所有制企业的资产盈利能力，另一方面随着企业规模的扩大，资产效率反而在下降，说明国有企业做大容易，做优做强很难。

（4）资本管理能力的比较。从图 8 - 5 直观看，总资产周转率起伏不大，固定资产周转率变动幅度较大，以 2013 年末为分界线，固定资产周转率 t 值为 0.571，P 值为 0.580，所以固定资产周转率没有显著性差异；总资产周转率 t 值为 - 2.524，P 值为 0.028，所以总资产周转率有显著性下降趋势。

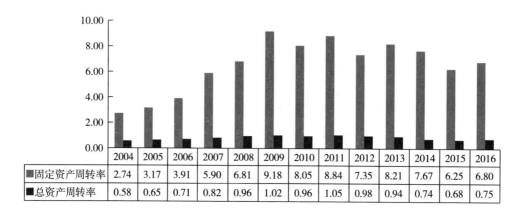

	2004	2005	2006	2007	2008	2009	2010	2011	2012	2013	2014	2015	2016
■固定资产周转率	2.74	3.17	3.91	5.90	6.81	9.18	8.05	8.84	7.35	8.21	7.67	6.25	6.80
■总资产周转率	0.58	0.65	0.71	0.82	0.96	1.02	0.96	1.05	0.98	0.94	0.74	0.68	0.75

图 8 - 5　资本管理能力

总之，以国有股为控制权的混合所有制企业的资本管理能力高于以外资为控制权的混合所有制企业的资本管理能力。

2. 盈利能力的比较

从图 8 - 6 可以看出，盈利能力在下降，成本在上升，说明指标在恶化。以 2013 年末为分界线，营业利润率 t 值为 - 4.573，P 值为 0.001，所以营业利润率在显著下降；营业净利率 t 值为 - 4.386，P 值为 0.001，所以营业净利率有显著性下降趋势；总营业成本率 t 值为 4.681，P 值为 0.001，所以总营业成本率有显著性上升趋势，与直观所见一致。

总之，以国有股为控制权的混合所有制企业的盈利能力高于以外资为控制权的混合所有制企业的盈利能力。

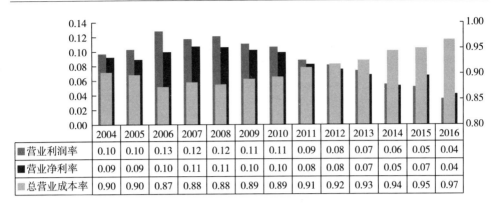

	2004	2005	2006	2007	2008	2009	2010	2011	2012	2013	2014	2015	2016
■营业利润率	0.10	0.10	0.13	0.12	0.12	0.11	0.11	0.09	0.08	0.07	0.06	0.05	0.04
■营业净利率	0.09	0.09	0.10	0.11	0.11	0.10	0.10	0.08	0.08	0.07	0.05	0.07	0.04
□总营业成本率	0.90	0.90	0.87	0.88	0.88	0.89	0.89	0.91	0.92	0.93	0.94	0.95	0.97

图 8 - 6　盈利能力

3. 偿债能力的比较

从图 8 - 7 可以看出，2009 ~ 2013 年偿债能力比较稳定，这可能是受 4 万亿投资影响，企业不缺现金，偿债能力较好所致。以 2013 年末为分界线，流动比率 t 值为 - 1.218，P 值为 0.249，所以流动比率没有显著性差异；速动比率 t 值为 - 0.720，P 值为 0.486，所以速动比率没有显著性差异；资产负债率 t 值为 0.472，P 值为 0.646，所以资产负债率没有显著性差异。

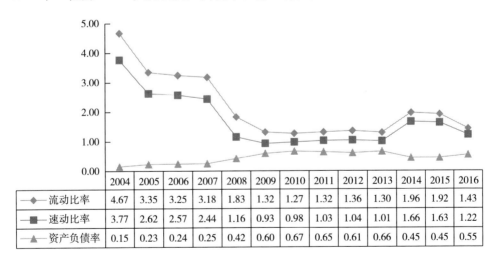

	2004	2005	2006	2007	2008	2009	2010	2011	2012	2013	2014	2015	2016
◆ 流动比率	4.67	3.35	3.25	3.18	1.83	1.32	1.27	1.32	1.36	1.30	1.96	1.92	1.43
■ 速动比率	3.77	2.62	2.57	2.44	1.16	0.93	0.98	1.03	1.04	1.01	1.66	1.63	1.22
▲ 资产负债率	0.15	0.23	0.24	0.25	0.42	0.60	0.67	0.65	0.61	0.66	0.45	0.45	0.55

图 8 - 7　偿债能力

总之，以国有股为控制权的混合所有制企业与以外资为控制权的混合所有制企业的偿债能力相比较，不存在显著性差异。

4. 管理能力的比较

由图 8 - 8 可知，应收账款周转率波动较大，前高后低；存货周转率在缓慢上升。以 2013 年末为分界线，应收账款周转率 t 值为 - 2.794，P 值为 0.017，所以应收账款周转率在显著性下降；存货周转率 t 值为 3.193，P 值为 0.009，所以存货周转率在显著性上升。

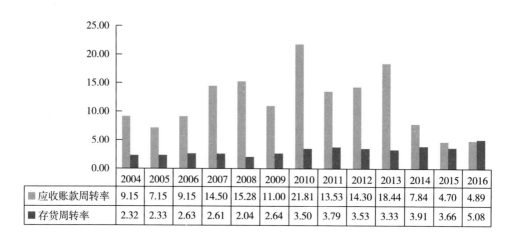

	2004	2005	2006	2007	2008	2009	2010	2011	2012	2013	2014	2015	2016
■ 应收账款周转率	9.15	7.15	9.15	14.50	15.28	11.00	21.81	13.53	14.30	18.44	7.84	4.70	4.89
■ 存货周转率	2.32	2.33	2.63	2.61	2.04	2.64	3.50	3.79	3.53	3.33	3.91	3.66	5.08

图 8 - 8　管理能力

总之，以国有股为控制权的混合所有制企业与以外资为控制权的混合所有制企业的管理能力相比较，应收账款周转率在显著性下降、存货周转率在显著性上升，说明企业财务管理在恶化，但销售情况在变好。

5. 现金能力的比较

由图 8 - 9 可知，现金能力在 2013 年以前波动很小，在 2014 年以后波动幅度非常大。以 2013 年末为分界线，每股投资活动现金净流量 t 值为 - 0.231，P 值为 0.839，不存在显著性差异；每股企业自由现金流量 t 值为 0.058，P 值为 0.959，不存在显著性差异；每股现金净流量 t 值为 0.049，P 值为 0.669，不存在显著性差异。总之，以国有股为控制权的混合所有制企业与以外资为控制权的混合所有制企业的现金能力相比较，不存在显著性差异。

6. 资本市场价值能力的比较

从图 8 - 10 发现，普通股获利率波动很小，托宾 Q 值和市盈率波动较大，且两者变动趋势几乎同步。以 2013 年末为分界线，托宾 Q 值 t 值为 - 2.433，P 值为 0.035，存在显著性差异；普通股获利率 t 值为 - 1.941，P 值为 0.078，不存在显著性差异；市盈率 t 值为 1.450，P 值为 0.176，不存在显著性差异。总之，以国有股为控制权的混合所有制企业与以外资为控制权的混合所有制企业的资本市场价值能力相比较，托宾 Q 值在显著下降，普通股获利率不存在显著性差异，市盈率不存在显著性差异，这说明企业市场价值在降低，回报中小股东的能力没有显著性变化。

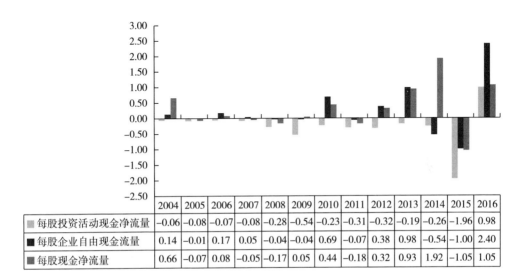

	2004	2005	2006	2007	2008	2009	2010	2011	2012	2013	2014	2015	2016
每股投资活动现金净流量	-0.06	-0.08	-0.07	-0.08	-0.28	-0.54	-0.23	-0.31	-0.32	-0.19	-0.26	-1.96	0.98
每股企业自由现金流量	0.14	-0.01	0.17	0.05	-0.04	-0.04	0.69	-0.07	0.38	0.98	-0.54	-1.00	2.40
每股现金净流量	0.66	-0.07	0.08	-0.05	-0.17	0.05	0.44	-0.18	0.32	0.93	1.92	-1.05	1.05

图 8－9　现金能力

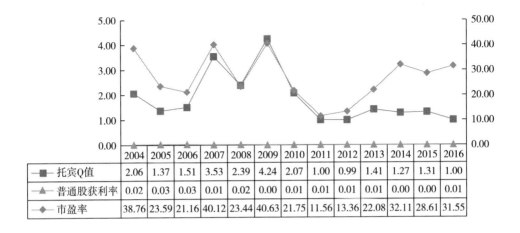

	2004	2005	2006	2007	2008	2009	2010	2011	2012	2013	2014	2015	2016
托宾Q值	2.06	1.37	1.51	3.53	2.39	4.24	2.07	1.00	0.99	1.41	1.27	1.31	1.00
普通股获利率	0.02	0.03	0.03	0.01	0.02	0.00	0.01	0.01	0.01	0.01	0.00	0.00	0.01
市盈率	38.76	23.59	21.16	40.12	23.44	40.63	21.75	11.56	13.36	22.08	32.11	28.61	31.55

图 8－10　资本市场价值能力

通过上述比较，我们发现，以国有股为控制权的混合所有制企业与以外资为控制权的混合所有制企业相比较，只有资产规模和销售管理能力在上升，但盈利能力、资产管理能力、财务管理能力、市场价值在下降，资本保值增值率、资本增长指标、偿债能力、现金管理能力、回报中小股东的能力没有显著性差异，所以总体而言，纵向比较的情况并不理想，做大国有企业容易，做强做优国有企业难，即使是外资控股仍然改变不了这一状况。

（三）两次股权变更的横向比较分析

纵向比较有可能受经济发展的宏观环境影响，所以我们再按照证监会 2012 的行业标准，选取 C38——电气机械和器材制造业，横向比较惠而浦（600983）与行业平均值的差异。分析的方法是首先计算惠而浦与行业指标的差值，然后以 2013 年末为分界点，进行 T 检验，再在 5% 的显著性水平上判断是否存在差异。

1. 资本保值增值的比较

由图 8 - 11 可知，以 2013 年末为分界线，因为资本保值增值率差值的 t 值为 0.634，P 值为 0.539，不存在显著性差异；总资产增长率差值的 t 值为 - 1.781，P 值为 0.103，不存在显著性差异，所以以国有股为控制权的混合所有制企业与以外资为控制权的混合所有制企业的资本保值增值比较，没有显著性变化。

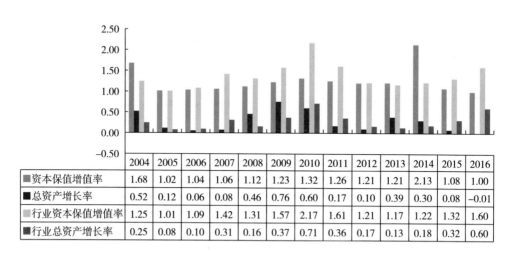

	2004	2005	2006	2007	2008	2009	2010	2011	2012	2013	2014	2015	2016
■资本保值增值率	1.68	1.02	1.04	1.06	1.12	1.23	1.32	1.26	1.21	1.21	2.13	1.08	1.00
■总资产增长率	0.52	0.12	0.06	0.08	0.46	0.76	0.60	0.17	0.10	0.39	0.30	0.08	-0.01
▨行业资本保值增值率	1.25	1.01	1.09	1.42	1.31	1.57	2.17	1.61	1.21	1.17	1.22	1.32	1.60
■行业总资产增长率	0.25	0.08	0.10	0.31	0.16	0.37	0.71	0.36	0.17	0.13	0.18	0.32	0.60

图 8 - 11 资本保值增值

2. 盈利能力的比较

由图 8 - 12 可知，以 2013 年末为分界线，因为资产报酬率差值的 t 值为

-4.013，P 值为 0.002，存在显著性差异；总资产净利润率差值的 t 值为 -4.593，P 值为 0.001，存在显著性差异；净资产收益率的 t 值为 -3.417，P 值为 0.007，存在显著性差异，所以以国有股为控制权的混合所有制企业与以外资为控制权的混合所有制企业的盈利能力比较，有显著性下降的趋势。

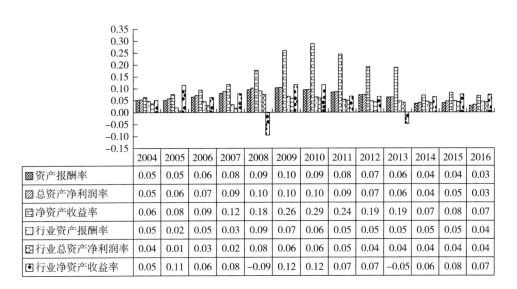

	2004	2005	2006	2007	2008	2009	2010	2011	2012	2013	2014	2015	2016
▨ 资产报酬率	0.05	0.05	0.06	0.08	0.09	0.10	0.09	0.08	0.07	0.06	0.04	0.04	0.03
▨ 总资产净利润率	0.05	0.06	0.07	0.09	0.10	0.10	0.10	0.09	0.07	0.06	0.04	0.05	0.03
▤ 净资产收益率	0.06	0.08	0.09	0.12	0.18	0.26	0.29	0.24	0.19	0.19	0.07	0.08	0.07
▢ 行业资产报酬率	0.05	0.02	0.05	0.03	0.09	0.07	0.06	0.06	0.05	0.05	0.04	0.04	0.04
▨ 行业总资产净利润率	0.04	0.01	0.03	0.02	0.08	0.06	0.06	0.05	0.04	0.04	0.04	0.04	0.04
▣ 行业净资产收益率	0.05	0.11	0.06	0.08	-0.09	0.12	0.12	0.07	0.07	-0.05	0.06	0.08	0.07

图 8-12　盈利能力

3. 偿债能力的比较

由图 8-13 可知，以 2013 年末为分界线，因为流动比率差值的 t 值为 -0.950，P 值为 0.363，不存在显著性差异；速动比率差值的 t 值为 -0.673，P 值为 0.515，不存在显著性差异；资产负债率的 t 值为 1.168，P 值为 0.268，不存在显著性差异，所以以国有股为控制权的混合所有制企业与以外资为控制权的混合所有制企业的偿债能力比较，没有显著性的差异。

4. 管理能力的比较

由图 8-14 可知，以 2013 年末为分界线，因为应收账款周转率差值的 t 值为 -2.233，P 值为 0.047，存在显著性差异；存货周转率差值的 t 值为 2.573，P 值为 0.026，存在显著性差异，所以以国有股为控制权的混合所有制企业与以外资为控制权的混合所有制企业的管理能力比较，财务管理能力在恶化，销售能力在好转。

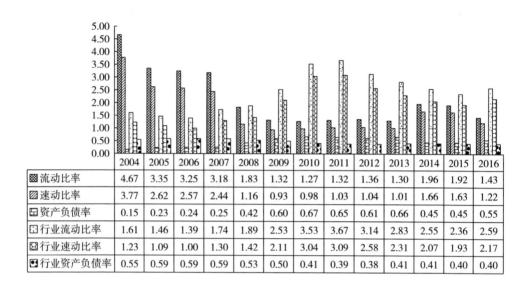

	2004	2005	2006	2007	2008	2009	2010	2011	2012	2013	2014	2015	2016
流动比率	4.67	3.35	3.25	3.18	1.83	1.32	1.27	1.32	1.36	1.30	1.96	1.92	1.43
速动比率	3.77	2.62	2.57	2.44	1.16	0.93	0.98	1.03	1.04	1.01	1.66	1.63	1.22
资产负债率	0.15	0.23	0.24	0.25	0.42	0.60	0.67	0.65	0.61	0.66	0.45	0.45	0.55
行业流动比率	1.61	1.46	1.39	1.74	1.89	2.53	3.53	3.67	3.14	2.83	2.55	2.36	2.59
行业速动比率	1.23	1.09	1.00	1.30	1.42	2.11	3.04	3.09	2.58	2.31	2.07	1.93	2.17
行业资产负债率	0.55	0.59	0.59	0.59	0.53	0.50	0.41	0.39	0.38	0.41	0.41	0.40	0.40

图 8 – 13 偿债能力

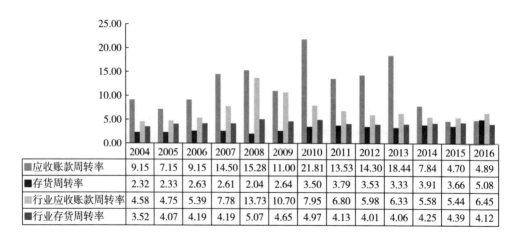

	2004	2005	2006	2007	2008	2009	2010	2011	2012	2013	2014	2015	2016
应收账款周转率	9.15	7.15	9.15	14.50	15.28	11.00	21.81	13.53	14.30	18.44	7.84	4.70	4.89
存货周转率	2.32	2.33	2.63	2.61	2.04	2.64	3.50	3.79	3.53	3.33	3.91	3.66	5.08
行业应收账款周转率	4.58	4.75	5.39	7.78	13.73	10.70	7.95	6.80	5.98	6.33	5.58	5.44	6.45
行业存货周转率	3.52	4.07	4.19	4.19	5.07	4.65	4.97	4.13	4.01	4.06	4.25	4.39	4.12

图 8 – 14 管理能力

5. 现金能力的比较

由图 8 – 15 可知,以 2013 年末为分界线,因为每股经营活动产生的现金流量净额差值的 t 值为 0. 411,P 值为 0. 689,不存在显著性差异;每股投资活动现金净流量差值的 t 值为 – 0. 180,P 值为 0. 860,不存在显著性差异;每股企业自由现金流量的 t 值为 – 0. 059,P 值为 0. 958,不存在显著性差异,所以以国有股为控制权的混合所有制企业与以外资为控制权的混合所有制企业的现金能力比较，没有显著性的差异。

6. 资本市场价值能力的比较

由图 8 - 16 可知，以 2013 年末为分界线，因为市盈率差值的 t 值为 - 0.501，P 值为 0.626，不存在显著性差异；托宾 Q 值差值的 t 值为 4.209，P 值为 0.001，存在显著性差异；普通股获利率的 t 值为 1.964，P 值为 0.081，存在显著性差异，所以以国有股为控制权的混合所有制企业与以外资为控制权的混合所有制企业的市场价值能力比较，市场价值和普通股获利率明显上升。

总体而言，控制行业因素以后，以国有股为控制权的混合所有制企业与以外资为控制权的混合所有制企业进行比较后发现，盈利能力、财务管理能力在显著下降，销售能力、市场价值能力和普通股获利能力在好转，偿债能力和现金能力没有变化。

因此，综合横向比较和纵向比较的结论，我们可以发现，以国有股为控制权的混合所有制企业与以外资为控制权的混合所有制企业相比，虽然资产规模和销售管理能力在上升，但盈利能力、财务管理能力在下降，所以比较之后的情况并不理想，再次表明做大国有企业容易，但做强做优国有企业难，即使是外资控股仍然改变不了这一状况。

这可能因为惠而浦的大股东来自美国，所以大股东非常注重对中小股东的回报，2014 ~ 2017 年，每年年报都公布了分红方案，虽然数额不大，但态度鲜明，2014 ~ 2017 年报分红每 10 股分别派 0.50 元、0.60 元、1.05 元、0.50 元（见图 8 - 17）。我们发现，2009 年之前，股利分配率在快速下降，2013 年以后有显著上升。但从另外一个角度考虑，2014 年惠而浦拿出 34 亿元现金获得 51% 的控制权，是不是也存在大股东有收回成本的诉求，因为我们发现，同期现金流量并不是很充裕，因为其现金流量表显示，2015 年经营现金流量净额为 7.35 亿元，同比下降 438.08%；投资现金流量净额为 - 15.03 亿元，2014 年为 - 1.98 亿元，同比上涨 658.99%；筹资现金流量净额为 - 3832.2 万元，同比下降 102.03%；现金及现金等价物净增加额为 - 8.06 亿元，同比下降 154.74%，说明企业正处于高速发展时期，需要大量的现金投入，这时仍持续不断地进行现金分红，具有资金侵占的动机，所以表现为财务管理能力在恶化。

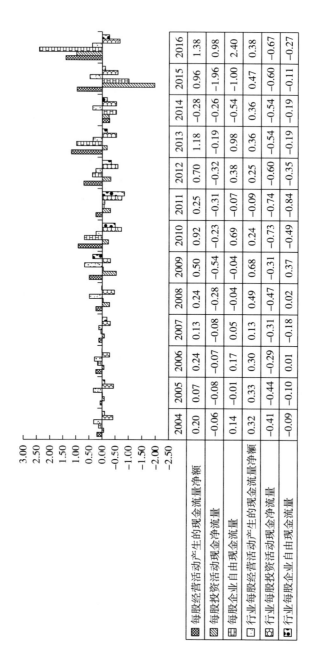

	2004	2005	2006	2007	2008	2009	2010	2011	2012	2013	2014	2015	2016
每股经营活动产生的现金流量净额	0.20	0.07	0.24	0.13	0.24	0.50	0.92	0.25	0.70	1.18	-0.28	0.96	1.38
每股投资活动现金净流量	-0.06	-0.08	-0.07	-0.08	-0.28	-0.54	-0.23	-0.31	-0.32	-0.19	-0.26	-1.96	0.98
每股企业自由现金流量	0.14	-0.01	0.17	0.05	-0.04	-0.04	0.69	-0.07	0.38	0.98	-0.54	-1.00	2.40
行业每股经营活动产生的现金流量净额	0.32	0.33	0.30	0.13	0.49	0.68	0.24	-0.09	0.25	0.36	0.36	0.47	0.38
行业每股投资活动现金净流量	-0.41	-0.44	-0.29	-0.31	-0.47	-0.31	-0.73	-0.74	-0.60	-0.54	-0.54	-0.60	-0.67
行业每股企业自由现金流量	-0.09	-0.10	0.01	-0.18	0.02	0.37	-0.49	-0.84	-0.35	-0.19	-0.19	-0.11	-0.27

图 8-15　现金能力

	2004	2005	2006	2007	2008	2009	2010	2011	2012	2013	2014	2015	2016
市盈率	38.76	23.59	21.16	40.12	23.44	40.63	21.75	11.56	13.36	22.08	32.11	28.61	31.55
托宾Q值	2.06	1.37	1.51	3.53	2.39	4.24	2.07	1.00	0.99	1.41	1.27	1.31	1.00
普通股获利率	0.02	0.03	0.03	0.01	0.02	0.00	0.01	0.01	0.01	0.01	0.00	0.00	0.01
行业市盈率	74.07	44.14	40.24	71.14	29.96	64.29	75.57	43.22	52.79	115.32	66.88	10.23	159.35
行业托宾Q值	1.10	0.89	1.26	3.34	1.48	3.44	3.03	1.68	1.46	1.77	2.19	4.06	3.19
行业普通股获利率	0.01	0.01	0.01	0.00	0.01	0.00	0.01	0.01	0.01	0.01	0.01	0.01	0.01

图8-16 市场价值

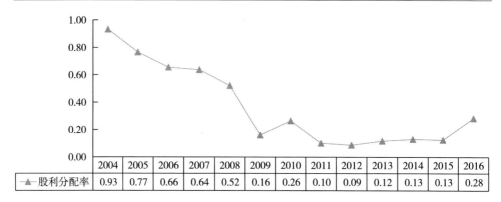

	2004	2005	2006	2007	2008	2009	2010	2011	2012	2013	2014	2015	2016
▲ 股利分配率	0.93	0.77	0.66	0.64	0.52	0.16	0.26	0.10	0.09	0.12	0.13	0.13	0.28

图 8-17　每股现金

二、战略性新兴产业的案例分析：云南白药

中共十九大报告提出的国有企业改革目标是发展混合所有制经济，培育具有全球竞争力的世界一流企业。具体措施是推进供给侧结构性改革，要进一步压缩过剩产能，处置低效无效资产，优化国有企业产业布局、空间布局、区域布局，进行高质量发展需要提高企业技术创新能力，着力培养一批战略性新兴产业，打造一批国内外的知名品牌。生物医药是国家的战略性新兴产业之一，其制药技术是企业的核心竞争力，也是企业未来创新的主战场，所以本书选取生物医药行业的云南白药作为案例的代表，以分析其进行混合所有制改革带来的变化。

2018 年，中国证券市场流年不利，上市公司的医药行业也经历了药年之殇。首先是 2018 年 7 月 5 日《我不是药神》上映，背后的真实事件不但当年震惊了全国，而且进口抗癌药的天价引发了广大群众的共鸣，票房大卖也在意料之中。2018 年 7 月 26 日，长生生物（002680）因为疫苗造假问题激起亿万人民愤怒，被中国证监会实行风险警示，当年国有资产被贱卖给私人的黑暗历史再次让全国人民义愤填膺，2018 年 11 月 5 日被中国证监会勒令退市。不凑巧的是，在这风口浪尖，2018 年 7 月 28 日，著名的老字号医药企业云南白药发布公告，通过混合所有制改革，新华都集团董事长陈发树控股了云南白药，并出任公司法人代表和董事长，人们才猛然发现，这家具有百年品牌的国有企业也落入了私人资本家的手中，刨除情绪因素，云南白药作为生物医药行业的翘楚，已经有百年历史，动态追踪的时间跨度足够大，是作为案例分析的优秀样本。

（一）云南白药（000538）股权变更的历程

云南白药的发展是带着历史使命出现的，它诞生在旧中国，正是军阀混战的年代。云南白药的创始人是曲焕章，他在 22 岁时成功创制出白药，广为传颂的事件是当年曲焕章用白药医好了滇军唐继尧部军长吴学显的伤腿，而英国医生、法国医生认为要截肢才能保命，从此白药声威大振，享有"伤科圣药""药冠南滇"的美誉。因为白药对外伤有特殊功效，在战争中起着不可替代的作用。在抗日战争中，曲焕章向国家免费捐赠了大量白药来救国。滇军六十军 4 万人参加台儿庄战役时，将士身边所带的就是受捐赠的白药。但白药的价值也被国民党政府和军阀势力盯上，曲焕章被昆明市国民政府敲诈三万国币①，被国民政府中央委员兼最高法院院长焦易堂骗到重庆，逼他交出白药秘方，曲焕章一口回绝后，最后竟被逼死。新中国成立后，云南省做通了曲焕章遗孀缪兰英的工作，1955 年，缪兰英主动将秘方交给政府，曲家产业以公私合营的形式加入昆明制药厂，并命名为云南白药。可以说，云南白药命运与中国命运紧密连接在一起，是一个具有革命信仰和爱国情怀的企业。

云南白药是国家首批创新型企业，2014 年获评"中国工业大奖"，是云南省十户重点大型企业。目前云南白药的产品以云南白药系列、天然药物系列及健康护理系列为主，共 19 个剂型、300 余个品种，是拥有两个国家一级中药保护品种、拥有发明专利 92 项、实用新型 21 项、外观设计 161 项的大型现代化制药集团。云南白药商标被评为中国驰名商标，位列 2018 年中国品牌榜第 49 名，价值 315.23 亿元。

1993 年 11 月 3 日至 24 日发行社会公众股 2000 万股（其中内部职工股 200 万股），定向法人股 40 万股，均按每股 3.38 元发行，总股本 8000 万股，开启了在资本市场高速发展的道路。1993 年 12 月 15 日在深圳证券交易所上市 1800 股。1994 年 3 月，按每 10 股送 1 股红利，共送 800 万股，公司股本总额增至 8800 股。同年 7 月 11 日公司内部职工股 200 万股经批准上市交易。1995 年 11 月本公司按每 10 股送 2 股，共送 1760 万股，同时执行每 10 股配 2.7 股的方案，配股价每股 3.10 元，法人股认购了 23.166 万股，国家股及部分法人股的配股权按每股 0.10 元转让，社会公众股认购了 594 万股及转让部分的 35.162 万股总股本达到 11212.328 万股。1996～1998 年未送配股本总额和结构未发生变化。1999 年 9 月按每 10 股送 1 股红利用，公积金每 10 股转增 4 股，共送转 5606.164 万股，12 月按送转股以后的每 10 股配 2 股，股价每股 7 元，共配 1763.3056 万股，配股款

---

① 《风口浪尖，又一国有药企落入私人资本手中，警惕有人借混改之名行私有化之实》，https://mp.weixin.qq.com/s/gCe8e5riEIhL2hSYXO8QzA。

已于 1999 年 12 月 30 到账，已办理验资及工商登记变更总股本达到 18581.7976 万股（配股增加股份待批准上市，1999 年末在深交所的总股本为 16818.492 万股）。2000 年 1 月 21 日配股部分 1763.3056 万股批准上市，2000 年 8 月 3 日转配股 538486 股批准上市流通。2001 年、2002 年、2003 年股本未变动。2004 年 6 月用资本公积金每 10 股转增 3 股，共转增 5574.5392 万股。2005 年 6 月用资本公积金每 10 股转增 2 股，共转增 4831.2673 万股。2006 年 5 月公司股权分置改革实施，公司以盈余公积金向方案实施日登记在册的全体流通股股东共转增股本 3282.4718 万股，流通股股东每 10 股获得转增股份 3.5815 股，相当于流通股股东每 10 股获得 2.2 股的对价。2006 年 7 月用盈余公积金每 10 股送 5 股，共送股 16135.0379 万股。2007 年股本未变动。2008 年 12 月公司向中国平安人寿股份有限公司非公开发行 5000 万股。2009 年股本未变动。2010 年 7 月公司以资本公积金向全体股东每 10 股转增 3 股。权益分派前本公司股本为 534051138 股，权益分派后总股本增至 694266479 股。2011 年、2012 年、2013 股本未变动。2014 年向全体股东每 10 股送红股 5 股。2014 年、2015 年、2016 年、2017 年股本未变动。即使 2018 年中国股市下跌不止，云南白药从最高 118.55 元开始下跌，截至 2019 年 1 月 10 日，云南白药的收盘价仍然有 73.64 元，市值 767 亿元。

图 8 - 18 中，云南省政府控制的国有股比例，是从终极控制人角度考虑的，将前十大股东中的云南医药集团有限公司、云南红塔投资有限责任公司、云南省国际信托投资公司、云南省粮食管理局机关服务中心持有的云南白药的股份全部界定为云南省政府控制的国有股比例；云南医药集团有限公司控制的国有股比例是从直接控制人角度考虑的。从图 8 - 18 可以看出，云南白药无论是终极控制人角度还是直接控制人角度，国有股都是拥有绝对的控股权，即是国有股一股独大的企业。下面研究国有股一股独大的云南白药的绩效表现。

（二）云南白药的绩效变化

图 8 - 19 显示云南白药的总资产有一个绝对上升趋势，几乎是一年一个台阶，从 2000 年的 7.93 亿元上升到 2017 年的 277.03 亿元，增长 35 倍，所以从国有企业资产规模的角度来看，云南白药并不存在国有企业资产在下降的问题。

从图 8 - 20 可以看出，云南白药的资本保值增值率一直非常高，除了 2000 年增长 5%，其余年份都在 10% 以上，2008 年由于 4 万亿投资的影响，资本保值增值率急速增长了 112%。总资产增长率也呈现相同的规律，2008 年有个高峰，达到了 62%，其余年份都在 4%～30% 波动。从资本保值增值率来看，增长速度

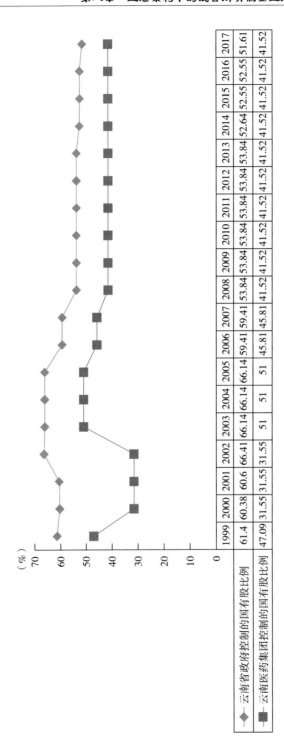

图 8 - 18 云南白药国有股比例

	1999	2000	2001	2002	2003	2004	2005	2006	2007	2008	2009	2010	2011	2012	2013	2014	2015	2016	2017
云南省政府控制的国有股比例	61.4	60.38	60.6	66.41	66.14	66.14	66.14	59.41	59.41	53.84	53.84	53.84	53.84	53.84	53.84	52.64	52.55	52.55	51.61
云南医药集团控制的国有股比例	47.09	31.55	31.55	31.55	51	51	51	45.81	45.81	41.52	41.52	41.52	41.52	41.52	41.52	41.52	41.52	41.52	41.52

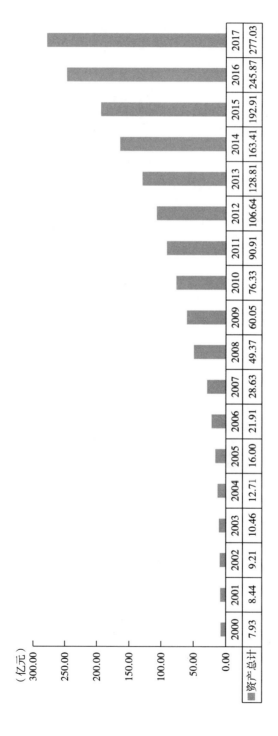

图 8-19 2000~2017 年云南白药资产总计

资产总计	2000	2001	2002	2003	2004	2005	2006	2007	2008	2009	2010	2011	2012	2013	2014	2015	2016	2017
	7.93	8.44	9.21	10.46	12.71	16.00	21.91	28.63	49.37	60.05	76.33	90.91	106.64	128.81	163.41	192.91	245.87	277.03

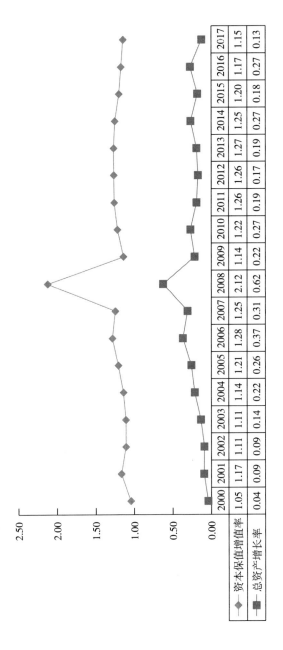

	2000	2001	2002	2003	2004	2005	2006	2007	2008	2009	2010	2011	2012	2013	2014	2015	2016	2017
资本保值增值率	1.05	1.17	1.11	1.11	1.14	1.21	1.28	1.25	2.12	1.14	1.22	1.26	1.26	1.27	1.25	1.20	1.17	1.15
总资产增长率	0.04	0.09	0.09	0.14	0.22	0.26	0.37	0.31	0.62	0.22	0.27	0.19	0.17	0.19	0.27	0.18	0.27	0.13

图 8 - 20　资产保值

在放缓，其中，2013～2017 年分别增长 27%、25%、20%、17%、15%。从总资产增长率来看，2013～2017 年的增速分别为 19%、27%、18%、27%、13%，没有明显的下降趋势，但是相对于中国 GDP 增速为 7% 上下，总资产增长速度也不算低了。

图 8-21 显示，资产报酬率与净资产收益率的变动趋势几乎同步，2000～2005 年在波动中上升，2005～2008 年在波动中下降，2008～2013 年在波动中上升，2013～2017 年在波动中下降，且净资产收益率一直高于资产报酬率。因为2000～2017 年资产报酬率、净资产收益率的平均值分别为 12% 和 20%，远远高于同期银行五年贷款利率 7% 的值，说明云南白药的收益状况非常好。

虽然图 8-19 和图 8-20 显示资产保值增值、增长速度、收益都很好，但是云南白药在资本市场的表现比较差强人意（见图 8-22），普通股获利率几乎为0，托宾 Q 值一直围绕在 4 上下小幅度地波动，市盈率虽然波动幅度较大，但也在 25%，说明整体而言，对中小股东的回报非常低，这可能与中国证券市场的大环境有关，2019 年 1 月 11 日，上证指数收盘价 2553 点，仍然在 3000 点以下徘徊，所以我们也不能苛求云南白药在资本市场有非常优异的表现。

图 8-23 显示的折线趋势区分度很大，流动比率高于速动比率，再高于资产负债率，且资产负债率的值没有超过 50%，说明云南白药的偿债能力非常好，这可能得益于较好的资产回报率，不必过度借钱投资。

从图 8-24 的管理能力折线图来看，存货周转率和总资产周转率变化幅度不大，其中总资产周转率围绕在 1 上下波动，但是有下降趋势，其中，2012～2017年的值分别为 1.28、1.23、1.15、1.08、0.91、0.88；存货周转率围绕着 3 波动，其中，2014～2017 年的值分别为 2.64、2.56、2.27、1.93，也有下降趋势。应收账款周转率波动幅度较大，2000～2008 年主要是上升趋势，说明管理能力在好转，但 2014 年以后又呈现下降趋势，表明管理能力在下降。总之，最近几年，云南白药的管理能力确实在下降。

综上所述，即使云南白药是一股独大的国有企业，其资产增值保值情况、资产增长情况、资产盈利状况都很好，市场价值较低，但管理能力最近几年确实有所下降。

经营状况这么好的国有企业，为什么还要进行混合所有制改革？改革之后，取得了预期成效吗？下面将对此进行分析。

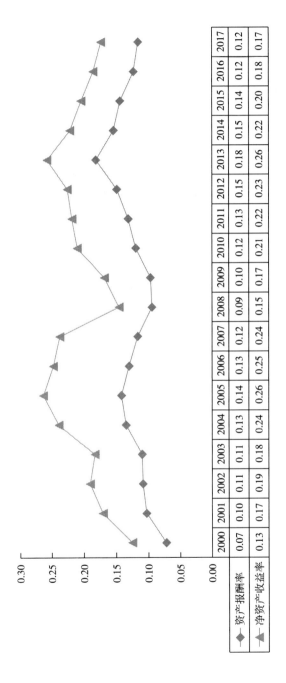

	2000	2001	2002	2003	2004	2005	2006	2007	2008	2009	2010	2011	2012	2013	2014	2015	2016	2017
资产报酬率	0.07	0.10	0.11	0.11	0.13	0.14	0.13	0.12	0.09	0.10	0.12	0.13	0.15	0.18	0.15	0.14	0.12	0.12
净资产收益率	0.13	0.17	0.19	0.18	0.24	0.26	0.25	0.24	0.15	0.17	0.21	0.22	0.23	0.26	0.22	0.20	0.18	0.17

图 8 - 21　资产收益率

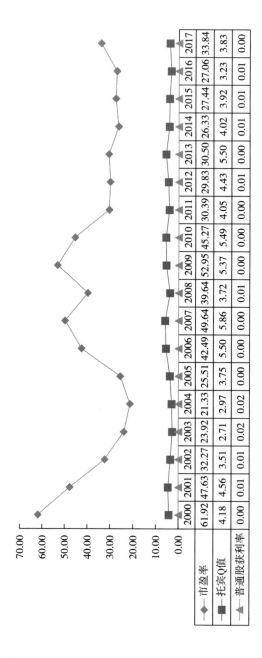

	2000	2001	2002	2003	2004	2005	2006	2007	2008	2009	2010	2011	2012	2013	2014	2015	2016	2017
市盈率	61.92	47.63	32.27	23.92	21.33	25.51	42.49	49.64	39.64	52.95	45.27	30.39	29.83	30.50	26.33	27.44	27.06	33.84
托宾Q值	4.18	4.56	3.51	2.71	2.97	3.75	5.50	5.86	3.72	5.37	5.49	4.05	4.43	5.50	4.02	3.92	3.23	3.83
普通股获利率	0.00	0.01	0.01	0.02	0.02	0.00	0.00	0.00	0.01	0.00	0.00	0.00	0.01	0.00	0.01	0.01	0.01	0.00

图 8－22　市场价值

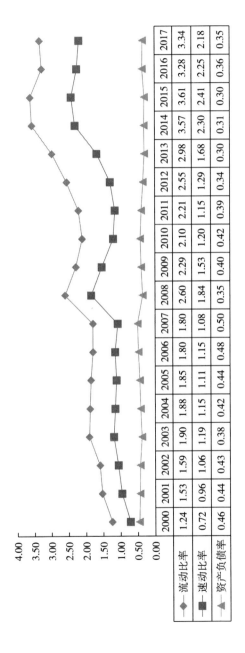

	2000	2001	2002	2003	2004	2005	2006	2007	2008	2009	2010	2011	2012	2013	2014	2015	2016	2017
流动比率	1.24	1.53	1.59	1.90	1.88	1.85	1.80	1.80	2.60	2.29	2.10	2.21	2.55	2.98	3.57	3.61	3.28	3.34
速动比率	0.72	0.96	1.06	1.19	1.15	1.11	1.15	1.08	1.84	1.53	1.20	1.15	1.29	1.68	2.30	2.41	2.25	2.18
资产负债率	0.46	0.44	0.43	0.38	0.42	0.44	0.48	0.50	0.35	0.40	0.42	0.39	0.34	0.30	0.31	0.30	0.36	0.35

图 8-23　偿债能力

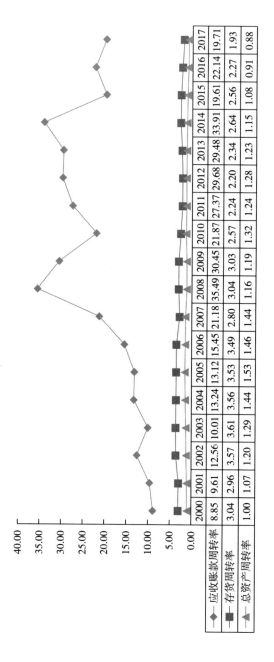

图 8－24　管理能力

	2000	2001	2002	2003	2004	2005	2006	2007	2008	2009	2010	2011	2012	2013	2014	2015	2016	2017
应收账款周转率	8.85	9.61	12.56	10.01	13.24	13.12	15.45	21.18	35.49	30.45	21.87	27.37	29.68	29.48	33.91	19.61	22.14	19.71
存货周转率	3.04	2.96	3.57	3.61	3.56	3.53	3.49	2.80	3.04	3.03	2.57	2.24	2.20	2.34	2.64	2.56	2.27	1.93
总资产周转率	1.00	1.07	1.20	1.29	1.44	1.53	1.46	1.44	1.16	1.19	1.32	1.24	1.28	1.23	1.15	1.08	0.91	0.88

三、云南白药的混合所有制改革

（一）云南白药进行混合所有制改革的背景分析

自中共十八届三中全会提出"积极发展混合所有制改革"以后，地方政府积极响应，云南省也不例外。2014年4月，云南省发布《关于全面深化国有企业改革的意见》（云发〔2014〕10号）明确提出，力争省属国企混合所有制改革面2020年达到80%以上①。2014年9月，云南省国资委公布对外公开招股招商、发展混合所有制经济的33个企业项目，其中涉及企业23户，就包括云南白药，为其混合所有制改革打开了大门。2016年1月上旬，省国资委发布《关于完善国有资产管理体制的实施意见》《关于进一步优化国有经济布局结构的指导意见》《关于推进国有企业完善现代企业制度的实施意见》《关于国有企业发展混合所有制经济的实施意见》《关于云南省国有企业分类监管的实施意见》《关于加强和改进企业国有资产监督防止国有资产流失的实施意见》6个深化国资国企改革配套文件，对国资国企改革中的重点和关键工作进一步进行了细化安排和部署。这标志着云南省级层面国资国企改革顶层设计和"1+N"的文件体系基本完成②。2016年10月8日，云南省人民政府办公厅颁布《关于做好国有企业提质增效工作的实施意见》和《关于推进国有企业供给侧结构性改革的实施意见》。2017年4月28日，中共云南省委办公厅、云南省人民政府办公厅印发《关于推进省级经营性国有资产集中统一监管的实施意见》的通知。2018年11月21日，云南省正式颁布《云南省深化国有企业改革三年行动方案（2018～2020年）》，规定国有资产规模2000亿元以上的州市，保留不超过8户企业；国有资产规模介于300亿～2000亿元的州市，保留不超过5户企业；国有资产规模在300亿元以下的州市，保留不超过3户企业；县（市、区）不再保留企业，确有必要可保留1户企业③。这些文件的发布，一方面说明云南省对深化国有企业改革的重视和政府做法的强硬，另一方面也说明混合所有制改革离不开政府的干涉。

---

① 《云南出台〈关于全面深化国有企业改革的意见〉》，http：//www.yn.gov.cn/yn_ynyw/201407/t20140709_14346.html。

② 《云南省国资委罗昭斌主任解读〈中共云南省委云南省人民政府关于全面深化国有企业改革的意见〉》和《〈云南省人民政府关于完善国有资产管理体制的实施意见〉等"1+6"个国资国企改革文件》，http：//www.yngzw.gov.cn/yngzw/xxgk/2016-08/10/content_1001303.shtml。

③ 《生猛！云南来硬的，县一级原则上不再保留国有企业！》，https：//mp.weixin.qq.com/s/Q6B6oTLtzOsI4wcIlgWb0A。

（二）云南白药混合所有制改革过程

云南白药第一次混合所有制改革发生在 2009 年。2009 年，陈发树与云南白药二股东红塔集团签完转让协议后，花费 22 亿元现金购买了其所持有的 12.32% 股份，但被红塔集团的"上级"中国烟草总公司以"确保国有资产保值增值，防止国有资产流失"为由，否决了该项交易，导致股权一直未能过户。陈发树先后接触了 30 多家知名律师事务所，花费 1700 万元聘请律师打官司，官司一打便是 5 年，法庭最终还是以"国有资产流失"为由判陈发树败诉，陈发树仅仅拿回了本息，所以第一次混合所有制改革失败。

但陈发树并未就此放弃云南白药，2015 年他在二级市场直接买入 4039.5 万股云南白药，占总股本约 0.86%；通过新华都买入 3534 万股，占总股本的 3.4%，合计持股 4.3%，位列第四大股东。陈发树之所以如此执着，是因为云南白药的价值、品牌影响力被其看重。

2014 年，云南省政府提出"积极发展混合所有制"以后，新华都入主云南白药的大门再次被打开。2016 年，陈发树又发起对云南白药的股权大战，他通过新华都耗资 253.7 亿元，获得了云南白药 45% 的股权，几乎押上了自己的全部身家。2016 年 7 月 19 日，云南白药发布重大事项停牌公告。2016 年 12 月 28 日，云南省国资委、新华都及白药控股签署了股权合作协议，云南省国资委对白药控股的持股比例将从 100% 下降到 45%，另外 45% 由新华都持有，10% 由江苏鱼跃科技发展有限公司持有，而白药控股持有上市公司云南白药 41.52% 的股份不变，如图 8 – 25 所示。

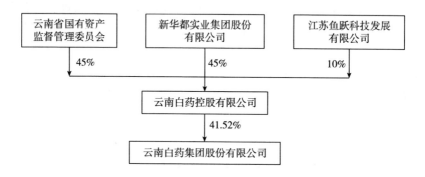

图 8 – 25　2017 年 12 月 31 日云南白药公司与控股股东之间的产权及控制关系

从图 8 – 25 可以看出，云南国资委和新华都持股比例都是 45%，股东权利是平等的，但是陈发树在二级市场已经购买云南白药 4.3% 的股份，所以新华都是云南白药的第一大股东，即实际控制人，云南国资委变为第二大股东。

从前文分析可知，云南白药的资产保值增值、增长、成长能力和盈利能力等情况都非常好，进行混合所有制改革的原因，据云南省国资委的解释是为了引入私人资本，进一步盘活公司经营活力，提高公司经营能力，从而缓解业务疲态。从图8－24可以看出，最近几年管理能力确实存在下降趋势，但不可否认的是，最近几年的中国经济状况都在恶化，经济存在下行压力，其他公司也都面临着宏观环境变差、去产能、环保监管趋严、全球化逆行等外部压力，所以最近几年管理能力下降，也有可能是这些原因导致，所以云南省国资委以管理能力不强进行解释不免有些牵强。当然，在云南省国资委与新华都股权转让的谈判中，已经将去"行政化"列入条款，明确表示"买断"云南白药高管的行政性职级，成为彻底的职业经理人，这可能与国资委表述的提高管理能力的混合所有制改革目标是一致的，但也可能是陈发树为了轻装上阵而设定的条款。总之，无论如何，百年老牌"云南白药"实质上变为"陈氏白药"。混合所有制改革完成以后，云南白药的表现如何？将在下面分析。

（三）云南白药混合所有制改革完成以后的表现

从表8－1可以看出，在2016年和2017年，每股指标中的基本每股收益、每股净资产、每股未分配利润都有显著提高，每股公积金没有变化，每股经营现金流有显著下降；成长能力中的营业总收入同比增长（％）、归属净利润同比增长（％）有显著提高；盈利能力指标中的加权净资产收益率、净利率和实际税率有显著下降，毛利率有显著提高；运营能力指标中的总资产周转率在下降，应收账款周转天数（天）和存货周转天数（天）在显著增加，说明管理能力并未提高；财务风险指标中的资产负债率和速动比率在下降，流动比率在上升，但都在还债能力较好的范围里。所以，混合所有制改革完成以后，云南白药的盈利能力情况、成长情况、偿债能力都有显著提升，但2018年中报显示，公司营业收入为34.3亿元，同比增长0.3%；归属于上市公司股东的净利润为701万元，同比下降83%，说明盈利能力在放缓。同时，我们关心的管理能力指标并未好转，虽然陈发树接手云南白药的时间还不长，在短期内还看不出成效，但管理能力确实下降了。这其实也很好理解，因为新华都集团是以百货、超市为主，鱼跃医疗是国内最大的医疗器械生产企业，之前与药品生产都没有直接联系，可以说是外行管理内行，陈发树和"鱼跃医疗"掌门人吴光明似乎更热衷于在资本市场腾挪，所以云南白药管理能力没有变好也可以理解。但在资本市场，云南白药的表现也差强人意，截至2018年9月18日停牌前，云南白药收盘价为70.23元，市值

表8-1 2009~2017年云南白药的财务指标

每股指标	2017/12/31	2016/12/31	2015/12/31	2014/12/31	2013/12/31	2012/12/31	2011/12/31	2010/12/31	2009/12/31
基本每股收益（元）	3.02	2.8	2.66	2.41	3.34	2.28	1.74	1.33	1.13
每股净资产（元）	17.3205	15.1005	12.899	10.7404	13.0048	10.1219	8	6.36	6.71
每股公积金（元）	1.1976	1.1975	1.2002	1.1971	1.7969	1.8075	1.8013	1.8014	2.6167
每股未分配利润（元）	14.2198	12.0872	9.959	7.8939	9.382	6.7038	4.6737	3.1617	2.6296
每股经营现金流（元）	1.1097	2.8661	2.0929	1.5238	0.4921	1.145	-0.645	0.6224	0.8624
成长能力指标	2017/12/31	2016/12/31	2015/12/31	2014/12/31	2013/12/31	2012/12/31	2011/12/31	2010/12/31	2009/12/31
营业总收入同比增长（%）	8.5	8.07	10.23	18.97	14.47	20.99	12.28	40.49	25.31
归属净利润同比增长（%）	7.71	5.38	10.56	7.95	46.66	30.69	30.74	53.41	29.72
盈利能力指标	2017/12/31	2016/12/31	2015/12/31	2014/12/31	2013/12/31	2012/12/31	2011/12/31	2010/12/31	2009/12/31
加权净资产收益率（%）	18.55	20.03	22.43	24.86	28.94	25.16	24.29	23.07	17.98
毛利率（%）	31.19	29.86	30.53	30.16	29.7	30.02	29.97	30.48	30.35
净利率（%）	12.88	13.08	13.29	13.27	14.68	11.56	10.7	9.19	8.49
实际税率（%）	13.51	13.73	14.3	14.19	14.06	13.52	13.93	10.91	13.67
运营能力指标	2017/12/31	2016/12/31	2015/12/31	2014/12/31	2013/12/31	2012/12/31	2011/12/31	2010/12/31	2009/12/31
总资产周转率（次）	0.93	1.02	1.16	1.29	1.34	1.39	1.35	1.48	1.31
应收账款周转天数（天）	16.63	16.62	14	10.44	11.35	11.5	13.91	12.44	9.96
存货周转天数（天）	167.63	143.64	132.55	133.44	147.6	148.39	142.35	112.5	106.33
财务风险指标	2017/12/31	2016/12/31	2015/12/31	2014/12/31	2013/12/31	2012/12/31	2011/12/31	2010/12/31	2009/12/31
资产负债率（%）	34.51	35.56	29.87	30.88	29.91	34.1	38.89	42.17	39.56
流动比率	3.34	3.28	3.61	3.57	2.98	2.55	2.21	2.1	2.29
速动比率	2.18	2.25	2.41	2.3	1.68	1.29	1.15	1.2	1.53

资料来源：东方财富炒股软件里的000538的F10资料。

已缩至731亿元，跌幅近三成。其第二大股东云南合和（集团）股份有限公司减持69万股，套现6558万元，第三大股东中国平安人寿保险股份有限公司也声称，计划减持不超过1%的股份①，前几大股东用脚投票似乎表明对后市不看好。截至2019年1月11日，云南白药的收盘价为73.72元，仍然没有好转。

　　只是云南白药这样的品牌，在乱世的战火中诞生，因为爱国，曲家将配方无偿捐献给国家，从曲氏白药到云南白药，又从云南白药到陈氏白药，再次变成私人企业，过程难免令人唏嘘。发展混合所有制，当然要"允许乃至引入更多的非公资本发展混合所有制经济"，问题在于，引入非公资本的目的是什么？一种目的是通过吸引非公资本来扩大国有资本的支配范围、增强公有制的主体地位，加强国有经济的主导作用，引导非公有制经济发展。这是从中共十五大以来直到中共十八届三中全会，我们党一贯的提法；另一种目的是引入非公资本的战略投资者，纯粹是作为财务投资人，控制国有资本，把国有资本当作私营经济、外资经济发财致富的手段。这是我们在实际工作中常见的做法。后一种做法，背离了国家进行混合所有制改革的初衷，没有做大做强国有企业，反而做没了国有企业，当然只要存在就是合理的，它适应了国内国外资产阶级的利益和要求，必然导致削弱以至瓦解国有经济、酿成社会性质变化、动摇共产党执政地位的严重后果②。因此国有企业改革最需要避免和防止的就是国有资产流失，国有企业被私有化。前几次国有企业改革所暴露出来的国有企业被掏空，低价贱卖，甚至白送的案例，已经使得国家和社会对国有资本被侵吞和流失问题高度警惕了。而云南白药就是国企中的优秀代表，云南省政府为了迎合中央政策，采取了为了混合所有制改革而混合所有制改革的方式。在2016年所有的云南上市公司中，云南白药是业绩最好，利润最高的企业，它既不缺资金，也不缺技术，却被拿出来作为云南省混合所有制改革的典型，似乎"念歪了经"。因此，国有企业的"混合所有制改革"战略目标是要为国家建立以国企为主导的广泛的"经济统一战线"，必须防止一些人借混合所有制改革之名行私有化之实。

　　推进混合所有制改革是未来方向，但必须建立一套完善的改革程序，引导改革成果惠及产业与民生，将混合所有制改革的要素、市场需求与企业发展所必需的优势通过制度筛选出来、整合进去，"混合所有制改革"要确保在阳光下进

---

　　①　《陈发树和云南白药的严考　市值跌去近三成停盘重组》，https：//baijiahao.baidu.com/s？id=1613722659086013576&wfr=spider&for=pc。

　　②　人民网，《云南白药"变形记"》，http：//bbs1.people.com.cn/post/2/1/1/168429798.html，2018年7月30日。

行,让混合所有制改革过程、民众信心、市场效益这几个因素都能经得住推敲。

第二节 上海市国资委混合所有制改革案例分析

上海市国资委一直是我国国企改革的排头兵,也是我国混合所有制改革的先行者和践行者。中共十八届三中全会之后,上海市国资委在国企分类监管、混合所有制改革、国资流动平台建设、国企走向海外等几大主要方向上,改革持续发力。鉴于上海在中国经济中的重要地位和改革的示范效应,本书将上海作为地方国资委混合所有制改革的案例研究。

一、上海市国资委基本情况介绍

上海市国资委下属共有 52 家集团公司,拥有 5000 多户国企,国有企业资产总额超过 15 万亿元,其中地方国资控股了 70 家左右的上市公司,总市值达到 2.76 万亿元。上海市国资委主要经济指标持续多年保持全国地方国资系统第一名,2013 年上海国资在全国地方国资系统中资产总额占 1/10、营业收入占 1/8、利润总额占 1/5。截至 2013 年底,上海市国资委系统混合所有制企业占辖内国有企业总户数的 63%、资产总额的 55%、主营业务收入的 83.5%、净利润的 92.4%,所以从数量上看,上海市混合所有制改革还大有文章可做。

2013 年底,上海市在全国率先出台《关于进一步深化上海国资改革促进企业发展的意见》,俗称"国资 20 条",掀起了地方国企改革大幕。"国资 20 条"明确提出积极发展混合所有制经济,提高国企活力和竞争力。2014 年 7 月,上海市公布了《关于推进本市国有企业积极发展混合所有制经济的若干意见(试行)》,(以下简称《意见》)。《意见》明确了上海市发展混合所有制经济的目标:经过 3 ~ 5 年的持续推进,基本完成国有企业公司制改革,除国家政策明确必须保持国有独资外,其余企业实现股权多元化,发展混合所有制经济,推动企业股权结构进一步优化、市场经营机制进一步确立、现代企业制度进一步完善,国有经济活力进一步增强。为了达成目标,《意见》提出了三大发展路径:第一,推进国有企业公司制股份制改革,包括整体上市、核心业务资产上市、公司制股份制改革,以及探索特殊管理股制度等;第二,加快开放性市场化联合重组,引入战略投资者推动股权多元化,引入私募股权基金等非公战略投资者,如弘毅投资等；第三，实施股权激励和员工持股，鼓励整体上市企业、符合条件的竞争类集团及下属企业，以及国有及国有控股的转制科研院所、高新技术企业实施股权激励。总体而言，《意见》要求坚持市场导向进行混合所有制改革，按照分类改革原则优化国有企业股权比例结构、支持国有资本和非国有资本双向融合的方式、推动国有资产上市和加强资本平台的流动、兼并、重组作用，鼓励员工持股。

目前，上海市国资运营平台模式基本确立，且运行情况良好。上海市国资委有两大国有资本运营平台：一是 2007 年 9 月成立的上海国盛集团，注册资本 100 亿元，它是上海市重大产业项目的投融资平台，已经完成了上海建工、交运集团、光明食品集团和上海纺织集团 4 家企业部分国有股权的划转接收工作，完成了上市公司棱光实业和华东设计院的重大资产重组，等等。二是 2000 年 4 月成立的上海国际集团，注册资本 105.6 亿元，它是上海市国资流动、投资管理和金融要素市场建设平台，已经完成浦发银行与上海信托整合重组，成为国内第四家持有信托牌照的商业银行；将国泰君安与上海证券的同业归并，国泰君安 2015 年实现上市；承接无偿划转的锦江航运 47.98% 股权后，推进锦江航运与上港集团的资产重组；上海国际集团有限公司向上海均瑶（集团）有限公司协议转让其所持爱建集团 7.08% 的股份，等等。

上海市国资委，通过梳理、总结国内外国有企业分类划分的方式、方法，按照资本属性、产品属性、竞争属性对所属企业进行了功能划分（见表 8-2），为分类分层推进混合所有制改革扫清了障碍。

表 8-2　上海市国有企业功能划分

类别		竞争类			功能类		公共服务类
		独资	控股	上市公司	独资	国有多元	独资
产业类	制造	华谊	电气	上汽	地产、世博、国盛、联和、机场	申迪、临港同盛、申虹	申能、申通久事、城投
		仪电	华虹				
	商贸服务	水产、百联、东方国际、锦江、衡山东造、良友、兰生					
	地产建交	城建					
投资类		上实、科投	长发				
			信投				
科研		现代设计、化工院、电动所、勘探院、电院所、建科院、仪表院					

二、上海市国资委混合所有制改革的具体案例

（一）三方资本参与混合所有制改革的绿地案例

绿地集团是中国第一家以房地产为主业进入世界500强的公司，2013年业务经营收入超过3283亿元，利润总额超过280亿元，年末总资产3533亿元，名列2014年《财富》世界企业500强第268位。

绿地集团混合所有制改革分两步推进：第一步，引入战略投资者。2013年，绿地集团增资引入平安资本、上海鼎晖等五家投资机构，融资117.29亿元，股权占比20.15%。此时，国资股权占比48.45%，职工持股会占比29.09%，社会资本占比20.2%。第二步，借壳上市。2014年3月，绿地集团借壳上市，将集团100%的股权注入上市公司金丰投资，通过资产置换和发行股份购买的方式进行重组。

增资后，上海市国资委持股比例从60.68%下降到48.45%，也是上海市属企业集团第一个国有股权比例低于50%的混合所有制企业（见图8-26）。职工

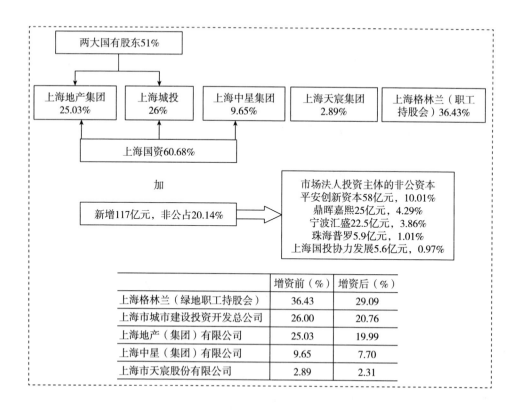

图8-26　绿地集团混合所有制改革前后股权构成

持股下降到 29.09%，是为了避开后续借壳上市时要约收购的要求，因为根据《证券法》规定，如果职工持股会持有股份超过 30%，收购方就要向所有股东发起收购要约。此外，引入战略投资者（平安创新）也更容易满足上市公司社会公众持股 10% 的要求。同时，这样的股权安排，有利于增资扩股，混合所有制改革前评估价 120 亿元，增资 117 亿元后，估值 632 亿元，目前市值 2100 亿元；国有股权比例降低到 50% 以下，企业经营机制可以更加市场化；国有资本从混合所有制改革前的 70 亿元，增资后上升到 300 亿元，目前市值 1000 亿元，实现了国有资本大幅增值；员工持股有利于激发企业发展的动力，解决了中长期绩效问题，实现国有资本、社会资本和企业员工的多赢。

（二）国资创投混合所有制改革样本：浦东科投

上海浦东科技投资有限公司（以下简称浦东科投）成立于 1999 年 6 月，是国有独资创业投资公司，以推动新区创业投资体制建设，促进科技型创业企业成长为首要目标。因此浦东新区高度重视浦东科投改革，给予了大力支持。2014 年 5 月 28 日，浦东新区召开专题会研究浦东科投混合所有制改革事宜，标志着浦东科投改革正式启动。2014 年 8 月 26 日，浦东新区第 46 次政府常务会议通过浦东科投改革总体方案。根据方案，浦东科投将分三步完成混合所有制改革。

第一步：分立项目和资产。将绝大部分业务和资产剥离出来，共计 24.1 亿元，成立浦东新兴产业投资有限公司，实现分立。新浦东科投只保留 7.5 亿元，并于 2014 年 10 月 24 日完成分立工商登记，如图 8-27 所示。

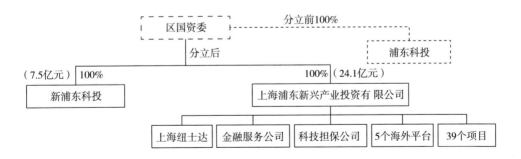

图 8-27　浦东科投分立的资产构成

第二步：引入战略投资者。分立后，2014 年 11 月 14 日，上海上实资产经营有限公司与上海浦东国资委签署关于上实资产向浦东科投增资的协议，并于 2014

年11月20日完成增资的工商变更工作。上实资产入股后，浦东科投注册资本18亿元，上实资产持股58.33%，成为控股股东，浦东国资委持股41.67%，如图8-28所示。

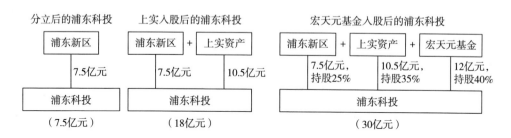

图8-28 浦东科投团队投资入股后的资本构成

第三步：团队投资入股。在上实资产入股后，浦东科投在上实集团的支持下，启动在联交所公开挂牌引进战略投资人（包括但不限于团队），增加12亿元注册资本。浦东科投团队成立团队持股公司，通过团队持股公司发起设立宏天元基金。该基金由团队持股公司作为一般合伙人（GP），一些机构或个人作为基金的有限合伙人（LP）。2014年12月31日，宏天元基金顺利摘牌，完成增资，持有浦东科投40%的股权，成为单一最大股东。至此，浦东科投混合所有制改革成功完成，宏天元基金、上实资产、浦东新区分别持股40%、35%和25%。

混合所有制改革完成后，浦东科投将主要业务定位于资产管理、并购投资、VC/PE投资，随后展开了系列资本运作。首先，资产管理业务取得了重要进展，围绕集成电路、生物医药等领域发起设立了一批基金。2015年，浦东科投在临港的支持下，发起设立总规模100亿元的上海市集成电路装备和材料产业投资基金，成为上海市500亿元集成电路产业基金的重要组成部分。2005年下半年，公司作为发起人，联合相关方面，在北京设立规模8亿元的建德国际健康诊疗并购投资基金，并通过竞争性遴选，成为基金的管理公司。为支持国家"双创"战略，积极布局一批具有发展潜力的中小微企业，公司正在发起设立首期规模20亿元的上海浦东小微企业成长基金。

其次，投资并购了一批优质项目。①并购澜起科技。澜起科技集团有限公司（纳斯达克：MONT，澜起科技）是全球领先的模拟与混合信号芯片供应商，是目前国内唯一可以同时为卫星和有线机顶盒提供调谐器、解调器和SoC的芯片制造商，市场份额居全球前三位，也是全球首家可以量产DDR4寄存时钟驱动器

（RCD）芯片的公司。2014 年 6 月 11 日浦东科投、中电投资和澜起科技共同签署了《并购协议》，交易价格 6.93 亿美元。澜起科技股东于 2014 年 7 月 31 日在召开的公司股东会议上批准了该项交易。2014 年 11 月 20 日，完成对澜起科技的收购。②收购 Alphean 公司。浦东科投联合锐迪科微电子创始人戴保家先生、华登国际等共同发起设立了翱捷科技（上海）有限公司（英文简称 ASR），ASR 定位于移动智能终端核心芯片设计、芯片供应以及相关软硬件服务。ASR 通过收购韩国 Alphean 公司，获得了移动基带调制解调技术和核心知识产权，并通过整合其他技术资源，为移动智能终端提供了全方位、一站式的芯片解决方案。③参股齐齐哈尔市建华医院。建华医院是齐齐哈尔市第三大医院，是规模最大、综合实力最强的民营综合性股份制二级甲等医院，在先进肿瘤治疗方法引进、前沿医用设备运用以及社区卫生服务中心运营等方面均名列前茅。历史上，浦东科投投资了复旦张江、透景科技等一批医疗健康项目。2015 年 5 月，浦东科投又出资 1 亿元投资了建华医院，拥有建华医院 10.75% 的股权等。此后，浦东科投以及建华医院其他股东与上市公司千足珍珠签署了合作协议。千足珍珠以发行股份方式收购建华医院，并将医疗服务列为其新的业务增长点，且获得证监会审批通过。④收购 ICON 公司。ICON 公司是一家总部位于美国加州的轻型运动飞机设计、制造公司，其自主研发的 ICONA5 水陆两用飞机，以华丽的外型和超前的设计摘得了 2009 年美国 IDEA 运输设计金奖、2010 年红点设计大奖等多项国际奖项，被誉为"飞机中的苹果"，在 Facebook 上的粉丝人数远超特斯拉。2015 年 7 月，浦东科投向 ICON 公司进行了投资成为其第一大股东。除了经济效益外，浦东科投收购 ICON 公司极大地带动了地区产业发展。根据双方约定，ICON 公司决定将其中国总部设在上海浦东临港，并率先在临港建设亚洲第一展厅，且计划在临港完成销售、体验、制造和设计全产业链布局。

2015 年浦东科投控股万业企业，获得了一这家 A 股上市公司。获得的这家上市公司是浦东科投公司战略的重要组成部分。经过精心研究和多轮筛选，浦东科投锁定了 A 股上市公司万业企业（股票代码：600641）。上海万业企业股份有限公司是一家颇具实力的房地产企业。原先的实际控制人是印尼首富林逢生旗下的三林集团。目前，公司在上海、苏州、无锡和长沙等一二线城市开发了多个优质房地产项目，总建筑面积 200 万平方米。公司整体经营较好，资产质地优良。近年来，万业企业也希望在高科技领域谋求新的转型和突破。经过双方前期多次沟通，浦东科投与万业企业就股权转让达成重要共识，并对外公布了相关进展：2015 年 11 月 17 日发布了股权转让公告及权益变动报告书；2015 年 11 月 19 日万业企业复牌；2015 年 12 月 3 日股权转让过户完成，召开董事会、监事会临时会议；2015 年 12 月 18 日召开 2015 年第一次临时股东大会。收购万业企业是浦东科投继混合所有制改革之后的又一里程碑事件，也是浦东科投围绕既定发展战略迈出的关键性一步。

（三）国企混合所有制改革后的管理创新样本：飞乐音响

2014 年 12 月，上海仪电集团通过产业链整合，由同为照明产业的上海飞乐音响股份有限公司并购北京申安集团，引入了民企的灵活机制。上海仪电集团向北京申安集团提出了三个必须遵守的收购条件：第一，仪电集团仍然必须是飞乐音响的大股东；第二，飞乐音响旗下所有产品必须以"亚"牌作为产品品牌，包括申安集团的所有基地应陆续以"亚明"为名称；第三，必须将全部资产进行注入，并对赌业绩三年。

公司重组后，由公司第二大股东申安公司向上市公司派驻总经理庄申安，全面负责企业经营管理，成为上海市由民营企业家担任国企总经理的首例尝试。庄申安决定重塑管理架构，建立激励机制，搭建了更适应市场的管理构架：新设立六大直属事业中心，分别为营销管理中心、项目运营中心、国际业务中心、生产调度中心、研发检测中心、品牌经营中心。通过中心与实体企业之间的合纵连横，实现扁平高效管理。在激励机制设计上，除了业务提成的传统方式，股权激励方案正在进行设计；子公司经营者团队持股，外部团队持股进入等新激励措施正在试点中。混合所有制改革一年以来，公司的业绩有了明显的增长。2015 年前三季度，公司实现营业收入 303402.53 万元，同比增长 90.95%；公司归属于上市公司股东的净利润 19585.1 万元，同比增长 630.58%。尤其是第三季度业绩明显好于上半年，单季实现营业收入 156022.42 万元，同比增加 170%，环比增加 99%；单季净利润 12505.86 万元，同比增加 1509%，环比增加 332%。2015 年 12 月 8 日，飞乐音响收购国际照明巨头喜万年公司，吹响了进军国际市场的号角。

（四）引入战略投资者的锦江案例

2014 年 8 月 28 日，弘毅投资作为战略投资者入股锦江股份获批，锦江股份分别向弘毅投资和锦江酒店集团非公开发行 1 亿股和 1.01 亿股，每股 15.8 元，募集资金 30 亿元，发行完成后两者分别占公司股本总额的 12.43% 和 50.32%，弘毅投资成为锦江股份第二大股东。

2015 年 10 月 30 日，锦江股份披露非公开发行股票预案，向控股股东锦江国际酒店（集团）股份有限公司、弘毅股权投资基金中心以及投资者上海国盛集团投资有限公司、中国长城资产管理公司、华安未来资产管理（上海）有限公司、上海国际集团资产管理有限公司发行约 1.5 亿股 A 股股份，发行价格为 29.93 元/股，锁定期 3 年。募集资金总额约 45.18 亿元。

除引入弘毅投资者外，上海国企推进混合所有制改革，也给各路资木释放了巨大的市场机会，另有几大项目也颇受瞩目：浦发银行收购上海国际集团全资控股的上海国际信托有限公司；上海国际集团持有的安信农业保险股份有限公司股权转让给中国太保；上海国际集团旗下六家类金融子公司则托管给上实集团，等等。

（五）公司制股份制改革方向：整体上市

大力推动国有企业改制上市，创造条件实现集团公司整体上市，目前已经完成的有：

隧道股份：上海城建集团完成整体上市，将以"隧道股份"的名称在多领域全新启航，打造国内领先、国际一流的大型城市基础设施建设运营综合服务商。

华建集团：棱光实业的原控股股东国盛集团与现代建筑设计集团对上市公司实施重大资产重组，此次重组完成后，现代建筑设计集团持有的棱光实业的股份比例将达到 51%，成功实现借壳上市。

上海临港：临港集团成功借壳自仪股份，将市场化运作的松江、康桥、南桥和洋山自贸区陆域四大园区资产注入上市公司——上海临港，完成上市发展。

外高桥：更改上市公司名称为"上海外高桥集团股份有限公司"，收购控股股东上海外高桥（集团）有限公司部分资产，以及受集团委托管理多项非上市公司资产，实现集团整体上市。

（六）董事会建设样本：新兴际华

完善产权清晰、股权明确、科学管理的现代企业制度是规范混合所有制企业行为的关键所在，董事会更是现代企业制度建设的核心环节。得益于 2005 年被选为中央企业首批董事会试点单位之一，新兴际华一直着手建设规范的公司治理结构，创建了一套科学的"225"管理创新体系，贯彻了"用人交给市场、花钱交给制度"的管理理念。时至今日，通过市场化选聘的高级管理人员已达 386 名；公司总部 14 名中层领导有 10 名，55 名一般管理人员中有 49 名来自集团外部。改革带来效益，2005～2014 年，营业收入、利润、净资产的年均增速分别达到 33.18%、19.89%、19.16%，并进入《财富》世界 500 强。目前，新兴际华已经成为全球最强最大的铸管生产研发基地，国内最大的钢格板和后勤军需品、职业装、职业鞋靴生产研发基地。

2014 年，新兴际华再次被选为中央企业董事会行使高级管理人员选聘、业绩考核和薪酬管理职权试点单位之一。2015 年 10 月，按照"党组织推荐、董事会选择、市场化选聘、契约化管理"办法，历经 3 个多月新兴际华新的总经理终于敲定，成为"董事会选聘总经理"的头一家。改革发力，助力企业发展步入快车道。2015 年，新兴际华实现利润总额同比增长 9.26%；资产总额 1265.88 亿元，同比增长 8.33%，在"世界财富 500 强"中排名升至第 344 位。新兴际华决定将改革向纵深推进，2016 年进行经理层副职市场化选聘，完成二级公司经理层的市场化选聘、契约化管理，并逐步延伸到三级以下全部企业。

（七）探索员工持股制度：上汽和上港案例

《意见》提出实施股权激励和员工持股制度，上海汽车和上港集团对此进行了探索，并推出了混合所有制企业员工持股方案。这两家方案持股对象明显不同，上港集团实行全部员工持股制度，上汽集团仅针对高级管理人员和关键骨干员工持股，如表 8-3 和表 8-4 所示。

表 8-3　上港集团的员工持股计划

要点	说明	备注
参加对象	上港集团总部及上港集团下属相关单位所有在册员工，包括退养员工	让所有在册员工都能在自愿的条件下参与增发
参加人数	1.6 万人	占公司员工总数的 72%
高管认购	公司董事、监事和高级管理人员合计 12 人，认购 420 万股	约占员工持股计划的 1%
其他员工	其他员工合计为 16070 人，认购 4.158 亿股	约占员工持股计划的 99%
资金来源	员工自筹资金	
风险防范	不同岗位设定最高限额。集团高管每人最高不超过 40 万股，中层领导每人最高不超过 30 万股，普通员工不超过 15 万股	
锁定期	公告中锁定期为 3 年，但解锁时间设定是 1 年，这样，持股存续期达到了 4 年	
托管机构	长江养老保险股份有限公司	

表 8-4　上汽集团的员工持股计划

要点	说明	备注
参加对象	集团领导：上汽集团高级管理人员及党群主要负责人	中高层及技术骨干持股，不搞大锅饭
	厂部级干部：集团总部中层管理人员、下属公司中由集团提名聘任的高级管理人员及党群主要负责人	
	关键骨干员工：集团直接管理企业中层管理人员，直接管理企业部门级正副职、同职级的三层次企业负责人及同职级党群负责人、集团总部部门科经理	
	上汽激励基金计划奖励中重大贡献人员、上汽优秀工程技术带头人	
参加人数	2321 人	占公司员工总数的 9.7%
高管认购	董事、监事和高级管理人员共 16 人，合计认购不低于 2515 万股	约占员工持股计划的 2.15%
其他员工	其他员工合计为 2305 人，认购 114230 股	约占员工持股计划的 97.85%
资金来源	员工自筹资金	
风险防范	不同岗位设定最高限额。集团高管每人最高不超过 40 万股，中层领导每人最高不超过 30 万股，普通员工不超过 15 万股	
锁定期	公告中锁定期为 3 年，但解锁时间设定是 1 年，这样，持股存续期达到了 4 年	
股票来源	二级市场认购	

总之，上海市国资委利用国盛集团、国际集团和各区的国资运营平台，在对辖区国有企业进行功能划分的基础上，遵循市场化原则，重点采取了并购重组方式，借助资本市场平台，重点并择优选择能够在技术、管理和资源上形成互补、协同和放大效应的战略投资者，分类推进了辖区内国有企业的公司制股份制改革，优化了国有企业股权比例结构，进行了国有资本和非国有资本的双向融合，实施了股权激励和员工持股制度，试点了董事会制度建设，在很短的时间内，优化了国有经济布局、实现了国有资本保值增值、放大了国有资本功能、提高了国企实力和竞争力，促进了辖区内国有企业走向世界、走向国际，取得了良好的社会经济效益，也给其他地方国资委的混合所有制改革带来了表率和示范作用。

本章小结

一、主要结论

1. 案例分析发现混合所有制改革主流是以非公有资本作为第一大股东，但目前还未取得预期改革效果

惠而浦（000983）是以美国惠而浦占比51%，合肥市国资委占比23.34%的外资绝对控股的股权结构，云南白药是以民营企业家陈发树为第一大股东的相对制衡的股权结构，可见混合所有制改革主流是非公有资本作为第一大股东，这可能与中央提出积极发展混合所有制以后，为了表现出最大的诚意，所以赋予了非公有资本绝对的话语权有关，也可能与主流观点认同国有股"一股独大"必然导致效率低下，或者国有股就是效益低的认知观点有关。但是，非公有资本作为第一大股东，就本书分析的两个案例来看，没有取得预期效果，其中惠而浦集团无论是横向比较还是纵向比较都可以发现，虽然资产规模和销售管理能力在上升，但盈利能力、财务管理能力在下降，而且惠而浦拿出34亿元的现金获得51%的控制权，可能存在大股东有收回成本的诉求，在企业正处于高速发展时期，需要大量的现金投入，这时仍持续不断地进行现金分红，具有资金侵占的动机，所以表现为财务管理能力在恶化；云南白药则是云南省上市公司中业绩最好，利润最高的企业，不缺资金，也不缺技术，却被拿出来作为混合所有制改革的典型。改革完成以后，2018年中报显示，公司营业收入为34.3亿元，同比增长0.3%；归属于上市公司股东的净利润为701万元，同比下降83%，说明盈利能力在放缓。同时，作为推进混合所有制改革理由的提高企业管理能力的管理能力指标并未变好，反而下降了，在资本市场的市值已缩至768亿元（按2019年1月11日的收盘价计算），按照最高1011亿元市值，跌去近三成，第二大股东云南合和（集团）股份有限公司和第三大股东中国平安人寿保险股份有限公司都提出了减持计划。所以，混合所有制改革之后的情况并不理想，再次表明做大国有企业容易，但做强做优国有企业难，无论是外资控股还是非公有资本控股，都很难改变这一状况。

2. 地方国资改革发挥空间更大，更具创新性

上海市国资委对如何进行混合所有制改革进行了全方位探索，充分发挥了地方改革的政策灵活性和改革的创新性。在董事会建设上，不仅是新兴际华集团率先进行了市场化招聘，随后上海外高桥集团和张江高科也市场化招聘了总经理，光明集团则从激励约束机制（设立岗职位体系，以岗位定薪酬，不分体制内外）上对如何管理职业经理人进行了探索。2015年国企联华超市出售21%股权给民营上市公司永辉超市，永辉超市成为其第二大股东，并由永辉超市派出总经理。随着以后战略合作的变化，上海市国资委表示，将尝试探索优先股制度，国有股比例或进一步退出。另外，在员工持股计划上，上海市国资委既实施了全员持股的股权激励制度（上港集团），也实施了高级管理层和核心技术骨干持股的制度（上汽集团），我们有理由相信，经过一段时间的试运行，孰优孰劣会显现出来，将会形成一批可供复制和推广的经验。

地方国资委改革空间更大、更具创新性，是因为地方国资委是地方国企的直接监管单位，向上更能领悟中央、省的改革精神，更加彻底地贯彻市委、市政府的发展战略目标，立足于服务全市大局，发挥更大作用，实现更大作为；向下则更能了解所属企业的行业优势和国内外行业的发展状况，择优选择能够在技术、管理和资源上形成互补、协同和放大效应的战略投资者和产业投资者，以达到优化国有经济布局、实现国有资本保值增值、放大国有资本功能、提高国企竞争力的改革目标，所以混合所有制改革必须尊重基层群众的首创精神，遵循"从群众中来，到群众中去"的群众路线，形成一批可供复制和推广的改革经验。

二、政策建议

1. 积极稳妥地推进混合所有制改革

自中共十八届三中全会《决定》再次提出"积极发展混合所有制经济"之后，得到了各界热烈响应，但我们要警惕一些地方政府的激进做法，为此提出了一些硬性指标，采取了"一刀切"的方案。要吸取过去国企改革经验和教训，不能在一片改革声浪中把国有资产变成谋取暴利的机会。在国有企业与民营企业效率不相上下的情况下，发展混合所有制经济，绝不是简单地出卖国企产权，退出阵地，收缩规模，搞什么"国退民进"或"中退外进"，而是必须毫不动摇地巩固和发展公有制经济，坚持公有制主体地位，发挥国有经济主导作用，实现"国民共进"。因此，在政府层面，在严禁各种"拉郎配"的同时，还要做好各种政策配套工作，打破所有制的身份界限，消除它们之间孤立并存、相互封闭、

区别对待的不合理体制机制和政策导向，实现资源配置和竞争环境的公平，才能形成不同所有制企业寻求联合、混合的内在要求。在企业层面，只有完善混合所有制企业内部治理结构和产权机制，淡化企业的所有制色彩，才能发挥国有企业实力和民营企业活力的优势，实现"1＋1＞2"的效能，从而提升企业效率，更多地回报社会，使得改革成果惠及全体人民。既需要国家发挥顶层设计功能，制定 1＋N 的具体改革方案，积极稳妥地推进混合所有制经济改革，也需要发挥基层首创精神，综合考虑市场竞争状况、行业性质、地区差异等各种内外部影响因素，还要充分发挥市场机制作用，坚持因地施策、因业施策、因企施策，宜独则独、宜控则控、宜参则参，不搞"拉郎配"，不搞全覆盖，不设时间表，一企一策，成熟一个推进一个，确保改革规范有序进行。

2. 坚持规范化运作

自从中共十八届三中全会提出"积极发展混合所有制经济"以来，全国各地都制定了改革的路线图、任务书和时间表（黄群慧，2014）[①]，河北省计划 2～3 年内完成 70% 以上、重庆市打算用 5 年时间完成 80% 以上、广东省计划 2017 年底完成 60% 以上的混合所有制企业改革。地方政府积极响应落实到行动上，就是执行和推动企业进行混合所有制改革的决心和动力。但是，混合所有制改革的重点不是制定"大跃进规划"，不是数量和设置底线比例，不是表决心和表忠心，而应该是规范化运作、积极稳妥地推进。尤其不能犯政府"拉郎配"的错误，不能是为了混合所有制改革而混合所有制改革，为了迎合非公有资本，一味执行国有资本退出，更不能犯国有资产流失的错误。具体而言，需要界定不同国有企业功能，针对不同类别的国有企业建立不同法律法规，进而设计不同的混合所有制改革实施细则；需要修订和完善相关法律法规及文件，让改革有法可依、有据可循，在阳光下进行。

3. 坚持市场化运作

社会主义市场经济改革方向，是深化国有企业改革必须遵循的基本规律。始终坚持遵循市场经济规律和企业发展规律，正确引导，确立和落实企业市场主体地位，不干预企业自主经营权。对具备条件推进混合所有制改革的国有企业，要充分发挥市场配置资源的决定性作用，坚持因地施策、因业施策、因企施策，宜独则独、宜控则控、宜参则参，不搞"拉郎配"，不搞全覆盖，不设时间表，一企一策，成熟一个推进一个。

---

① 黄群慧：《混合所有制改革要"上下结合"》，《中国工商报》，2014 年 4 月 7 日。

第九章　主要结论与政策建议

第一节　主要结论

一、国资监管构建三层架构的目的是去行政化

中国构建三层架构的国有资产管理模式，是为了将政府与企业的关系留在国资委与国有投资运营公司，将企业与市场的关系留在国有投资运营公司与下属企业，所以国有投资运营公司扮演的是"隔离墙"的作用。国资委对国有投资运营公司考核的国有资本保值增值率，优化国有企业布局率，国有投资运营公司对下属企业，考核的指标主要是国有资本保值增值率，以及把控战略投资方向。国内外国有资产管理体制表明，对不同行业的国有企业都应该实行分类管理。中国将国有企业划分为商业类和公益类，进行分类管理。

二、混合所有制企业已基本同市场经济相融合

从广义混合所有制企业来看，企业数量在稳步上升，比重也在逐年提高；就业人数在稳步增长，就业比例也在逐步提高；全社会固定资产投资比重一直维持在30%以上。以规模以上工业企业为研究对象，我们发现混合所有制企业总资产规模最大，利润一直稳居第一位，应交增值税和应交所得税一直是单边上升趋势，所以广义的混合所有制企业效率非常高，是一种极具发展潜力的企业类型。以2003~2016年上市公司为分析对象，我们发现狭义的混合所有制企业，也即国有企业的微观效率和宏观效率并不比其他类型企业效率低下，据

此我们认为混合所有制企业与市场经济已基本相融合，因此应该积极发展混合所有制经济。

三、国有股权控制权转移背后的机理是"侵占论"和"靓女先嫁"论

以国泰安 CSMAR4.0 中的国有股拍卖数据为样本，实证后发现国有股转让对象以非国有企业为主。在混合所有制企业已经发生的国有股权转让中，几乎秉持着转让对象以非国有股优先的理念，哪怕是效率好的国有企业，仍然奉行了私有化优先的思路，因此转让对象应该以非国有股为主也是合情合理。国有股股权转让符合"侵占论"和"靓女先嫁"论。

四、国有股权控制权转移后绩效变化符合"政治论"

以国泰安 CSMAR4.0 中的国有股拍卖数据为样本，实证后发现，国有股权转让之后，资本积累率和资本保值增值率显著提高，因此符合国有企业改革要促进国有资本保值增值的宗旨，也符合国资管理三层架构下资本保值增值的目的，所以符合"政治论"，不是提升企业效率的"效率论"，也不符合提高财政收入的"财政论"。

五、很难构建一种普适的、最优的混合所有制企业股权结构

从以中国上市公司 2008 ~ 2017 年的数据进行实证分析后的结果来看，很难从理论上给出混合所有制企业股权结构的合适安排，这是因为所有制结构选择问题非常复杂，受多种因素影响，既受国家政治体制影响，还受国家经济政策影响，也受国家法律规章制度影响，甚至受文化、风俗习惯等非正式制度影响，非常复杂，不可能给出一种全世界普适的标准。世界各国的社会经济实践也表明，很难从理论上给出股权结构的合理比例。

六、多数情况表明混合所有制企业应该构建大股东人数少、相互制衡的股权结构

以国泰安 CSMAR4.0 中的国有股拍卖数据为样本，实证后发现，股权结构虽然对不同的效率指标影响方向不一致，但都是影响效率的重要因素，再次证明股权结构安排的重要性。考虑到降低两权分离度、提高第二大股东持股比例可以促进国有资本保值增值，所以应该建立相互制衡的股权结构。两权分离是影响国有股转让价格的重要因素，且两权分离度、Z 指数与国有股转让价格负相关，基于

国有资产保值增值的角度，也必须构建相互制衡的股权结构。

以中国上市公司2008～2017年的数据为样本进行的研究，大部分的实证结果都支持股权混合深入性与资本保值增值率负相关，或者是曲线关系的时候需要适当降低股权混合深入性；应该提高股权制衡度和国有股比例，所以应该构建大股东人数少、相互制衡的股权结构。

七、地方国资改革发挥空间更大、更具创新性

上海市国资委对如何进行混合所有制改革进行了全方位探索，充分发挥了地方改革的政策灵活性和改革的创新性。在董事会建设上，对新兴际华集团、上海外高桥集团和张江高科进行了市场化招聘，光明集团则从激励约束机制（设立岗职位体系，以岗位定薪酬，不分体制内外）上对如何管理职业经理人进行了探索。在员工持股计划上，上海既实施了全员持股的股权激励制度（上港集团），也实施了高级管理层和核心技术骨干持股的制度（上汽集团）。

因此，地方国资委改革空间更大、更具创新性，这是因为地方国资委是地方国企的直接监管单位，向上更能领悟中央、省的改革精神，更加彻底地贯彻市委、市政府的发展战略目标，立足于服务全市大局，发挥更大作用，实现更大作为；向下则更能了解所属企业的行业优势和国内外行业的发展状况，择优选择能够在技术、管理和资源上形成互补、协同和放大效应的战略投资者和产业投资者，以达到优化国有经济布局、实现国有资本保值增值、放大国有资本功能、提高国企竞争力的改革目标，所以混合所有制改革必须尊重基层群众的首创精神，遵循"从群众中来，到群众中去"的群众路线，形成一批可供复制和推广的改革经验。

第二节　政策建议

一、要防止国有资本投资运营公司演变为"二政府"

国有资本投资运营公司已经成为深化国有资产管理体制改革的有力抓手，是国资监管从"管企业"转向"管资本"的助推器，在实践中确实起到了国有资产保值增值和优化国有企业布局的作用。但是，在取得一定成效的同时，也暴露

出一些问题，如面临边界不清、独立性不足、政策不配套等问题。边界不清主要是指国有资本所有权与经营权边界划分模糊，在企业日常经营中，经常发生资产处置情况，即使是为了维持和扩大正常的生产经营需要，也必须逐层向上申报审批，流程烦琐、时间拖沓，极大地影响了生产经营效率。独立性不足是指有些国有资本投资运营公司投资的项目，多半是地方政府拍板决定的项目，是政府"手臂"的延伸，国有资本投资运营公司独立性不够，要防止演变成为"二政府"。政策不配套是指国有企业开展资源重组整合过程中，为优化国有资本布局，需要国有股权在不同企业之间进行国有无偿划拨，未产生任何实际收益，反而需要企业缴纳所得税等税，影响了企业改革的积极性。

二、要从战略高度认识新时代深化国有企业改革的中心地位，坚定国企改革的信心

自从中共十八届三中全会以来，国企改革从"1＋N"顶层设计到"十项改革试点"再到"双百行动"梯次展开、纵深推进，但是国企改革的总体成效似乎与党的十八届、十九届三中全会精神要求还有相当大的距离。这主要体现在各方对于国企改革的认知依然存在着各种各样不同的声音，对于中央提出的改革政策精神也都在进行"选择性解读"。尤其令人担忧的是，整个社会的改革氛围不浓，改革动力与压力不足，由此造成缺乏足够多敢于担当的改革者的局面。2018年8月20日，国企改革"双百行动"正式启动，表明全面启动国有企业改革新局面。刘鹤指示，要以"伤其十指不如断其一指"的思路进行新一轮国企改革，因此我们应该从战略高度认识新时代深化国有企业改革的中心地位，以"竞争中性"原则推动国企改革，坚定国企改革的信心。

三、积极稳妥地推进混合所有制改革

自党的十八届三中全会《决定》再次提出"积极发展混合所有制经济"之后，得到了各界热烈响应，但我们要警惕一些地方政府的激进做法，为此，提出了一些硬性指标，采取了"一刀切"的方案。要吸取过去国企改革的经验和教训，不能在一片改革声浪中把国有资产变成谋取暴利的机会。在国有企业与民营企业效率不相上下的情况下，发展混合所有制经济，绝不是简单地出卖国企产权，退出阵地，收缩规模，搞什么"国退民进"或"中退外进"，而是必须毫不动摇地巩固和发展公有制经济，坚持公有制主体地位，发挥国有经济主导作用，实现"国民共进"。因此，在政府层面，在严禁各种"拉郎配"的同时，还要做

好各种政策配套工作，打破所有制的身份界限，消除它们之间孤立并存、相互封闭、区别对待的不合理体制机制和政策导向，实现资源配置和竞争环境的公平，才能形成不同所有制企业寻求联合、混合的内在要求。在企业层面，只有完善混合所有制企业内部治理结构和产权机制，淡化企业的所有制色彩，才能发挥国有企业实力和民营企业活力的优势，实现"1＋1＞2"的效能，从而提升企业效率，更多地回报社会，使得改革成果惠及全体人民。既需要国家发挥顶层设计功能，制定1＋N的具体改革方案，积极稳妥地推进混合所有制经济改革，也需要发挥基层首创精神，综合考虑市场竞争状况、行业性质、地区差异等各种内外部影响因素，还要充分发挥市场机制作用，坚持因地施策、因业施策、因企施策，宜独则独、宜控则控、宜参则参，不搞"拉郎配"，不搞全覆盖，不设时间表，一企一策，成熟一个推进一个，在坚持市场化运作的权利下，确保改革规范有序进行。

四、混合所有制改革应该坚持市场化方向

建设现代化市场经济体系，必须加快和完善社会主义经济体制，坚持市场化方向。这是因为市场是配置资源的决定性力量，特别是作为国企改革突破口的混合所有制改革，必须激发各类市场主体的活力，所以需要构建市场机制有效、宏观调控有度、微观主体有活力的经济体制，为此要坚持市场化方向。但是最近发生的民企加入国企事件，被批评为"国进民退"，挤压民企生存空间，不应将其夸大或者扭曲，这也是民企的市场化的理性行为，是市场优胜劣汰的结果，是抵抗市场激烈竞争、国际资本吞噬的最优选择。所以在混合所有制改革中，混合对象的选择必须坚持市场化方向，遵循双向选择、双向融合的原则，形成国有企业与民营企业你中有我、我中有你的局面，以实现"国民共进"。

五、混合所有制企业股权结构选择没有普适标准，应该一企一策

因为所有制结构选择问题非常复杂，受多种因素影响，既受国家政治体制影响，还受国家经济政策影响，也受国家法律规章制度影响，甚至受文化、风俗习惯等非正式制度影响，非常复杂，不可能给出一种全世界普适的标准。世界各国的社会经济实践也表明，很难从理论上给出股权结构的合理比例。我们换个角度考虑，如果有最优的股权结构安排，最后世界上所有的公司肯定只会供应一种类型的股权结构，但事实表明，股权结构的种类非常多，有同股同权型、同股不同

权型，有金字塔型、单层股权结构，有 A 股、B 股、H 股，有国家股、法人股、社会公众股，等等，可见，没有唯一的一种最优的股权结构。我国 40 多年改革开放的经验也表明，经济发展水平、社会发展阶段等因素都会对所有制结构中的公有制比例、民营企业比例、外资企业比例产生影响，因此社会因素的复杂性，不可能有一种最优的股权结构安排，所以混合所有制企业股权结构选择没有普适标准，应该一企一策。

六、混合所有制企业应该构建股东类别较少、制衡程度高的股权结构

混合所有制企业应该构建股东类别较少、制衡程度高的股权结构，最好是构建一个国有积极的大股东和一个非国有积极的大股东的股权结构，而且它们两者的持股比例最好不要相差太多，差距太大就起不到相互制衡的作用。这是因为中国特色的国情文化，并没有适合"三个臭皮匠，赛过诸葛亮"的制度土壤，更符合"三个和尚没水吃""两虎相斗"的情况，所以对于积极的大股东，在不考虑做财务战略投资的大股东时，最好是构建一个国有积极的大股东和一个非国有积极的大股东的股权结构。至于谁在混合所有制企业做老大，看双方的谈判能力，看背后政府的诉求，看每个企业的具体情况，一企一策，只要有利于企业发展，只要有利于国有资本保值增值，只要没有发生违法违纪的情况，任何股权安排都是合适的。

第三节　下一步的研究方向

本书从国有资产管理的"管人管事管资产"转向"管资本"的监督体制出发，基于国资管理模式从"二层架构"转为"三层架构"的背景考量，采用实证分析的方法，研究了已经发生国有股转让的混合所有制企业进行国有股权转让的机理、转让后的效率表现；基于国有资本保值视角，分析混合所有制企业股权结构选择的一般规律；选取惠而浦、云南白药进行"一企一策"的案例剖析，探讨上海市国资委对混合所有制改革的具体做法，获得了一些有意义的结论，但还有很多地方值得研究：

例如，如何结合中国国情和最新的混合所有制改革状况，利用马克思主义理论对发展混合所有制理论进行中国化的解释；如何界定（地方）国资委所有权

与国有投资运营公司经营权的界限，如何处理国有投资运营公司对下属国有企业的集权与放权的关系，如何让员工通过持股分享混合所有制的改革成果，如何进行差异化薪酬分配改革，如何建设职业经理人市场，等等。可以说，这一领域的研究还大有空间。